多元視域中的明清理學

呂妙芬 著

自序

　　本書所收的論文是我在過去近二十年間研究明清理學的一些作品，這些作品是我參與讀書會、研究群、學術會議，或因研究過程中發現的問題，或是在圖書館中偶遇一部罕見的文本所引發的研究成果。它們雖不像一般學術專書針對一兩個特定議題而作，但都屬於明清理學的範圍，各篇從不同研究視角進行研究，頗能展現理學文本的豐富性及研究的多樣性。

　　當我重新閱讀這些論文，過往研究的歷程與心情也點滴地浮現。我想起剛進入中研院近史所工作時，參加「記憶研究群讀書會」的情形，當時所內學術思想組的同仁認真閱讀許多西洋名著，討論集體記憶、個人記憶、記憶與認同等有趣的議題。我也想起2001年所裡舉辦「近代中國的婦女、國家與社會（1600-1950）」國際學術研討會，那真是一個盛大的學術饗宴，中外名家齊聚，論文多元精彩。不知是否因為記憶的篩選留下的多是美好的回憶，感覺上近年已少見那麼盛大而精彩的會議了。記憶中1990年代後期至2000年代初，我以年輕學者的身分加入臺灣史學研究的行列，當時真是認真而戰兢，對學術充滿熱忱與願景，周遭就是一股向上奮進的氛圍。曾幾何時，那種興奮的感覺好像停留在記憶的深處，現在大家煩心的都是高教人才斷層危機和流浪博士的無奈。當然，這可能更多反映

我自己的心境不再年輕。

　　本書中一些論文屬於地域學術史的領域，我想起自己當年曾構想著要從不同地域學派的角度來研究明末清初的學術思想史，但最終沒能成功，因為某些地方的史料不足以呈現精彩的研究，或是前人已有很好的研究成果。不過，在摸索與改變研究主題的過程中我學到很多，也更深刻感受到研究者和史料之間的互動關係。雖然我沒能走到自己預期的目標，但閱讀的史料往往帶領我走到另一個世界。回頭看，這一切都是好的。

　　書中一些論文的主角是少為人知的人物和文本，研讀這些文本讓我對明清儒學有一些新的想像。我很慶幸自己克服了擔心所研究的對象代表性或重要性不足的心理壓力，雖然我還是會努力去說明他們值得研究的理由，不過我知道真正觸發我研究的動機就是我遇見了一本精彩的書、一個有趣的人物或觀念。處在今天資訊爆炸、資料庫蒐索頻繁的時代中，要遇到一本沒沒無聞又能抓住人心眼的書，其實並不容易，這些稀見文本帶給我的更多是驚喜，讓研究做起來很有「感覺」。另一些論文是我在其他主題研究過程中的「副產品」，它們無法被收入專書裡，如今與其他論文結集出版，或許會有另一種彼此觀照與激盪的效果。

　　書中我也嘗試為每一篇論文寫一小段說明，希望讓讀者更清楚知道當時研究的背景和想法。最後，我感謝聯經出版公司願意出版本書繁體字版，讓這些論文有機會接觸到更多的讀者。

呂妙芬
2022冬・南港

目 次

I

理學與地方

　　〈明清之際的關學與張載思想的復興：地域與跨地域因素的省思〉是我於2008年參加新加坡國立大學舉辦的「*Transregional and Translocal Dynamics in Chinese History, 960-1911*」國際研討會所發表的文章，該會由王昌偉、許齊雄兩位教授主辦。會議的主旨是針對1970年代以降在中國史領域盛行的「地方」研究視角進行反思，探問何謂地方，以及不同地方或地域之間如何連結等問題。

　　1980年代中國學術思想史研究有一股結合社會文化史的風潮，除了思想內涵和學派師承以外，思想產生的社會文化脈絡，及其與地方社會、政治的關係也深受重視。配合著宋史與明清史中關於地方主義、地域社會、地方認同等討論，以及豐富的地方志、地域學術史著作、族譜與士人文集等史料，這個研究取徑吸引許多人投入。我們都深受包弼德（Peter Bol）教授著作的啟發，他的學生中也有許多人選擇研究某地域方的社會文化與學術思想，並都參與了那次的研討會。

　　我當時主要思考的問題是：儒學既是跨地域性、全國士人都修習的學問，以「地方」作為框架來研究儒學思想合宜嗎？在什麼意義下「地方」是個有效的分析框架？什麼時候不是？這篇文章嘗試回答這個問題。我先從地域學術史的角度，說明從馮從吾開始，以關中地區的儒學傳統來定義「關學」逐漸成為一個普遍被接受的概念。伴隨此具地域認同的關學概念之出現，地域學術史的整理與出版、學派建構等工作也同時進行，張載及其家族與關中地方的關係也在這波關學重建歷史中獲得加強，而這些面向都與關中地方密切相關。但另一方面，就思想觀念的傳承而言，以「地方」作為分析視角則有其侷限。張

載作為北宋五子之一的大儒，其學說與著作早已匯入儒學的大傳統，具有跨地域的普遍影響力，明清時期關中後學對於張載思想的發揚並不比其他地區更出色。

這篇論文原刊於《中國哲學與文化》（2010），英文版發表於Paolo Santangelo教授主編的 *Ming Qing Studies*（2010），發表後我收到謝和耐（Jacques Gernet）教授來信鼓勵，他說這是一篇重要的論文。後來我有機會訪拜陝西師範大學，與林樂昌、韓星等教授以及許多研究生座談，林教授細讀本文又寫了一篇評論文章發表在《中國哲學與文化》，這篇關學的論文能夠引起陝西學者的重視，我感到格外高興。

〈清初河南的理學復興與孝弟禮法教育〉是我在執行中國近世《孝經》研究時衍生的研究成果。晚明河南新安的講學領袖呂維祺非常重視《孝經》，他所著的《孝經大全》是明清之際公認最具分量的《孝經》注釋之一，呂維祺本人不僅平日有焚香誦唸《孝經》的實踐，他更在地方講會——伊洛會、芝泉會——中提倡《孝經》學。當時我一方面蒐集晚明河南的理學講會活動史料，一方面希望找到更多在講會中提倡《孝經》的例子，但是收穫不多。呂維祺的門人和後裔並沒有留下太多關於提倡《孝經》的史料，反而是清初耿介、竇克勤、冉覲祖等人復興程朱理學、建設書院、提倡《孝經》的作為很醒目，而且史料豐富，於是促成我撰寫此文。此文先發表於國立臺灣大學東亞文明研究中心所舉辦的國際研討會，後收入高明士教授主編的《東亞傳統教育與學禮學規》（2005）。

這篇文章中也論及清初河南士人除了在地方上興建書院、提倡程朱理學，他們重視《孝經》與《小學》的行為教育，這

樣的教育理念既與清帝國文教政治相一致，也隨著河南士人出仕外地而有跨地域的影響力。這個關於「地方」與「跨地方」的討論也呼應上文的主題。

　　這個研究後來也引導我進一步比較清初不同地域的《孝經》學，特別是河南與浙江的比較。清初河南理學復興及其重視《孝經》的風潮，不僅讓該地生產了不少《孝經》文本，河南士人的程朱理學立場也影響其對《孝經》的詮釋觀點，他們大量刪改了晚明以陽明學為基調的詮釋觀，這些表現都與浙江學者不盡相同。我關於這方面的討論主要呈現於《孝治天下：《孝經》與近世中國的政治與文化》（2011）書中。

第一章

明清之際的關學與
張載思想的復興
地域與跨地域因素的省思

一、前言

　　本文主要從地方學術史與思想觀念史兩種視角，來探討明清之際張載（1020-1077）的學術地位提升、思想重獲重視的情形。全文主要分為兩部分：（1）從地方學術史的視角，主要討論明中葉以後關學的發展及學術系譜的建構活動，特別著力說明馮從吾（1556-1627）對關學建構的貢獻，並說明張載的地位如何在這波建構地域學術傳統的同時，獲得進一步的提升。在這部分，我也將討論晚明關中士人對張載文獻的保存及出版、張載祠祀的興建，以及如何透過具體行動提升張載個人及其家族的政治地位，強化張載家族與關中故里地域性紐帶的關聯性。（2）從思想觀念史的視角，將分別從「明代氣論思想」與「禮學復興」兩方面，討論張載的思想在沉寂多時之後，再度湧現於明清之際的學術論域中。除了試圖提供明清之際張載思

想復興的思想史脈絡外，也將進一步討論明清氣論學者與張載
氣論的異同。這篇論文的主旨也呼應陳來對儒學普遍性與地域
性問題的省思，[1]強調不同研究視角確實能開出獨特的見解與學
術脈絡，地方社會史與學術思想史兩種研究視角具有不可偏廢
的重要性。

二、張載與明清之際的關學

（一）馮從吾與「關學」的建構

北宋以張載為核心的關中理學，曾經盛行一時。張載其弟
張戩，門人呂大忠、呂大鈞（1031-1082）、呂大臨（109歿）、
蘇昞、范育、游師雄、李復（1052-1128）、張舜民等所形成的
學派，[2]曾達到與周敦頤（1017-1073）、邵雍（1011-1077）、
二程之學並稱的實力，故有「關學之盛，不下洛學」之說。[3]

1　陳來，〈儒學的普遍性與地域性〉，《天津社會科學》，2005年第3期，頁
　　4-10。

2　陳俊民，《張載哲學與關學學派》（台北：台灣學生書局，1990），頁15-
　　17、42；龔傑，《張載評傳》（南京：南京大學出版社，1996），頁198。
　　張載之弟張戩的女兒嫁呂大臨，故張、呂兩家有聯姻關係，藍田呂氏是當
　　地大族。張世敏指出，當時關學的領袖和思想支柱雖是張載，但關學的政
　　治支柱是藍田諸呂，此為當時關學得以形成發展，並與洛學、新學構成鼎
　　立的重大政治因素。參見張世敏，《張載學說及其影響》，第三章第一節
　　「關學的形成與發展」，https://special.zhexuezj.cn/mobile/mooc/tocard/12736
　　6306?courseId=201754448&name=一、關學的形成與發展（2020年10月13日
　　檢索）。

3　黃宗羲著，全祖望補定，《增補宋元學案》（台北：臺灣中華書局，

不過，張載之後，隨著北宋衰亡、弟子「三呂」與蘇昞轉入程門，關學一度式微，遂進入南宋「百年不聞學統」的命運。[4]

　　後代學者根據現存史料所整理的關中理學發展史，[5]可簡述如下：關中學術在元代相當衰微，雖仍有楊奐（1186-1255）、楊君美（1218進士）、楊恭懿（1224-1293）、蕭𣂏（1241-1318）、同恕（1254-1331）等學者，但影響力有限。[6]明代早期主要受到河東薛瑄（1389-1464）的影響，栽培了張傑（1421-1472）、張鼎（1431-1495）、王盛、段堅（1419-1484）、周蕙等後學。明代中葉以降，關中儒學有再度復興的跡象。先有三原的王恕（1416-1508）、王承裕（1465-1538）父子致力地方學術的發展，形成三原學派；再有呂柟（1479-1542）、馬理（1474-1556）把關中講學帶到一個高峰，甚至可與當時興盛的陽明學相抗衡。[7]明末到清初之際，則以馮從吾和李顒（1627-

1984），卷31，頁1a。

4　全祖望：「關洛陷於完顏，百年不聞學統。」黃宗羲著，全祖望補定，《增補宋元學案》，卷100，頁1a；陳俊民，《張載哲學與關學學派》，頁15-19。

5　所謂後代學者整理的關中理學史，即本文所強調的明代中期以後的學者對關中學術史的整理，馮從吾的《關學編》具有開創性的地位，其影響甚至及於今日，見下文討論。

6　馮從吾著，陳俊民、徐興海點校，《關學編》（北京：中華書局，1987），卷2，頁17-25；黃宗羲著，全祖望補定，《增補宋元學案》，卷95，頁1a-4a。方光華等著，《關學及其著述》（西安：西安出版社，2003），第2章。

7　馮從吾，《關學編》；亦參見黃宗羲著，沈芝盈點校，《明儒學案》（台北：華世出版社，1987）的〈河東學案〉、〈三原學案〉。關於關中講學歷史，見陳時龍，〈明代關中地區的講學活動〉，《政大歷史學報》，期27（2007年5月），頁215-253；期28（2007年11月），頁93-130。

1705）的講學最為著名，二人均以關中書院為講學基地。目前
學界研究關學思想，也常以張載、呂柟、馮從吾、李顒的次第
發展來理解關學思想內容的變化。[8]

　　上述學術思想發展的脈絡與變化雖然有一定的歷史根據，
譬如薛敬之（1435-1508）之於周蕙、呂柟之於薛敬之，確有師
承淵源，[9]呂柟在關中的講學也的確對提振關學有貢獻，並不斷
為後人所紀念、頌揚。[10]然而，這種系譜式的地方學術傳統的呈
現，其實更多仰賴學者們對地方歷史文獻的蒐集、整理與反思
的工作，才能真正彰顯。換言之，清晰的學術傳統與脈絡，往
往相當程度是後代人為建構的結果。對於關中理學史的整理，
晚明的馮從吾無疑是最重要的貢獻者，雖然稍早的呂柟已經開
始了一些努力。[11]

　　馮從吾是西安府長安人，受業許孚遠（1535-1596）門下，
舉萬曆十七年（1589）進士，曾任左副都御史、工部尚書等
職。萬曆二十年（1592）因上疏指責皇帝，罷官回籍，潛修著
述，並在地方上與張舜典、周傳誦等學者共同講學，吸引許多

8　陳俊民，《張載哲學與關學學派》，頁63。

9　馮從吾，《關學編》，卷3，頁32；卷4，頁41。

10　例如馮從吾：「論者謂關中之學自橫渠張子後，惟先生（即呂柟）為集大
　　成云。」見氏著，《關學編》，卷4，頁46。

11　關於元、明關中學者對張載文化資產的運用，以及馮從吾建構關學的
　　意義，參見Chang Woei Ong, "Zhang Zai's Legacy and the Construction of
　　Guanxuein Ming China," *Ming Studies*, 51-52（2006），pp. 58-93; Chang Woei
　　Ong, *Men of Letters within the Passes: Guanzhong Literati in Chinese History,
　　907-1911*（Cambridge and London: Harvard University Asia Center, 2008），
　　Ch.3.

人參與。[12]萬曆三十七年（1609），在陝西布政使汪可受（1620
歿）等地方官員的支持下，將城南小悉園別業改建關中書院，
仍由馮從吾、周傳誦二人主盟，作為關中人士講學之所，此也
創造了晚明關中講學的高峰。[13]據稱負笈求學者從四方來到關中
書院，盛況可與當時的東林書院，以及江右、徽州的書院相媲
美。[14]

　　馮從吾在關中除了講學培育後進外，也從事整理關中理
學史的工作。馮從吾對關中的學術傳統有很深的敬意，萬曆
三十九年（1611）冬天，他到池陽講學，曾率領數十門人一同
拜謁關中先賢王恕、王承裕、馬理、張原（1473-1524）、溫純
（1539-1607）的祠墓，並說：

> 吾關中如王端毅（王恕）之事功，楊斛山（楊爵）之節

12　馮從吾初於長安城南寶慶寺講學。張舜典和周傳誦的傳，見馮從吾，《關
學編》，頁74-77。

13　何載圖，《關中書院志》（明萬曆年間刊本，國立故宮博物院製縮影資
料），卷1，頁1a-10a。亦見馮從吾，〈關中書院記〉，《少墟集》，卷
15，頁1a-5b，收入紀昀等總纂，《景印文淵閣四庫全書》（台北：臺灣商
務印書館，1985），冊1293。

14　當時東林、關中書院，及江右、徽州等地書院的主盟人主要為高攀龍、馮
從吾、鄒元標、余懋衡，他們曾經一起在北京講學，又都是魏忠賢打壓的
對象。天啟四年（1624）張訥上疏奏請拆毀全國書院時，也特別指名這些
書院和主講學者，故其間政治意涵不可忽視。張訥奏疏，見溫體仁等著，
《明熹宗實錄》（台北：中央研究院歷史語言研究所，1966），卷62，頁
2911。關於天啟年間馮從吾等人講學涉入的政治鬥爭，見黃森茂，〈論天
啟年間首善書院講學之興廢始末〉，《中國文學研究》，期20（2005年6
月），頁211-244。

義，呂涇野（呂柟）之理學，李空同（李夢陽）之文章，
足稱國朝關中四絕。然事功、節義系於所遇，文章系乎天
資，三者俱不可必。所可必者，惟理學耳。吾輩惟從事於
理學，則事功、節義、文章隨其所遇，當自有可觀處，不
必逐件去學而後謂之學四先生也。[15]

馮從吾在這個充分顯示尊崇鄉賢的禮儀動作中，表達了他對理
學的崇高信念，認為關乎道德修養的理學是人人必修習的功
課，也是其他學問的基礎，故也最足以代表關中精神。由此可
說明他何以致力於編纂關中理學史的工作，其成果則是《關學
編》一書。

　　《關學編》的編纂目的，除了保存歷史、建立關中理學的
道脈系譜，更有欲透過整理先賢事蹟言行，激發當代士人延續
張載所開創的關學學風之意。該書編纂的原則是：專門輯錄關
中理學者，歷代名臣並不泛入。[16]《關學編》雖列了四位上古學
者為前傳，但主要斷自張載始，下訖王之士（1528-1590），總
共收有關中理學家四十四人，並在明清多次刊行。[17]根據我以中
研院漢籍資料庫搜尋的結果，「關學」一詞確實在《關學編》
之後才被使用。雖然明初學者已普遍使用「濂洛關閩」的詞

15　馮從吾，《少墟集》，卷11，頁1a-b。

16　馮從吾，〈凡例〉，收入氏著，《關學編》，卷首。

17　包括附傳共四十四人。《關學編》在晚明有萬曆三十六年（1608）朝邑
　　世德堂刻本，清代又有多次重刊。見吳有能，〈馮從吾理學思想研究：
　　一個意義結構的展現〉（新竹：國立清華大學歷史學系碩士學位論文，
　　1991），頁46-49。

彙，[18]不過這主要用以標識周敦頤、二程、張載、朱熹（1130-1200）的個人之學，亦即雖以地域為名，實指涉個別學者之學問，並不具有標幟整體地域學術傳統的意義。類似的用法今日仍為某些學者所使用，例如龔傑即以「關學」為張載建立於北宋的一個理學派別，上無師承，下無繼承，在南宋初年即告終結，他對關學的判準主要根據張載之學的特色，而非地域性的關中。[19]不過大體而言，自從馮從吾借著《關學編》明確將「關學」定義為「關中理學」，即以地域性的理學傳統作為關學的範疇之後，這個用法與意涵廣為後學接受，此也是今日學界普遍理解「關學」的意義。

　　我們可以透過比較地方志的史料，進一步說明《關學編》對關學建構的意義。元代的《類編長安志》並沒有關中理學的史料。[20]嘉靖年間由呂柟、馬理纂修的《陝西通志》中有鄉賢傳，主要是依照各府、按年代編排，在文史子集各類文獻中雖包括了張載等理學家的作品，但也是依照年代編纂。「理學」並沒有成為一個特定範疇。[21]同樣地，馮從吾參與編修的萬曆

18　例見宋濂，《元史》（北京：中華書局，1976），卷171，頁4013。黃訓編，〈楊士奇傳錄〉，《名臣經濟錄》，卷12，頁1b，收入《景印文淵閣四庫全書》（台北：臺灣商務印書館，1984），冊443；丘浚，〈設學校以立教三〉、楊士奇，〈吳文正公祀議〉，收入黃訓編，《名臣經濟錄》，卷26，頁3b；卷30，頁11a。

19　例如龔傑，《張載評傳》，頁206。

20　駱天驤纂修，《類編長安志》，收入中華書局編輯部編，《宋元方志叢刊》（北京：中華書局，1990），冊1。

21　趙廷瑞修，馬理、呂柟纂，董健橋等校注，《陝西通志》（西安：三秦出版社，2006）。

版《陝西通志》也沒有為「理學」特闢一類,雖然《關學編》
所收錄的學者大部分均在此方志中有傳,呂大防、王恕、韓邦
奇(1479-1555)分別置於「名相」和「名卿」,段堅在「循
吏」,其他理學家多置於「儒林」。特別值得說明的是,張載
的傳也在「儒林」項下,但卻被放在元、明諸儒之後,這種安
排與《關學編》有意強調張載作為關中理學開創者和奠基者的
形象,相差頗遠。22

　　再者,如果我們比較馮從吾與稍早的關中學者在保存與表
彰張載所代表地方學術傳統方面的表現,也可以看出馮從吾的
突出之處。我們檢視王恕、馬理的文集,發現他們很少言及張
載。相對地,呂柟較常提到張載,也很推崇張載的成就,例如
他說:「橫渠子厚精思力踐,執禮不回,發為《西銘》、《正
蒙》諸書,開示後學,故殿中丞(案指張載父親張迪)之壽賴
以至今數百載常存也。」23呂柟稱讚張載之書「皆言簡意實,
出於精思力行之後,至論仁孝、神化、政教、禮樂,自孔孟後
未有能如是切者也。」24又有感於其書散失甚多,文集收錄不
全,且因未適當編輯而散漫無統紀,故曾將張載的遺著粹抄成
書,加以注釋,成《橫渠張子抄釋》一書,由解梁書院出版。25

---

22 汪道亨修,《陝西通志》(萬曆年間刊本,中央研究院傅斯年圖書館
　　藏),卷24,頁38a-42b。
23 呂柟,〈徐氏雙壽序〉,《涇野先生文集》,卷2,頁25b-26b,收入《四庫
　　全書存目叢書》編纂委員會編,《四庫全書存目叢書》(台南:莊嚴文化
　　事業公司,1997),集部,冊60。
24 呂柟,〈橫渠張子抄釋序〉,《涇野先生文集》,卷4,頁17b-18a。
25 此書成於嘉靖五年(1526)。

另外，呂柟在講學中也曾向門人談論關中先儒周蕙、薛敬之之事，顯示其對關中先賢學問的認識與肯定，並有傳承之功。[26]

　　儘管如此，呂柟並不像馮從吾，明確地把張載和宋元以降關中地區的理學傳統做緊密的聯繫，也沒有像馮從吾以致力於整理、發揮關中理學傳統為職志。相對而言，呂柟對於理學學術更具有一種超越地域限制的看法。舉例而言，他最景仰的理學家是程顥（1032-1085），他在十七、八歲時，曾夢見程顥、呂祖謙（1137-1181）二人在涇野草堂之上，呂柟升階質疑，聆聽教導。即使在夢中，他也受到極大的啟發。[27]他對張載的評價是介在程顥與朱熹之間：「方伯淳則不足，方元晦則有餘。伯淳已近乎化，元晦亦幾於大，張子之化十三，其大十九。」[28]

　　呂柟除了抄釋張載之文，也抄釋周敦頤、二程之文，同樣由解梁書院印行。[29]後又條釋《朱子抄釋》出版。[30]可見他對文獻的抄釋，更多是在宋明理學大傳統下的考慮，並沒有明顯地域因素。另外，我們從幾次外地學者拜訪呂柟的對話，看見當

26　呂柟著，趙瑞民點校，《涇野子內篇》（北京：中華書局，1992），頁49。

27　呂柟，〈二程子抄釋序〉，《涇野先生文集》，卷4，頁18b-19a。

28　呂柟，《涇野子內篇》，頁11。當然，人可以同時具有強烈的地域意識與超地域意識，對於「道」無南北差異的看法，也相當普遍存在士人心中，例如極力提倡北學的孫奇逢，也有如此的表述。見湯斌，《孫夏峰先生年譜》（台北：廣文書局，1971），卷下，頁13a。此處主要欲說明以提倡關中地域性學術傳統而言，呂柟不及馮從吾。

29　呂柟，〈宋四子抄釋序〉，《涇野先生文集》，卷11，頁12b-13a。此書亦成於嘉靖五年（1526）。

30　呂柟，〈朱子抄釋序〉，《涇野先生文集》，卷11，頁13b。此書成於嘉靖十五年（1536）。

外地學者先提起、並稱讚「橫渠以禮教人」的關學特色時，呂
柟的回答都沒有把張載的禮學和關中地域聯繫起來，反而總聯
繫到更古老的儒學傳統。[31]最明顯表達呂柟不受狹義地域限制來
看待理學傳統的是他以下這段話：

> 問：「宋時賢人輩出，多有方所。」先生曰：「一地
> 方怎能得？如周子，湖廣人；二程，洛陽人；張子，陝西
> 人；朱子，新安人。四五百年，生得數人而已。孔子曰：
> 才難。不其然乎？然今不可為地方限量，當以聖賢為必可
> 至。」[32]

由此可見，雖然呂柟對於保存張載文獻、致力地方學術工作有
極大的貢獻，但他更多是從傳承整個儒學傳統的角度思量，並
不特意宣揚關中地方性的儒學傳統。[33]相對地，雖然馮從吾也
是舉國聞名的大儒，他與鄒元標（1551-1624）等人在北京首善
書院講學造成極大轟動，故不論是實際交友網路或對學術的關
懷，馮從吾都有超越關中地域的向度，但是他同時也具有強烈
的地域認同，並致力於整理地方理學史的工作，因此也是在他

---

31 江西有五人來見，先生謂之曰：「若等為實，學動靜當以禮。」一人對
    曰：「是橫渠以禮教人也。」先生曰：「不特張子也，曾子亦然。雖孔子
    克己復禮，為國以禮，亦何嘗不是。」見呂柟，《涇野子內篇》，頁58、
    91、126。
32 呂柟，《涇野子內篇》，頁66。
33 參見鍾彩鈞，〈呂涇野《宋四子抄釋》研究〉，收入龍宇純先生七秩晉五
    壽慶論文集編輯委員會編，《龍宇純先生七秩晉五壽慶論文集》（台北：
    台灣學生書局，2002），頁459-484。

手中，關學以及張載與地域傳統的聯繫，獲得進一步的確定。[34]
　　馮從吾編纂《關學編》的工作得到其他關中學者的高度
肯定，張舜典讚其用心宏遠，使得關學不致堙沒無聞；[35]李元
春（1769-1854?）嘉此為振興關學的壯舉；[36]李因篤（1631-
1692）也特別表揚其為關學追溯源委、釐清道脈之功。[37]《關學
編》的編纂及其對講學的提倡，也使得馮從吾成為晚明關學集
大成者。崔應麒（1571進士）曾說：

> 然橫渠氏，學足以名世而不得一遇世主。涇野能致其身
> 於蘭台虎觀之上，以為大行之兆，而從遊者遂寥寥無幾。
> 乃先生（案指馮從吾）出則以直聲動天下，居則以斯道裁
> 吾黨，斯又兩君子交際其窮，先生有以獨集其大也。[38]

李顒也說：「關學一脈，張子開先，涇野接武，至先生（案指
馮從吾）而集其成宗風賴以大振。」[39]
　　馮從吾所整理、勾畫出的關學傳承脈絡，也成為後世學

34　見下文。
35　張舜典，〈關學編後序〉，收入馮從吾，《關學編》，頁62。從馮從吾
　　〈答李翼軒老師〉一文可窺見他如何在文獻中蒐集撰寫先正傳記的情形，
　　見《少墟集》，卷15，頁41a-42a。
36　李元春，〈關學續編序〉，收入馮從吾，《關學編》，頁66。
37　見達靈阿、周方炯纂，《重修鳳翔府志》（台北：成文出版社，1970），
　　卷10中卷，頁26b-27a。
38　崔應麒，〈關中書院志序〉，《關中書院志》，卷首。
39　李顒，《二曲集》（北京：中華書局，1996），卷17，頁181。又如張紹
　　齡曰：「我師少墟夫子崛起關中，繼涇野先生後執理學牛耳。」收入馮從
　　吾，《少墟集》，卷3，頁73b。

者理解關中理學最重要的文獻。黃宗羲（1610-1695）《明儒學案》所收錄的關學學者及內容，並不出《關學編》的範圍；後代對關學史增修時，也主要在馮從吾《關學編》的基礎上進行。王心敬的《關學續編》、[40] 王維戊的《關學續編本傳》、[41] 李元春的《關中道脈》、[42] 李元春和賀瑞麟（1824-1893）編的《關中兩朝文鈔》、[43] 張驥的《關學宗傳》，均有明顯的延續性。[44] 另外，《關學編》所載的關中理學系譜，也影響了後來地方書院祭祀的典制。[45]

　　其實在《關學編》以前，已有類似地域性理學史的著作產生，但主要在東南地區。金賁亨（1483-1568）的《台學源流》、[46] 朱衡（1532進士）的《道南源委錄》，與楊應詔

40　王心敬，《關學續編》，收入馮從吾，《關學編》，附錄1。

41　王維戊的《關學續編本傳》，收於《二曲集》，附錄2。

42　李元春的《關中道脈》我未能見，該書蒐集《增訂關學編》、《張子釋要》、《關中三先生要語錄》、《關中四先生要語錄》四種。參見劉學智，〈關學及二十世紀大陸關學研究的辨析與前瞻〉，《中國哲學史》，2005年第4期，頁110-117。

43　此書我未見到，但根據張驥所言，李、賀二人亦主要承續馮從吾之作有所增益。張驥，〈自敘〉，《關學宗傳》，卷首，收入四川大學古籍整理研究所編，《儒藏》（成都：四川大學出版社，2008），史部，冊164。

44　張驥在《關學宗傳》的自敘中說到，馮從吾輯《關學編》，後李元春、賀瑞麟又有增輯，蔚然可觀，可惜後繼無人，他的《關學宗傳》既有承繼先賢續編之意，以關中地區的理學為範圍，在體例上則仿周汝登的《聖學宗傳》和孫奇逢的《理學宗傳》。另外，從張驥遵循馮從吾將關學開派斷自張載，把張載以前已具關學規模的儒者編入附傳，亦可見馮從吾《關學編》的影響。張驥的自敘和編纂例言，收入《關學宗傳》，卷首。

45　李顒，《二曲集》，頁181。

46　金賁亨，《台學源流》，收入《四庫全書存目叢書》，史部，冊90。該書

（1515-1588）的《閩南道學源流》，[47]都是早於《關學編》的
類似體例之作。以學術文化的整體表現而言，明代的東南盛於
西北，故對本地學術史整理反思的工作，東南領先是可以理解
的。若以北方學界而言，《關學編》仍是開風氣之作，不僅後
來關中地區又有許多同體例的續編，河南中州亦有類似之作。
清初以孫奇逢（1584-1675）為領袖的河南學圈，也陸續編纂
《北學編》、《洛學編》、《中州道學編》等地方學術史著
作。[48]這些著作的出現具有學術史上更廣泛的意義，事實上明清
之際有相當多學術史著作湧現，這類以地域性理學為主的編纂
作品，僅是其中一部分。[49]

　　我們若考慮當時南北差異及晚明王學弊端等因素，或如包

　　是浙東台州理學史。金賁亨是浙江臨海人，傳見洪朝選，〈江西提學副使
　　金公賁亨墓誌銘〉，收入焦竑編，《國朝獻征錄》，卷86，頁95a-98b，見
　　周俊富編，《明代傳記叢刊》（台北：明文書局，1991），冊113。

47 二書均為福建理學史。朱衡是江西萬安人，在督學福建時，錄《道南源委
　　錄》，但明代僅錄陳真晟等四人，附錄傳很簡略；楊應詔的《閩南道學源
　　流》，載楊時以後諸儒，終於蔡清，共一百九十五人。見《四庫全書存目
　　叢書》，史部，冊92。

48 孫奇逢晚年在河南講學，也致力於學術史的整理工作，尤對北方儒學史的
　　編纂與提倡，投入極大心力。他於六十四歲編纂《理學宗傳》，六十五歲
　　修《新安縣誌》，七十四歲完成《中州人物考》，七十五歲完成《畿輔人
　　物考》，又考蘇門遺事，及編輯《聖學錄》。孫奇逢又命魏一鼇輯《北學
　　編》，湯斌纂修《洛學編》。孫奇逢看過《關學編》也受其一定的影響，
　　可見《洛學編》的〈凡例〉；關於孫奇逢在中州的講學情形，參見呂妙
　　芬，〈清初河南的理學復興與孝弟禮法教育〉，見本書第二章。

49 關於清初順治、康熙年間理學相關的學術史著作，參見史革新，〈清順康
　　間理學的流布及其發展趨勢爭議〉，《福建論壇（人文社會科學版）》，
　　2004年第5期，頁53-58。

弼德（Peter Bol）所稱十六世紀有一種「向地方轉向」（localist
turn）的現象，以及在這波建構地方傳統與認同的風潮中，全國
性指標因素的重要性等，[50]均有助於我們進一步了解這些地域
性學術史的建構工作。南宋以降，中國政治、經濟中心往東南
轉移，北方無論在經濟或學術文化各方面的表現，均逐漸失去
與南方抗衡的力量，長期處於弱勢。但是晚明江南隨著市鎮文
化興起，風俗變易，加上王學所引發的爭議愈演愈烈，明亡之
後，王學末流更成為士大夫大肆攻擊的目標，甚至被指控為亡
國的主因。此時的北方學者往往以中華文化發源地、純正學風
代表者的姿態出現，表現出欲重振當地學術傳統、矯正南方士
習的企圖。例如，張舜典在《關學編後序》中說：

> 吾鄉居天下之西北脊，坤靈淑粹之氣自吾鄉發，是以庖
> 義畫卦，西伯演《易》，姬公制禮，而千萬世之道源學術
> 自此衍且廣矣。[51]

他又說，《關學編》所載錄均是學洙、泗，祖羲、文的學者，
故此書不僅是記載關中之學，更是天下千秋萬世之正學。[52]同樣

---

50 Peter Bol, "The 'Localist Turn' and 'Local Identity' in Later Imperial China,"
　　Late Imperial China, 24.2（2003），pp.1-50.
51 張舜典，〈關學編後序〉，收入馮從吾，《關學編》，頁62。
52 張舜典，〈關學編後序〉，收入馮從吾，《關學編》，頁62。另外，呂柟
　　也曾描述關中風土淳厚，孕育強悍尚義的民性，流露出對家鄉作為中國古
　　代文化中心的深厚情感。見鍾彩鈞，〈呂涇野思想研究〉，《中山人文學
　　報》，期18（2004年6月），頁1-29。

地，孫奇逢晚年獻身修纂中州學術史，他講到中州學術傳統時也流露出一種「天下道脈在茲」的自信與驕傲：

> 洛為天地之中，嵩高挺峙，黃河蜿蜒，自河洛圖書，天地已泄其秘，而渾龐淳樸之氣，人日由其中而不知。至程氏兩夫出，斯道大明，人知所趨的，學者於人倫日用至庸極易之事，當下便有希聖達天路徑，是道寄於人而學寄於天。蓋洛之有學，所以合天人之歸，定先後之統，關甚巨也。[53]

關中和洛陽，既是中國古代文明的發源地，又是北宋張載、二程的家鄉。即使到了晚明，在經濟、學術、文化各層面的實力均遠落後於江南，但某些學者眼中的江南，奢靡成風、黨爭激烈、雜糅三教，早已「病入膏肓」，如今能重振中國純正學統者，非北學莫屬。因此，這些反思北方學術傳統的學術史著作，往往透露著鮮明的地域意識，並有強調正學傳統、欲重振本地學風、甚至勵進全國士習的意味。

　　馮從吾在關中講學，試圖超越程朱與陸王的學派之爭，力排佛道、辨正學術，回歸篤實重禮的關中精神，明顯有發揚關學、矯正時弊的意圖。而孫奇逢這一代走過明清鼎革的士人，對於晚明江南學風的反省更為深刻；年輕一輩如冉覲祖（1636-1718）等清初學者，對於陽明學的抨擊更是毫無保留，他們的

---

53 孫奇逢，〈洛學編序〉，收入湯斌輯，《洛學編》，卷首，頁1a-b，收入《四庫全書存目叢書》，史部，冊120。

學術取向也明顯呼應了清初崇儒重道、標榜「真理學」、打擊江南士習的官方意識形態。[54]簡言之,從馮從吾編纂《關學編》以重振關學,到孫奇逢等河南中州學者的類似作為,若置放在明清之際政治、文化、學術的大變局與地域間的競爭關係中觀看,我們可以讀出更豐富的意涵。

不過,明清之際學者的南北論述其實有更複雜的表述和認同方式。趙園指出,當時南方學者有以「南北」以論「夷夏」者,如王夫之(1619-1692)、黃宗羲均以北方狎於羯胡,又久經流寇之亂,故不及江南遠矣;但也有如屈大均(1630-1696)、顧炎武(1613-1682)等南方遺民,強烈表達了對西北的傾慕之情,他們對西北的傾慕即是對中華文明的認同。此不僅顯示地緣政治複雜的情感與競爭關係,也提醒我們不可過度簡化複雜的認同表述方式。[55]

綜上所述,儘管關學開創於北宋,不過張載之後,即面臨衰微的命運,要到明代中葉,尤其呂柟、馮從吾的講學,才真正再創高峰。呂柟雖也致力於關中地方史的整理,對於先賢的祠祀和學問也有延續、發揮之功,但若以發揚具地方意識之「關中理學」而言,其貢獻無法與馮從吾相提並論。馮從吾不僅長期主盟關中地區的講學活動,他編纂《關學編》還賦予「關學」明確的界定與內容,並相當程度規範了後代對於「關學」的理解。透過建構關學傳承的道脈系譜,以關中地域作為

54　參見呂妙芬,〈清初河南的理學復興與孝弟禮法教育〉。

55　關於明清之際士人的南北論述與自我認同,參見趙園,《明清之際士大夫研究》(北京:北京大學出版社,1999),第2章。

關學的重要判準，「關學」成為從張載創立以降綿延發展的地域學術傳統。如此不僅更緊密地將張載之學與關中地方聯繫起來，也更鮮明地表彰了關中地域學術的獨特精神樣貌。

（二）張載地位的提升

本節將進一步探討作為關學開創者的張載，在地方上被記憶、紀念的情形，檢視當晚明學者們反省、整理、建構地方學術傳統的同時，對於提升張載的地位是否也有具體的作為。

1. 張載的祠祀

張載死後，在南宋嘉定年間獲諡，宋淳佑元年（1241）與周敦頤、二程朱熹一同從祀孔廟，封為郿伯。[56]嘉靖九年（1530）改稱「先儒」，[57]崇禎十五年（1642）改稱「先賢」，然僅及於國學與關里廟廷；直到清康熙二十五年（1686），才通行天下。[58]因此，從朝廷祀典看，張載在宋明理學中一直享有

---

56 《宋史》記載張載於嘉定十三年（1220），賜諡曰明公，不過根據《道命錄》，直到嘉定十六年（1223）諡號仍未定。脫脫等著，《宋史》（北京：中華書局，1977），卷42，頁821-822；卷417，頁12725；李心傳輯，《道命錄》，卷9，頁9b-10b，收入《續修四庫全書》編纂委員會編，《續修四庫全書》（上海：上海古籍出版社，1997），冊517。關於張載諡號問題的考證，感謝陝西師範大學博士生張波提供。

57 張廷玉等著，鄭天挺點校，《明史》（北京：中華書局，1974），卷50，頁1298-1299。

58 張廷玉等著，《明史》，頁1301；趙爾巽等著，《清史稿》（北京：中華書局，1976），卷7，頁220；袁文觀纂修，《同官縣誌》（台北：成文出版社，1969），卷5，頁6a-b；羅彰彝纂修，《隴州志》（台北：成文出版

崇高的地位，雖然他的學問在南宋之後，其實少有傳人。

　　儘管張載之學在關中快速衰微，但對於這位先賢，地方上仍有祠祀的建制，其中最著名的是張載家鄉鳳翔郿縣橫渠鎮的張子祠。張子祠建於元代元貞元年（1295），又於泰定三年（1326）在祠後興建橫渠書院，成為祠與書院一體的結構。張子祠與書院從元代始建到清末歷時五百餘年間，雖曾衰頹於一時，但終未全廢。張子祠前後共修葺十四次，書院也修葺了九次。目前則設有張載祠文物管理所。[59]

　　我們從陝西地方誌史料可以發現其他府、州、縣也有祭祀張載的建制，詳見表一。

　　社，1970），卷2，頁9a。

59　張世敏，《張載學說及其影響》，第四章「張子祠、橫渠書院、張子墓歷代修葺考」，https://special.zhexuezj.cn/mobile/mooc/tocard/127366321?courseId=201754448&name=第四章+张子祠、横渠书院、张子墓历代修葺考（2020年10月13日檢索）。

表一　關中張子祠祀表

*據陝西地方誌資料整理

府	縣	祭祀地點與物件	修建時代與興廢情形	資料來源
鳳翔府	郿縣橫渠鎮	張子祠（專祠）	元元貞元年興，至清末，共修葺十四次。	《重修鳳翔府志》
鳳翔府	鳳翔縣	橫渠祠	不詳	《重修鳳翔府志》
鳳翔府	府治東	岐陽書院三公祠（祀周之三公，張載配）	不詳	《重修鳳翔府志》《陝西通志》
鳳翔府	扶風縣	張橫渠祠（專祠）	不詳	《陝西通志》
延安府	膚施縣	五賢祠（祀北宋五子）	不詳	《延安府志》《陝西通志》
延安府	靖邊縣	龍圖書院正學祠（祀孔子，范仲淹、張載配）	明萬曆元年建，毀於清同治六年回回之亂。	《延安府志》《靖邊縣誌》
延安府	宜川縣	二賢祠（祀胡瑗、張載）	萬曆初年建，雍正初年廢	《延安府志》《宜川縣誌》
延安府	宜川縣	名宦祠（祀胡瑗、張載等七人）	民國時期廢	《宜川縣誌》
延安府	宜川縣	張子祠（專祠）	乾隆五十二年建	《宜川縣誌》
西安府	長安縣	關中書院正學祠（祀二程、張載，配以朱光庭、呂大忠等）	明弘治朝建，萬曆、順治朝均曾修葺。	《西安府志》《長安縣誌》《陝西通志》
西安府	長安縣	七賢祠（祀張載、呂大忠等	不詳	《西安府志》

府	縣	祭祀地點與物件	修建時代與興廢情形	資料來源
西安府	臨潼縣	橫渠先生祠（張子祠）（專祠）	萬曆三十五年建，清初廢。康熙三十七年，改建橫渠書院，仍祀張載。	《西安府志》《陝西通志》
同州府	蒲城縣	橫渠祠	明正德五年建，後改祀觀音。萬曆壬子，李燁然重建祠於龍祥觀側。光緒年間新其祠，復設書院。	《蒲城縣誌》《蒲城縣新志》
西安府	武功縣	張橫渠先生祠（專祠）	舊祠在關帝廟後，明弘治八年改建，增置講堂學舍。明末頹敗，康熙五十年重修。	《武功縣後志》《陝西通志》

　　從上表我們可以發現，關中大多數的張載祠是建於明朝，特別是明中葉以後。這也大致呼應了關中地區的理學發展史，即在南宋後沉寂多時，直到了明中期以後才再度復興的情形。根據吳有能的考察，關中地區的書院也多建於明中期以後。[60]因此我們可以說，隨著地方士人群體及學術動能的增長，研究、反思自身傳統的能力也提升，而在對學術傳統反思與建構的過程中，作為學派開創者的張載也再度喚起人們的記憶及相關的紀念行動，關中張子祠的興建工作也才得以獲得新的活力。

　　另外，我們從關中士人對張載文獻的整理、出版工作，

---

60 吳有能，〈馮從吾理學思想研究：一個意義結構的展現〉，頁7-9。

也可看到大致相符的趨勢。嘉靖年間有呂柟抄釋《橫渠張子抄釋》出版，[61] 萬曆末期，鳳翔知府沈自彰因久慕張載之學，除了重修橫渠書院與張載祠外，也廣搜張載遺著，編成《張子全書》，於萬曆四十六年（1618）出版。[62]《張子全書》在順治、康熙、嘉慶、道光、同治年間又多次被重刊。[63] 張載著作的結集出版對於提倡、研究張載之學有重大意義，而出版的時間與契機則與上述關中理學復興與祠祀再興相符合。另外，晚明關中士人也有不少蒐集、編輯、出版鄉賢著作的努力。薛敬之的《思庵野錄》、王之士的《秦關全書》、南大吉兄弟與王陽明講學的語錄《越中述傳》等都在晚明出版，張舜典的《雞山先生語要》則稍後由李顒整理付梓。[64] 上述種種學術活動都顯示明清之際是一個全面反省、整理、建構、發揮關中理學傳統的重要時期。

2. 張載後裔重回關中故里

　　鳳翔郿縣雖是張載的故里，張載的墓地也在此，又建有張子祠。但是張載的後裔從南宋以降屢經遷徙，散落在灤州、長

61　呂柟在〈橫渠張子抄釋序〉中曰：「橫渠張子書甚多，今其存者止二銘、正蒙、理窟、語錄及文集，而文又未完，止得二卷於三原馬伯循氏。」見呂柟，〈橫渠張子抄釋序〉，《涇野先生文集》，卷4，頁17b-18a。
62　見袁應泰，〈張子全書序〉，收入張載，《張載集》（新北：漢京文化事業公司，1983），頁389-392。
63　不同年代出版各版本序，收入張載，《張載集》，頁392-400。
64　參見馮從吾，〈思庵野錄序〉、〈秦關全書序〉、〈越中傳序〉，收入《少墟集》，卷13，頁6a-8a、16b-18a、41a-43b；李顒，〈題張雞山先生語要〉，《二曲集》，卷19，頁222。

沙、南陽、福建、蘇州、荊門、鎮江等地，[65]晚明鳳翔府已經沒
有張載的後裔居住，也沒有親人能夠照顧張載的墓、祠。關學
始祖的血脈竟然已在關中故里斷絕，這對正在積極建構關學、
聯繫張載與關中地域紐帶的晚明士人，是何等令人不堪的事
實。故馮從吾等地方士人及知府沈自彰希望能夠覓得張載的後
裔，並妥善照顧張載的墓、祠。也就在這時候，馮從吾因閱覽
河北灤州舊志，得知張載後人從金、元已流寓於灤，他立即寫
信給沈自彰與永平的王保宇。[66]萬曆四十八年（1620），沈自彰
移文直隸永平府，請永平府知府史文煥（1598進士）在其所屬
灤州張載後裔中選擇品學兼優者，讓鳳翔府將他們迎歸回到郿
縣定居。[67]在官府的積極運作下，最後張載第十四世後裔張文運
（1630歿），帶著兒子張承績，孫子張元福、張元壽、張元祥
回到鳳翔府定居，並被安排在張子祠內的張子書院講學任教、
奉祀先祖。[68]為了表達張子故里終於有人可以承胤，張承績改名

65　張世敏，《張載學說及其影響》，第五章第一節「《橫渠族譜》及張載後
　　裔遷衍考」，https://special.zhexuezj.cn/mobile/mooc/tocard/127366327?course
　　Id=201754448&name=一、《橫渠族譜》及張載後裔遷衍（2020年10月13日
　　檢索）。

66　我未能查到王保宇的名。見馮從吾，〈與王保宇郡丞〉二書、〈答王蒼坪
　　明府〉、〈與沈芳揚太府〉，收入《少墟集》，卷15，頁60b-62b。沈自彰
　　是大興人，萬曆年間中進士，其傳見達靈阿，《重修鳳翔府志》，卷5，頁
　　73b。

67　沈自彰撰有碑文，詳述張載後十四世的世系，碑文見https://special.zhexuezj.
　　cn/mobile/mooc/tocard/127366327?courseId=201754448&name=一、《橫渠族
　　譜》及張載後裔遷衍（2020年10月13日檢索）。

68　張承績是張文運的三子。張元福、張元壽是張文運的長子張承嗣之子，當
　　時張承嗣已亡。張元祥是張承績的長子，見沈自彰撰的碑文，收入張世

為張承胤。[69]另外，張載家族的家譜編纂似乎也與馮從吾有關，因馮從吾進呈一部張氏家譜給沈自彰；[70]後沈自彰又在崇禎十六年（1643）撰寫了一篇載有張載十四代世系的碑文，這篇碑文現在成為研究北方張載後裔的重要史料。[71]

敏，《張載學說及其影響》，第五章第一節「《橫渠族譜》及張載後裔遷衍考」，https://special.zhexuezj.cn/mobile/mooc/tocard/127366327?courseId=201754448&name=一、《橫渠族譜》及張載後裔遷衍（2020年10月13日檢索）。

69 張世敏，《張載學說及其影響》，第五章第一節「《橫渠族譜》及張載後裔遷衍考」，https://special.zhexuezj.cn/mobile/mooc/tocard/127366327?courseId=201754448&name=一、《橫渠族譜》及張載後裔遷衍（2020年10月13日檢索）。

70 馮從吾寫給沈自彰的信言及：「橫渠家譜寄在張心虞處，老公祖取而觀之，何如。」見馮從吾，〈與沈芳揚太府〉，《少墟集》，卷15，頁61b-62a。

71 沈自彰碑文，收入張世敏，《張載學說及其影響》，第五章第一節「《橫渠族譜》及張載後裔遷衍考」，https://special.zhexuezj.cn/mobile/mooc/tocard/127366327?courseId=201754448&name=一、《橫渠族譜》及張載後裔遷衍（2020年10月13日檢索）。

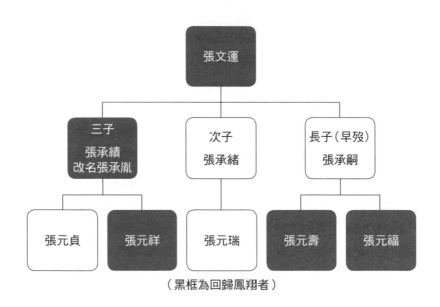

（黑框為回歸鳳翔者）

　　尋找張載後裔並迎歸鳳翔的舉措，實與關中士人欲為張
載後裔爭取朝廷世襲官位有關。明朝廷將翰林院世襲五經博士
的官銜授予儒家先賢的後裔，景泰年間有顏子、孟子、程頤、
朱熹、周敦頤、劉基的後裔承襲；曾子和子路的後裔分別於嘉
靖、萬曆年間承襲；程顥、邵雍的後裔承襲於崇禎年間。[72]張載
雖與周敦頤、二程、朱熹同列孔廟「先賢」，但其後裔一直未
能承襲五經博士，主要因為未能在關中找到後裔。馮從吾說：

　　　吾鄉橫渠張子，其尊人當祀啟聖祠，昨畢東郊公業已題
　　　請矣。至如後人，二百五十年，當道諸公止在吾鄉物色，

72　張廷玉等著，《明史》，卷73，頁1791。

竟不可得。[73]

沈自彰也說：

> 二程、周子、朱子之後則世襲博士，藉冠裳以光俎豆，徵
> 國恩以榮奕葉。而張子之後則猶未沾，蓋緣其五世孫以功食
> 邑於郿，從此世為郿人，而陝中無考，故莫有為之。[74]

可見馮從吾等關中士人對於張載的父親張迪能夠崇祀啟聖祠、
後裔能夠世襲五經博士是十分重視的，他們也以具體行動積極
爭取。[75]當馮從吾從郿州舊志中得知張載後裔流寓郿州之後，他
立即上報官府，並興奮地說道：「國朝二百五十年闕典，直待
今日，良為奇遇。」[76]果然，天啟二年（1622）朝廷授予張文運
五經博士銜，子孫世襲，以奉祀張子祀事。[77]張文運卒於崇禎三
年（1630），張承胤以父憂未襲，又卒於崇禎六年（1633），
後由張元祥於康熙元年（1662）襲五經博士。[78]張載的父親張

73　馮從吾，〈與王保宇郡丞〉，《少墟集》，卷15，頁60b。畢東郊即畢懋
　　康，歙縣人，萬曆二十六年（1598）進士。天啟中革官右僉都御史，魏忠
　　賢以其為趙南星所引，欲去之，御史王際逵劾其附麗邪黨，遂削籍。崇禎
　　初起南京通政使，歷南京戶部右侍郎，旋引疾歸。
74　沈錫榮等纂，《郿縣誌》（台北：成文出版社，1969），卷14，頁9a。
75　《郿縣誌》收有一篇蕭大雅為張迪從祀啟聖祠所寫的文章，沈錫榮等纂，
　　《郿縣誌》，卷14，頁11a-b。
76　馮從吾，〈與王保宇郡丞（二）〉，《少墟集》，卷15，頁60b。
77　張廷玉等著，《明史》，卷284，頁7303-7304；沈錫榮等纂，《郿縣誌》，
　　卷14，頁7a-10b。
78　張廷玉等著，《明史》，卷284，頁7303-7304；沈錫榮等纂，《郿縣誌》，

迪，也在清雍正二年（1724）獲祀崇聖祠，稱先儒。[79]因此，在晚明關中士人與官員的攜手努力下，張載及其家族的地位都獲得提升，享受更高的尊榮。

　　馮從吾、沈自彰等尋找張載後裔迎歸鳳翔故里的舉動，對於當時積極建構、提振的關學也有重要意義。上文已說及，馮從吾明確把關學和關中地域聯繫起來，儘管後代關中理學家未必都受到張載思想的啟發，也不見得能發揮張載之學，只因同為關中人又傳承廣義的理學傳統，便被歸入「關學」。正因為「關學」具有實質的地域意義，學派創始人張載的墓、祠、家族後裔與關中的地域紐帶關係也具有重要的象徵意義。家族血脈畢竟代表著張載生命具體有形的傳承，最理想的當然是張載的血脈與學術傳承，都能在關中故里永續繁衍；若張載的家族血脈果真斷絕於關中故里，似乎也寓示著其學問精神傳衍的飄渺難測。

　　綜上所論，明中葉以降關中理學經歷了復興，地方士人群體及學術動能均有增長。在這樣的風氣下，關學的建構與發揚也獲得進一步的進展。馮從吾對此有極重要的貢獻，在他手中，「關學」被定義為關中理學傳統，並對主要學者和學術傳承有所記錄，在他積極宣導下，關中地方的講學也開創了另一高峰。大約在同時期，我們也看到關中地區的書院建興更蓬勃，張載祠有更多的建制，士人對於張載遺書及其他先儒文獻的整理出版工作也更積極。而尋覓張載後裔、迎歸鳳翔、積極

　　卷12，頁8a-b。

79　趙爾巽等著，《清史稿》，卷84，頁2534-2535。

為之爭取世襲五經博士，並爭取張迪崇祀崇聖祠的政治行動，也都在此時積極展開。據此我們可以說，當晚明士人建構關學的同時，作為關學始祖的張載，不僅地位獲得進一步的提升與穩固，張載個人的學問及其家族與關中故里的關係，也獲得更實質而緊密的聯繫。

張載家族從關中故里消逝多年之後，已重新回歸，持續繁衍，並因此獲得朝廷世襲的恩典，與其他北宋四子享有同等的尊榮。我們不禁想問，張載的學說如何？是否也在消沉多年之後，在這波關學復興與建構的潮流中，重新找回思想的生命力和傳人？而在發揚張載的學說上，關中士人又扮演著怎樣的角色？此則是下一節討論的重點。

三、張載之學再現明清思想論域

本節主要欲說明，張載的學說在沉寂多年之後，也同樣在明清之際重獲重視，再現其學術生命力。我們知道張載的學說有兩大特色是：氣學與禮學。因此，本節將以張載思想的這兩個特色，配合明中葉以降氣論思想的發展與明清之際禮學復興兩方面，試圖為明清之際張載之學的復興提供某些思想史的脈絡。

（一）明代的氣論思想

張載的學問之所以能夠在北宋時與周敦頤、二程呈現三足鼎立的態勢，絕不僅止於學派的勢力而言，同時也由於其思想

內容的獨特性和開創性。張載之學的最大特色在於一種深具本
體宇宙論意涵的氣論。[80]其實程朱思想與張載思想之間有相當
的近似性,程朱重視本體論及體用二元的思維架構均與張載相
近,但他們並不滿意張載使用「太虛」這個詞來指涉本體,朱
子認為這是「夾氣作一處」,即認為「太虛」一詞氣的意味太
重,不如用「理」來指稱形上本體。[81]在宋明理學的發展史中,
由於程朱學的強勢,張載氣論思想長期受到忽略,處於非主流
地位,要直到明代中期以後,隨著學者們對程朱理氣論的修正
轉而強調氣一元論,才再度湧出檯面。[82]尤其在王夫之手中,透
過闡釋《正蒙》,不僅開創自我學問,也同時將張載之學推向

---

80 簡言之,具有形上本體義的太虛作為氣之本體,但同時太虛又與氣永遠相
   即不離地處在宇宙生生的創化之中。本文對於張載「太虛」與「氣」的理
   解,採張亨、丁為祥等人的解釋,以「太虛」為形上本體義的氣之本體,
   「太虛即氣」並不意謂太虛等同氣,而是強調兩者相即不離、通一而二。
   張亨,〈張載「太虛即氣」疏釋〉,收入氏著,《思文之際論集:儒道思
   想的現代詮釋》(台北:允晨文化,1997),頁192-248;丁為祥,《虛氣
   相即:張載哲學體系及其定位》(北京:人民出版社,2000),第2章。

81 黎靖德編,王星賢點校,《朱子語類》(台北:華世出版社,1987),卷
   99,頁2538。關於張載「太虛」的概念,主要因為張載關於太虛的文字本
   身有歧義,後代學者對其「太虛」與「氣」的關係也有不同解讀。關於
   此,見張立文,《正學與開新:王船山哲學思想》(北京:人民出版社,
   2001),頁116-117。

82 荒木見悟認為明代的氣學主要是對朱子學某種程度的修正型態。見氏著,
   〈氣學商兌──以王廷相為中心〉,收入氏著,廖肇亨譯,《明末清初的
   思想與佛教》(新北:聯經出版事業公司,2006),頁13-47。亦參見陳
   來,〈元明理學的「去實體化」轉向及其理論後果〉,收入氏著,《詮釋
   與重建:王船山的哲學精神》(北京:北京大學出版社,2004),頁394-
   427。

另一高峰。

　　明代中期之後氣論思想的復興，已是學界的共識。[83] 對此，過去學者有不少研究，早期強調唯物主義的見解，晚近已受到修正。[84] 雖然學者們研究的立場和本身的觀點往往造成解讀上的歧義，故所梳理、挖掘出的思想變化軌跡也不盡相同，但是發展的趨勢還是鮮明的，對主要代表性思想家的看法也頗一致。[85] 羅欽順（1465-1547）、王廷相（1474-1544）、吳廷翰（1491-1559）、王夫之、戴震（1723-1777）等人都是著名的氣論代表性思想家。[86]

　　儘管談到宋明理學中的氣論思想，總會令人立刻聯想到張載開創性的地位，但是否明清氣論思想家都真的受到張載的啟發？他們都贊同或忠實再現了張載的思想嗎？張載之學是否真的在明清氣論論域中占據著重要的地位？以下我想透過檢

83　陳來指出，從元明以來的朱子學，已有擺脫「理」之實體化的傾向，強調理氣不分、氣的第一性。陳來，〈元明理學的「去實體化」轉向及其理論後果〉。

84　荒木見悟，〈氣學商兌──以王廷相為中心〉；丁為祥，《虛氣相即：張載哲學體系及其定位》。

85　對明代氣學的分類討論，參見楊儒賓，〈檢證氣學：理學史脈絡下的觀點〉，《漢學研究》，卷25期1（2007年6月），頁247-281。

86　當然這些學者的作品不能完全涵蓋當時氣論的論述，而且不同學者所選擇的代表性人物亦略有差距，如山井湧以羅欽順、湛若水、王廷相為明中葉代表性學者，劉又銘所選擇的則是羅欽順、王廷相、顧炎武、戴震。不過，上述幾位學者均是明代氣論重要學者，應無異議。小野澤精一、福光永司、山井湧編，李慶譯，《氣的思想：中國自然觀和人的觀念的發展》（上海：上海人民出版社，1999），頁354-357；劉又銘，《理在氣中》（台北：五南圖書出版公司，2000）。

視這些明清氣論代表性思想家的文字，主要考察張載思想被
援引、討論的情形，即檢視張載的氣論是否在後代氣學論述
（discourse）中占據鮮明而重要的位置，藉此說明其思想在明清
氣論思潮中的地位。

　　羅欽順明確反對程朱視「理」為獨立於氣之外的實體，強
調理氣一體，他說：「理只是氣之理，當於氣之轉折處觀之。
往而來，來而往，便是轉折處也。」[87] 羅欽順通常被視為明代
中期反對程朱理氣論的思想先鋒，我們檢視羅欽順的《困知
記》，發現他確實提及張載的《正蒙》，對於張載闢佛及部分
言論，也表達了稱許之意。[88] 但他不同意張載「聚亦吾體，散
亦吾體，知死之不亡者，可與言性矣。」之說，並質疑張載將
理、氣看作二物的觀點。[89] 整體而言，羅欽順並沒有太關注張
載的學說，他的氣論思想，與其說受到張載的直接影響，不如
放諸元、明以來學者對程朱「理先氣後」修正的傳統，更為適
切。[90]

87　羅欽順著，閻韜點校，《困知記》（北京：中華書局，1990），頁68。

88　羅欽順認為氣散而死，終歸於無，無此物即無此理，故不可謂「死而不亡
　　者」，並同意朱子說張載此言，其流乃是個大輪迴。參見氏著，《困知
　　記》，頁30。

89　羅欽順，《困知記》，頁30。

90　陳來指出從元代吳澄到明初胡居仁，均可看出對程朱「理先氣後」的修
　　正。荒木見悟也持同樣看法。荒木見悟，〈氣學商兌──以王廷相為中
　　心〉；陳來，〈元明理學的「去實體化」轉向及其理論後果〉。這裡基本
　　上把程頤和朱子的理氣論合論，然若更細緻地看，兩人尚可進一步區分，
　　鍾彩鈞指出兩人理論中氣的位置不同，程頤視氣為理之用，朱子則把氣視
　　為另一存有。鍾彩鈞，〈呂涇野思想研究〉，頁4。關於羅欽順氣論與張載
　　的差異，見楊儒賓，〈檢證氣學：理學史脈絡下的觀點〉。

　　相形之下，王廷相顯然更受到張載的影響，也更認同張載
的學說。他幾次反駁別人對張載的批評，並在〈橫渠理氣辯〉
中稱讚張載的氣論：

　　張子曰：「太虛不能無氣，氣不能不聚而為萬物，萬
物不能不散而為太虛，循是出入，皆不得已而然也」「氣
之為物，散入無形，適得吾體，聚而有象，不失吾常。」
「聚亦吾體，散亦吾體，知死之不亡者，可與言性矣。」
橫渠此論，闡造化之秘，明人性之源，開示後學之功大
矣。[91]

除了讚許張載「太虛即氣」的學說闡發造化之秘與人性之源，
王廷相也針對朱子的批評，提出反駁。朱子認為「性者理而已
矣，不可以聚散言」，故對張載之說頗有批評。[92]王廷相指出，
朱子因為自己持定「性與氣原是二物」、「性之在氣外者卓然
自立」的觀點，故不能欣賞張載之說，王廷相更明確地說程朱
理氣二元論是錯誤的。[93]雖然如此，王廷相詮釋下的張載氣論，
其實並非忠實再現張載思想，而更接近氣一元論的立場。他將

---

[91] 王廷相，〈橫渠理氣辯〉，《王氏家藏集》，卷33，收入氏著，王孝魚點
　　校，《王廷相集》（北京：中華書局，1989），頁602。
[92] 朱熹對於張載氣論的批評，主要在《朱子語類》，卷98、99。
[93] 王廷相，《王廷相集》，頁602。王廷相對朱子理氣論的批評，亦參見氏
　　著，《雅述》，篇上，收入《王廷相集》，頁848、851-852。王廷相主要進
　　路還是程朱學，其透過詮釋張載主要還是與程朱學對話。荒木見悟，〈氣
　　學商兌：以王廷相為中心〉；丁為祥，《虛氣相即：張載哲學體系及其定
　　位》，頁303-312、316。

「太虛」解釋為「太虛之氣」，[94]即所謂的「元氣」，是一種創造宇宙造化萬物前的原始狀態。[95]如此解釋雖然發揮了張載太虛與氣始終相即不離之義，但背離了張載體用二元的思維架構，也消解張載思想中的形上義。[96]

　　另外，我們從〈答何栢齋造化論十四首〉也可見王廷相為張載學說辯護。[97]何瑭（1474-1543）幾次說到王廷相的氣論出於張載，並認為兩人之說與老子「有生於無」無異。對於自己的學說是否出於張載，王廷相沒有正面回答，[98]不過他清楚說明自己「元氣」的概念與老氏「有生於無」相去極遠。[99]對於何瑭批評張載不知神形之分、見道未真，並將張載置於周敦頤之

94　王廷相說張載論學以氣為主，見氏著，〈道體篇〉，《慎言》，卷1，收入《王廷相集》，頁752；〈答何栢齋造化論十四首〉，《內臺集》，卷4，收入《王廷相集》，頁972。

95　王廷相：「太極者，道化至極之名，無象無數，而天地萬物莫不由之以生，實混沌未判之氣也，故曰元氣。」見氏著，《雅述》，篇上，收入《王廷相集》，頁849。

96　王昌偉，〈求同與存異：張載與王廷相氣論之比較〉，《漢學研究》，卷23期2（2005年12月），頁133-159。

97　王廷相，〈答何栢齋造化論十四首〉，《內臺集》，卷4，收入《王廷相集》，頁963-974。

98　王廷相：「橫渠之論，與愚見同否，且未暇辯。但老氏之所謂虛，其旨本虛無也，非愚以元氣為道之本體者，此不可以同論也。」見王廷相，〈答何栢齋造化論十四首〉，《內臺集》，卷4，收入《王廷相集》，頁964。

99　王廷相所理解的道不是獨立於氣外的道，而是氣內之道，他說：「元氣即道體，有虛即有氣，有氣即有道。氣有變化，是道有變化。氣即道，道即氣，不得以離合論者。」見氏著，《雅述》，篇上，收入《王廷相集》，頁848。亦見〈答何栢齋造化論十四首〉，《內臺集》，卷4，收入《王廷相集》，頁971。

下，王廷相也不同意，認為這種判斷完全因為何瑭與張載在基本觀點的差異，故無法充分理解張載的氣。[100]綜觀王廷相的文集，雖然他也曾質疑張載的某些說法，[101]但卻相當認同張載的學說，並大量援引、討論，只是王廷相詮釋的張載氣學更屬於氣一元論立場，反映了詮釋者自我思想的投射。[102]

吳廷翰以《易》「一陰一陽之謂道」反駁程朱「所以一陰一陽者道也」之說，即反駁程朱認為在陰陽之先尚有一「理」（道、太極）的看法。吳廷翰說道：「氣即道，道即氣。天地之初，一氣而已矣；非有所謂道者別為一物，以並出乎其間也。」[103]他說太極、道、陰陽、理等觀念都是就著氣而言的，太極是就氣之極至而言；道是就著氣為天地人物之所由出而言；陰陽是就氣之動靜而言；理是就氣得其理而言。[104]

至於吳廷翰對張載的看法，我們從其文集可知他熟悉張載的《正蒙》，也肯定張載之學能「獨異諸儒」，但他也批評張載「言之未精」。他反對張載「太虛為清，清則無礙，無礙故

---

100 王廷相：「夫同道相賢，殊軌異趨，栢齋又安能以橫渠為然？」見氏著，〈答何栢齋造化論十四首〉，《內臺集》，卷4，收入《王廷相集》，頁972。

101 王廷相對張載說法的質疑，見氏著，《雅述》，篇上，收入《王廷相集》，頁852、855。

102 丁為祥說，張載的本體宇宙論，到了王廷相則演變為實然的氣化宇宙論。丁為祥，《虛氣相即：張載哲學體系及其定位》，頁308-311。另外，關於羅欽順、王廷相在心性論上的看法及其異於朱子之處，見蒙培元，《中國心性論》（台北：台灣學生書局，1990），頁459-477。

103 吳廷翰，《吉齋漫錄》，卷上，收入氏著，容肇祖點校，《吳廷翰集》（北京：中華書局，1984），頁5。

104 吳廷翰，《吉齋漫錄》，卷上，收入《吳廷翰集》，頁5-6。

神；反清為濁，濁則礙，礙則形。」之說，認為此言仍將虛、氣二分；也批評張載以聚散言氣與虛，仍陷入虛、氣二分的架構，不能真正通一而無二。[105] 簡言之，吳廷翰一元論的立場異於張載體用二元論，故他強烈批評張載使用體用、虛實、動靜等二元區分的表述。[106] 但即使如此，吳廷翰還是肯定張載氣論有別於那些強調「知覺出於氣，性獨出於理」的理氣論者，也給予較高的評價。[107]

王夫之是明清之際張載思想最重要的繼承者與發揚者，他對張載的推崇與承繼是十分自覺的，他在自撰墓誌銘中說自己是：「希張橫渠之正學而力不能及。」[108] 充分顯示他對張載的尊崇。王夫之說道：

> 張子云：「繇氣化，有道之名。」而朱子釋之曰：「一陰一陽之謂道，氣之化也。」《周易》陰陽二字是說氣，著兩「一」字，方是說化。故朱子曰：「一陰而又一陽，一陽而又一陰者，氣之化也。」繇氣之化，則有道之名。然則其云：「由太虛，有天之名」者，即以氣之不倚於化者言也。氣不倚於化，元只氣，故天即以氣言，道即以天

---

105 吳廷翰，《吉齋漫錄》，卷上，收入《吳廷翰集》，頁18-19。
106 吳廷翰，《吉齋漫錄》，卷上，收入《吳廷翰集》，頁19-20。
107 吳廷翰，《吉齋漫錄》，卷上，收入《吳廷翰集》，頁20。
108 王夫之，《薑齋文集》，收入氏著，船山全書編輯委員會編校，《船山全書》（長沙：嶽麓書社，1995），冊15，頁229。王夫之又說：「張子之學，上承孔孟之志，下救來茲之失，如皎日麗天，無幽不燭，聖人復起，未能有易焉者也。」見氏注，《張子正蒙注》（台北：廣文書局，1970），序論，頁10。

之化言，固不得謂離乎氣而別有天也。[109]

王夫之同樣以「太虛」為太虛之氣，即所謂「不倚於化」者，是一比氣化更原始、具有本體義的「氣」的概念。故王夫之的「氣」同時包含了氣之本體和氣之實體的意涵，體現氣一元論的宇宙本體論。[110]在氣一元論的架構下，王夫之強調理在氣化中才能顯現，理是氣之條理和次序。[111]王夫之對張載之學的理解與發揮，主要體現在其晚年的著作《張子正蒙注》中。雖然王夫之自覺欲承繼張載之學，但也有創新，陳來指出，王夫之在《張子正蒙注》中，除了承繼張載批判佛老、發明儒家聖學、正人心的精神外，更進一步強調「存神盡性」的修養論，追求全生全歸的生命境界，也因而賦予《正蒙》更多的人道實學色彩。張載所言氣聚而生成人物、人物死而散為氣、歸回太虛的天道自然變化，到了王夫之手中，則添加了個人必須靠著修養工夫才得以回歸太虛，全性以歸天地的宗教性意涵。[112]這

---

109 王夫之，《讀四書大全》（北京：中華書局，1975），冊下，卷10，頁718。

110 丁為祥指出，有別於王廷相從朱子入手，追溯到張載，王夫之則直接從張載出發，從宇宙論的角度重新審定本體與現象的關係，建構起屬於自己的宇宙本體論。丁為祥，《虛氣相即：張載哲學體系及其定位》，頁314-324。

111 王夫之：「理即是氣之理，氣當得如此便是理。理不先而氣不後。」見王夫之，《讀四書大全》，冊下，頁660。陳來認為王夫之並未排除理有「所以然」的形上義，只是在未氣化之前，形上義的理與渾淪之氣為一，稱為太極、天、誠，此時分殊之理不能顯現。參見陳來，《詮釋與重建：王船山的哲學精神》，頁182-183。

112 陳來，《詮釋與重建：王船山的哲學精神》，頁307-330。

種轉變既反映了王夫之個人的關懷，也有明清之際學術和宗教的影響。[113] 丁為祥則指出，王夫之從「氣」的角度重新詮釋張載的「太虛」，因而消解了太虛的本體義，但王夫之同時又對氣做了本體化的提升，最終完成了以氣為本的宇宙本體論建構，故也可視為明代中葉以來氣一元論思想的一個高峰。[114]

　　最後，清代考證學大家戴震被學者譽為「氣的哲學之集大成者」。[115] 雖然關於戴震氣論的直接淵源並不清楚，但學者們多認為與明中葉以降對程朱理氣論的批判、反省思潮有密切關係。[116] 戴震之所以被認為是氣學思想的集大成者，主要因為他的氣論與心性論緊密的結合，而且徹底地走出宋明理學的形上、形下二元架構，翻轉了程朱「理先氣後」的關係，明確體現著清代去形上化思想的傾向與一元論的型態。[117] 戴震對「形而上者謂之道，形而下者謂之器」的解釋為：「形，謂已成形質，形而上猶曰形以前，形而下猶曰形以後。」[118] 即將形而上、形而下轉換成時間軸上的前後概念。如此，宋明理學中

---

113 陳來，《詮釋與重建：王船山的哲學精神》，頁316。

114 丁為祥，《虛氣相即：張載哲學體系及其定位》，頁323。

115 小野澤精一、福光永司、山井湧編，《氣的思想：中國自然觀和人的觀念的發展》，頁354-357、452-466。

116 劉又銘，《理在氣中》，頁129-130。

117 關於明清之際反對宋明理學道德形上學的典範轉移，見劉述先、鄭宗義，〈從道德形上學到達情遂欲──清初儒學新典範論析〉，收入劉述先、梁元生編，《文化傳統的延續與轉化》（香港：中文大學出版社，1999），頁81-105；王汎森，〈清初思想中形上玄遠之學的沒落〉，《中央研究院歷史語言研究所集刊》，69本3分（1989年9月），頁557-583。

118 戴震，《孟子私淑錄》，卷上，收入氏著，張岱年主編，《戴震全書》（合肥：黃山書社，1995），冊6，頁38。

超越義的形上本體概念被徹底瓦解，「氣」為自然的實體，不再有獨立於氣之外的「理」存在，「理」只是氣這個自然實體的內在規律和法則，「道」也不離人倫日用之事。在這樣氣一元論的思想型態下，戴震也徹底揚棄天地之性和氣質之性的分野，以深具血肉實感的「血氣心知」作為性的實體，並進一步肯定情、欲的地位。[119]

戴震對於張載的氣論，同樣有一定的了解，也有相當的批評，他主要針對張載二元論的立場，批評道：

> 分理氣為二，視理為「如一物」。故其言理也，求其物不得，就陰陽不測之神以言理，以是為性之本源，而目氣化生人生物，曰：「遊氣紛擾，合而成質者，生人物之萬殊。」則其言合虛與氣，虛指神而有常，氣指遊氣紛擾，乃雜乎老釋之見，未得性之實體也。[120]

戴震的批評遙承著羅欽順、吳廷翰等人對宋儒二元論的反省，以及明清中葉以降向氣一元論修正的發展趨勢，只是戴震比前人走得更徹底、更遠。

綜上所論，張載的氣論雖然在高揚形上本體義上與程朱有相通之處，但他強調氣以及使用「太虛」指涉本體的說法，則遭受程朱的批評，甚至扭曲和壓抑，因此在宋明理學史中，

---

119 鄭宗義，《明清儒學轉型探析》（香港：香港中文大學出版社，2000），第9章。
120 戴震，《孟子私淑錄》，卷下，收入《戴震全書》，冊6，頁67。

張載思想長期處於非主流的地位。到了明代，愈來愈多學者針
對程朱理氣二元論進行反省與修正，氣一元論也逐漸蔚為重要
的思想流派。這整個思潮的興起與發展並非直接受到張載的啟
發，張載體用二元論的立場也屢次受到學者們的批評。即使如
王廷相重視張載的氣論，但他對張載的詮釋也反映著自身思想
的投射；王夫之高度自覺地承繼張載之學，仍不免對其思想進
行創新和改造。整體而言，明、清氣論的主流發展是走向氣一
元論，有減煞形上本體義的傾向，故並非張載學說的忠實繼
承。儘管如此，我們從幾位明清氣論代表性思想家的作品仍可
清楚看到，這些學者都熟悉張載的著作，並經常援引、討論張
載氣論文字，因此張載之學也相當程度地鑲嵌在明清氣學論域
中，故隨著明中葉以降氣學的復興，張載思想的能見度也獲得
提升。這一點我們從明中葉後陸續有注釋《正蒙》的書籍出
版，也可獲得進一步的印證，均顯示張載思想確實在明清之際
重新受到學界的重視。[121]

（二）肯認禮的重要性

　　張載思想的另一特色是「以禮為教」，此主要與其工夫
論有關。呼應著太虛與氣的關係，張載的人性論也有明顯二元

---

[121] 明中期之後有劉璣，《正蒙會稿》；高攀龍，《正蒙注》；王夫之，《張
子正蒙注》；清代王植，《正蒙初義》。另外，韓邦奇說他曾想著《正
蒙解結》，也提到張廷式有《正蒙發微》一書，見韓邦奇，〈正蒙會稿
序〉，《苑洛集》，卷1，頁26b-27b，收入中國西北文獻叢書編輯委員會
編，《中國西北文獻叢書》（蘭州：蘭州古籍書店，1990），冊160。

論的架構。他認為每個個體實然存在都稟受「氣質之性」，這也是造成個體限制和差異的所在，但同時又都有一超越而全善的「天地之性」。在這樣的人性論下，張載的工夫論主要是一返回的修持過程，即在道德實踐中，人要不斷變化氣質，返回到原初清通的天地之性，才能達到天人合一的境界，即所謂：「形而後有氣質之性，善反之，則天地之性存焉。」[122]

要如何才能變化氣質？除了強調要立志、養氣、擴充本心、化除習氣外，[123] 張載十分注重以禮為教，這也使得「學禮」成為張載乃至後代關學所標舉的重要特色。對張載而言，「禮」不只是儀節，也不只是出於人為的建構，而是天地所彰顯的自然秩序，即所謂「天敘天秩」。他說：

> 禮亦有不須變者，如天敘天秩，如何可變。禮不必皆出於人，至如無人，天地之禮自然而有，何假於人？天之生物便有尊卑大小之象，人順之而已，此所以為禮也。學者有專以禮出於人，而不知禮本天之自然，告子專以義為外，而不知所以行義由內也，皆非也，當合內外之道。[124]

從禮之根源而言，禮就是天地之德，[125] 有不可移易的真理性和規範性，人只能順應天地之秩序而為，即使聖人製作禮，亦本之天地自然而已。這並不意謂著禮是外在於人心的，正因人性

---

122 張載，〈正蒙〉，《張載集》，頁23。
123 丁為祥，《虛氣相即：張載哲學體系及其定位》，頁144-154。
124 張載，〈經學理窟〉，《張載集》，頁264。
125 張載，〈經學理窟〉，《張載集》，頁264。

中亦稟賦著天地之性，天地之禮不僅彰顯於自然中，亦內在於
人心，故張載也說：「禮之原在心」。[126]簡言之，人的道德根
源與自然界中的秩序都有著共同的根源——天，故道德修養同
時具有主觀與客觀的基礎。

張載也注意到禮儀的形式其實會隨著時代和情境而有
變化，故他也強調禮須能合乎時中，所謂「時措之宜便是
禮」。[127]但如何才能合乎時中之義？他說：「須是精義入神以
致用，始得觀其會通以行其典禮，此則真義理也。」[128]所以關
鍵還是在心的判斷，故也與立志、養氣、窮理、盡性的工夫不
可分。[129]至於禮教與心性工夫之間更細密的關係與實踐的程
式，張載並沒有細論，但可以確定的是，他相信聖人所留下的
禮制，相當程度體現了天地之秩序，且足以作為社會的普遍規
範，同時也是變化氣質的心性工夫所不可或缺的。他說：

> 禮所以持性。蓋本出於性，持性，反本也。凡未成性，
> 須禮以持之，能守禮已不畔道矣。[130]

> 學者且須觀禮，蓋禮者滋養人德性，又使人有常業，守

---

126 張載，〈經學理窟〉，《張載集》，頁264。
127 張載，〈經學理窟〉，《張載集》，頁264。
128 張載，〈經學理窟〉，《張載集》，頁264。
129 張載：「蓋禮者理也，須是學窮理，禮則所以行其義，知理則能制禮。」
　　見張載，〈張子語錄〉，《張載集》，頁326。
130 張載，〈經學理窟〉，《張載集》，頁264。

得定，又可學，便可行，又可集得義。[131]

可見張載認為禮教不僅可以改變學者的習氣、收斂體氣，更能滋養人的德性，使人反本持性，並說自己以行禮為學之快捷方式。[132] 他在實際教學上也確實著重以禮為教，又說關中學者多能用禮成俗，[133] 張載重視禮教也成為關中理學的重要特色。[134]

　　張載「以禮為教」的思想在明清之際學界也有重要的影響。周啟榮指出清初許多學者包括黃宗羲、張履祥（1611-1674）、顧炎武、王夫之等都受到張載禮教的啟發。[135] 明末清初學者稱讚張載禮學者還有不少，例如，郝敬（1558-1639）說：「張子厚教人學禮，正容謹節，變化氣質，此庶幾下學而上達之意。」[136] 郝敬甚至認為學禮的重要性甚於程朱主敬窮理之教，他說：「主敬空虛，窮理瑣碎，其實不如學禮。」[137] 而強烈批判宋明理學的顏元（1635-1704），選擇以行禮作為踐履

---

131 張載，〈經學理窟〉，《張載集》，頁279。

132 張載，〈經學理窟〉，《張載集》，頁265。楊儒賓，《變化氣質、養氣與觀聖賢氣象》，頁103-136。

133 張載，〈張子語錄〉，《張載集》，頁337。

134 劉宗周：「關學世所淵源，皆以躬行禮教為本。」見黃宗羲，《明儒學案》，冊上，頁11。亦見陳秀蘭，〈關學源流暨清初李二曲學派〉（台北：國立臺灣大學中國文學學系碩士學位論文，1977），頁34-35。

135 Kai-wing Chow, *The Rise of Confucian Ritualism in Late Imperial China* （Stanford: Stanford University Press, 1994）, pp. 48-50.

136 郝敬，《時習新知》，卷4，頁23b-24a，收入《四庫全書存目叢書》，子部，冊90。

137 郝敬，《時習新知》，卷4，頁23b-24a。

儒家聖學的方式，也以此為對治宋明理學傳統弊病的藥石，[138]
他對於張載也十分推崇，認為「宋儒胡子外，惟橫渠之志行井
田，教人以禮，為得孔、孟正宗」。[139]另外，顧炎武也曾在關
中，「略仿橫渠、藍田之意，以禮為教」。[140]

　　張載禮教思想之所以在明清之際學界激起重要迴響，實
有著更廣泛的學術發展脈絡可循。強調禮規範的重要性與有
效性，在明清學術界是非常重要的議題，也是我們理解張載
之學在當時受到重視的重要學術史背景。晚明以王畿（1498-
1583）、王艮（1483-1540）、羅汝芳（1515-1588）等人為中
心在江左所形成的陽明學講學活動，招致許多的爭議和批判。
無論「倡狂放肆、沖決名教」或「重悟輕修、蕩越禮法」等批
評是否符合情實，它都反映著當時許多學者的共同焦慮，而焦
慮的源頭正是有關外在禮法規範有效性的動搖，論述的焦點則
是「無善無惡」之說。江左陽明學者所強調的現成良知、自信
良知，以自然順應良知為為學之最高原則，勢必減弱外在禮法
規範在其學說中的重要性，其可能的流弊則是陷入一種毫無客
觀判準、人人自是、顛倒是非的失序狀態。[141]針對此，從晚明

---

138 關於顏元家禮實踐及其意義，參見呂妙芬，〈顏元生命思想中的家禮實踐
　　與「家庭」的意涵〉，見本書第三章。

139 又說：「張子教人以禮而期行井田，雖未舉用而其志可尚矣。」見顏
　　元著，王星賢、張芥塵、郭征點校，《顏元集》（北京：中華書局，
　　1987），頁60、43。

140 顧炎武，〈與毛錦銜〉，《顧亭林詩文集》（台北：漢京文化出版公司，
　　1984），卷6，頁141。

141 必須強調這只是可能，而非事實必然的結果。詳細討論參見呂妙芬，《陽
　　明學士人社群：歷史、思想與實踐》（北京：新星出版社，2006），第8、

開始便有許多學者提出激烈的批評，並一再重申「禮」在聖學中的重要地位，強調外在禮法規範的有效性。關於此，我曾經在其他文章討論了晚明江右學者，包括胡直（1517-1585）、王時槐（1522-1605）、劉元卿（1544-1609）、鄒元標等人的看法，以及他們重視禮法規範的態度。[142]其他包括東林的顧憲成（1550-1612）、高攀龍（1562-1626）、關中的馮從吾、河南的孫奇逢，也都有類似的看法及對禮的堅持。

　　顧憲成批判陽明學的立場十分鮮明，尤其痛惡「無善無惡」之說，認為這已造成當時「以恣情為本性，以禮法為桎梏，肆無忌憚而莫之救」的弊病。[143]他也和張載一樣，強調禮出於天秩、根於人心，[144]認為孔子教導顏回非禮勿視、聽、言、動是儒門的莊嚴法，不可輕棄。[145]高攀龍對於當時三教雜糅、欠缺躬行實修的學風深感憂心，故與顧憲成一樣，他認為「扶持程朱之學，深嚴二氏之防」才是對治之藥。[146]他以「內

　　9章。
142 呂妙芬，《陽明學士人社群》，頁402-409。
143 顧憲成，〈南嶽商語〉，《顧端文公遺書》，頁5b-6a，收入《四庫全書存目叢書》，子部，冊14。亦見顧憲成著，馮從吾、高攀龍校，《小心齋箚記》（台北：廣文書局，1975），卷18，頁3a。古清美，《顧涇陽、高景逸思想之比較研究》（台北：大安出版社，2004），頁19-23、25-26、75-91。
144 顧憲成，《小心齋箚記》，卷9，頁8b。
145 顧憲成，《小心齋箚記》，卷14，頁9a-b。
146 高攀龍，〈崇正學辟異說疏〉，《高子遺書》，卷7，頁1a-7b，收入《景印文淵閣四庫全書》（台北：臺灣商務印書館，1985），冊1292。關於顧憲成主張以程朱之學救補當時學風，參見古清美，《顧涇陽、高景逸思想之比較研究》，頁21-23。

存戒慎恐懼，外守規矩準繩」為治學之原則，[147]強調「禮」是
儒家正學不可移易的途徑：「聖門以禮教門弟子，皆使由禮求
仁，禮與仁皆性也。」[148]又認為要補救當時的「虛症」，只有
靠禮教：「反之於實知及仁守，蒞之以莊，動之以禮，一一著
實做去，方有所就。」[149]古清美也指出，顧憲成和高攀龍之學
都極力強調人性本具的規矩準則，並落實學的工夫，此都是針
對當時學風而發，欲重申其肯定客觀價值判准存在的立場。[150]

　　同樣地，馮從吾也極力反對「無善無惡」之說，[151]嚴厲批
評時人視禮為迂偽、為糟粕的態度，強調古代聖人之教必要人
動容周旋均合禮。[152]他說：「規矩準繩是性體真條理」；[153]
「禮儀三百，威儀三千，此天地間實在道理，此士君子實在學
問。……若不敦厚以崇禮，而曰禮偽，率天下蕩檢踰閑，放縱
恣肆，以為真是小人而無忌憚也。」[154]至於孫奇逢本人及其
弟子們如何重孝弟、謹禮法、尤重在日常家庭生活中的禮儀實

---

147 高攀龍，《高子遺書》，卷8上，頁24b-25a。
148 高攀龍，《高子遺書》，卷4，頁29b-30b。
149 高攀龍把學問簡單分成兩路，一重在人倫庶物實知實踐，一重在靈明覺知
　　默識默成，朱陸之異，或明初與晚明學風之異，都可簡單歸成這兩路學風
　　的差異。所謂「虛症」意指晚明陽明學及三教融合的學風所造成的弊端。
　　參見高攀龍，《高子遺書》，卷4，頁36b。
150 古清美，《顧涇陽、高景逸思想之比較研究》，第3章。
151 例見馮從吾，《少墟集》，卷1，頁18a-20b、24a-b。
152 馮從吾，《少墟集》，卷1，頁52b-53b；卷2，頁19b-20a。
153 高攀龍，《高子遺書》，卷8上，頁24b。
154 馮從吾，《少墟集》，卷2，頁25a-b。其他關中學者如文翔鳳亦極力反對
　　「無善無惡」之說，重視名教，參見張驥，《關學宗傳》，卷29，頁1a-b、
　　4a-b。

踐，並以此發揚中州精神，對治江南奢靡學風，我已在其他文章論及，此處不再贅述。[155]

　　簡言之，從晚明到清初，無論江右、東林或北方的儒者，都同樣針對左派王學講學旋風及「無善無惡」論述所引發的弊病，提出對治的方法，其中一個重要的主張，便是重新肯認是非善惡之判準的客觀存在，以及外在禮法規範的有效性。誠如趙園所說，明清之際士人以「禮失」為重大危機，表達了喪失文化品格的深刻焦慮，以禮為教、移風易俗，則是當時士人致力重建文化的工程。[156]

　　除了從矯正王學末流之弊的角度強調「禮」的重要性以外，明清之際主流學風的變化與儒家家禮實踐的普及化，也都是重要的背景。張壽安的研究指出，明清學術有「以禮代理」的典範轉移，禮學持續在清代學術思想中占據著重要的地位。[157]我們從周啟榮對明清之際儒家禮教主義興起的研究，可知其間所關涉的不僅止於思想潮流的變化而已，更關係到宗族組織的興盛、地方鄉紳社會，甚至朝廷統治等各個面向。[158]Patricia Buckley Ebrey對《家禮》各種文本的研究，以

---

155 呂妙芬，〈清初河南的理學復興與孝弟禮法教育〉。
156 趙園，《明清之際士大夫研究》，頁125。
157 張壽安，《以禮代理：淩廷堪與清中葉儒學思想之轉變》（台北：中央研究院近代史研究所，1994）；《禮學考證的思想活力》（台北：中央研究院近代史研究所，2001）。另外，關於清朝廷大力提倡禮儀倫理方面，參見王文東，〈清代的文化政策與禮儀倫理建設〉，《滿族研究》，2005年第3期，頁52-60。
158 Kai-wing Chow, *The Rise of Confucian Ritualism in Late Imperial China*, pp. 48-50.

及何淑宜對元、明儒家祖先祭禮的研究，也都清楚指出近世中國儒家禮儀教化與實踐逐漸向社會底層滲透的發展趨向。[159]另外，我們在考慮張載思想於明清之際復興的背景時，對於佛、道的批判態度也是不容忽視的因素。我們知道張載的學說有著強烈批判佛、老的意涵，並以建構儒家特殊形上思想與之對抗。張亨說：「張載是在闢佛的歷史發展中，從外在的經濟社會問題，轉而為從形上本體問題上闢佛的關鍵。」[160]而晚明江南三教融合的學風雖盛行，但同時也引發相當的批判和修正的聲音，上述無論是明代氣學思想的代表性學者，或是抨擊「無善無惡」之說而重新肯認禮法的學者們，他們幾乎都站在嚴厲批判二氏、強調儒學本位的立場。張載的學說引發他們的共鳴和好感，這種共同闢佛的心態也是不可忽略的一個面向。上述種種學術發展現象，應都是張載的禮學之所以在明清之際重新受到重視的重要學術史背景。

　　然而，值得注意的是，無論是明代氣學或禮學復興的思潮，都不限於關中地區，反映著當時廣泛的學術思想關懷。那麼，關中理學家在思想上對張載的直接揚繼如何？他們對於張載思想在明清之際的復興有何貢獻？

　　縱觀幾位關中學者的文集，除了在躬行禮教方面，他們確

---

159 Patricia Buckley Ebrey, *Confucianism and Family Rituals in Imperial China* （Princeton: Princeton University Press, 1991）；何淑宜，《香火：江南士人與元明時期祭祖傳統的建構》（台北：稻鄉出版社，2009）；伊東貴之，《思想としての中國近世》（東京：東京大學出版會，2005）。

160 張亨，〈張載「太虛即氣」疏解〉，《臺大中文學報》，期3（1989年12月），頁55-97。

實具有素樸、重視實踐的特色外，若以直接進入張載思想和話語的討論而言，這些關中後學的表現其實並不出色，他們更多是在「程朱對陸王」的框架內思索學問，並未全力投入對張載學說的闡釋、發揚。馬理幾乎沒有談及張載之學；呂柟雖然尊崇張載，他的學問也受到張載的影響，但主要還是在程朱學與陽明學之間思索，以強調躬行實踐為基調。[161] 馮從吾則試圖超越程朱、陸王的學派之爭，針對時弊和「異端」提出嚴厲批評，並藉講學重倡他心目中的儒家聖學。李顒之學深受陽明學影響，他一生自學有成，以「悔過自新」的實踐落實其「明體適用」的學術理想，並以此體現他深心世道、志切拯救的淑世精神。簡言之，這些晚明關中理學家的學問基點並不在於張載的氣學，而是在當時主流學派的論辯框架內，以及受到王學末流和三教融合的學風刺激下的反思與創新。

　　相對而言，對於張載《正蒙》思想較有體認的關中學者則是韓邦奇（1479-1555），韓邦奇很欣賞張載「太虛即氣則無無」的本體論，認為張載說出漢、唐、宋以來儒者所不能見的道理，具有在思想上對治佛老的重要貢獻。[162] 他甚至曾欲寫作《正蒙解結》一書，討論《正蒙》書中的難題，並想和張延式的《正蒙發微》一起出版，但後來因見到劉璣的《正蒙會稿》

---

161 雖然呂柟思想也受到張載一定的影響。關於呂柟思想受到程顥、張載之影響，其理氣一元論的內容與張載不同，及其學說與朱子和王陽明的異同等，參見鍾彩鈞，〈呂涇野思想研究〉，頁1-29；鍾彩鈞，〈呂涇野〈宋四子抄釋〉研究〉。
162 韓邦奇，〈見聞考隨錄〉，《苑洛集》，卷18，頁25a-26a、35a-37a。

而作罷，可見他確實曾在《正蒙》上下過工夫。[163] 只是韓邦
奇對《正蒙》的重視，並沒有在關中後學中形成明顯的學術傳
統，也無法與後來的王夫之相提並論。

　　綜上所論，在明清之際，張載的地位不僅因著關中士人
對本地理學傳統的反思與建構而獲得進一步的提升，他的學說
也在沉寂多時之後，再次受到學界重視。本節主要從明代氣學
的發展與明清之際禮學復興兩方面，討論張載學說復興的學術
史脈絡。我們發現，雖然明代氣學論者並非都直接受到張載的
啟發，他們的思想也未必忠實承繼張載之學，但是張載的氣論
確實為明代學者所熟悉，並明顯鑲嵌在當時氣學論域中，具有
不可抹煞的地位。而明清之際糾正當時王學末流弊病而重視禮
教的學術背景，以及針對晚明三教融合而辟二氏之態度，也都
是使得張載之學能獲得學者認同的重要學術背景。然而，這一
節的研究也讓我們看見，就闡發和承繼張載思想而言，關中本
地的士人並沒有發揮關鍵性的作用，這也充分說明了在儒學大
傳統之內，思想觀念的契合與傳遞往往具有穿透地域限制的力
量，士人們對學術文化的關懷，也具有某種超越地域區隔的普
遍性。

四、結語

　　張載之學從南宋以降，長期處於理學中的非主流地位，雖
然張載身為北宋五子之一，其重要性很早即為朝廷與學界所認

---

163 韓邦奇，〈正蒙會稿序〉，《苑洛集》，卷1，頁26b-27b。

可，並與二程、朱熹同祀孔廟；他的《西銘》更被譽為孟子以下第一書，有宋理學宗祖的美稱。[164]然而，其學說最重要的代表作《正蒙》及書中所談論的氣的思想，卻長期受到忽略與壓抑，後繼無人。這情形到了明中葉以後有了改變，張載其人及其思想都在此時重獲學界的重視，得到某種程度的復興。

　　本文選擇從地域學術史和思想觀念史兩個研究視角，討論張載與明清學界之間的關係。從地域學術史的角度，我們發現張載地位的提升與關中地區理學的復興息息相關。關中理學雖可溯自北宋，但其實在南宋與元朝均相當衰微，要到明代中葉後才逐漸復興，這種發展的趨勢既呼應著明代整體學術的發展，即從明中葉以降士人教育普及、生員人數大增等全國性士人群體結構的變化趨勢，同時也與呂柟、馮從吾等重要講學家的宣導有關。明代中、晚期，關中地方士人群體擴大、講學活動興盛、知識動能累增，這種學術實力的增強不僅反映在書院建制上，也反映在整理先賢文獻、祭祀先賢、反思並書寫地方學術歷史等工作上，於各方面都取得可觀的成績。馮從吾的《關學編》便是在這樣的學術大環境下完成。通過《關學編》，馮從吾定義「關學」為關中地區的理學傳統，對於關學道脈的傳承也有明確的交代，並以張載為學派的始祖。張載之學與關中的地域紐帶，也在這波關學建構中，獲得更緊密的聯繫。同時我們也看到馮從吾等地方士人和官員致力提升張載及其家族的努力，他們將張載後裔從河北灤州迎歸故里，讓張載

---

164 清聖祖御纂，李光地等編校，《御纂性理精義》，頁2a，見《景印文淵閣四庫全書》（台北：臺灣商務印書館，1985），冊719。

的血脈傳承能夠在關中故里代代繁衍，並且向朝廷爭取張迪入祀啟聖祠、張氏後裔襲封五經博士官銜。在他們的努力下，張載的家族果然獲得朝廷的恩典，享有與其他北宋四子同等的尊榮。

但若僅從地域學術史或朝廷賜封的角度，我們尚無法理會張載之學復興的另一些因素，因此我們從思想觀念史的視角進一步探討。論文第二部分即扣緊張載之學的兩大特點——氣學與禮學，並配合明清思潮變化的兩大脈絡，進行討論。

本文認為，張載氣的思想之所以在明末清初學界能見度大增，主要與當時氣論思想的興起有關。明清氣論思潮主要是針對程朱理氣二元論的架構進行反思、批判，也與批判佛教有關，故學者們未必都受到張載的直接啟發，也未必完全贊同張載所言。然而不可否認的是，他們幾乎都注意到張載的氣論，並加以討論或發揚，顯示張載之學是他們不可忽視的文化資源。另外，明中葉以後不少學者也對《正蒙》進行注釋，尤其王夫之更是以張載為自己的典範，透過注釋、闡揚《正蒙》，他更將張載思想推到學術史上的另一個高峰。

在禮學方面，我們從晚明左派陽明學的衝激，談到明清之際士人普遍具有對「禮失」的深切危機感，以及他們極力重申禮法規範的重要性，致力於重建禮儀文化傳統的努力。其他學者的研究也從各個角度，包括學術典範的轉移、宗族組織興盛、家禮實踐、地方鄉紳社會、教化普及、朝廷統治等更廣泛的面向，告訴我們在明清之際，禮儀的實踐有愈來愈受重視的趨向。而伴隨著儒家禮教文化建構的同時，學者也多持嚴闢二氏的立場。在此學術氛圍下，張載重視禮教的為學特色，及其

試圖透過建構儒家形上本體太虛氣論以對抗佛老的用意，都使得他的學問受到許多明清士人的贊許和認同。

　　從思想觀念史的角度，我們也發現關中士人對於承繼、發揮張載思想的貢獻並不特別突出。畢竟儒學在中國士人教育中具有相當普遍性，思想觀念的契合與否往往與個人情性有關，而思想觀念靠著文本或師教的輾轉傳遞，也能夠穿越地域的限制，觸動遙遠某人的心思。這情形在印刷出版業興盛、社會流動性漸增的明清社會，更不難想像。從本文的討論可見，張載之學在明清之際的再現，既有關中地域學術復興、地方學術傳統建構的因素，也有屬於整體思想潮流變化的脈絡。我希望透過這個個案研究，除了說明張載與明清學界的關係，也能具體呈現地域學術史和思想觀念史兩個不同研究視角所帶出的研究成果，具有互補、不可偏廢的重要性。

第二章

清初河南的理學復興
與孝弟禮法教育

一、前言

　　就學術演變的大趨勢而言，理學不是清代的主流學術，雖然在朝廷的支持下，理學在清初有過短暫的輝煌時期，但總是強弩之末，很快便被考證學所掩蓋；[1]然而若就河南地區的學術史而言，十七世紀下半的理學發展則不能不令人刮目相看。在經歷元、明以來漫長的歷史沉寂，在晚明陽明學飽受批判之後，程朱理學似乎在此找到另一種發聲和開展的可能，尤其配

1　清初著名的理學家有：熊賜履、李光地、湯斌、張伯行、陸隴其、朱軾等人在朝，黃宗羲、孫奇逢、陸世儀、張履祥、呂留良、朱用純、李二曲等人在野。關於清初學術概況，參見陸寶千，《清代思想史》（台北：廣文書局，1983）；陳祖武，《清初學術思辨錄》（北京：中國社會科學院，1992）。當然，相對而言，學術界對於清初理學的研究仍然不夠，可能因此忽略其重要性。更多的研究或許會改變這種簡略的學街史描述，相關討論與研究可參看On-cho Ng, *Cheng-Zhu Confucianism in the Early Qing: Li Guangdi（1642-1718）and Qing Learning*（Albany: SUNY Press, 2001）.

合著康熙皇帝提倡「真理學」的文教政策，河南地區在飽經戰亂失序之後，乘著新帝國蓄勢待發的氣勢，有了一番新的作為。[2]當地學者不僅意識到本地學術傳統的寶貴，也透過蒐集、出版的工作，建構且傳承屬於他們的學術傳統，並開始一波建書院、興士習、落實孝弟禮法教育的作為，其成果也相當豐碩。

　　本文主要探討的對象便是十七世紀末（1670至1690年代）河南地區的理學發展，即以耿介（1623-1693）、冉覲祖（1636-1718）、竇克勤（1653-1708）、李來章（1654-1721）為首的理學學圈，及其先後興建的嵩陽、朱陽、南陽、紫雲四所書院。這些學者們都以繼承程朱理學為職志，彼此間不僅有密切往來問學的師友關係，四所書院在書籍的交換流通、學規的觀摩仿效上也都很密切，書院的教育理念也相當一致，應可視為同一波理學復興運動下的產物。而這波理學復興，若溯其源，則至少要溯及明末清初大儒孫奇逢（1585-1675）的影響，因此本文首先從孫奇逢對河南地區的學術影響談起，說明孫奇逢的主要成就有二：一在於透過著作與出版的工作，建構、復興了河南地區的學術傳統；二則是以其嚴謹的行為身教和生命情操，活出他心目中理學家的典範，成為明清之際理學傳承的重要人物，其重孝弟、謹禮法的教育理念既是清初朝野理學傳統的主要價值，也成為上述四所書院的教育指導原則。

　　本文第三節將簡介嵩陽、朱陽、南陽、紫雲四所書院興建

2　關於康熙的治國方略及其對程朱理學的態度，參見高翔，《康雍乾三帝統治思想研究》（北京：中國人民大學出版社，1995），頁9-107。

的歷史，以及主教各書院的學者們。第四、五兩節則分別說明
這些學者們以《孝經》、《小學》為本的教育理念，以及他們
如何在各書院中藉著推行禮儀活動的行為教育以落實下學上達
的儒學理想。本文亦試圖把清初這波理學復興放在大的歷史脈
絡中觀察，指出這樣的學術走向與發展既符合清初帝王在重建
社會秩序、鞏固帝國建設大工程的文教政策，同時也是學者們
反思晚明以降學術紛雜與弊病後所選擇的一種轉向，這種上下
合流的便利，讓程朱理學在原本學術表現貧乏的河南地區獲得
快速的成長能量，也讓當地學者對本地文化的發展充滿樂觀的
願景。

二、孫奇逢的學術成就

　　孫奇逢是直隸容城人，十七歲即舉順天鄉試（1601），
但生於天崩地解的晚明，使他一生經歷許多驚風狂雨與亂離流
亡的日子，他終生未仕卻名震天下。[3]孫奇逢晚年有二十五年
的時間在河南南輝縣的蘇門講學，雖然身居林泉，天下各界名
流如湯斌（1627-1687）、魏象樞（1617-1687）、費密（1625-

3　孫奇逢十七歲成舉人，屢次不第，但從二十八歲至三十四歲的六年間均寓
　　京師，結交不少朋友。當左光斗、魏大中、周順昌被魏忠賢黨人證陷入獄
　　時，孫奇逢不慮己身之災禍，與鹿正、張果中組織畿南士民營救，人稱范
　　陽三烈士。明末年間，又曾率領鄉民擊退清兵，保住容城，明亡後，清廷
　　五次詔徵入朝，他都堅執不赴召。這些事續也讓他名震海內，見湯斌，
　　《孫夏峰先生年譜》（台北：廣文書局，1971），卷上，頁6b-8a；湯斌，
　　〈徵君孫鍾元先生墓誌銘〉，收入湯斌著，沈雲龍主編，《湯文正公（潛
　　菴）全集》（台北：文海出版社，1973），卷3，頁60a-66b。

1701）、施閏章（1618-1683）、耿介（1623-1693）、張沐
（1630-1712）等都前來拜訪問學，是實至名歸的清初北方大
儒。[4]他同時也是帶動清初河南地區理學復興的關鍵人物，當
地許多學者的理學啟蒙與書院的肇興都可以追溯至孫奇逢的啟
迪，[5]故黃宗羲說：「北方之學者，大概出于其門」。[6]

　　孫奇逢於學術上的最大成就或許不在其調和朱、王的思想
內涵，[7]而是他如何在經歷風雨飄搖、家毀國亡的年代裡，成功
地記錄、建構了中州的學術傳統，並在晚明講學飽受批判與質
疑的聲浪中，以其高卓的生命情操與嚴謹的言行舉止，體現並
傳承了儒學的理想。

　　就像許多生活在清初的明遺老們一樣，孫奇逢有意識地
致力於保存北方學術傳統的工作，尤其是記錄他一生用功所在

4　湯斌，《孫夏峰先生年譜》，卷下，頁24b、31b-32a、37a。《中州先哲傳》
　　記孫奇逢晚年時，從遊者甚眾，有數百里或數千里至者，皆為設榻共食。見
　　李時燦編，《中州先哲傳》，卷19，頁5a，收入國家圖書館古籍館編，《中
　　國古代地方人物傳記匯編》（北京：北京燕山出版社，2008），冊100。
　　《清儒學案》言夏峰之學曰：「北方學者奉為泰山北斗」，徐世昌，《清儒
　　學案》（台北：世界書局，1979），卷1，頁1a。關淤孫奇逢與北方學術傳統
　　的建構，亦參見Jui-sung Yang, "Betwixt Politics and Scholarship: The Sun Ch'i-
　　Feng Circle in Seventeenth-Century North China," 《輔仁歷史學報》，期15
　　（2004年7月），頁1-42。

5　見下文討論。

6　黃宗羲著，沈芝盈點校，《明儒學案》（台北：華世出版社，1987），卷
　　57，頁1371。

7　關於孫奇逢的思想，參見李之鑒，《孫奇逢哲學思想新探》（開封：河南
　　大學出版社，1993）；侯外廬，《宋明理學史》（北京：人民出版社，
　　1987），冊下，第26章；張顯清，〈孫奇逢的以實補虛論〉，《中州學
　　刊》，1986年第6期，頁50-54。

的理學學術史及其生長與生活的地域文化史。他六十四歲纂輯
《理學宗傳》，六十五歲修《新安縣志》，七十四歲完成《中
州人物考》、七十五歲成《畿輔人物考》，七十七歲考蘇門遺
事，七十八歲輯《聖學錄》。又命魏一鰲輯《北學編》、命湯
斌纂修《洛學編》。[8]這些作品不僅記錄保存了理學與北方學
術文化的內涵與傳承的脈絡，也表彰了他心目中理想的儒學典
範。

　　河南是宋代著名理學家程顥（1032-1085）、程頤（1033-
1107）的家鄉，是理學發源之地，雖然在後代歷史中，此地學
術未能大顯，反而沉寂，但透過孫奇逢修史的努力，北方理學
的傳統及獨特的特質再次被彰顯，也在清初新帝國新氣象中，
獲得一種可以和江南文化抗衡的價值感，並激勵當地士人重建
地方學統的信心與使命。河南地區的理學傳承，繼宋代二程子
之後，元有許衡（1209-1281），明初則有曹端（1376-1434）、
薛瑄（1389-1464），[9]都是以醇樸篤實、躬行踐履著名的學者。
到了晚明則有像呂坤（1536-1618）、楊東明（1548-1624）、尤
時熙、孟化鯉（1545-1597）、張信民（1562-1633）、呂維祺
（1587-1641）等著名學者，這些學者大多深受陽明學影響，不

8　湯斌，《孫夏峰先生年譜》，卷上，頁26a-b；卷下，頁9b、10a、13a、
　　14a、37a、39b。孫奇逢又著有《取節錄》、《兩大案錄》、《乙丙紀
　　事》、《甲申大難錄》，記錄明末反對閹黨、農民起義與抗清等重大歷史
　　事件之書。參見李時燦編，《中州先哲傳》，卷19，頁4a。
9　薛瑄祖籍是山西河津，與河南相近，孫奇逢的《中州人物考》收有其傳。
　　參見《中州人物考》，卷1，頁2b-6b，收入周俊富編，《明代傳記叢刊》
　　（台北：明文書局，1991），冊141。

過他們也同時注重在人倫日用中的實踐，這樣的特質也是孫奇逢所格外強調的中州精神。他對中州學術傳統的自信與驕傲，以及自己獻身修史的價值可從以下這段話看出：

> 洛為天地之中，嵩高挺峙，黃河蜿蜒，自河洛圖書，天地已洩其秘，而渾龐浮樸之氣，人日由其中而不知。至程氏兩夫子出，斯道大明，人知所趨的，學者於人倫日用至庸極易之事，當下便有希聖達天路徑，是道寄於人而學寄於天。蓋洛之有學，所以合天人之歸，定先後之統，關甚鉅也。[10]

在孫奇逢的筆端下，北方理學不僅有其淵遠流長的歷史，也有著篤實樸質的韌性，而其謹守禮法、不逾規矩的典範既是維繫家族的根基，更是經歷明末戰亂之後，社會不可或缺的穩定力量。[11]這樣的理學精神不僅可以和被標貼上「空疏虛譚」、「恣意放蕩」和「亡明罪咎」的晚明講學風氣相區隔，且希望能有效地對治它，它也是清朝所標舉的正統學風。

除了著述的成就外，孫奇逢還以嚴謹的行為舉止活出他心目中理學家的典範，他高卓的生命情操也感染、帶動了新一代

---

10 孫奇逢，〈洛學編序〉，收入湯斌著，《孫夏峰先生年譜》，卷下，頁 39b。

11 關於清初皇帝如何以儒家思想作為統治漢人與帝國建立的思想基礎，參見 劉家駒，《儒家思想與康熙大帝》（台北：台灣學生書局，2002）；高 翔，《康雍乾三帝統治思想研究》；薛文郎，《清初三帝消滅漢人民族思 想之策略》（台北：文史哲出版社，1991）。

的學者。孫奇逢年輕時即以孝行獲表彰、得建坊；營救左光斗
（1575-1625）等人的義行，更為他贏得烈士之名；崇禎年間躲
避盜匪時，他則是組織、教化鄉里的領袖人物。[12]但他作為理學
大師的風範則主要建立在晚年講學蘇門的期間。以外在形勢與
個人事蹟而言，其實比起青壯年時的經歷，孫奇逢的晚年顯得
平淡而無奇，此時的他只是一位家族領袖和隱居講學著述的學
者，然而正是這種流露於平淡日常舉止間的肅敬之情與動靜合
禮之節，以及長年累月不懈的生命工夫，才真正成就孫奇逢作
為清初大理學家的風貌，他以九十二歲高齡體現的生命風采成
為維繫著明清理學傳承不可忽視的力量。湯斌描述其學問宗旨
與生命工夫曰：

> 其學以慎獨為宗，以體認天理為要，以日用倫常為實際。
> 嘗言七十歲工夫較六十而密，八十歲工夫較七十而密，九十
> 歲工夫較八十而密，此念無時敢懈，此心庶幾少明。[13]

張沐說及他晚年學問之通透則曰：

> 鍾元先生全從世情人事經練通透，八、九十年工夫，真
> 是養得光風霽月，不可以一旦見，力強而至也。[14]

12　湯斌，《孫夏峰先生年譜》，卷上，頁11a-12a、13b、19a-b、21-22b。
13　湯斌，〈徵君孫鍾元先生墓誌銘〉，《湯文正公（潛菴）全集》，卷3，頁
　　64a。
14　黃舒昺編，〈語錄〉，《中州名賢集》（1891年睢陽洛學書院刊本，中央
　　研究院傅斯年圖書館藏），卷中，頁3。

以上的描述均以一不斷上升的歷程來比喻孫奇逢的生命工夫與學思境界，九十餘歲的孫奇逢站在生命的最高峰，化身成為亂世中指引人心的一盞明燈，也是維繫理學傳續的一線希望。

湯斌又總結孫奇逢之學曰：「以孝弟為盡性之基；由忠恕為達化之門。」[15]這不僅意指他在思想上格外重視孝弟之日用倫常，[16]更指其平日行為而言。故當我們閱讀孫奇逢的《年譜》或傳記時，我們發現他學術思想的最佳體現就是其平日活出的一言一行。尤其晚年以一家之長，帶領子孫全體，五世不分家，數十人合炊共爨，更是他以孝弟為本之學的最佳見證。孫奇逢在家庭中落實《小學》下學上達的理念，教導子弟從灑掃應對入手以斷其傲惰之念，培養清明恭敬謙虛之心，[17]他的家庭能夠做到：「子孫甥姪數十人，揖讓進退皆有成法，閨門內外，肅肅穆穆，寂若無聲，而諸事具有條理。媚族故舊，恩意篤厚，

15　湯斌，〈祭孫徵君先生文〉，《湯文正公（潛菴）全集》，卷4，頁25a。

16　例如：「問孝友為政，余曰：最緊切之言，卻是人所忽略，孟子親長而天下平，正謂此，試看孝友人家，一室雍睦，草木欣樂……」；「以孝弟仁讓為教，則言滿天下無口過，行滿天下無身過，聖賢學問，帝王政治，俱憑此為根本。」孫奇逢，《夏峰先生集》，卷1，頁7b、12a，收入《續修四庫全書》編纂委員會編，《續修四庫全書》（上海：上海古籍出版社，2002），冊1391；亦參見孫奇逢，《孝友堂家規》，收入新文豐出版公司編輯部編，《叢書集成新編》（台北：新文豐出版公司，1985），冊33。

17　「洒掃應對先儒謂所以斷其傲與惰之念，蓋傲惰除而心自虛，理自明，容色詞氣閒，自無乖戾舛錯，事父、從兄、交友各有攸當，豈不成個好人。……除其傲與惰之念，下學在是，上達在是，先復本來，一以貫之。」見孫奇逢，《孝友堂家訓》，頁3，收入《叢書集成新編》（台北：新文豐出版公司，1985），冊33。

為之經理婚嫁喪葬，惟力是視。」[18]他格外重視家祭禮儀，即使到八、九十歲的高齡，仍然每早晨率領子孫們在祠堂焚香，告誡子孫要永遠遵守這樣的合族共祭之禮：

> 我等聚族而處，佳辰令節，生忌朔望，得來祠堂瞻禮，是祖父之魂氣常在，兒孫之誠敬常存也，只此是人生第一吃緊事。明此而為農，是良善之民；明此而為士，是道義之士。祖父恬熙於上，兒孫敦睦於下，豈非一室之大和，而一家之元氣哉，願我子孫世世勿替。[19]

如此慎謹不懈的生活舉止是其家訓的體現，也成為社區中的表率。湯斌對此有極深刻的印象，特別記道：

> 九十老人，晨興拜謁家祠，獨坐空齋，竟日無惰容。……自非功深於人所不見者，烏能自彊不息如此乎。[20]

對超越之理有獨到興趣的人總是可以從日常生活最庸常之處見到天道的不平凡與人心在修道中的深厚功力，晚明泰州講學者其實也有類似之洞見，只是他們更願意越過禮法的效用與束縛，透過解構的眼光看到超越的境界，但清初的理學家則通常不再如此質疑、扭曲、或超越世俗禮法之見，他們更緊實地

18　湯斌，〈徵君孫鐘元先生慕誌銘〉，《湯文正公（潛菴）全集》，卷3，頁63b。
19　孫奇逢，《孝友堂家訓》，頁1-2。
20　湯斌，〈孫徵君先生文集序〉，《湯文正公（潛菴）全集》，卷1，頁8a。

抓牢儒家傳統的禮法教育，他們相信透過在敬謹的禮節儀注中身體的活動，在呼吸言談中的雍容氣度，內心契道之實才能被真實地體現出來，孫奇逢對此有明言：「日用食息間，每舉一念，行一事，接一言：不可有違天理、拂人情處，便是學問」；「天之明命無一刻不流行於人倫事物中，能於日用食息真見其流行不已，便自有下工夫處。」[21]湯斌亦曰：「夫道無所謂高遠也：其形而下者，具於飲食器服之用，形而上者，極於無聲無臭之微，精粗本末無二致也。……蓋以天命流行，不外動容周旋，而子臣弟友，即可上達天德。」[22]這種強調在謹守日用人倫與禮節法度的下學工夫中追求上契天理的超越精神，為禮儀與天理之間建構了一道強勁的連繫紐帶，這是清初帝王治國的文教理念和北方理學的基調，也是明末清初理學的重大變易。[23]

孫奇逢注重孝弟的家庭教育與謹守祭祀禮儀的行為，在清初河南儒學學圈內形成一種典範，我們從當地儒者的傳記中，可以看到相當多類似的行為表現。先以孫奇逢的子孫們為例，

21　孫奇逢，《夏峰先生集》，卷1，頁10b；卷2，頁43a。

22　湯斌，〈嵩陽書院記〉，《湯文正公（潛菴）全集》，卷1，頁70a。

23　關於明清之際理學的變化，參見王汎森，〈「心即理」說的動搖與明末清初學風之轉變〉，《中央研究院歷史語言研究所集刊》，本65分2（1994年6月），頁333-373；王汎森，〈清初思想中形上玄遠之學的沒落〉，《中央研究院歷史語言研究所集刊》，本69分3（1998年9月），頁557-583；王汎森，〈日譜與明末清初思想家——以顏李學派為主的討論〉，《中央研究院歷史語言研究所集刊》，本69分3（1998年6月），頁245-293。張壽安，《以禮代理：凌廷堪與清中葉儒學思想之轉變》（台北：中央研究院近代史研究所，1994）。

孫家數代子孫都能以孝行和遵禮聞名於鄉，孫奇逢之子孫博雅
（b.1630），在母親生病時，「不交睫，不解襟帶著三旬餘」，
母親去世後，「為孺子泣，三年不見齒」；當父親年事漸高，
他「偕兄弟朝夕上食，祝哽祝噎，夜則更臥林側，候其欠伸，
未嘗傾刻離」。[24]奇逢之孫孫佺（b.1640）喪母時方數歲，即
「抱弟淳坐臥苫蒐中，終身友愛如一日」；父喪則「居憂三
年，一循古禮」。曾孫孫用正（原名用楨，b.1662），[25]喪母時
已屆七十高齡，仍做到「哀毀屏酒肉，一如居父喪時，率兩孫
廬墓三年。」乾隆七年（1742），他因孝獲朝廷旌表。[26]

　　再以孫奇逢的門人後學為例，湯斌治父親之喪，一遵古
禮，每朔望謁家廟畢，必至母親趙恭人的節烈祠肅拜，數十年
如一日，每遇父母親忌辰，「輒素服，終日色慘然不樂」。[27]
兒子湯溥（b.1651）[28]自幼受到父親極嚴厲的教誨，從小就被
要求步趨進止必合法度，課讀必至夜分。這種家庭教育也果然
將他塑造得比常人更加嚴守禮法，據稱父親去世時，湯溥「哀
毀骨立，淚盡繼血，及扶櫬營葬，皆如禮，居喪三年，未嘗
見齒」。[29]湯斌的同學耿介也以剛正篤實、嚴謹遵禮著稱，他

24　李時燦編，《中州先哲傳》，卷19，頁5a。

25　孫博雅、孫泌、孫用正（楨）之生年均見於《孫夏峰先生年譜》。

26　李時燦編，《中州先哲傳》，卷19，頁7a。

27　湯斌，〈行略〉，收入吳元炳輯，《三賢政書》（台北：台灣學生書局，
　　1976），冊1，頁16。王廷燦編，《湯斌年譜初本》，收入吳元炳輯，《三
　　賢政書》，冊1，頁82。

28　湯溥生年由其所撰湯斌〈行略〉中推算，見吳元炳輯，《三賢政書》，冊
　　1，頁5。

29　李時燦編，《中州先哲傳》，卷20，頁3b。

同樣「每朔望必誠敬謁祠堂,值父母忌日,素服獨居,不接賓客」。[30]耿介弟子姚爾申「家居祀先人以古禮,率子弟歲時行之,從哀慟徘惻中考驗至性」;[31]耿介之友趙國鼎也是「每值家忌,輒屏居縞素,不見賓客」;[32]梁家蕙「終身無疾言遽色!窘步惰容,及世俗嬉笑俚語。燕居端坐,雖炎暑冠帶不去體」。[33]李來章以「內行醇篤,刻厲自治」聞名,母親得眼疾,他「夙興親舐之,目為復明」。[34]另外,新安縣的韓濬「立祠堂,朔望率家人虔拜,取先儒家規及《小學》、《禮記》之有切日用者為宣講之,又建溫清居以奉其親叔,弟少亡,撫其孤如已出,子弟不率教者,於祠堂懲責之,族人爭競者,集族長老於祠堂教誡之,其婚喪不能舉者,則各量力以資助焉」。[35]

　　以上所舉的學者都隸屬於孫奇逢的學圈,雖然我們不能據此就推論這些學者的表現都受到孫奇逢的影響,或設想此為清初河南學者的普遍表現,因為這還關係著像《中州先哲傳》這類書籍的取材和評量的標準。但是,上述這些在地方人物傳中頻繁出現的描述至少反映了當時河南學者們在價值觀與行為表現上的某種共識,這樣的標準也是當地鄉賢祠和書院祠祀的標

30　李時燦編,《中州先哲傳》,卷19,頁11a。
31　李時燦編,《中州先哲傳》,卷20,頁4b。
32　李時燦編,《中州先哲傳》,卷20,頁5a。
33　李時燦編,《中州先哲傳》,卷20,頁6b。
34　李時燦編,《中州先哲傳》,卷20,頁2a。
35　韓濬是韓錫獻的兒子,其學可上溯晚明新安學者孟化鯉和呂維棋,許多清代的新安理學家,可能因為地緣關係,都深受孟、呂的影響,不過他們同時也與孫奇逢和耿介學圈的學者相往來,陳悟即是一例。見李時燦編,《中州先哲傳》,卷20,頁17a-b。

準。因此儘管書籍編纂過程免不了特定意識型態的篩選而無法反映真實生活複雜紛陳的現象，但仍可以說這種態度謙恭、謹守禮法的風氣是清初河南儒學的主調，反映了當地最具正統性和影響力的儒學價值，這也是孫奇逢所欲表彰、提倡的中州學術精神。

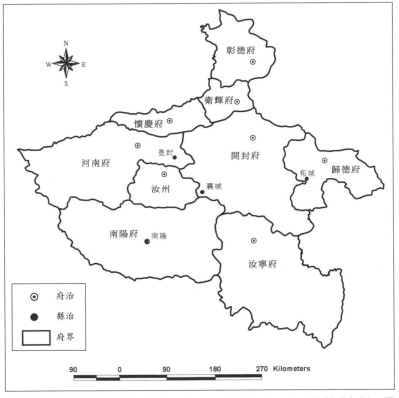

圖一：清代河南省圖。本圖由中央研究院「中華文明之時空基礎架構」研發團隊製作。

三、四所書院的興建

　　河南地區在晚明戰亂頻仍，生活條件和學術狀況都相對落後，然而清初顯然有好轉，河南學者像湯斌等人能夠受到朝廷重用，發揚他們的理學教育信念，帶給當地人相當的鼓舞。李來章在寫給竇克勤的信中就說到對當時氣象一新的感受：

> 　　來章白，憶甲子歲（1684）有日者語僕曰：十干十二支相配，數窮六十，周而且復其始也，氣數當其盛，人事因之以修，其終也則否。今茲干與支皆值建元，天下其自此昇平乎，僕株守蓬門，於當代廟廊之所以圖治：與夫四方風俗之漸進於淳樸者，不能周知。然以吾鄉卜之日者之言，何確而可信也。乙丑（1685）睢陽潛庵湯先生（湯斌）以蘇松中丞超拜官尹，聖天子特命坐講，恩禮備至，而先生亦嚴毅端方，以道自持，有程叔子說書崇政之風。丁卯（1687）嵩陽逸庵耿先生（耿介）又以潛庵薦招，特起之林泉，有司張飲祖道北門，天子方將虛前席而詢天人性命之旨，一時稱為盛事。36

我們從李來章的文字，可以讀到一種擺脫戰亂的陰影、對未來滿懷盼望與信心的欣喜之情，尤其對自己家鄉的風俗教化，

36 李來章，〈與竇敏修書〉，《禮山園文集》，卷5，頁10a-10b，收入四庫全書存目叢書編纂委員會編，《四庫全書存目叢書》（台南：莊嚴文化事業公司，1997），集部，冊246。

他顯然看見長足的進步並深具願景。此時距康熙平定三藩
（1681）、招撫台灣、一統全國（1683）不久，在政治與國勢
上確實有蒸蒸日上的氣勢，故不難想像李來章信中所提氣數當
盛之說。其實這種「躬逢聖世」、對末來充滿盼望的心情也是
當時許多學者的共同心聲。[37]就在1680年代、1690年代，河南的
理學也有進一步的發展，孫奇逢的門人與再傳門人陸續修建了
幾所書院，且都標舉程朱理學為正統，他們和當地教育官員聯
手，努力落實康熙皇帝的文教政策，宣講聖諭，並批判晚明江
南學風，有力地建構起屬於北方篤實躬行的學術特色。

　　冉覲祖如此描述當時河南地區學術欣欣向榮的氣象：

> 中州人文至今日稱奉盛已，嵩陽肇興，朱陽繼起，南
> 陽復鼎峙而三，各有數十百人讀書其間，以道德文章相砥
> 礪，揚洛問之休風，尋鄒魯之墜緒，誠近代所未有也。[38]

這段話寫於南陽書院學規的後序，講的是當地在十多年之間前
後興建了嵩陽、朱陽、南陽三所書院的事。以下分別介紹這些
書院的歷史及其主要創建者和講學領袖。

37　參見黃進興，〈清初政權意識型態之探究：政治化的道統觀〉，收入氏
　　著，《優入聖域：權力、信仰與正當性》（台北：允晨文化，1994），頁
　　87-124。亦見陳祖武，《清初學術思辨錄》，頁3-11。
38　冉覲祖，〈南陽書院學規後序〉，頁1b，見李來章，《南陽書院學規》，
　　收入趙所生、薛正興主編，《中國歷代書院志》（南京：江蘇教育出版
　　社，1995），冊6，頁201。

　　嵩陽書院位於登封縣內，主要創建者是耿介。[39]耿介是登封人，順治八年（1651）舉人，九年（1652）進士，與同鄉的湯斌同選翰林院庶吉士，兩人因此結為至交，共同以聖人之學相砥礪。耿介官歷福州巡海道、清西湖東道、直隸大名道，丁母憂後便不復出，專心從事學術教化工作，並在康熙十二年（1673）至蘇門拜訪孫奇逢，執贄門下。[40]除了興復嵩陽書院外，耿介也與當地諸生訂輔仁會約，約定月舉二會於嵩陽書院：初三會文，十八講學，將一月來所讀之書互相考究印證。[41]後因湯斌薦，耿介於康熙二十六年（1687）年再次入京，出任少詹事兼翰林侍講學士之職，但因其作風與朝臣不合，又因湯斌所涉政治糾葛，耿介以疾乞休，在朝僅53日，便又回到河南主持嵩陽書院。[42]

---

39 嵩陽書院始建於北魏太和八年（484），初名嵩陽寺，唐高宗弘道年間在此祈雨，改為太乙觀，五代周時，設立太乙書院，宋仁宗下令重修書院，賜名嵩陽書院，二程子、范仲淹、司馬光等名儒都曾在此擔任講授。元末，嵩陽書院遭到嚴重破壞，明嘉靖年間，曾修房舍、聘師招徒，並修建二程子祠。清康熙初年，登封知縣葉封先重建之，耿介致仕後，捐田興學，遂大興。參見張志孚、何平立，《中州文化》（瀋陽：遼寧教育出版社，1998），頁191-194。

40 湯斌，《孫夏峰先生年譜》，卷下，頁30b。

41 耿介，〈輔仁會約〉、〈嵩陽書院講學日錄小序〉，《敬恕堂文集》（清康熙間刊本，中央研究院歷史語言研究所藏），卷2，頁23a-26a；卷5，頁19a-20b。

42 關淤湯斌於康熙二十六年（1687）因董漢臣事牽引的政治紛爭，見湯斌傳，《湯潛庵集》，頁1-4，收入《叢書集成新編》（台北：新文豐出版公司，1985），冊76；湯斌，〈行略〉，收入吳元炳輯，《三賢政書》，冊1，頁34-36。關於耿介出任少詹事，因迂謹與朝臣不相得，遂僅在任53日，見王廷燦編，《湯斌年譜初本》，收入吳元炳輯，《三賢政書》，冊1，頁

　　耿介的學問基本上承繼孫奇逢重孝弟、謹禮法、尤重家庭教育的特色，所不同的是：耿介不像孫奇逢那般肯定王陽明之學，他嚴厲指斥陽明學的悖謬，力主回歸程朱正學。[43]耿介行為十分嚴謹，湯斌稱讚他「堅定之操，守禮之嚴，斌生平交遊未多見也。」[44]上文提及他「每朔望必誠敬謁祠堂，值父母忌日，素服獨居，不接賓客。」在父母親忌日，則聚集五門子孫於一堂共祭，並教導子孫們祭拜祖先、克盡孝道的道理。[45]他對於程朱所教導的存敬工夫，以及《孝經》所言「敬」的工夫有深刻的體會，並以「敬恕」名其書齋，晚年尤喜言「仁孝」二字，屢次闡發以仁孝為千聖心傳的心得。[46]

　　嵩陽書院大約興建於1674-1680年間，[47]是在已傾圮的舊書院基礎上重建，[48]由地方官員與邑紳捐田合力修建，[49]建成

95、97；李時燦編，《中州先哲傳》，卷19，頁10a-11b。

43 耿介對陽明學的批評可見其〈自課〉，《敬恕堂文集》，卷1，頁93a；卷4，頁2lb。

44 耿介，《敬恕堂文集》，卷2，頁84b。

45 耿介，〈敬恕堂勸孝淺說〉，《敬恕堂文集》，卷3，頁66b-68a。

46 見下文。

47 耿介的《敬恕堂文集》記有丁己年（1677）創修嵩陽書院，又有甲寅年（1674）嵩陽書院成，見該書，卷1：頁9a；卷2，頁7b。根據《登封縣志》，1674年是知縣葉封建諸賢祠，1677年耿介建先師殿、三賢祠等，但同書稍後又記各項工程始自1679年春至1680年秋訖工。書院後續尚有擴建工程，均見洪亮吉、陸繼萼等纂，《登封縣志》（台北：成文出版社，1976），卷17，頁11a-12b、16b。

48 耿介，〈與湯孔伯年兄書〉，《敬恕堂文集》，卷4，頁2b-3b。

49 根據《河南府志》，康熙十三年（1674）知縣葉封建諸賢祠，祀宋提舉管勾韓維而下14人，二十八年（1689）學道吳子雲置學田100畝，林堯英置學田100畝，河南府知府汪楫置束修田100畝，知縣張壎置學田60畝，知縣王

後書院有祀程朱的專祠，以標舉重道統的精神。書院中的麗澤
堂，為朋友講習之所；又建有觀善堂、輔仁居、博約齋、敬義
齋。[50]嵩陽書院是耿介講學的據點，也是清初河南理學傳承的
重要場域。與耿介一起講學或拜於其門下的學者很多，包括冉
覲祖、竇克勤、李來章、王澤溢、姚爾申、趙賜琳、孫祚隆、
趙國鼎、楊淑蔭、喬廷謨、張度正（1687舉人）、裴清修、梁
家蕙等，[51]都是此地具相當名望與影響力的學者，由此也可見
耿介與其師孫奇逢之學如何有力地扎根於河南地區學術文化
的土壤裡。耿介去世後，嵩陽書院由冉覲祖主持。冉覲祖是
耿介門生，學宗程朱，[52]康熙二年（1663）舉鄉試第一，三十
年（1691）成進士，選庶吉士，授翰林院檢討。冉覲祖於康熙
四十二年（1703）致仕歸鄉，同時主教儀封縣的遂初書舍與登
封的嵩陽書院，著有《五經詳說》、《孝經詳說》、《性理纂

又旦置學田100畝，知縣張聖誥置學田200畝，孟津王鶴置學田50畝，知縣
楊世達五學田200畝，邑生員焦健置地9畝，邑紳耿介置學田200畝，又開墾
地130畝，知縣薛國瑞入地38畝，撫院鹿祐置學田140畝，以供饔食膏火之
責。施誠修，童鈺、裴希純、孫枝榮纂，《河南府志》，收入洛陽市地方
史志辦公室整理，《中國河洛文化文獻叢書》（鄭州：中州古籍出版社，
2013），卷29，頁31a-b。又參見洪亮吉等編纂，《登封縣志》，卷17，頁
11a-13b。

50 耿介，〈創建嵩陽書院碑記〉，《敬恕堂文集》，卷2，頁54b-7a。

51 李時燦編，《中州先哲傳》，卷19，頁17a-18、19a-20a；卷20，頁1a-2b、
4a-7a、14a、17b-18b。

52 冉覲祖之學，一尊程宗，嚴厲批判陸王之學，此處不詳論，可參見其門人
所輯的《冉蟬菴先生語錄類編》（1881年大梁書局重刊本，中央研究院傅
斯年圖書館藏）。

要》、《正蒙補訓》等書。[53]

　　朱陽書院座落於柘城縣東門外，於1689-90年間開始興建，主要資金支持者是地方鄉紳竇大任，講學領袖為竇克勤。從康熙二十八年到四十七年（1689-1708），朱陽書院又在鄉紳與地方官的支持下陸續擴建，具有相當規模。[54]竇克勤是柘城人，師承耿介，曾六過嵩陽書院向耿介問學。[55]他於康熙十一年（1672）成舉人，到京師見了湯斌，湯斌哀嘆師道久廢，勸其就教職，他因此當了泌陽縣教諭，在泌陽積極地以朱子的教育理念，從事教育工作：

　　　　乃仿朱子白鹿洞遺規而擴之，分立五社長，各置簿，月朔稽善過，為勸懲。又立童子社，每月五日集童子習禮儀，令讀《孝經》、《小學》，稍長者為解性理。[56]

53　黃舒昺編，《中州名賢集》，卷下之一，頁1a-2b。〈語錄緣起〉，收入冉覲祖，《冉蟫菴先生語錄類編》，卷首，此書亦列有多位冉覲祖門人的姓名。

54　朱陽書院的建築包括先聖殿、存誠齋、主敬齋、居仁齋、由義齋、講堂、友善堂、寡過堂、藏書樓、先儒祠、正學祠、愛蓮亭、朱陽夫子祠、廚舍等，各建築的相關位置、分別興建的年代與興建者，參見竇克勤輯，《朱陽書院志》，收入趙所生、薛正興主編，《中國歷代書院志》，冊6，頁395-401。

55　耿介記此事曰：「庚申、辛酉余興復嵩陽書院，柘城竇靜庵先生遠去數百里，聲應氣求，十年之間，六過其地，相與折衷天人性命之理。」耿介，〈朱陽書院記〉，收入竇克勤輯，《朱陽書院志》，卷4，「記」，頁5a-7a。《中州先哲傳》則記道：「耿介講學於嵩陽，往就之，六年五至，非父召不歸也。」見該書，卷19，頁19a。

56　泌陽在河南省南陽府。引文見李時燦編，《中州先哲傳》，卷19，頁19a。泌陽學規的內容，見黃舒昺編，《中州名賢集》，卷15，卷末，頁1a-7b。

竇克勤於康熙二十七年（1688）成進士，但前後因丁母憂及不
忍久離年邁的父親，不久即致仕回鄉，在拓城創立朱陽書院，
以倡導正學為任。朱陽書院的學規與建制多仿當年他在泌陽教
諭時的做法，竇克勤曾自述：「今朱陽書院初二、十六之期，
實踵泌陽之法而行之，當日所刊泌陽學條規，久與士子為漸摩
矣。」[57]學規的詳細內容下文再論，其教育成果頗為人稱譽，
《中州先哲傳》曰：「時河南北自夏峰、嵩陽外，惟朱陽學者
稱盛」。[58]竇克勤逝於康熙四十七年（1708），朱陽書院則由其
子竇容邃（1683-1754）繼續主持。[59]

　　南陽書院座落於南陽縣內，康熙三十年（1691）間由知
府朱璘（1690任南陽府知府）興建而成，[60]興建後並聘請襄城
學者李來章前來主持。李來章出身襄城官宦世家，是明代李敏
（1454進士）的後裔，[61]曾祖父李繼業（1555舉人）曾任束鹿縣
知縣。[62]李來章年輕時讀《近思錄》而歸於聖學，曾拜謁孫奇
逢於夏峰；當李顒（1627-1705）為招父魂赴襄陽時，兩人結為

57　竇克勤輯，《朱陽書院志》，卷4，頁12a。

58　李時燦編，《中州先哲傳》，卷19，頁19b。

59　竇容邃在朱陽書院講學前後約四十年，直到他去世（1754）為止。關於竇
　　容邃的傳，見李時燦編，《中州先哲傳》，卷19，頁20b-lb。

60　朱璘生平見唐煦春等修，朱士黻等纂，《上虞縣志》（台北：成文出版
　　社，1970），卷11，頁20b-22a。

61　李敏的生平，見張廷玉等著，鄭天挺點校，《明史》（北京：中華書局，
　　1974），卷155，頁4593-4595。

62　許子尊，〈讀紫雲書院記書後〉；冉覲祖，〈明束鹿令李公肖雲先生
　　傳〉；竇克勤，〈李肖雲先生傳〉；耿介，〈李肖雲先生傳〉。前述文本
　　均載於李來章、李琇璞纂，《勅賜紫雲書院志》，收入趙所生、薛正興主
　　編，《中國歷代書院志》，冊6，頁156-157、168-169、169-170、170-171。

兄弟，以正學相砥礪。[63]康熙十四年（1675）李來章舉鄉試，[64]次年（1676）結識冉覲祖，[65]又在京師結交許三禮（1625-1691）、受業魏象樞，亦曾與湯斌、張沐、竇克勤等河南理學家寓書往來論學。[66]康熙二十九年（1690），他曾受耿介之邀到嵩陽書院共同講學。[67]李來章主持南陽書院的時間並不長，約僅一、二年，便因母老而謝歸，不過南陽書院的學規章程則出於其手。李來章回到襄城李家莊後，修葺了先祖李敏和李繼業曾講學的紫雲書院，吸引不少學者前來就學。[68]

　　以上嵩陽、朱陽、南陽、紫雲四所書院，修復興建的年代非常接近，都在1670年代到1690年代之間，主持書院的學者們彼此間有深厚的師友關係，往來論學亦密切，這種學問與教育理念相近的事實反映在許多層面上，不僅書院學規的內容、讀書次第的規劃、講學強調孝弟與禮法等都相近，從其彼此書信往來、贈送書籍、相互閱讀著作且纂寫序文，也反映其隸屬同一學圈、分享共同教育理念的事實。因此，這些書院不應被視為獨立的機構，它們反映了同一波理學復興與教育改革下的成果。1680年代，徐嘉炎對當時中州理學復興的情形有如下的描寫：

63　黃舒昺編，《中州名賢集》，卷中之2，頁1a。
64　李時燦編，《中州先哲傳》，卷20，頁1a。
65　李來章：「予得交冉子始自丙辰（1676）。」見李來章，《禮山園文集》，卷3，頁13b。
66　李時燦編，《中州先哲傳》，卷20，頁1a。
67　〈本傳〉，收入李來章，《禮山園文集》，卷後，頁1a-4a。
68　李時燦編，《中州先哲傳》，卷20，頁1b。

> 昔二程興教于伊洛，至元而魯齋振之，明則安陽之崔
> （在銑），新安之呂（呂維祺），皆醇儒，皆中州產也。
> 去二程數百年而蘇門代興，近者耿逸庵先生（耿介）秉鐸
> 嵩少之間，禮山（李來章）與中牟冉先生（冉覲祖）實左
> 右之。中州固理學之淵藪也，然吾聞歐陽文忠老于蔡，蘇
> 文定卜休于穎，彼所稱文章之宗者，亦皆以中州為歸。[69]

可見耿介、李來章、冉覲祖等人是繼孫奇逢之後中州理學的重
要領袖，他們不僅在學術淵源上遙承程朱與許衡的精神，在古
文的寫作上，也欲以醇正載道的文風，對治晚明以降靡冶的江
南文風。[70]

我們若進一步考察清初出身河南的理學家教育官員，秉
持著相近的教育理念和作法，在各地從事建書院、興士習的教
育改革工作，我們對河南地區這一波理學中興的影響力，將會
留下更深刻的印象。在眾多的例子中，當然以湯斌巡撫江寧時
（1684-1693）的作為最為醒目，在康熙皇帝特意交代要對治江
蘇奢侈浮華的風俗的指示下，[71] 湯斌採取的正是北學強調儉樸、

---

69 徐嘉炎，〈禮山園文集序〉，收入李來章，《禮山園文集》，卷首，頁2a-b。
70 關於對李來章文章的稱許，見《禮山園全集》卷首諸序，及部分文章後的評點。
71 湯斌出任江寧巡撫之前，康熙對他說：「朕以爾久侍講筵，老成端謹，江蘇為東南重地，故特簡用。居官以正風俗為先，江蘇風俗奢侈浮華，爾當加意化導，移風易俗，非旦夕之事，從容漸摩，使之改心易息，當有成效。」見中國第一歷史檔案館整理，《康熙起居注》（北京：中華書局，1984），冊2，頁1249。

特重孝弟與禮法教育的方法。他用了相當嚴峻明快的手法破除
舊俗，一系列禁婦女游觀、毀淫詞小說、懲巫祝、拆淫祠、沉
偶像、革火葬等激烈動作，在帝國皇權的背書下，雷厲風行地
展開；[72]另一方面，他則藉著修建「正祠」以表彰先賢，又每月
集士民講解聖諭十六條，定期在學宮講《孝經》、《小學》，
並規定兩百家以上的地區必須設立社學，在社學中亦先講《孝
經》、《小學》，歌詩習禮，並且調教其問安、親膳、進退、
揖讓之節。[73]

　　張伯行（1651-1725）是另一位出身河南的清初名臣，康
熙二十四年（1685）進士，授內閣中書，歷任河蘇按察使、福
建、江蘇巡撫等，官至禮部尚書。張伯行一生以表章「正學」
（即程朱學）為先務，曾在山東建清源書院、夏鎮書院、濟陽
書院；撫閩時又建鼇峰書院、置學舍，並廣搜先儒文集，刊布
《正誼堂叢書》，對當地的士人教育及傳播程朱理學有極大的
貢獻。[74]張伯行崇尚程朱學，重視《小學》、《近思錄》、主敬

72　蔣竹山，〈湯斌禁毀五通神——清初政治菁英打擊通俗文化的個案〉，
　　《新史學》，卷6期2（1995年6月），頁67-112。

73　湯斌修建秦伯祠、范仲淹祠、周順昌祠，見陸言輯，《政學錄初稿》（台
　　北：明文書局，1985），卷4，頁41。湯斌，〈明正學勤課藝告諭〉，
　　《湯潛庵集》，卷下，頁47。至淤湯斌在吳中政績，河南人深覺是河南的
　　驕傲，參見李來章，〈寄張孝先中丞書〉，收入黃舒昺編，《中州名賢
　　集》，卷5，頁9a-10b。

74　關於張伯行的生平，見黃舒昺編，《中州名賢集》，卷中之3，頁1a-10b；
　　張金鑑，〈清儀封張伯行的生平與政治思想〉，《中原文獻》，卷15期1
　　（1983年1月），頁7-13；楊菁，〈張伯行對程朱學的傳布及其影奪〉，收
　　入林慶彰編，《經學研究論叢》（台北：台灣學生書局，2003），輯11，
　　頁225-248。

的教育，以及強力執行毀淫祠、正風俗的政治作風，均與湯斌及當時河南主流的價值相近，其排斥學術多元以歸程朱正統的態度，完全符合清初以程朱學為正統的思想。[75]

　　另外，竇克勤因湯斌之勸而接任泌陽教諭，他的泌陽教法後來不僅用於朱陽書院，又被祥符縣教諭張度正所採用，施行於祥符。[76]竇克勤的兒子竇容邃曾任新寧縣知縣，在職期間「葺學宮，創建岩渠書院，置經籍，立規約，進邑中子弟教之立品制行，卓然有所興起」。[77]其他如冉覲祖曾應張伯行之邀，主持儀封縣教事，[78]而其講學好友孟矯，曾任登封縣教諭。[79]田蘭芳（1628-1701）與湯城等人共訂志學會約以講求聖學，後主持道存書院。[80]耿介門人喬廷謨任商水教諭時，以耿介所教的仁孝之旨主教，重修學宮，分諸生為五會，勒學規、刊書程、務端嚴以化澆漓，之後又調任歸德府教授。[81]孫奇逢的曾孫孫用正曾任禹州學正，再任許州學正，他在許州興建書院和社學，「悉本奇逢之教以教學者，士風丕變」。[82]李來章除了主持南陽和

---

75 王汎森，〈明末清初思想中之「宗旨」〉，《大陸雜誌》，卷94期4（1997年4月），頁1-4。
76 祥符縣在河南省開封府。另外周世爵同樣是耿介門人，由歲貢生官封邱縣（河南開封府）訓導，參見李時燦編，《中州先哲傳》，卷20，頁6a。
77 李時燦編，《中州先哲傳》，卷19，頁20b。
78 儀封縣在河南開封府。參見李時燦編，《中州先哲傳》，卷19，頁17a-17b。
79 李時燦編，《中州先哲傳》，卷19，頁18a
80 李時燦編，《中州先哲傳》，卷19，頁24b。
81 商水屬河南開封府；歸德府亦屬河南省。參見李時燦編，《中州先哲傳》，卷20，頁5b-6a
82 禹州、許州均在河南開封府內。見李時燦編，《中州先哲傳》，卷19，頁7a。

紫雲書院外,後又任廣東連山縣知縣,在當地創建連山書院,著學規,又仿呂坤(1536-1618)《實政錄》、《宗約歌》二書體例,以圖像、演說、俗歌等形式,並以文言和方言並陳的方式,為當地土著講解聖諭。[83]

　　上述這些例子,讓我們看到清初河南地區的理學復興並不只侷限在北方幾所書院的私人講學層面,它更隨著學者們出仕各地教育官員之職而有更深廣的影響力。更重要的是,因為他們的教學理念與清初帝國的文政理念多所契合,同時也反映了學者們對明末學風深刻反思後的轉向,故更易於推行。朱維錚指出清朝有意扶植程朱理學並抑制王學,此一策略與清初帝王和東南士紳的特殊矛盾有關,清廷對學術菁華區江南的士紳的打擊也最大。[84]河南地區的際遇與風尚顯然不同,反而乘著新帝國蒸蒸日上的氣勢,走出長期的低迷,在帝國意識型態的支持下,展開一波回歸正統程朱理學的學術復興。

四、以《孝經》、《小學》為主的教育理念

　　從嵩陽、朱陽、南陽和紫雲書院的學規,我們發現耿介、竇克勤、李來章等人的教育理念最重要的特色是:以《孝經》

83　李來章,《連山書院志》,收入趙所生、薛正興主編,《中國歷代書院志》,冊3,頁309-354。李來章,《連陽八排風土記》,卷7,頁5b-13a,收入張智主編,《中國風土志叢刊》(揚州:廣陵書社,2003),冊53。

84　朱維錚,《走出中世紀》(上海:上海人民出版社,1987),頁162。清初浙東地區有長達二十年的抗清鬥爭,直到康熙三年(1664)才結束,浙東思想家闡揚民族氣節與反抗精神亦十分明顯,見方祖猷,《清初浙東學派論叢》(台北:萬卷樓,1996),頁14-15、23-34。

和《小學》為基礎的品德行為教育。這一節我將藉由他們的文字，說明其特重《孝經》和《小學》的教育理念及其與清帝國文教政策的關係。

從耿介這一代開始的中州理學家，除了少數新安學者外，都比老師孫奇逢更斷然地擺脫了陽明學的影響，尊程朱學為正統。[85]耿介對程朱理學的體會反映在其教育理念中則是強調仁孝一體（由孝顯仁）的道德教育，冉覲祖說其教學：「一以程朱為宗，誠敬仁孝之外無歧旨」。[86]耿介晚年對「孝」有更精微的體會，[87]他顯然深悟張載（1020-1077）〈西銘〉之旨，視孝的意涵超越一般倫理德性的層次，從天地萬物一體之仁的高度思索孝的意涵，強調「須從孝字看出仁字，方可讀《孝經》，方可知孝道之大」。[88]耿介說：

> 《孝經》天經地義，從來訓解只說孝是天之常道，固是，然殊未見分曉。近竊從孔門言仁言孝體貼，從孝字看出仁字，從仁字看出元字，從元字看出天字，方知天以生物為常，這生物之心在天為元，賦予人為仁，仁主於愛，而愛莫先於愛親，發出來便是孝。可見這孝乃天地生物之

---

85 新安的學者比較受到鄉賢孟化鯉和呂維祺的影響，而孟、呂兩人都宗陽明學。

86 冉覲祖，〈朱陽書院記〉，收入竇克勤輯，《朱陽書院志》，卷4，「記」，頁13b。

87 耿介從康熙二十四年（1685）之後的文字，屢次談及此。關於這部分的文字，可參看耿介，《敬恕堂文集》，卷7，頁31b、33a-b；卷8，頁7b-9a。

88 耿介，《敬恕堂文集》，卷7，頁77a。

心也，故曰天之經也。[89]

這種把孝提升到天地生物之心、成為貫通儒學下學上達最核心
關鍵，或把孝視為孔門仁學的入手處、堯舜以來千聖相傳心法
的說法，不僅契於張載的〈西銘〉，其實與晚明虞淳熙（1553-
1621）、羅汝芳（1515-1588）、楊起元（1547-1599）等人對
《孝經》的詮釋亦頗可連繫。[90]不過，耿介並不看重這種學術史
的連貫性，可能與其自身的體悟經驗及其排斥晚明陽明學的態
度有關。[91]耿介基於對仁孝一旨的體悟，特別告誡門人不能斷絕
孝心：「若使孝心一息斷絕，便是生理一息斷絕，此身雖生猶
死也。」[92]他又從天地生物之孝心[93]推廣到日用倫常的各種儀節
工夫，將一切合禮合道的心思行為完全涵攝於「孝」：

> 斯道在日用倫常，與時不然，與處不有，如孔門言仁，
> 而孝弟乃為仁之本，夫子授曾子以一部《孝經》，若能於
> 孝之一字時時體認，視聽言動不合禮非孝也，喜怒哀樂不
> 中節非孝也，橫逆之來不能三自反非孝也，以至博學審問

---

89 耿介，《敬恕堂文集》，卷7，頁31b。
90 耿介，《敬恕堂文集》，卷5，頁7a；卷6，頁73a。關於晚明類似議論，參
  見呂妙芬，《孝治天下：《孝經》與近世中國的政治與文化》（新北：聯
  經出版事業公司，2011），頁133-168。另外，耿介之說亦與許三禮之論相
  近，耿介曾致書許三禮，可見他知道許三禮之學。
91 耿介強調這是他自己從閱讀四書體悟而得。
92 耿介，《敬恕堂文集》，卷7，頁83a。
93 耿介說：「孝乃天地生物之心也，故曰天之經也。」見氏著，《敬恕堂文
  集》，卷7，頁31b。

慎思明辨為行，無非孝之功夫。居處恭，執事敬，與人
忠，無非孝之發用。[94]

　　耿介對孝與禮法的重視明顯反映在他的家規和嵩陽書院學
規中。[95]嵩陽書院中所讀之書「大約以《孝經》、《小學》、
《四書五經大全》及《通鑑綱目》為主。」[96]書院學規首揭仁孝
之旨：

　　孝為德之本，故平日諄諄以仁孝為勸勉，諸生中有在家
庭不能盡孝道者，錄過。[97]

又規定學生：

　　於《理學要旨》、《孝經》、《輔仁會約》皆有切于
身心性命日用倫常之事，自當時加溫潯玩味，身體而力行
之：有漫不加省者，錄過。[98]

　　嵩陽書院規制仿白鹿書院，立堂長一人，齋長二人，隨時

94　耿介，〈書范大中卷〉，《敬恕堂文集》，卷5，頁35a。
95　嵩陽書院重視教孝與《孝經》，亦可見張伯行，〈嵩陽書院記〉，收入黃
　　舒昺編，《中州名賢集》，卷7，頁24a-38a。
96　耿介，《敬恕堂文集》，卷3，頁24a。
97　耿介，〈嵩陽書院學規〉，《敬恕堂文集》，卷7，頁36a。
98　耿介，〈嵩陽書院學規〉，《敬恕堂文集》，卷7，頁36b-37a。

稽查諸生言行舉止，有過者錄過糾正、懲罰。[99]另外，從耿介在
嵩陽書院或大梁書院講學的講章，或與朋友門人的書信中，也
可看出他格外重視《孝經》的態度，他要求門人和家人要熟讀
《孝經》。[100]許多耿介的門人也都以《孝經》為入門教本：鍾
國士教人皆從《孝經》、《小學》入；[101]裴清脩和楊蘊六也令
門人皆讀《孝經》，講仁孝之旨；梁家蕙亦然，四方負笈從其
遊者甚眾，他悉令其讀《孝經》。[102]可見當時以耿介為中心的
學圈對於以《孝經》和《小學》為基礎教育是有普遍的共識。

　　為了推廣《孝經》教育，耿介在康熙二十一至二十二年間
（1682-1683）纂修了一部《孝經易知》，[103]此書注釋內容十分
淺顯並標訓讀，是特別為兒童所作。耿介言及此書對教化的助
益：

> 甲子（1684）纂修《孝經易知》成，俾書院及闔邑成人
> 小子皆讀《孝經》，每春秋約來背誦，嘗數十百人，面命
> 以躬行孝道，遠方來求取《孝經》者，歲不下數百本。[104]

---

99 耿介，〈嵩陽書院學規〉，《敬恕堂文集》，卷7，頁35b-37a。
100 可參見耿介，《敬恕堂文集》，卷2，頁69b-72a；卷5，頁5b-7b、24a-25a、
　　47b-48a、67a-68b；卷6，頁7a-7b、29b-30b、46a-47b、65a-65b、73a；卷
　　7，頁22a-24b、31b、33a-b、36a、48a-52b、56a-b；卷8，頁7b-9a；卷10，
　　頁6b-7b。
101 耿介，〈與孫君建世兄〉，《敬恕堂文集》，卷4，頁43b-44a。
102 耿介，〈題裴學洙尋樂居〉、〈題楊蘊六持敬齋〉、〈梁氏家乘序〉，
　　《敬恕堂文集》，卷8，頁17b-18b、22b-24a。
103 耿介，〈孝經易知序〉，《敬恕堂文集》，卷6，頁46a。但在〈紀事略〉
　　中又將此書纂修繫於1684年，見同書，卷首，頁9b。
104 耿介，〈紀事略〉，《敬恕堂文集》，卷首，頁9b。

冉覲祖亦描述耿介利用《孝經易知》教育當地兒童的情形：

> 嵩陽耿逸應先生有《孝經易知》，偏給童蒙，每歲春秋集童子於書院，令其倍（背）誦，授之飲食，獎以紙筆。及期，童子塞途而至會，講堂下揖讓如禮，朗然成誦。既畢，縱遊書院中外，遍林麓泉石間，垂髫總角，嘻笑歌呼，天真爛漫，太和在宇。[105]

可見耿介是以《孝經易知》作為一般鄉民與兒童品德教育的讀本。嵩陽書院雖然是以士人為教育對象、以培養士習和舉業為目標的書院，不過書院每年春秋兩次特別為兒童舉辦特會，開放書院讓兒童參觀，並以獎勵紙筆的方式鼓勵其背誦《孝經》。這種活動一方面有銜接各層級教育的功能，加強書院與地方整體教化工作的關係，另一方面從天真爛漫的兒童身上，從其朗朗誦讀聖人經典的稚聲中，教育者也看到未來的希望與昇平的願景。書院還提供外界求索《孝經易知》，每年送出數百本是頗可觀的數量；此書又先後在湯斌和張壎的益助下，於吳中地區重刊，[106]李來章也在廣東的連山書院中規定學生研讀

---

105 冉覲祖，《孝經詳說》，卷6，頁28a-b，收入《四庫全書存目叢書》，經部，冊146。

106 張壎是長洲的業生，康熙十八年至二十二年（1679-1683）任登封縣知縣，與耿介等學者有密切的往來和合作，後調陞廣西南寧府判。其任登封知縣之年與傳見洪亮吉等編纂，《登封縣志》，卷14，頁65a-b（總頁405-406）；卷31，頁5b-6a（總頁1192-1193）。

此書，[107]故讀者群並不限於河南地區。

《孝經易知》的內容畢竟太淺顯，雖然能夠達到接引初級讀者的目的，卻不能滿足下一階段的智識要求，故耿介後來又根據呂維祺的《孝經本義》和萬聖階的《孝經行註》編纂另外教本，作為進深教育之用。[108]冉覲祖也因應這種教育銜接上的需求，特別著作《孝經詳說》，他清楚說明自己著書的動機是作為接續《孝經易知》之後的進階讀本：「《易知》過簡，成童後，欲敷析文義者不能不取證於他書，予為是編，與《易知》相輔而行，分長幼授之，視《易知》為詳，故謂之詳說。」[109]冉覲祖在著作《孝經詳說》過程中，盡量參考了他可以看到的前代作品，包括唐玄宗注、邢昺疏等，但以晚明河南新安呂維祺的註釋為主要憑據。[110]

再看竇克勤與李來章的教學。竇克勤擔任泌陽教諭時，每月召集童子習禮儀，令讀《孝經》、《小學》。從《朱陽書院志》所保存的講章內容，我們也可以看到他許多專門論「孝」的講章，如〈擬講其為人也孝弟章〉、〈擬講弟子入則孝章〉、〈擬講孝哉閔子騫章〉、〈擬講賢賢易色章〉、〈擬講孝經〉和〈擬講小學〉等。就其講章內容看，則與耿介所言

---

107 耿介，《敬恕堂文集》，卷7，頁62b。李來章，《連山書院志》，卷4，頁1b。

108 耿介，〈與萬聖階先生〉，《敬恕堂文集》，卷6，頁65a-b。我未能找到萬聖階之傳及其《行註》。

109 冉覲祖，《孝經詳說》，卷6，頁28a-b。

110 冉覲祖自言《孝經詳說》大抵取呂維祺之《本義》、《大全》者居多，見冉覲祖，〈孝經詳說自序〉，《孝經詳說》，卷1，頁3a（總頁423）。

仁孝一旨、由孝顯仁、以孝弟為學之端等說相近。竇克勤推崇
《孝經》是聖人為治天下而作的經典,承載了統聖學之全、治
術之要,及自古以來千聖百王所傳的心法;認為《小學》是聖
人之學最踏實的工夫基礎,也是希聖達天的唯一正確進程。[111]
這些看法都是歷代推崇《孝經》的學者普遍所持的看法,就觀
念而言,並不新穎;就其在清初朝廷推展孝治天下及學者欲落
實孝弟禮法教化的情境而言,自有學術正統性的重要意義。

　　李來章教學同樣以《孝經》、《小學》為本,耿介總結
其教學規模曰:「先立志以端其趨向,首標《孝經》、《小
學》以培其根本,體諸身心性命之微,嚴之戒懼慎獨之際,驗
之日用倫常之間。以存心為主宰,以天理為渾涵,以持敬為功
夫,而徹始徹終,貫之以一誠,則窮理盡性至命達天,統是
矣。」[112]李來章在紫陽書院學規中說及《孝經》曰:

　　　　五經之書皆是夫子刪述前聖,而晚年親筆更作《孝
　　經》,蓋以惟仁可以見天地之心,惟孝可以得為仁之實,
　　諸經之樞紐,群聖之精髓,皆萃結於此一書者也。吾輩
　　今日為學須涵養存想,使孺慕之愛充滿洋溢,處處發露,
　　時時呈見,更從而博觀傳註,講明其理,如昏晨宜如何
　　定省,冬夏宜如何溫凊,口體宜如何奉養,志意宜如何將

---

111 竇克勤的講章,參見氏輯,《朱陽書院志》,卷3,頁7a-8b、9a-b、
　　13a-14b、15a-16b,又見其語錄,收入黃舒昺編,《中州名賢集》,卷中之
　　4,頁5b-6a、6b-7a。
112 耿介,〈南陽書院學規序〉,收入李來章,《南陽書院學規》,卷首,頁
　　2a。

順，更進而擴充推致，立身行道，仁民愛物，即做到參天地、贊化育，地位亦不過極其橫塞之量而止，豈能出於其外更有事業。識仁、定性是程門兩件絕大功夫，然由孝道推之，皆有道路可入。先肖雲先生（李繼業）嘗曰：孝親是人生一點良心最為真切，人能擴而充之，便與天地相似。諸子於《孝經》一書熟讀潛玩，立定為人腳跟，即進而希聖希天無難也。113

由此可見李來章相信《孝經》是孔子刪述五經之後，晚年親筆所作，全書所召示的是宇宙天人相貫通的至高之理，也是一切道德修身與治世教化的準則，而真儒與俗儒的區分就在是否能身體力行此經教導的真理。他因此主張為學須涵養存想人內心天賦的孝親之情，並要博觀《孝經》傳註，講明晨昏定省、冬夏溫清等孝行的細節，並付諸實踐。這樣學問進程基本上發揮自他所信奉的程朱居敬涵養之學的規模，也與耿介、竇克勤等人相契合。

李來章也勉勵書院諸生們：「於《孝經》一書熟讀潛玩，立定為人腳跟，即進而希聖希天無難也。」114 至於閱讀《孝經》的次第，則應先讀耿介的《孝經易知》，進而再讀呂維祺的《孝經大全》。他同樣重視《小學》，要求紫雲書院的學生入書院後，「宜先講究《小學》」；又說：「諸子若能收攝精神，細讀《小學》，步驅言論以為師範，久之自融洽安適於規

113 李來章，〈紫雲書院學規〉，《勅賜紫雲書院志》，頁3a-4a。
114 李來章，〈紫雲書院學規〉，《勅賜紫雲書院志》，頁3b-4a。

矩準繩之中，有油然不能住手之意。」[115] 他論及《小學》又
曰：「此書雜採傳記，上補遺經，端童蒙之養，立聖賢之基，
為學者入門第一義」；[116]「始基不可一日不端，而《小學）不
可一日不講也。……諸子既入書院，宜先講究《小學》。……
諸子若能收攝精神，細讀《小學》，步驅言論以為師範，久之
自融洽安適於規矩準繩之中，有油然自得不能住手之意，所謂
名教中自有樂地也。」[117]

　　綜言之，康熙年間河南以耿介、冉覲祖、竇克勤、李來章
為首的理學學圈，在推行書院教育和地方風俗教化時，都格外
重視《孝經》和《小學》。《孝經》和《小學》都是中國傳統
的童蒙教材，[118] 兩者在內容上也有密切關係，晚明以降的《孝
經》學者普遍肯認《孝經》為諸經之總會，視《孝經》與《禮
記》兩書內容明顯重疊呼應之處，為一種綱要與節目的關係，
因此往往援引《禮記》以詮釋孝行，《禮記》也成為落實修養
孝德的重要文本。[119]《小學》多選錄《禮記》的文字，故《小
學》和《孝經》的關係也可以說是一種綱要與節目的關係，即
《小學》為《孝經》所強調的孝提供了詳細而具體的行為規
範。

　　清初河南學者如此重視孝弟禮法的教育理念既反映著當

---

115 李來章，〈紫雲書院學規〉，《勅賜紫雲書院志》，頁2a-3a。
116 李來章，《南陽書院學規》，卷2，頁1b。
117 李來章，〈紫雲書院學規〉，《勅賜紫雲書院志》，頁2a-3a。
118 關於中國主要童蒙教育，見周愚文，《中國教育史綱》（台北：正中書
　　局，2001），頁361-370。
119 《孝經》為綱要，《禮記》為節目。

代的學術風氣，亦與清初帝國的文教政策緊密相關。學術界在
經歷晚明講學的眾聲喧嘩及其所衍生的各種紛爭，在社會動盪
失序、家毀國亡的巨變之後，隨著學者們對晚明學風的深刻反
省與批判，學術趨勢已從注重於內在意念上做工夫的晚明學風
中轉手而出，講求切實在言行容貌、動靜行止間做學問，對禮
法的重視日益鮮明。[120] 而清朝以外族統治中國，初期雖經歷
了滿漢文化衝突，但從順治到康熙，便逐漸確定了以儒家思想
為主要意識型態的統治方針，一方面崇儒重道，展現對中國傳
統文化尊崇的誠意；另一方面，對任何威脅帝國統治的思想言
論，或結社講學等具有組織動員的活動，均嚴格禁止，甚至不
惜以高壓殘酷的手段鎮壓。[121] 在清朝皇帝的帝國統治的工程

---

120 關於明清之際學風轉變的論著極多，最主要被討論的有：實學的興起、東
　　林學者對陽明學的批評及對經世之學的提倡、顏元復古重習之學、古學和
　　經學的興起、浙東史學的崛起。參看李紀祥，《明末清初儒學之發展》
　　（台北：文津出版社，1992）；林聰舜，《明清之際儒家思想的變遷與發
　　展》（台北：台灣學生書局，1990）；Benjamin A. Elman, *From Philosophy
　　to Philology: Intellectual and Social Aspects of Change in Late Imperial China*
　　（Cambridge and London: Harvard University Press, 1984）；鄭宗義，《明
　　清儒學轉型探析》（香港：中文大學，2000）；謝國楨，〈明末清初的學
　　風〉，收入氏著，《明末清初的學風》（台北：仲信出版社，1980），頁
　　1-57；張顯清，〈晚明心學的沒落與實學思期的興起〉，收入中國社會科
　　學院歷史研究所明史研究室編，《明史研究論叢》（南京：江蘇人民出版
　　社，1982），輯1，頁307-338；王家儉，〈晚明的實學思潮〉，《漢學研
　　究》，卷7期2（1989年6月），頁279-302；王汎森，〈日譜與明末清初思想
　　家──以顏李學派為主的討論〉，《中央研究院歷史語言研究所集刊》，
　　本69分2，頁245-293。
121 高翔，《康雍乾三帝統治思想研究》，頁9-107；薛文郎，《清初三帝消滅
　　漢人民族思想之策略》；陳祖武，《清初學術思辨錄》，頁30-46。

中，代表著端謹守禮、不逾規矩的程朱理學，被進一步地鞏固宣揚。相對地，具有高度心靈自主意識並勇於質疑外在成規的陸王心學，則極力受到壓抑與打擊。而《孝經》所宣揚的敬順觀念因有著馴服百姓、穩定社會上下秩序等政教功能，也受到高度的重視，順治皇帝體認到此書對百姓教化的重要性，故親注《孝經》，下詔儒臣編纂《孝經衍義》，但此編輯工作未能在其朝內完成。康熙在掃除鰲拜勢力後，於九年（1670）頒布聖諭十六條，首揭孝弟；十年（1671）詔命繼續編纂《孝經衍義》，顯示其對孝治天下的重視。[122]《孝經衍義》一百卷終於在康熙二十一年（1682）完成，後頒行天下。[123]此書的頒行是清廷對以忠孝等三綱五倫作為倫理規範建設的核心工作，也是帝國意識型態建構的重要里程碑。[124]

　　雍正即位雖面臨皇權正統性的危機，也有神道設教的色彩，不過他許多施政仍承繼康熙朝，尤其《聖諭廣訓》之作，強調孝弟思想，以及家廟、家塾、義田、族譜之建置，強化宗法制度對社會安定的重要性。[125]他亦十分重視《孝經》一書，

---

122 趙爾巽等著，《清史稿》（北京：中華書局，1976），卷6，頁180。

123 康熙為《孝經衍義》撰序，康熙作序於二十九年（1690），出版後頒布天下。康熙三十年（1691）禮部遂呈二十二部《孝經衍義》，皇帝下令發與直隸各省巡撫及奉天府丞，見葉方藹等著，〈孝經衍義進呈表〉，《孝經衍義》（康熙三十年出版，上海圖書館古籍室藏），卷首；又參見《清史稿》，卷5，頁144；卷6，頁180；卷7，頁228

124 Frederic E. Wakeman, Jr., *The Great Enterprise: the Manchu Reconstruction of Imperial Order in Seventeenth Century China*（Berkeley: University of California Press, 1985），pp. 1093-1094.

125 雍正朝神道設教的色彩，參見高翔，《康雍乾三帝統治思想研究》，頁125-149；有關《聖諭廣訓》與清朝的宗法主義，參見井上徹，《中国の宗族と

因感於《孝經》對化民成俗的重要，故在登基後立即指示鄉會試的論題應重新回復以《孝經》出題；[126] 又因顧慮到百卷的《孝經衍義》內容太過繁多，一般人在研讀上有困難，命人專譯經文，以便誦習，在雍正五年（1727）出版《御纂孝經集註》。[127]

　　清初帝王一系列註釋、頒布《孝經》的舉動，確實提升了《孝經》在政教功能上的地位。當然皇朝政治力的強行介入，既有上行下效的推廣效果，也有意識型態之過濾與監控的作用，至少晚明《孝經》論述中普遍可見的陽明學色彩和宗教性意涵，在學術思潮的轉換及清皇朝的文教政策下，幾乎剝落殆盡，這也使得《孝經》更質實地被定位為政治倫理教化的文本。

　　清廷孝治天下的理念及對《孝經》的重視，必然相當程度

国家の礼制：宗法主義の視点からの分析》（東京：研文出版，2000），頁253-291。

126 在清代儒童入學考試和科舉鄉會試考試中，《孝經》都是策論考題的主要內容，但因《孝經》內容淺顯，出題較少變化，論題亦常兼考性理學的範圍，康熙二十九年（1690），論題除了《孝經》外，也兼用性理、《太極圖說》、《通書》、《西銘》、《正蒙》等書；五十七年（1718）更有重大改變，論題專用性理。但雍正即位後，立刻詔諭《孝經》與五經並重，為化民成俗之本，宋儒書雖足羽翼經傳，未若聖言之廣大，論題再次改回《孝經》。見《清史稿》，卷108，頁3149-3150；李鴻章等著，《欽定大清會典事例》（上海：商務印書館，1909）載康熙五十五年（1716）議定，二場論題專用性理。見該書，卷331，頁1b。

127 清世宗御定，《御纂孝經集註》，收入《景印文淵閣四庫全書》（台北：臺灣商務印書館，1983），冊182。該書出版緣由，見書卷首的〈御纂孝經集注序〉，見該書，頁269。

地影響了地方的教育政策。1690年代出任河南學使的張潤民對當地各書院教育相當支持，尤其重視《孝經》、《小學》的教育，他如此說明了自己的教育政績：

> 我朝五十年來以孔孟之書取士，詔舉山林有道，不崇講
> 學之名而務其實，今春余銜命督學中州，立意倡明理學，
> 丕變士習，兢兢以《孝經》、《小學》、聖諭十六條，為
> 鄉士父老講解。[128]

另外，吳子雲於康熙十八年（1679）到河洛校士，在嵩陽書院中也是特別為諸生開講《孝經》大義。[129]湯斌寫給王抑仲的信中談及地方施政，也特別指示應該常課以《孝經》、《小學》，以救人才不古之弊。[130]因此，當我們看到清初河南理學家在書院和鄉黨家族中極力提倡《孝經》和《小學》教育的同時，絕不可忽略清帝國的政策影響力，亦即滿族入主中國後，以異族統治者的身分，如何在久經戰亂後的天下，利用孝治天下的傳統儒家理念鞏固政權、重建社會秩序、建構帝國規模的大工程。當然我們不能否認，對上述這些清初的河南理學家而言，這是個充滿願景的幸福年代，因為他們的學術理念與自我奉獻，能有帝王的文教政策支持，地方學術一時蒸蒸日上，學者對鄉里的認同與自信與日俱增，嵩陽書院中的教化工作還

---

128 張潤民，〈勅賜紫雲書院志序〉，《勅賜紫雲書院志》，頁2a-b。
129 耿介，〈嵩陽書院講學紀事〉，《敬恕堂文集》，卷5，頁7b-10a。
130 湯斌，《湯潛庵集》，卷上，頁20。

能夠讓湯斌藉著文字恭呈康熙御覽，趁機宣揚自己鄉里的成就。131

五、孝弟禮法的行為教育

　　學者們重視《孝經》和《小學》的教育理念，落實到平日生活與書院教育上有如何的表現？《小學》如何教導人孝順的行為？禮儀活動在家庭與書院教育中占據何等地位？本節主要根據書院的學規，試圖從行為教育的角度進一步思索上述書院強調孝弟與禮法的教育在實踐面上的表現。

　　《小學》是朱子童蒙教育的重要入手，也是清初程朱學者們極重視的一本書，上文我們已論及《小學》對《孝經》所提倡的孝行有詮釋和規範的作用，現在讓我們更仔細看看《小學》中對人子事親之禮的規範達到如何細膩繁複的地步。除了守喪致祭的禮儀，以及家居生活中晨昏定省、出反必告、侍疾從命等內容外，《小學》還有許多關於飲食、服飾、行走、容色等極細瑣嚴謹的規定，可以說從日常飲食、衣著、居住、行走、言談、舉止，到內在的心思意念，無一不是規範和教育的重點。舉例而言，子事父母或婦事舅姑，應該如何在雞初鳴時即盥洗整裝，到父母或公婆寢室中服事，從服事其洗手、端盆、倒水、遞巾、問安等動作都有一定規矩，服事者身分、年紀與職責，也有一定規範。服事父母舅姑就坐或就寢時，如何請問、坐臥的方向、預備枕席，在服事其吃飯時，如何準備餐

---

131 耿介，〈附錄湯孔伯年兄來書〉，《敬恕堂文集》，卷6，頁31a-32b。

具,對其所使用的物品如手杖、鞋子、餐具等均應尊重,不可
隨便移動等,也都有詳細規定。在父母面前的進退周旋、一舉
一動,從身體的俯仰,到不能打嗝、不能打噴嚏、不能咳嗽、
不打呵欠、不斜視、不能吐唾沫或擦鼻涕、不能搔癢等,也有
嚴謹的規定。又如,在回應父母的召喚時,不必答應諾,要快
速應唯,馬上起身前去服事,神情容儀則要隨時保持和順愉
悅,態度要小心翼翼、全神貫注。[132] 以上這些都是《小學》中
詳細說明、教導的行為典範。清初河南書院教育重視《小學》
絕不是在文字上下工夫而已,而是要依著文本的指導,講究落
實在生活中的行為教育,從這個角度再讀《小學》,我們多少
可以想像這套教育理念對人們行為舉止的強密規範力。

　　人子事親之禮最主要的實踐場域當然是家庭,其中重要的
部分則是對祖先的祭祀。孫奇逢、湯斌、耿介等人都格外講究
家庭教育,尤其看重祭祀祖先的家庭禮儀教育。除了上文我們
已提及孫奇逢及其門人後學的孝行與嚴守家祠祭祀的表現外,
孫奇逢在他著名的《孝友堂家規》中對家祭的儀注還有非常明
確的規定,例如,「晨起櫛沐後,入祠三揖,自入小學便不可
廢」;「朔望焚香拜」;也規定在元旦、佳辰、祖先忌辰、有
事出門、兒女婚姻等不同情況下,均應在家祠中祭拜面告。[133]
同樣的,耿介在〈家規小序〉中也以祭祀與禮儀為家庭教育的
重心,充分說明他「以禮教學,約束於規矩法度之中」的教育

---

132 朱熹輯,陳選注,《小學集註》(台北:中華書局,1965),卷2。
133 孫奇逢,《夏峰先生集》,卷11,頁9a-13b。

準則。[134]

　　除了家庭教育之外，對於禮儀的實踐，地方書院也扮演著重要的角色，書院學規中除了一再申明要熟讀並遵行《小學》及《孝經》的教導，書院學術領袖們在平日生活也盡量活出身教典範，還極重視書院中的祀祭禮儀，希望透過禮儀實踐的活動培養學生的品格。李來章說禮儀活動主要教導學生誠心行禮，是為學之首義：

> 凡瞻仰廟貌，誦讀遺言，皆當正冠整襟，昭如在之誠，此為學第一義也。[135]

書院中舉行祭祀當然早有成規，從宋以降一直是書院中重要的活動之一。[136]然綜觀清初河南各書院的學規，我們對其重視禮儀及詳細記載祭祀禮儀的程度仍感印象深刻。根據嵩陽等四所書院的學規紀錄，書院學生從入學的典禮、每朔望的先師禮、

---

134 耿介，〈家規小序〉，《敬恕堂文集》，卷3，頁69b-72b。

135 李來章，〈紫雲書院學規〉，《勅賜紫雲書院志》，頁1b。

136 書院祭祀禮儀和特定空間的成立，據高明士的研究，約始於北宋開寶年間。見高明士，《中國傳統政治與教育》（台北：文津出版社，2003），頁132-136。朱熹在竹林精舍中奉祀周敦頤、二程、邵雍、司馬光、羅從彥、李侗，奠定了書院祭祀的風氣，明代湛若水廣泛興建書院，書院內奉祀老師陳獻章。王陽明的門人亦立講會、興書院，在講會和書院中亦多祀王陽明。參見章柳泉，《中國書院史話》（北京：教育科學出版社，1981），頁13-14；黃宗羲，《明儒學案》，卷37，頁876；〈王陽明年譜〉，收入王守仁著，吳光、錢明、董平、姚延福編校，《王陽明全集》（上海：上海古籍出版社，1992），冊下，頁1328；鄒守益，《東廓鄒先生文集》，卷9，頁24a-b，收入《四庫全書存目叢書》，集部，冊66。

每天早晨到先師廟堂行禮、師生間相互作揖引退等動作，都要
遵行一定的禮儀規範。以紫雲書院為例，學規中詳細規定了平
日行禮儀節與對違規者的處置：

> 今凡入書院受學者，皆先詣聖殿階前，伏興行四拜禮，
> 然後詣講堂，投刺以文為贄。至逢朔望日前夕，值日者督
> 率院中同人，拂拭神几，務期潔靜，至日，黎明擊板，盥
> 洗既畢，值日者鳴鼓五聲畢，詣聖殿階前，行伏興四拜
> 禮，再集講堂，向上一揖，又分班東西對揖，相引而退，
> 皆以齒序。或托故不至，或跂倚笑語，禮貌不肅者，各紀
> 過一次，實貼講堂壁上。[137]

《南陽書院學規》也從一系列祭祀的禮儀與告文開端，不
僅記錄了李來章到書院講學前在家廟中行出告之禮，表白自己
紹明洛學、恪守家風的心志，也記錄他進入書院後祭拜孔子的
告文。李來章在書院中開講《孝經》和《小學》之前，會分別
舉行告先師的禮儀，率領諸生們在至聖先師之位前表白自己對
《孝經》、《小學》二書承載聖人訓誨的體會。告文內容可見
於〈開講孝經告文〉及〈開講小學告文〉二文，[138]告文讀到最
後，李來章恭敬地率領學生們在聖人神靈之前表明篤行力學的
心志：

---

137 李來章，〈紫雲書院學規〉，《勅賜紫雲書院志》，頁1a-b。
138 李來章，〈開講孝經告文〉、〈開講小學告文〉，《南陽書院學規》，卷
　　首，頁5a-8a。

> 今率諸生，從事小學，規矩準繩，中有至樂。求之日用，驗於人倫，篤實踐履，幾希是存。自近而達，自卑而高，有領有挈，有柄可操。動靜語默，顧諟明命，上帝時臨，何敢不敬。匪懈斯熟，性□盎然，中正仁義，人道以全。139

這已不是口頭或文字的教誨和闡義而已，而是以具體行動，率領學生到聖人靈前行禮，在「上帝時臨，何敢不敬」的信念下，要求學生們要誠心地以實際行為踐履聖賢之教誨，可以說是一種宗教行為。

同樣地，朱陽書院的學規對於書院祀典，從每歲春秋仲月祭孔、書院崇祀七賢五儒的歷始始末、祭祀儀節等，也都有詳細的規定。值得注意的是，書院更在舊日以講明為學大義為主的條規中，酌定加入詳細的儀注，以期防範「細行不謹」的弊端，儀注規定：

> 書院諸生每晨早起，入先師殿一揖致教，朔望日隨拜先師畢，入講堂一揖，諸生東西向，各一揖。

> 禮教不明，尊卑失序，其在於今師弟尤甚，今擬書院禮儀，隅坐隨行，斷不容越，諸生宜明大體，無論在書院及入先生之家，俱循此禮。140

---

139 李來章，〈開講小學告文〉，《南陽書院學規》，卷首，頁7b-8a。
140 竇克勤輯，《朱陽書院志》，卷3，頁1a-b。

其他如同學間以齒序分行坐先後、學者如何通報姓名里居、書院中賓客應酬對應之禮以及書院中如何考課學生身心、以及如何記錄請假等行為規範，亦均有詳細規定。[141]

　　嵩陽書院亦然，耿介重視主敬教育，不僅要求學生發言均須內在檢點，也規定學生要灑掃、維護書屋環境，整齊擺置書籍。[142] 書院學規詳細規定學生的言行舉止、服裝儀容，對於違反規定者，還有「錄過」的督察機制。[143] 書院中的講書儀式也有一定的規矩，從講論書義時的司講，到司贊人員的禮儀，都有一定規範。[144]

　　書院中的禮儀教育更延伸到地方社區教育，主要因為這些士人鄉紳的身分、與地方教育官員間密切的合作關係，且符合帝國政策，故推廣容易。以耿介為例，他除了創辦書院講學、宣講聖諭、鼓勵鄉民與童子背誦《孝經》、散發《孝經》文本以助教化，也試圖說服地方官員以孝為政治教化的基礎，更希望能夠依《孝經》和《家禮》制定喪葬禮儀、禁止用樂，以整治地方風俗，他甚至希望地方官員訴諸法律以強制推行：「民間有犯此者，當以不孝律懲治」。[145]

　　綜言之，我們從清初河南嵩陽等書院的學規中，可以清楚看到強調《孝經》和《小學》的教育主張落實為重視禮儀實踐

---

141 竇克勤輯，《朱陽書院志》，卷3，頁1b-2b。
142 耿介，〈敬恕堂學規〉，《敬恕堂文集》，卷4，頁62b-63b。
143 耿介，〈嵩陽書院學規〉，《敬恕堂文集》，卷7，頁36a。
144 耿介，〈書院講書儀注〉，《敬恕堂文集》，巷6，頁6a-7a。
145 耿介，〈修復學宮泮池記〉、〈與王公約喪禮禁示教條〉，《敬恕堂文集》，卷7，頁48a-51b

的日常行為教育。此並不表示這些士人沒有希聖達天的崇高理想，而是他們相信只有從禮入手，才是正途，他們也每每舉張載教人學禮來說明其教育理念。例如，李來章說：

> 《禮》云：足容重，手容恭，目容端，口容止，聲容靜，頭容直，氣容肅，立容德，色容莊，凡整齊於外者皆是收斂此心，使不外馳，於學者最為切要。橫渠先生平日立教必先使人學禮，又曰：「學禮則可以守得完」，亦是此意。若能端莊靜一，以禮自持，隨時檢點，漸至純熟，則官骸所具，日用所接，無非性命流行而天德自此可達矣。146

張載之學既有「太虛即氣」的宇宙形上論高度，又強調躬行禮教的實踐面，確實頗能與清初北方重下學上達的學術氣習相呼應。147而晚明以降的《孝經》詮釋中，張載的〈西銘〉更是極重要的文本，〈西銘〉以乾坤天地為大父母所傳達儒學萬物一體之仁的境界，是羅汝芳、虞淳熙等將屬於家族血緣關係的孝道提升到宇宙論層次，成為具有神聖意涵之普世規範時經常援引的文本，〈西銘〉也被稱為《孝經》的正傳。148這樣的看法

---

146 李來章，〈紫雲書院學規〉，《勅賜紫雲書院志》，頁6a。
147 明清之際因反玄虛而尚日用的學風中，對張載禮學的重視頗值得研究。晚明的湖北學者郝敬（1558-1639）對張載禮學亦格外重視，參見荒木見悟著，廖肇亨譯，〈郝敬的立場──其氣學之結構〉，《中國文哲研究通訊》，卷14期2（2004年6月），頁143-159。
148 參見本書第九章。

在清初仍然延續，但是配合著當時學術的轉向，耿介、李來章
等人的《孝經》詮釋也都加強了外在肅儀的一面；他們雖沒有
放棄希聖達天的理想，卻格外看重張載的禮學。耿介便說：

> 〈西銘〉乾父坤母之說，古來與人敢如此道，細體之，
> 卻是孔門言仁之旨。夫子答顏淵問仁曰克己復禮，吾心本
> 與天地同體，只為己私間隔，所以不能胞民與物，須先克
> 去己私，然後渾然與天地萬物為一體矣。此須從視聽言動
> 上著功夫，所以張子〈西銘〉規模如此宏大，而所以教學
> 者只教以知禮成性，變化氣質之道。149

因此，雖然同樣提倡《孝經》教育、同樣高揚孝的價值，但是
從耿介等人的言論和學規中，我們看不到像虞淳熙、楊起元、
呂維祺等晚明學者所有的那種具有宗教意涵的實踐工夫——
禮拜、誦唸《孝經》、觀想《孝經》、齋戒養心以通神明的全
孝心法等等。在河南士人身上我們更多看到：講究言動容止合
度、行禮如儀，即所謂「制乎外所以養其中」的下學工夫，
因為他們相信收斂此心、上達於天的關鍵，應從一身威儀做
起。150

---

149 耿介，《敬恕堂文集》，卷7，頁80b-81a。
150 此亦反映在孫奇逢的社約中，參見〈孫夏峰先生社約〉，收入黃舒昺編，
　　《中州名賢集》，卷15，頁3a-b。關於虞淳熙等人的《孝經》實踐，見呂妙
　　芬，《孝治天下：《孝經》與近世中國的政治與文化》，第五章。

六、結語

　　本文主要考察清初河南地區嵩陽、朱陽、南陽、紫雲四所書院興復於1680年代、1690年代的歷史，以及這些書院的主講者耿介、竇克勤、冉覲祖、李來章等人的學術主張，並追溯河南這波理學復興深受明清之際大儒孫奇逢之學的啟發與影響，又強烈呼應清初帝國的文教政策，故其興起的氣勢十分可觀。孫奇逢透過整理文獻、修纂地方學術文化史的工作，重建了屬於河南的學術傳統，也發揮了他心目中醇厚中正的洛學精神，他個人更以高卓的生命情操和長年嚴謹守禮的行為舉止，在日用人倫間體現其儒學成就，成為當時士人的崇高典範。此不僅開啟了清初河南地區重溯本地學術傳統的工作，也為整個河南理學奠定基調。耿介等後學在各書院中的講學，都遵守孫奇逢謹守禮法、重視日用人倫的特色，又進一步與陽明學劃清界線，高舉程朱學為正統，

　　從嵩陽、朱陽、南陽、紫雲書院的學規，以及講學領袖們的言論，我們發現這些書院教育的一大特色是：特重《孝經》和《小學》的行為教育。此既反映了河南士人對晚明學術的修正，更有清帝國孝治天下的政策主導，故在上下合力的推助下，成效顯著。這種重視品德與行為的教育，也使得祭祀的禮儀活動在家庭和書院教育中占極重要的角色。

　　《孝經》孝治天下的理念主要宣揚孝是天理之自然，因此要求為政者以人對父母天生自然的愛敬之情作為教化的基礎，順著人心之常情與天理之法則，由孝教弟、教禮樂，再從孝推廣到君臣與其他的社會關係，形成一上下有序又彼此和諧的社

會。這套理念視父子關係（孝）為兄弟（弟）、君臣（忠）和朋友（信）關係的基礎，認為人是基於血緣關係的自然孝親之情及維繫家庭長幼秩序的孝敬之心，才能逐漸學習其他社會角色以及人生意義。因此在這套意識型態下，家族血緣關係被神聖化成為宇宙自然與人事的真理法則，帝國、天下、宇宙都被視為是家庭的延伸，君王是全國臣民之父母，天是天下眾生之大父母。或換個角度說，家庭被帝國吸收，成為履行帝國教化政策的基層單位。[151]家庭因此不僅是落實孝行的最重要場域，是學習所有人際關係和社會責任的基礎，也是帝國教化工作的主要對象，而學校和書院教育則是執行帝國教化政策的主要單位，擔負著教導學生明白並實踐孝行的機構。

從本文所研究的清初河南理學家身上，我們看到他們緊密地連繫家庭、書院和地方鄉里的教育工作，學校中的師友關係與應對舉止，某個意義上正是家庭孝弟關係的延伸，而政治教化的工作也一再回歸以孝弟為本的家庭人倫基點。清初河南理學家們也體現了鮮明獨特的形象和風格，他們不像晚明那些周遊各地、激動著成百上千的聽眾相信聖人可學而至的講會領袖，也不同於清初強調經世濟用、表彰民族意識的浙東史學家，他們是一群注重家庭教育、謹守孝弟禮法、嚴於各類祭祀活動的家族長老。也正是從這家族長老的身分與職責，他們推致出去扮演其社會角色，成為在書院與地方上致力於改善士習、教化風俗的教育者。

---

151 清朝禁私人講學和結社、承認家庭組織的政策，正反映了以孝治天下的落實。關於此從明末到清初的變化，參見Benjamin A. Elman, *Classicism, Politics, and Kinship: The Ch'ang-chou School of New Text Confucianism in Late Imperial China*（Taipei: SMC Publishing Inc., 1991）, pp. 32-35.

II

理學與家庭

〈顏元生命思想中的家禮實踐與「家庭」的意涵〉是我擔任國立臺灣大學東亞文明研究中心兼任副研究員（2003-2005）期間的研究成果。當時高明士教授以「東亞傳統家禮、教育與國法」為題主辦學術研討會，本文即在「家禮」的主題引導下對顏元的生命和思想進行研究，此文後也收入高明士教授主編的《東亞傳統家禮、教育與國法（一）：家族、家禮與教育》（2005）。此文雖以顏元個人為主，實際上包含顏元的師友與門人，我在寫作時也想著要適度比較清初與晚明、北方與江南的學風差異。本文也試圖要兼顧禮儀的身體實踐（ritual practice）與思想觀念（thought）兩方面，我希望可以較細緻地描述顏元的家庭生活，呈現他在日常中的各種禮儀實踐，並探討「家庭」在顏元思想中的意義，包括孝、家庭之於成德的關係等問題。本文所討論的議題在我後來的研究中也有持續的發展，例如我在《成聖與家庭人倫》書中討論了清儒對於在日用人倫中修德成聖的堅持，許多觀點都與顏元相呼應；顏元在家中拜聖賢的史料也啟發我進一步考察明清儒者居家拜聖的禮儀實踐。

〈施閏章的家族記憶與自我認同〉是我剛進入中研院近史所工作時的作品，當時我參與了所內「歷史記憶」讀書會和研究群的活動，深受啟發，從行文中應可讀出當時我努力從個人記憶與集體記憶的角度來思考施閏章，及其對家族與地方歷史的書寫。此文同時也是我研究晚明陽明講會時衍生的研究成果，我是在考察晚明寧國府的講會歷史時，發現在原來講學社群已經衰微、傳承斷裂之後，方志中突然出現一個以陳履祥為

首、施鴻猷為輔的講學社群的記載。我在追索這些文本線索時
發現，施閏章對其祖父施鴻猷及學友的追憶文字是方志文獻的
主要來源，這也讓我對於史料的可信度、史料被生產的脈絡等
問題有更多的思索。在閱讀施閏章文集時，我感覺他的理學色
彩並不強，但他卻又是清初江西青原山講會復興的重要推手。
因此我決定從自我認同、家庭記憶與歷史書寫等角度來探討施
閏章個人的生平與學問，以及他如何塑造祖父的學術地位，重
建了晚明宣城的泰州講學歷史。本文原刊於《漢學研究》（卷
21期2，2003）。

第三章

顏元生命思想中的家禮實踐
與「家庭」的意涵

一、前言

　　顏元（1635-1704）的生平和思想在二十世紀引起了許多人的興趣，也有過不同的詮釋觀點，從章太炎（1869-1936）、劉師培（1884-1919）、梁啟超（1873-1929）、胡適（1891-1962）、到馬克思史家的筆下，顏元之學經歷了不同時代學術思潮和政治氛圍的洗禮，呈現了許多失真卻也饒富意味的解釋。[1]晚近學者仍不斷修正並重新詮釋其學，在眾多學術意見的

1　關於顏元之學從1898年到1937年的研究狀況，如章太炎強調其尚武精神、劉師培注重其教育主張、梁啟超指出其類似西方科學實驗精神、胡適看出他接近實用主義的傾向，參見廖本聖，〈顏李學的形成（1898-1937）〉（台中：東海大學歷史學系碩士學位論文，1997）。馬序也指出，在民主主義革命時期，顏元被送進孔廟從祀，成了道統的殿軍；在新民主主義革命時期，顏元被史學家評論為「早期民主思潮的重要代表」、「實踐派的聖人」；在1949年之後的中國，他則被學者論述為「反映發展新興工商業、平均土地要求的啟蒙主義思想家」、「成為革命思想和唯物主義哲學

擁簇下，顏元之學無疑已在中國近代學術史上占穩一席之地，相關研究也已相當豐富。本文在前人許多研究成果之後寫作，主旨並非欲全面探討顏元思想的內容，亦非以反駁前人之說為出發點，只是在閱讀顏元和李塨（1659-1733）的《年譜》與《文集》時，對於他們平日的家禮實踐，尤其是拜先祠、拜父母之禮儀實踐留下深刻印象，因而想進一步探討家禮實踐以及「家庭」在顏元之學中的意涵。[2]

　　祭拜祖先的家庭禮儀向來被視為中國文化重要表徵之一，也是凝聚家族的重要力量，有極豐富的研究成果，其中有相當部分屬於社會史和人類學的研究，透過研究某特定地域的家禮實踐探討該地文化中的祖先和鬼神觀、宗族組織與家產結構、地域社會的運作及其與帝國的權力關係等問題。[3]本文與上述研

的一個可以追溯的理論先驅。」馬序，《顏元哲學思想研究》（蘭州：蘭州大學出版社，1991），頁102-124，該書行文中亦不時針對此類見解，提出修正看法，強調顏元思想的封建性格。亦參見姜廣輝，《走出理學》（瀋陽：遼寧教育出版社，1997），頁257-259。

2　顏元生命中兩個重要的實踐行為是行禮與寫日記。關於顏李學派日記的書寫與功能，參見王汎森，〈日譜與明末清初思想家——以顏李學派為主的討論〉，《中央研究院歷史語言研究所集刊》，69本2分（1998年6月），245-294。

3　關於此，可參看Arthur Wolf, "Gods, Ghosts, and Ancestors," in Arthur Wolf, ed., *Religion and Ritual in Chinese Society*（Stanford: Stanford University Press, 1974）, pp.131-182; Yih-yuan Li, "On Conflicting Interpretations of Chinese Family Rituals," in Jih-chang Hsieh and Ying-chang Chuang, eds., *The Chinese Family and Its Ritual Behavior*（Taipei: Institute of Ethonology, Academia Sinica, 1985）, pp. 265-283; Catherine Bell, "Performance," in Mark Taylor, ed., *Critical Terms for Religious Studies*（Chicago: University of Chicago Press, 1998）, pp. 205-224.

究取徑不同，主要研究顏元、李塨等少數個人的家禮實踐，因為顏元提倡家禮實踐有相當濃厚的個人色彩，所關心的重點和對話的對象亦以學術傳統為主，並與當地普遍的風俗有明顯差異，在許多情形下，顏元都嚴厲地批判當時習俗，故不能將之歸為某地普遍宗教觀或社會實踐的反映，而更多屬於學者個人對學術傳統的反思，故本文的討論還是將顏元放在明清學術史的脈絡下進行。另外，伊沛霞（Patricia Buckley Ebrey）對《家禮》的研究、周啟榮對清初禮教主義的研究中也都曾論及顏元的行禮，伊沛霞是從十七世紀士人對朱子《家禮》反省與批判的脈絡下來討論顏元的家禮實踐，周啟榮則試圖將顏李之學牽引到明清政治變化、宗族組織興盛、士人對社會秩序的看法、以及士人研究與論述禮儀等諸多線索，統攝於他對清初儒家禮教主義興起的關懷下討論，他強調顏元反理學、返回周孔的學術特性，及其對十八世紀學術的影響。[4]本文雖也觸及顏元之學與明清學術史的關係，但仍有別於周啟榮較寬廣的視野和問題意識，討論將集中於顏元個人生活，及其生存的清初北方學術界。

另外，本文雖以「家禮」為題，而家禮的內容一般包括冠、昏、葬、祭等象徵生命重大變化的禮儀（rites of passage），[5]但本文並未討論這類禮儀，而是選擇討論顏元每

4　Patricia Buckley Ebrey, *Confucianism and Family Rituals in Imperial China*（Princeton: Princeton University Press, 1991）, Ch. 8; Kai-wing Chow, *The Rise of Confucian Ritualism in Late Imperial China*（Stanford: Stanford University Press, 1994）.

5　關於此類禮儀的討論，可參見Catherine Bell, *Ritual: Perspective and*

日都會實踐的拜先祠、拜父母、夫妻之禮。以下的討論將分為
四部分：一、描述顏元平日在家中行禮的情形，旁及李塨的實
踐；二、進一步討論家禮與家庭在顏元學問中的意涵，闡明在
顏元眼中「家庭」的神聖性，及其之於聖賢之學的必要性，並
試圖連繫到明末清初學風變易的議題；三、探究顏元的家庭生
活，呈現他平日與妻、子互動的情形，也凸顯他異常單薄的身
世際遇；四、討論顏元之學的學術脈絡，試圖在明清之際的學
術系譜中為其學找到某種「家」的歸屬。

二、家禮實踐

顏元是個極注重行禮的人，自三十歲與王養粹（1699卒）
訂交結會後，便十分注重家禮的實踐，從三十一歲那年始，顏
元每年元旦都書一歲常儀功於日記首，並逐年酌定常儀功的內
容。他所訂常儀功的基本內容如下：

> 每日清晨，必躬掃祠堂、宅院。神、親前各一揖，出
> 告、反面同。經宿再拜，旬日以後四拜，朔望、節令四
> 拜。昏定、晨省，為親取送溺器，捧盥、授巾、進膳必親
> 必敬。應對、承使必柔聲下氣。寫字、看書，隨時閒忙，
> 不使一刻暇逸，以負光陰。操存、省察、涵養、克治，務
> 相濟如環。改過、遷善，欲剛而速，不片刻躊躇。處處箴
> 銘，見之即拱手起敬，如承師訓。非衣冠端坐不看書，非

Dimensions（New York: Oxford University Press, 1997），pp. 94-102.

農事不去禮衣。出外過墓則式，惡墓不式。過祠則下，淫
祠不下。不知者式之，見所惻、所敬皆式。非正勿言，非
正勿行，非正勿思。有過，即於聖位前自罰跪伏罪。6

他也曾告訴陳康如：

　　吾久有志於禮，先行家祠禮。……祭薦畢，遂行家人
禮，拜父母，拜兄長。退入私室，夫婦之禮行焉，閨門之
內，肅若朝廷。7

從常儀功的內容及顏元的《年譜》和《文集》，我們可以看到
許多關於他平日如何警醒地省察涵養、勇於改過、嚴衣冠、慎
威儀、過墓則式、見箴銘即拱手為敬等生動的例子，對於我們
了解顏元平日生活與為人是很寶貴的資料，惟因與本文所欲探
討的主題較無直接關係，故不在此詳述。

　　顏元平日很早起床，他曾自言：「予少壯時，聞雞必衣
冠而起，無事即坐以待旦。今媿衰疾，然猶昧爽夙興，摘髮沐
面，著常服掃拭。」8他每天清晨起床後必親自打掃家祠和宅

6　顏元，《顏習齋先生言行錄》，卷上，收入顏元著，王星賢、張芥塵、
　　郭征點校，《顏元集》（北京：中華書局，1987），冊下，頁621。顏元
　　五十五歲那年（1689）所書的常儀功內容更為詳細豐富，對於各種祭祀的
　　時節與事先不同的預備及家禮與學儀等，均有詳細的描寫，可能是實踐
　　二十餘年間累積修定的成果，參見李塨，《顏習齋先生年譜》，卷下，收
　　入《顏元集》，冊下，頁762-763。
7　顏元，《顏習齋先生言行錄》，卷上，收入《顏元集》，冊下，頁657。
8　顏元，《顏習齋先生言行錄》，卷下，收入《顏元集》，冊下，頁690。

院，數十年如一日，除非生病，絕不假手他人。[9]顏元如此堅持
親自灑掃，主要與他不認同朱子將灑掃歸入小學工夫、到大學
便轉向主敬涵養、格物窮理之學有關，[10]他認為灑掃就是主敬
的工夫，就像六德、六行、六藝，都是終生必須習行的。[11]他灑
掃祠堂和長輩房間時，有一定的規矩，必自東而西挨次地掃，
而且一定要面向尊長，讓身子慢慢移轉，直掃到門口才退身而
出。夏天時則先灑再掃，後來又規定除了冬天不灑水外，其他
三季都灑掃。

　　每天灑掃完畢，顏元脫掉常服、換上禮服，便到家祠行
禮。平日行一揖之禮，朔望和節令則行四拜禮。[12]家祠行禮畢，
再到父母尊長面前行拜禮，拜父母尊長之禮與拜先祠之禮同，
均平日一揖，朔望與節令行四拜禮。[13]顏元生父在他四歲時離家
出走，生母在他十二歲時改嫁，他由養祖父母扶養長大，養祖

9　李塨，《顏習齋先生年譜》，卷上，收入《顏元集》，冊下，頁738。

10　例如顏元曰：「夫勺之義大矣，豈童子所宜歌。聖人若曰：『自灑掃應對
　　以至參贊化育，固無高奇理，亦無卑瑣事。』故上智如顏、貢，自幼為
　　之，不厭其淺而叛道；粗疏如陳亢，終身習之，亦不至畏其難而廢學。」
　　見顏元，《存學編》，卷2，收入《顏元集》，冊上，頁55。李塨在《大學
　　辨業》中對此亦有明確的說明，見李塨，《大學辨業》，卷2，頁2a-3a，收
　　入顏習齋、李恕谷，《顏李叢書》（台北：廣文書局，1989），冊2。

11　顏元，《存學編》，卷4，收入《顏元集》，冊上，頁90-91。六德：知、
　　仁、聖、義、忠、和；六行：孝、友、睦、姻、任、恤；六藝：禮、樂、
　　射、御、書、數。

12　節令指端午、中秋之節，參見李塨，《學禮》，卷4，頁13a，收入顏習
　　齋、李恕谷，《顏李叢書》，冊2。

13　根據李塨，顏元家朔有奠，望惟焚香參拜無奠。見李塨，《學禮》，卷4，
　　頁12b。

父母便是他盡孝行禮的對象。[14]他在三十六歲那年（1670），立
了親生父親的生主，每天行拜父之禮，但因不確知父親生死，
故不獻酒食。[15]除此之外，他也要求自己確實做到出告反面、
晨昏定省，親取送溺器，捧盥、授巾、進膳必敬等人子事親之
儀。

　　每天行畢拜父母之禮後，還要行夫妻之禮。《年譜》在
顏元三十歲（1664）條下記曰：「閏六月，朔望，偕妻行禮，
已而夫妻行禮，身南面起拜再，妻北面不起拜四。」五十五歲
（1689）條下則記：「凡朔望、節令謁祠出，中堂南面，妻北
面四拜，惟冬至、元旦八，皆答再。」[16]即男主人在中堂南面，
妻北面行四拜禮。[17]男女行禮的方式不同，顏元在《禮文手鈔》
中說道：「男子之拜，鞠躬伏興，又鞠躬，又伏興，又鞠躬，
乃成再拜之禮。婦人只一立拜，伏地連以首叩地四，興，又一

---

14 顏元三十四歲時，養祖母去世；三十九歲時，養祖父去世。
15 他「刺指血和墨書牌，出告反面，晨參，朔望行禮，一如在堂。但不敢獻
　　酒食，恐類奠祭也。」李塨，《顏習齋先生年譜》，卷上，收入《顏元
　　集》，冊下，頁733。
16 李塨，《顏習齋先生年譜》，收入《顏元集》，冊下，頁718、762。夫妻
　　之禮有時可能也在私室中行，顏元曾言：「祭薦畢，遂行家人禮，拜父
　　母，拜兄長。退入私室，夫婦之禮行焉。」見《顏習齋先生言行錄》，卷
　　上，收入《顏元集》，冊下，頁657。
17 李塨曰：「顏習齋先生家，婦北面四拜，夫答再拜，塨從之行，後見許西
　　山先生家亦如此。竇靜庵家規云：夫婦交拜再，婦讓夫起，再拜，夫納
　　之。大致亦同，其儀則夫婦俱連拜，夫頓首，婦扱地，不用肅拜者。」根
　　據李塨，則夫答拜後，妻再拜。而竇克勤家所行，則妻以至重之扱地禮
　　（猶男子稽首）拜夫，見李塨，《學禮》，卷5，頁5b-6a。

立拜，便是四拜。」[18]冬至和元旦比較特別，妻行八拜禮，男
主人答拜；妾和子也以同樣方式拜男主人，但男主人不答禮；
妾對妻的禮儀如同其拜男主人一樣。而子孫也只在元旦時才拜
妾，妾也要答拜。[19]除了上述人子事親之禮與夫妻之禮外，顏元
家族也有墓祭設宴之禮，全家族男性在族長率領下行禮，顏元
則擔任酒史的角色。[20]

　　另外，對於父母和尊長，平日要晨昏定省，外出必出告反
面，外出再宿以上要再拜，五宿以上四拜。[21]出告反面是人子
事父母之禮，顏元也以此禮事孔子，在孔子神位前行出告反面
禮。[22]根據朱子《家禮》，即使一般外出亦要在家祠行出告反面

18　顏元，《禮文手鈔》，卷1，收入《顏元集》，冊上，頁321。

19　原文為：「妾拜同，不答；子拜同，不答；妾拜妻，儀同拜君；子孫惟元
　　旦拜妾再，妾答拜。」李塨，《顏習齋先生年譜》，卷下，收入《顏元
　　集》，冊下，頁762。

20　顏元，《顏習齋先生言行錄》，卷上，收入《顏元集》，冊下，頁643。顏
　　元家以分、至、元旦、主人生日祭於祠堂，以寒食、十月初一日、忌辰祭
　　于墓。見《禮文手鈔》，卷5，收入《顏元集》，冊上，頁391。關於明清
　　家族多於清明和冬至舉行全族墓祭，禮畢設宴之習，參見徐揚杰，《宋明
　　家族制度史論》（北京：中華書局，1995），頁54-57。

21　《禮文手鈔》：「主人主婦近出，則入大門瞻禮而行，歸亦如之。經宿而
　　歸，則焚香再拜。遠出經旬以上，則再拜焚香，告云：『某將適某所，敢
　　告。』又再拜而行。歸亦如之，但告云：『某今日歸自某所，敢見。』
　　經月而歸，則開中門立於階下，再拜，升自阼階（中門外東階），焚香
　　告畢，再拜，降，復位再拜。」顏元，《禮文手鈔》，卷1，收入《顏元
　　集》，冊上，頁320、326、328。

22　顏元《年譜》三十七歲條下記：「止孔子神位前出告、反面禮，以事親
　　儀，非所以事神也。」李塨，《顏習齋先生年譜》，卷上，收入《顏元
　　集》，冊下，頁734。

之禮，顏元早年遵行此禮，他在〈常儀功〉中記道：「神、親前各一揖，出告、反面同。」[23]他在《禮文手鈔》中說明：只有主人可以行告廟之禮，其餘家人不得告，須在主人帶領之下行禮。[24]但後來他的看法有所改變，在四十二歲時，他「廢本日近出告家祠禮」，[25]後又因《禮記》言：「無事不辟廟門」，[26]認為朱子《家禮》有誤，故修改為：「即日反者揖告祠外，經宿以上再拜告簾外，旬日以上乃啟簾焚香設薦告之。」[27]

　　上述這些日常家居禮儀，顏元都極力遵行，即使外出，每遇朔望，他都要面朝家園莊重地行望拜家祠、答拜家人與門生之禮。[28]顏元對家禮實踐的執著與細密的程度真到了戒慎恐懼的地步，甚至給人矯然作態之感。起初他的家人也有抗拒，[29]更曾招人「近優人演戲之疑」，[30]但他說自己因為能做到「剛毅以持之，講說以曉之，積誠以感之，悠久以化之。」[31]終於轉化了家

---

23 顏元，《顏習齋先生言行錄》，卷上，收入《顏元集》，冊下，頁621。
24 顏元，《禮文手鈔》，卷1，收入《顏元集》，冊上，頁320-321。
25 李塨，《顏習齋先生年譜》，卷上，收入《顏元集》，冊下，頁745。
26 〈喪服小記〉，《禮記》（台北：藝文印書館，1965），卷33，頁2a。
27 李塨，《顏習齋先生年譜》，卷下，收入《顏元集》，冊下，頁762。李塨對此亦有詳細說明，同樣根據《禮記》認為鬼神主幽，不可輕瀆，而修正出入告禮為：「今定遠行重事及近出朔至望以上者乃告。」見李塨，《學禮》，卷4，頁13a。
28 李塨，《顏習齋先生年譜》，卷下，收入《顏元集》，冊下，頁762-763、768。
29 鍾錂曾以「行禮，家人多阻擾，奈何？」問顏元，顏元告訴他自己初行禮時家人亦有類似反應。顏元，《顏習齋先生言行錄》，卷下，收入《顏元集》，冊下，頁671。
30 顏元，《顏習齋先生言行錄》，卷上，收入《顏元集》，冊下，頁632。
31 顏元，《顏習齋先生言行錄》，卷下，收入《顏元集》，冊下，頁671。

人的態度,成功地使習行禮樂成為他學問的最大特色。

顏元家禮的實踐一方面具有清初北方學術的共同特色,也成為他教導門人的主要內容,在顏李學派的學規和課程中占有重要的地位。[32]顏元的門人也多遵行此禮,鍾錂[33]說自己:「祖考祠前則朔望、節令必拜獻,忌辰出主若初喪,必誠必敬,不敢草率,凡以遵我先生之教。」[34]我們從李塨身上更看見這種拜家祠、拜父母的儀式被極突出地演出。李塨從小受父親李明性(1683卒)嚴格的調教,又娶王養粹之妹為妻,遂與王養粹共論學,其學受陶冶的環境與顏元極相似,[35]二十一歲時(1679)他拜顏元為師,成為顏元最忠實的門人,也是宣揚顏元思想最有力的學者。就在他拜顏元為師的同年,父親李明性留他和生母及三個弟弟住在城裡幫助親戚經理家務,自己則帶著元配和兒子李塽返鄉居住。為了切實履行拜父母之禮,李塨如此克服了城鄉的差距:

> 每朔望前一日薄暮,步二十五里至鄉省父母安,昧爽起

---

32 顏元所訂教條內容包括:孝父母、敬尊長、主忠信、申別義、禁邪僻、勤赴學、慎威儀、肅衣冠、重詩書、敬字紙、習書、講書、作文、習六藝、行學儀、序出入、輪班當直、尚和睦、貴責善、戒曠學。見李塨,《顏習齋先生年譜》,卷上,收入《顏元集》,冊下,頁742-744。李塨的學規同顏元,均以「孝父母」為首,見馮辰,《清李恕谷先生(塨)年譜》,卷1,頁12a-13b,收入王雲五主編,《新編中國名人年譜集成》(台北:臺灣商務印書館,1978),輯1,冊9;又參見同書,卷5,頁21a、27b。

33 鍾錂生卒年不詳,享年七十九歲,其傳見徐世昌輯,《顏李師承記》(台北:文海出版社,1971),卷2,頁65-67。

34 鍾錂自敘其家行禮一依顏元之教,見《顏元集》,冊下,頁614-615。

35 顏元成學的經過與師友之扶持,見下文。

四拜，即返城拜生母。[36]

另一處更詳細的記載為：

> 朔望前一日往鄉省父母安，凤興率弟壎拜父母各四，使
> 弟培、埈亦在城拜生母，拜影堂，拜先聖。回城，拜生母
> 四，拜影堂，每位各四，拜先聖四，配各四。受培、埈拜
> 各四，答揖。[37]

來回步行五十里的路程，只為了親自在父母親面前行朔望的四
拜之禮，如此的實踐充分顯明他何等看重這項禮儀實踐，從這
種刻苦習行也最能見顏李學風的勝出處。

　　同樣地，在非朔望節令之日，李塨每日在神、親前行一
揖之禮，並切實做到出告反面。李塨在二十二歲那年，有一天
他因事迫忘了行出告禮，便十分咎責自己的粗心；四十九歲那
年，又一日以事迫忘行出告禮，當天他「中夜覺，惶愧不能成
寐，凤興拜母謝罪。」[38]從《年譜》中這兩則相差二十七年之久
的類似記載，可見李塨長期切實行拜父母和出告反面之禮，以
及此禮儀在他生命中所占的重要地位。1695年，三十七歲的李
塨遠離家鄉往桐鄉任教，這次他無法親自返家行禮，於是他規
定自己每朔望向著家鄉行遙拜之儀。[39]他的家人亦向著他遙拜，

36　馮辰，《清李恕谷先生（塨）年譜》，卷1，頁5a-b。
37　馮辰，《清李恕谷先生（塨）年譜》，卷1，頁8b-9a。
38　馮辰，《清李恕谷先生（塨）年譜》，卷1，頁8a；卷4，頁17a。
39　馮辰，《清李恕谷先生（塨）年譜》，卷2，頁28b；38b。《年譜》在乙亥

他則遙答揖。⁴⁰李塨也把這套家禮傳之門人，杜謙牧問學歸家後即謹守出告反面、晨昏定省、日儀和朔望儀；⁴¹另一位門人馮辰⁴²除了行家禮外，更每日向著李塨行遙揖之禮，朔望則遙拜，李塨知道後，曾推辭不獲，遂遙答揖。⁴³

顏元、李塨等學者對拜家祠、拜父母禮儀的堅持，雖關山千里亦不能阻隔使其廢而不行，顯示這項禮儀在其學問生命中無可取代的地位，其重要性也絕不是象徵性地表達行禮者心中一念孝思或虔誠而已，而有更深的意涵。

三、家禮與家庭的意涵

此節主要欲探討家禮與家庭在顏元之學中的意涵，將從三方面討論：第一、說明顏元視家禮為人子盡孝的本分，也有惕孝的作用，是正確有效的持家之道；第二、說明顏元對祭祀行為的看法，及其以家禮為儒教的正祀並據此以批判其他宗教的作法；第三、討論家庭、婚姻、生育行為在顏元之學中的神聖地位，及顏元對性欲的高度警覺，並論其學隱涵一種在義理與實踐之間的模糊性與張力。且將簡單地與晚明講學者比較，說

年（李塨六十一歲）下仍記李塨九月朔日望拜家祠，望拜母。見同書，卷5，頁28a。

40 馮辰，《清李恕谷先生（塨）年譜》，卷4，頁6a。

41 李塨，〈衡水杜氏世德記〉，《恕谷後集》，卷13，頁14b，收入《續修四庫全書》編纂委員會編，《續修四庫全書》（上海：上海古籍出版社，2002），冊1420。

42 馮辰生卒年不詳，其傳見徐世昌輯，《顏李師承記》，卷2，頁67-71。

43 馮辰，《清李恕谷先生（塨）年譜》，卷4，頁5b-6a。

明顏元等清初北方學者視家庭為實踐聖賢之學的重要場域。

（一）盡孝本分與修身持家之道

　　顏元之所以如此重視拜先祠、拜父母、出告反面等事親禮儀的實踐，主要因他認為這是為人子盡孝的本分，也有惕孝的作用，[44]是教化與社會和諧的根本。祭祀祖先是盡孝的行為，乃古今通義，毋須再論，[45]中國許多家訓也都強調此，[46]故顏元這部分的看法並沒有太多個人特殊的見解，他的特殊之處則在付諸實踐時細密講究的嚴謹程度。至於「孝」在顏元生平與思想中的地位與作用為何？以下我想先略作討論。

　　「孝」在顏元生命與思想中，占極關鍵的地位，不僅觀其生平，盡孝的事蹟突出；讀其著作，論孝的文字亦明顯。顏元的孝行可見於：他竭力盡孝養於養祖父母與改嫁的母親；[47]在不

44 此類思想在中國很普遍，尤其見於《孝經》，參見唐明皇御注，邢昺疏，〈孝治〉，《孝經注疏》，卷4，收入十三經注疏小組編，《十三經注疏分段標點》（台北：新文豐出版公司，2001），冊19，頁71-78。顏元說行家禮有惕孝作用，見顏元，《顏習齋先生言行錄》，卷下，收入《顏元集》，冊下，頁678。

45 例如，《孝經》：「子曰：『孝子之喪親也……卜其宅兆而安措之，為之宗廟以鬼享之，春秋祭祀以時思之。生事愛敬，恐事哀慼，生民之本盡矣，死生之義備矣，孝子之事親終矣。』」見〈喪親〉，《孝經注疏》，卷9，頁125-132。

46 王爾敏，〈家訓體製之傳衍及門風官聲之維繫〉，收入中央研究院近代史研究所編，《近世家族與政治比較歷史論文集》（台北：中央研究院近代史研究所，1992），冊下，頁807-845。

47 例如，1687年聞母病，顏元立即赴隨東侍疾。李塨，《顏習齋先生年譜》，卷下，收入《顏元集》，冊下，頁759。

慈不弟的險惡家庭環境下，他始終不改孝弟本性；尤其對離家出走的生父，他不僅立生主每日行禮，更在1684年以五十歲之齡隻身赴關東尋父，到處貼尋父報帖，前後約歷一年，終於尋得同父異母妹而確定父親已去世，才招魂題主，歸家完葬。[48]

　　孝在顏元思想中的地位，與弟、忠、信一樣，都是無庸討論、不容質疑、天賦予人的真理，也是人的價值所在。他曾闡釋「昭事上帝」之義曰：「昭事，則為人君臣父子一有不止乎仁、敬、孝、慈者，非上帝命我意矣。」[49]他在〈人論〉一文，把一切人類存在的事實、價值和文明活動都涵蓋在「孝」的論述中，該文從宇宙論的高度論起，說到天地為萬物之大父母，人是萬物之靈，其形肖天地，故是天地之肖子，人類文明的發展，包括種樹稼穡、修築宮室、禮樂之制、救災治理等，都是人孝天地的表現，人之所以為人的價值正在其能肖天地、孝天地。該文也把三綱、四端、五倫的價值推到天地的高度，以說明其不可移易的真理性：

　　　人君立君綱，能為天下主，則為一世之天地；人父盡父綱，能為一家主，則為一家之天地；人夫振夫綱，能為一室主，則為一室之天地。人而仁，則慈愛惠物，見之於倫，為父子親也，配德於天地之元；人而義，則方正處事，見之於倫，為君臣義也，配德於天地之利；人而禮，

<hr />

48 李塨，《顏習齋先生年譜》，卷下，收入《顏元集》，冊下，頁756-758。
49 顏元，《顏習齋先生言行錄》，卷下，收入《顏元集》，冊下，頁674。「上帝」對顏元而言是「天之主宰」，詳論見下。

則辭讓居心，見之於倫，長幼敘也，配德於天地之亨；人
而智，則是非不迷，見之於倫，夫婦別也，配德於天地之
貞；人而信，則至誠無妄，見之於倫，朋友信也，配德於
天地之太極；是謂理肖。故曰：人者天地之肖子也。[50]

事實上，顏元並沒有費力去說明為什麼「孝」是人人所應為、
不容質疑的真理，他更多從接受此前提出發，進一步自我反省
或教導人持家處世的道理。誠如學者所言，中國儒者往往將倫
理規範等同於自然的規範，視倫理為天道所賦予，並極重視如
何行善的實踐問題，[51]顏元論孝確有如此現象，以下僅以三則為
例：

　　祭考致齊，思吾之心，先考遺體也，洗心所以格先考。
儻有財念、色念、名念、狠毒念一萌，是污先考所遺之
心，不孝孰甚焉！吾之身，先考遺體也，修身所以格先
考。儻有貪行、淫行、欺世行、暴物行一條，是玷先考所
遺之身，不孝孰大焉！又思手為先考遺體，敢不恭乎！目
為先考遺體，敢不端乎！不「持其志」，是不能齊慄以奉
親心也；或「暴其氣」，是敢為威忤以傷親氣也。[52]

50 顏元，〈人論〉，《顏習齋記餘》，卷6，收入《顏元集》，冊下，頁511-
　　514。

51 On-Cho Ng, *Cheng-Zhu Confucianism in the Early Qing*（New York: State
　　University of New York Press, 2001）, pp. 199-200. Patricia Buckley Ebrey,
　　Confucianism and Family Rituals in Imperial China, pp. 16-18.

52 顏元，《顏習齋先生言行錄》，卷下，收入《顏元集》，冊下，頁662。類

　　果齋問：「『兄弟怡怡』，秀深慕之，而不免躁暴，何
以免也？」先生曰：「只知父母在上，我人子也，何敢躁
暴？看兄弟是父母之子，何得不怡怡？」曰：「恆苦不自
由。」先生曰：「更無他道，知如此是病，便知不如此是
藥。」[53]

　　或與族人有口隙，謂之曰：「族人與吾同祖，正如吾
四股手足，雖有歧形，實一體也；一體相戕，吾祖宗之神
得無傷乎！彼不知為一體，吾知之；彼不暇思祖宗，吾思
之。如今碗闊於蔬，故盛得蔬；桌大於碗，故載得碗。」
其人大感，拊心曰：「是吾志也。」[54]

　　第一段引文是關於顏元如何思想自己身體髮膚受之父母、
是父母之遺體，故勉勵自己從心念到視聽言動都應當端正，才
不致辱親。這種《孝經》的教導在顏元文集中相當普遍，是他
終生服膺的信念。[55]這裡顏元完全沒有說明孝的意義或不孝之
害，彷彿這種天經地義的真理是不用人多費唇舌，人人心中自
知的。類似地，第二段引文中當果齋求問如何才能克服自己躁

似之言有：「父母生成我此身，原與聖人之體同；天地賦與我此心，原與
聖人之性同；若以小人自甘，便辜負天地之心，父母之心矣。」見同書，
頁668。
53　顏元，《顏習齋先生言行錄》，卷上，收入《顏元集》，冊下，頁658。
54　顏元，《顏習齋先生言行錄》，卷上，收入《顏元集》，冊下，頁652。
55　顏元服膺《孝經》思想，於其《文集》多處可見，除引文之外，亦可參見
《顏習齋先生言行錄》，卷下，收入《顏元集》，冊下，頁690。

暴的個性而做到兄弟怡怡的和睦境界，顏元指導他去思想人子事親時所應有的溫順和恭敬，躁暴的脾氣自能克制；又思想兄弟本為一體，同生於一父母，手足間任何傷害都會傷害到父母，能夠如此思想，必能做到兄弟怡怡。第三段引文則是顏元把同樣的思想推致到他與族人的相處而終於帶來和睦。以上三段引文讓我們看見顏元如何基於對「孝」的信念，進一步落實在修身、和睦家庭與宗族的事上，正如他說：「思人和兄弟，所以孝父母也；和從兄弟，所以孝祖也；和再從兄弟，所以孝曾祖也；和三從兄弟，所以孝高祖也；和疏族，所以孝先祖也。」[56]孝的思想引導著顏元去體會也踐履儒家從個人修身推致到家、國、天下的理想政教願景。我們看不到他在「真理」面前有任何掙扎和軟弱，可以說對顏元而言，「孝」是思想的核心，也是生命的羅盤，許多問題都可以藉著孝思迎刃而解，混亂紛爭的人際關係也能在孝思中重獲和諧秩序。

而不論「孝」的意涵有多豐富、崇高，血脈不斷、祭祀不毀仍然是顏元所重視的，他說：

> 上與朝廷添箇好百姓，這便是忠；下與祖父添箇兒孫，這便是孝。使我上面千百世祖宗有兒孫，下面千百世兒孫有祖父，生作有夫婦、有父子、有宗族親友的好人家，死入祖宗墳墓，合祖宗父兄族人埋在一塊土，做箇享祭祀的鬼。[57]

56 顏元，《顏習齋先生言行錄》，卷下，收入《顏元集》，冊下，頁670。
57 顏元，〈喚迷途〉，《存人編》，卷1，收入《顏元集》，冊上，頁122。

關於顏元如何看重血脈不斷與祭祀，將於下文再論，此處僅先指出，顏元認為生時能享受家族親友的倫理關懷、死後能入祖墳做個享祭祀的鬼是極重要的事。他說為人子者能依禮遵行拜祖先、拜父母的儀節便是盡孝的本分，也是儒教教人「生盡生道，死盡死道」的具體表現。[58]

另外，顏元也極力強調家禮的教化功能，即《禮記》所謂敬宗收族之效。[59]他說：「聖人之道，莫大於禮」，又說國家之治亂、家庭和個人之興衰都與能不能行禮直接相關：

> 蓋天下無治亂，視禮為治亂而已矣；家國無興衰，視禮為興衰而已矣。故國尚禮則國昌，家尚禮則家大，身有禮則身修，心有禮則心泰。[60]

又說：

> 孔門習行禮、樂、射、御之學，健人筋骨，和人血氣，調人情性，長人仁義。一時學行，受一時之福；一日習行，受一日之福；一人體之，錫福一人；一家體之，錫福

---

58 顏元，〈闢邪說異〉，《顏習齋先生闢異錄》，卷下，收入《顏元集》，冊下，頁612。

59 《禮記》：「是故人道親親也，親親故尊祖，尊祖故敬宗，敬宗故收族。」見〈大傳〉，《禮記》，卷33，收入十三經注疏小組編，《十三經注疏分段標點》，冊11，頁1557。

60 顏元，〈代族人賀心洙叔仲子吉人入泮序〉，《習齋記餘》，卷1，收入《顏元集》，冊下，頁410。

　　一家；一國、天下皆然。小之卻一身之疾，大之措民物之
安，為其動生陽和，不積痰鬱氣，安內扞外也。[61]

對顏元而言，每天在家中實際操演禮儀是持家的重要關鍵，也
是家庭教育的核心，因此他不僅自己堅持行家禮，也要求門人
行。有一回有人希望自己兒子能從學顏元，託人言於顏元，顏
元開出的首要條件就是要行家禮，他說：

　　吾之所學者禮，其子從吾遊，則其家必設祠堂，家長率
家眾朔望為禮，子必拜父，孫必拜祖，庶能之則來。[62]

這樣收學生的門檻是很高的，不僅要求個人，更是要求家要設
祠堂、全家老老少少都要一體配合行禮。當然這可能因回話給
一位為子求師的父親，顏元便順勢對這位父親提出要求，希望
他能以父親的權威落實家禮的實踐。當時問話者的反應頗不以
為然，曰：「但學中盡職可耳，何須虛禮為？」顏元則強調行
禮是家庭和社會和諧的關鍵，回答道：「不然。世有抗命廢職
之子婦，皆因廢禮故也。儻朔望叩拜，昏定、晨省、出告、反
面，行之三月，自無與父母反脣之理。」[63]可見他對家禮實踐的
教化功能是深信不疑的。
　　綜言之，顏元的為人與思想都極重視孝，而儒家所教導的

61　顏元，《顏習齋先生言行錄》，卷下，收入《顏元集》，冊下，頁693。其
　　他顏元論習禮之效用的文字，見同書，頁693。
62　顏元，《顏習齋先生言行錄》，卷上，收入《顏元集》，冊下，頁631。
63　顏元，《顏習齋先生言行錄》，卷上，收入《顏元集》，冊下，頁631。

事親之禮與祭祀祖先自古以來就被認為是人子盡孝的本分,故當勉力而行。加上顏元以禮持家、以禮治國的信念,又自認身處古道古禮淪喪之際,懷著欲重振周孔聖學的大志,[64]故對家禮的實踐絲毫不肯放鬆。

(二)儒家正祀

顏元重視家禮的另一主要原因是他相信鬼神的存在,相信當子孫祭祀祖先時,祖先之靈確實來享,即通過祭祀可以連繫祖先與後裔、亡者與生者兩個世界。[65]對顏元而言,祭祀禮儀不僅是聖人為治理百姓、謀求社會秩序而創制的教化工具而已,[66]也不僅是關乎生者在人世間的情感表達與安頓而已,更是人鬼相交的管道,是連繫幽明兩界的宗教行為。

以下這則對話反映了顏元對家庭祭祀的一些重要觀念:

> 宋氏子言,祭某神云云。先生曰:「此謂妄祀。妄祀無
> 福,且多得禍。」曰:「我父母俱逝,不獲孝矣。有叔父
> 母在,今欲朔望獻食叩拜,以盡此心,何如?」先生曰:

64　關於顏元經世的志向,可見顏元,〈寄桐鄉錢生曉城〉,《習齋記餘》,卷3,收入《顏元集》,冊下,頁439-440;李塨,〈存治編序〉,收入《顏元集》,冊上,頁101;李塨,〈復惲皋聞書〉,《恕谷後集》,卷5,頁13b。

65　這樣的觀念在《儀禮》和《禮記》中已有,見Patricia Buckley Ebrey, *Confucianism and Family Rituals in Imperial China*, pp. 22-23.

66　禮儀當然還是有教化的作用,除上節所述外,亦見顏元,〈與何茂才千里書〉,《習齋記餘》,卷4,收入《顏元集》,冊下,頁457-458。

「此念甚好，若果如此，豈非孝姪。然父母雖逝，若設立
神主，朔望獻拜，亦可追孝也。莫謂父母無靈，我等百
姓，惟父母有來享之理。」[67]

顏元相信神靈的存在。他說：「蓋人之死，形歸幽窀，神返堂
室，孝子尚神，不尚魄也。」[68]又說：「祭薦不行，不幾使先人
為有嗣之餒鬼乎？」[69]「若精察祭義，既神而祀諸祠，又時而祭
諸墓，恐神氣分散不專一。且已化者形藏于地，孝子所得感格
者，惟其精氣耳。」[70]又說祭神時要純心聚精、明德躅潔，才能
有所感格。[71]他在習恭時常思「小心翼翼、昭事上帝」，而「上
帝」在顏元、李塨思想中就是天的主宰。[72]雖然他也說了一些像
「天無心意耳目」之類的話，但也有不少關於天能賞善罰惡、
安排人事興衰之類的發言，[73]並說：「儒者何敢不敬神也。」[74]

---

67 顏元，〈闢妄祀異〉，《顏習齋先生闢異錄》，卷下，收入《顏元集》，
　　冊下，頁611。

68 顏元，〈崔孝子廬墓序〉，《習齋記餘》，卷1，收入《顏元集》，冊下，
　　頁407-408。

69 顏元，《顏習齋先生言行錄》，卷上，收入《顏元集》，冊下，頁657。

70 顏元，《禮文手鈔》，卷5，收入《顏元集》，冊上，頁391。

71 顏元，《顏習齋先生言行錄》，卷下，收入《顏元集》，冊下，頁666。

72 李塨，《顏習齋先生年譜》，卷下，收入《顏元集》，冊下，頁763、
　　782、789。有人問李塨：「天有上帝乎？」李塨回答：「有。門有神，
　　山有神，豈天而無主宰之神乎。詩曰：『在帝左右』，書曰：『予畏上
　　帝』，非有而何。」見馮辰，《清李恕谷先生（塨）年譜》，卷1，頁
　　20b-21a。

73 馬序，《顏元哲學思想研究》，頁66-70。

74 顏元，〈闢妄祀異〉，卷下，《顏習齋先生闢異錄》，收入《顏元集》，
　　冊下，頁610。

他家也按時祭拜門神、戶神、井神、竈神、中霤神。[75]而最明顯的例子當是他在〈尋父神應記〉中記載自己赴關東尋父所遭遇的種種神應事蹟。欲在茫茫人海中要尋找失聯近半世紀的父親，顏元屢次進入關侯祠和城隍廟中祝禱、求籤，也果然獲得夢兆指示，又因著同父異母之妹在夢中得關帝的指示，他們兄妹終於得以骨肉相見，顏元也才能確切知道父親的下落與遭遇。在召父魂奉主的過程中，他的父親幾次顯靈；在他奉父主回鄉前，族人亦得異夢預示。這種種的遭遇讓顏元歸結：是神明的指示，方能順利尋獲父親。他更對神明與父靈向自己的顯示，表現出極誠摯的感恩之情：

> 噫！神應之種種，考為之乎？神使之乎？神之力，神惠不敢忘也。考之靈，考慈不敢泯也。獨是巨細愆戾，獲罪於天，不可勝誅如元，而神猶監惠如此。頑蒙忘親，遲尋粗疏，不可勝謫如元，而考猶見慈如此。嗚呼痛哉！[76]

對顏元而言，祭祀死去的父母不僅是人子孝思的表達而已，更是關係著父母有無人享、是否為餒鬼等靈界中的實際。前引文中的宋子，父母已雙亡，與叔父母同住，欲以孝父母之心孝敬叔父母，顏元在肯認其作為之後，則要他不可廢了對親生父母的祭祀，因為他相信父母親之靈是存在的，若宋子不能祭祀，

---

75 顏元，《習齋記餘》，卷10，收入《顏元集》，冊下，頁578-582。
76 顏元，〈尋父神應記〉，《習齋記餘》，卷2，收入《顏元集》，冊下，頁421。

父母將成餒鬼。至於拜在世的父母，雖不關乎祭祀享鬼之事，但秉持「生盡生道，死盡死道」的原則，人子盡孝的意義是一致的，禮儀原則也是一致的。

　　顏元雖然相信神靈的存在，但對他而言，祭祀的正當性更是重要的問題，他絕不因某神靈驗就禮拜之。行禮是否符合社會身分、祭祀的對象是否純正、祭祀的時間是否正確等，都是他所關注的，而他分辨的標準則以儒家古禮為準。[77]他說：「夫一家有一家當祭之神，一神有一神當祭之時，一時有一時當行之禮，其間儀文度數，各有定則，非人所得而增減之也。即有增減，亦或時制未盡善，少參古禮行之，非敢妄任胸臆，以己意為增減也。」[78]故此，即使非常靈驗，只要不符合古禮，顏元一概斥為「妄祀」，也絕不嘗試，他更說：「妄祀無福，且多得禍。」[79]他闢釋、道等宗教的態度極嚴厲，不僅平生少入寺

77　嚴辨儒家與佛道的宋儒，也有類似之見，如陳淳即有「大凡不當祭而祭皆曰淫祀」之言，故科大衛、劉志偉說，實現祭祀人與神靈溝通之法，巫覡靠法力，僧道用科儀，宋儒則以祭祀人身分相符的禮儀以維護正統。科大衛、劉志偉，〈宗族與地方社會的國家認同──明清華南地區宗族發展的意識型態基礎〉，《歷史研究》，2000年第3期，頁1-14。

78　顏元，〈與劉煥章論禮書〉，《習齋記餘》，卷4，收入《顏元集》，冊下，頁451-452。又顏元信奉儒家為唯一真理，極力闢佛、道等其他宗教，他絕不承認三教，只信儒之一教。見顏元，〈闢妄祀異〉、〈闢邪說異〉，《顏習齋先生闢異錄》，卷下，收入《顏元集》，冊下，頁610-614。

79　顏元，〈闢妄祀異〉，《顏習齋先生闢異錄》，卷下，收入《顏元集》，冊下，頁611。人問箕鸞請仙事，顏元曰：「是鬼道也。吾儒惟當盡人道，父父、子子，倫常之外無他道，故曰：道不遠人，故曰：以人治人。」顏元，〈闢邪說異〉，見同書，頁612。

廟、幾不與僧道交往，80甚至主張以殘酷迫害的方式嚴禁之。81

　　關於祭祀正妄的討論在顏元文集中頗多，此處僅舉數例為證。他早年在家中立道統龕，中正位祀伏羲以降諸帝王，後與劉崇文（1639舉人）討論而明白庶民沒有祀帝王的資格，便罷祀諸帝王，專祀孔子。82當時北方流行在元旦時家設「天地三界」棚，顏元認為是僭天子的行為，對此有所批評，自己亦不行。83對於當時許多民間信仰，如拜文昌帝君、五龍聖母、拜太陽等，他都指斥為妄祀，勸人停止祭拜。84因此，在顏元眼中，儒家的家禮之所以重要的另一個原因是：相對於民間信仰中許多祭祀禮儀的「不合理」與「妖妄」，儒家家禮才是正祀，也是最合乎庶民身分、職責與義務的正確行為。

　　顏元認為祭祀禮儀之正與否，嚴重關係著社會風俗是否醇正，他本人又以經世教民為己任，85常常以孟子闢異端的態度自

80 顏元，〈闢僧徒異〉，《顏習齋先生闢異錄》，卷上，收入《顏元集》，冊下，頁605。

81 顏元，〈靖異端〉，《存治編》，收入《顏元集》，冊上，頁116-117。

82 李塨，《顏習齋先生年譜》，卷上，收入《顏元集》，冊下，頁733。

83 顏元，〈與劉煥章論禮書〉，《習齋記餘》，卷4，收入《顏元集》，冊下，頁452。亦見鍾錂之言，於《顏習齋先生闢異錄》，卷末，收入《顏元集》，冊下，頁614。

84 顏元，〈闢妄祀異〉，《顏習齋先生闢異錄》，卷下，收入《顏元集》，冊下，頁610-611。顏元說萬曆年間流行的「皇天道」至清初仍大流行，其法，尊螺蚌為祖，每日望太陽參拜，似仙家吐納采煉之術，卻又說受胎為目連僧，口中念佛，是仙佛參雜之教。見顏元，《存人編》，卷2，收入《顏元集》，冊上，頁142。

85 這一點從其〈闢異總論〉清楚可見。《顏習齋先生闢異錄》，卷上，收入《顏元集》，冊下，頁603-604。

居，故當他談及家禮的重要性時，主要是在闢異教、闢妄祀的脈絡下論述，且緊密關係著他所認定的真理與正統，亦即得之於天的儒教人倫。儒教人倫與家禮祭祀也成為他喚醒僧道之徒重回正道的不二法門，下文將述及他如何勸導僧人無退返鄉祭祀父母、兄長的過程，此處則先看他與黃門教人李老的對話：

> 李老問：佛、仙與儒何以稱三教？先生曰：此亂世之說也。教本於道，道原於天，順天者仁，逆天者賊。君臣、父子、兄弟、夫婦、朋友，天倫也，而釋氏廢之。……故曰：二氏者天地之賊也。李老咨嗟久之。先生曰：翁請自今以拜太陽者，拜父母之主以為孝，以教他人為邪者，教子守王法、奉天理以為慈，則李氏之福長矣。[86]

顏元屢次斥責佛道僧人為不忠不孝，這裡他則先以儒家五倫得之於天道的正確性，對比於二氏之教的不正確性，再勸李老以「拜父母之主以為孝」的行為取代拜太陽的儀式。[87]另一個例子則是，他不認同劉青山好施財飯僧之舉，也完全不能同情劉青山「求來世不失為人面目耳」的想法，他果斷地說：「人盡人道則為人，使果有輪迴，則我等自然百世不失乎人。今僧已叛

---

86 顏元，〈闢崇邪異〉，《顏習齋先生闢異錄》，卷上，收入《顏元集》，冊下，頁608。

87 顏元說明萬曆末年有皇天道，在清初仍大流行：「其法，尊螺蚌為祖，每日望太陽參拜，似仙家吐納采煉之術，卻又說受胎為『目連僧』，口中念佛，是仙佛參雜之教。」見顏元，《存人編》，卷2，收入《顏元集》，冊上，頁142。

人倫、棄人道矣,輪迴於伊未保何如。」接著又以祭祀自己祖
先的正當性來說明儒教在中國的正當性,並以此駁斥佛教。[88]

　　以儒教的家祭禮儀來對抗佛道等其他宗教,從以下鍾錂這
段話清楚可見,鍾錂先批判佛教敗壞鄉民人心與地方風俗,接
著又說:

> 　安得同志之人,一唱百和,皆以我先生(顏元)之心為
> 心,辭而闢之,不遺餘力。教人省上會工夫,加在莊稼,
> 則莊稼多獲;把做會食物,孝養父母歡悅。改祠邪神者祠
> 其先靈,朔望、節令、焚香拜獻,則先靈無餒鬼。這便是
> 善,這便是修善,又何必從異教以求所謂善哉。[89]

綜言之,顏元對儒教家禮的謹守,除了有信仰層次上直接關乎
人神相交、祭享人鬼的靈界意義外,也因著他嚴明的正統／異
端、真理／邪妄之辨,家禮無疑是儒教正統與天道真理的重要
表徵,緊密地關係著人心風俗與儒者的社會責任,故在顏元生
命思想中占有重要的地位。

(三)家庭是聖域

　　這一小節我想進一步說明顏元對「家庭」的看法,以及顏
李學派以家庭為聖域的學風特色,將從兩方面討論:第一,說

88　顏元,〈闢妄祀異〉,《顏習齋先生闢異錄》,卷下,收入《顏元集》,
　　冊下,頁611。
89　見《顏習齋先生闢異錄》,卷末,收入《顏元集》,冊下,頁614。

明在顏元思想中，家庭、婚姻、生育行為都具有符合天道的神聖性，是人不能棄絕的行為；第二，說明顏元認為學做聖賢是必須在家庭中踐履方能達成，顏元等清初北方儒者的家禮實踐十足地體現了男主人身為一家之主、無可替代的角色，此亦有別於晚明講學者熱衷於在朋友間講學結社的形象。

顏元的學問非常實質地強調血脈的重要性以及家庭的神聖性。婚姻、男女之道、生育行為在他眼中不僅是自然行為，更是符合天道的神聖行為，絕無污穢和鄙棄之意。他不認為人在婚姻關係、生育子嗣之外，還有其他更值得追求的靈性或精神的層次，也絕不賦予守童貞更高超的價值。他說：「天地是箇大夫婦」；中國聖人「就這天理上修了禮義，定就婚姻禮法，使天理有節制，以別於禽獸。」[90]他曾告訴僧人無退，佛道只有一件不好，正是「不許有一婦人」，故無法延續人類的生命與家庭血嗣。[91]又曾與一僧人言道：

> 某素不交僧，交者必告以天倫。汝等一身，自開闢之初，人人相生，蓋幾千萬人之血胤而始至今也。今日娶妻生子，又子子相生，亦不知有幾千萬人之命脈也，豈可中間自我而斬？汝適不言乎：佛慈悲，聖慈悲，天亦慈悲。然天之大德曰生，豈可斷人生理，獲罪於天？汝若有決斷，當稍積貲財，歸家娶妻，為祖父衍血嗣。汝若無決

---

90 顏元，〈喚迷途〉，《存人編》，卷1，收入《顏元集》，冊上，頁130。
91 顏元，〈闢僧徒異〉，《顏習齋先生闢異錄》，卷上，收入《顏元集》，冊下，頁604。

斷，亦不可自誤誤人，再度生徒矣。[92]

在顏元思想中，道德修養、頂天立地為人當然還是人存在極重
要的價值，但是這些性命精神層次上的追求及所達之境界，並
不能取代實質血肉生命傳承的價值。在他思想中，以生育行
為參與人類生命之延續乃是人之所以為人的基本職責與價值所
在，婚姻的設制成為符合天道、履行人類天職的神聖制度，家
庭也成為一切人倫與教化的核心場域，是儒家聖人之學與政治
教化的核心。

　　我們從顏元歌頌孔子之誕生也可看出這種傾向，他說孔子
之生乃合啟聖公、顏翁、聖母（顏元所用之詞）三聖人之所為
而成，亦即年邁的啟聖公能得人敬愛，故顏翁願以少女妻之；
顏翁斷孔氏必興，能好賢，故能舉年少之女妻垂老之人；又孔
子的母親能夠以幼齡適耄耋之老，「能精誠感天，惟立嗣是
求」，終於生下古今一大聖人。[93] 讀這段話，孔子個人的德性退
居次要，整個焦點集中在一段不平凡的婚姻結合，以及能夠精
誠感天的神聖男女之道，讓人無法迴避聖人之誕生與其父母的
婚姻行為和家庭密不可分的連帶性。[94]

---

92 顏元，〈闢僧徒異〉，《顏習齋先生闢異錄》，卷上，收入《顏元集》，
　　冊下，頁605。

93 顏元，《顏習齋先生言行錄》，卷上，收入《顏元集》，冊下，頁638。

94 根據陳至信的研究，《禮記》反映的文化模式主要是尊尊和親親，論到昏
　　禮時，也強調昏禮是禮之本，夫妻合禮的婚姻結合預先讓未來子嗣進入禮
　　的社會中。見陳至信，〈尊尊與親親——試論《禮記》所反映的文化模
　　式〉，《鵝湖月刊》，第266期（1997年8月），頁8-20。

　　因著對家庭夫妻人倫的肯認，不婚無後的僧侶及寺觀的生活在顏元眼中就毫無價值，即使他承認寺觀的生活無富貴薰灼與污染，是比較潔淨脫俗的，但因其「滅絕人倫」，便不是人所應有的生活態度和方式。他說：

> 蓋寺觀無富貴薰灼諸色厭人也，羽衲無富貴薰灼諸色污人也。殊不知人之世即有富貴諸色厭人，猶然人世也，世之人即彝倫斁敗，猶有不親之父子，不義之君臣，不友之兄弟，不別之夫婦，不信之朋友也。寺觀則滅絕人倫之地也，羽衲則滅絕人倫之人也，是猶庭堂、谷藪然。庭堂即污穢，人處之；谷藪即潔秀，鳥獸處之。[95]

岡田武彥說：「宋明儒者所以會擁有深入內面的儒學思想，當然是因為受了老莊佛教等異端的刺激，再以它們為反面的媒介，揚棄以人倫為本的古代儒教，而將其根源歸於內在心性的緣故！」[96]顏元則是要揚棄深染佛道的宋明理學，重新迴向以人倫為本的古代儒教，[97]他因而把血脈傳承和家庭人倫看得極重，他對婚姻、夫妻之道、生育行為神聖性也完全肯定，沒有像基

95　顏元，〈與高陽孫夷淵書〉，《習齋記餘》，卷4，收入《顏元集》，冊下，頁456。

96　岡田武彥，《貝原益軒》（台北：東大圖書公司，1987），頁33。

97　當然顏元還是深受宋明理學的影響，尤其從祭祖形式的變化看，唐末五代時的宗族祠廟祭祖帶有鮮明的佛教色彩，隨著儒學的興起，程朱對家禮的重視，獨立性祠堂祭祖形式才漸興，因此宋明宗族制度的興起與程朱理學文化有極密切的關係。關於明代宗族與祭祀的研究，見常建華，《明代宗族研究》（上海：人民出版社，2005）。

督教傳統中，因著對守童貞的價值與婚姻神聖性之間孰高孰下的看法差異，衍生出複雜的辯論，也在教義義理上產生相當的張力。[98]

　　儘管顏元之學沒有這種思想和學理上的張力，卻有著在實踐層次上難以迴避的緊張性。顏元雖然肯認婚姻的神聖性，視生子立嗣為人存在最重要的職責之一，但他絕不縱慾，尤其對性行為的節制極度警覺，視無節制的性行為為禽獸的表現。他告誡諸生曰：

> 制欲為吾儒第一功夫，明倫為吾儒第一關節，而欲之當制者莫甚於色，倫之當明者莫切於夫婦。近世師弟，以此理為羞惡而不言，殊失聖賢教人之旨。且世俗但知婦女之污為失身，為辱父母，而不知男子或污，其失身辱親一也。爾等漸去童年，得無有情慾漸開，外物易引者乎？此處最宜著緊。立為人根基，其道自不邪視、不妄思始。但保此身，便為人，便可賢可聖；一失此身，便為鬼，便可禽可獸。小子戒之。[99]

這裡顏元用相當高的標準要求男人在性行為上潔身，[100]並將此

---

98 關於基督教在這方面從第一世紀到第五世紀的重要思想，參見Peter Brown, *The Body and Society*（New York: Columbia University Press, 1988）.

99 顏元，《顏習齋先生言行錄》，卷上，收入《顏元集》，冊下，頁644。

100 中國傳統在守貞行為上，向來對男女有雙重標準，此點不僅現代學者多有闡發，顏元亦談及。例如他說：「世俗非類相從，止知斥辱女子之失身，不知律以守身之道，男子之失身，更宜斥辱也。」見《顏習齋先生言行

視為儒家聖賢之學的關鍵，而有「但保此身便為人，便可賢可
聖；一失此身便為鬼，便可禽可獸。」之說。由此我們也可以
明白為何顏元如此重視「閨門之內，肅若朝廷」及對待妻子如
嚴賓的自我要求。[101]雖然顏元沒有更詳細地論述失身為鬼與正
確履行男女之道之間的關鍵何在，但我們從其所謂「立為人根
基，其道自不邪視、不妄思始」及前文所引他說孔子母親「能
精誠感天、惟立嗣之求」，可以推知思想意念之純正與否應該
是主要的關鍵。[102]從其《年譜》所言「不為子嗣比內」乃邪妄
之過，[103]以及他曾有過白日欲入內室的掙扎，[104]則可見顏元並
不認為性行為的正當性與否只以婚姻內外為判準，思想意念之
純正與否是更重要的關鍵所在，故落在實踐的層次上，存養省
察之工是絕不可少的。因此，雖然在理論上顏元完全肯認婚姻
的神聖性，但在實踐上，則對性欲有著高度的克制和防範。[105]

　　這種屬於義理與實踐之間的緊張性與模糊性與顏元的性情
觀有密切的關係。顏元在義理上雖然肯定氣質之性之純善，試

錄》，卷上，收入《顏元集》，冊下，頁622。
101 顏元，《顏習齋先生言行錄》，卷上，收入《顏元集》，冊下，頁657。
102 另外，顏元言其所志亦首揭「淫僻之念不作於心」。見《顏習齋先生言行
　　錄》，卷上，收入《顏元集》，冊下，頁642。
103 李塨，《顏習齋先生年譜》，卷下，收入《顏元集》，冊下，頁763。
104 「一日獨坐齋中，欲入內，思先正云：人君一日親賢士大夫之時多，見宮
　　妾婦寺之時少，則德日進。學者自治，何獨不然？齋中即獨坐，莊對牆壁
　　箴銘，亦儼然諍友之在旁矣。」顏元，《顏習齋先生言行錄》，卷上，收
　　入《顏元集》，冊下，頁651。
105 此亦可從李塨寫閣鍵之妻李氏窺知：「自初昏，琴瑟甚和，然寡言笑，相
　　敬如賓，鍵偶動慾念，輒正詞止之，曰：『非求嗣，胡為者，且獨不計君
　　身屠也。」見李塨，〈李氏傳〉，《恕谷後集》，卷6，頁10a-b。

圖將惡歸致「引蔽習染」，其學的重心實多擺在如何以詩書禮樂存養省察的工夫以對制引蔽習染之惡，因此其學雖號稱是戴震（1723-1777）「達情遂欲」肯定情、欲之論的先聲，但實際上卻顯出對克制情、欲的高度關注。他的學問也隱涵著一種無法妥善解釋惡之源的困境，且有著雖極力反對宋明心性之學，卻又無法完全擺脫在心性上涵養省察的曖昧。[106] 這種種現象同樣表現在他對男女之道的看法上，雖然在理論上他肯定「男女者，人之大欲也，亦人之真情至性也。」[107] 但又視男女之防為聖學的緊要關鍵所在，故在實踐上極力克制性欲，試圖靠著思想的純正對制之。或許可以說對顏元而言，只有「立嗣」的必要性與正當性，及其所隱涵的孝思與為人職責所在等偉大意義，才是用以對抗情欲與規範婚姻內性行為的唯一憑據。

　　第二，家庭在顏元思想中的重要性，除了是履行生命傳

---

106 關於顏元思想與從晚明到清初儒學厭談形上之學、轉而從形下氣化談性的新趨勢，見劉述先、鄭宗義，〈從道德形上學到達情遂欲——清初儒學新典範論析〉，收入劉述先、梁元生編，《文化傳統的延續與轉化》（香港：香港中文大學，1999），頁81-105。鄭宗義，《明清儒學轉型探析》（香港：香港中文大學，2000），頁153-163。關於顏元之學與戴震之學的關係，戴望、胡適已言，參見戴望，《顏氏學記》（台北：臺灣商務印書館，1965），卷1，頁4；胡適，《戴東原的哲學》（合肥：安徽教育出版社，1999），頁1-17；亦見氏著，〈幾個反理學的思想家〉，《治學的方法與材料》（台北：遠流出版公司，1986），頁85-141；〈顏李學派的程廷祚〉，《國學季刊》，卷5期3（1926年7月），頁363-381。關於顏元無法完全擺脫宋明心性之學及其學問對於事物習行與本心天理關係的模糊處，參見錢穆，《中國近三百年學術史》（台北：臺灣商務印書館，1990），頁195-198。

107 顏元，〈喚迷途〉，《存人編》，卷1，收入《顏元集》，冊上，頁124。

承與人倫關係的神聖場域外，也是學習和落實儒家聖人之學的必要場域。對顏元而言，儒者是不可能越過「家庭」及自己在家庭中的角色與職責來追求聖人之學的。從顏元將「反身無愧」解釋為：「須自家庭間求之。汝事老祖、寡母、長兄皆得其歡心，始可云無愧也。」可窺見家庭在其學問中的重要地位。[108]事實上，不僅顏元、李塨，包括孫奇逢（1585-1675）、耿介（1623-1693）等清初北方學者，都極重視家庭與家禮的實踐。孫奇逢家規定：「晨起櫛沐後，入祠三揖」；「朔望焚香拜」；「元旦昧爽設祭四拜，四仲月用分至日各設祭行四拜禮，令子孫供執事」；及佳辰吉慶等各樣禮儀。[109]耿介「每朔望謁家廟，必誠必敬，數十年如一日。遇先大父大母忌辰，輒素服終日，色慘然不樂。」[110]湯斌（1627-1687）以禮持家，[111]每朔望謁家廟，對母親的肅拜亦終生不渝。[112]另外，當顏元

---

108 顏元，《顏習齋先生言行錄》，卷下，收入《顏元集》，冊下，卷下，頁683。

109 孫奇逢，〈家祭儀注〉，《夏峰先生集》，卷11，頁9a-13b，收入《續修四庫全書》（上海：上海古籍出版社，1995），冊1392。

110 〈皇清誥封中憲大人直隸大名兵備道河南按察使司副使前內翰林秘書院檢討顯考逸庵府君行略〉，收入耿介，《敬恕堂文集》（清康熙年間刊本，中央研究院傅斯年圖書館藏），首冊，頁11b。另外，耿介家規中對家禮的重視，可參見其〈家規小序〉，收入《敬恕堂文集》，卷3，頁69b-72b。

111 湯斌：「居家內外之分，最宜嚴肅，男女之別，禮之大節也。治家者必以禮為先。」《潛庵湯先生語錄》，收入黃舒昺編，《中州名賢集》（1891年睢陽洛學書院刊本，中央研究院傅斯年圖書館藏），卷上之2，頁10b。

112 湯斌的母親死於李自成之亂，後得詔建節烈祠，湯斌「朔望謁家廟，畢，必至祠肅拜時刻，未嘗稍異。」方苞考訂，楊椿重編，《湯文正公年譜》，收入北京圖書館編，《北京圖書館藏珍本年譜叢刊》（北京：北京圖書館出版社，1999），冊77，頁129-130、146-147。

出訪河南時，在安平縣閻暉光家，也曾親見閻教其門人揖立應
對，朔望拜父母儀。[113] 另一個鮮明的例子則是河南學者許三
禮（1625-1691），他不僅自己在家中行家禮，[114] 更在仕浙江
海寧時以拜父母之禮作為其施政的重點，規定「先自衙門各
書，以至各役各耆，每朔望，先令其拜父母，後來點卯。由此
鄉耆伍保，每月講約時，先教之拜父母，拜朝廷，如是頓然改
觀。」[115] 這些例子都讓我們看見，顏李學派對家禮實踐的重視
絕非孤絕的個案，而有著屬於清初北方學術的脈絡可尋。

　　從這些清初北方儒學學者的傳記資料，我們發現身為一家
之主帶領著全家老少行禮如儀的畫面特別令人印象深刻，他們
身為「兒子」和「父親」的形象格外鮮明，是真正擔負著家庭
管理與帶領祭祀禮儀的一家之主。孫奇逢、耿介如此；顏元、
李塨更是將祭拜先祠、拜父母之禮內化成生命中極重要的一部
分，即使出門在外，仍要遙拜行禮。[116] 若與晚明那些喜歡離家
遠遊、在同志朋友間講學求道、甚至高舉友倫為五倫之首的學

113 李塨，《顏習齋先生年譜》，卷下，收入《顏元集》，冊下，頁768。
114 李塨曾赴許三禮齋中聽其言夫婦行禮及其家行冠婚喪祭諸禮，見馮辰，
　　《清李恕谷先生（塨）年譜》，卷2，頁6a。許三禮在家早晚行告天禮，
　　參見許三禮，《告天樓告法》，收入氏著，《天中許子政學合一集》，頁
　　1a-8a，見《四庫全書存目叢書》編纂委員會編，《四庫全書存目叢書》
　　（台南：莊嚴文化事業公司，1997），子部，冊165；亦參見王汎森，〈明
　　末清初儒學的宗教化：以許三禮的告天之學為例〉，《新史學》，卷9期2
　　（1998年6月），頁89-123。
115 許三禮，《海昌講學集註‧言農事》，收入氏著，《天中許子政學合一
　　集》，頁6a-b。
116 關於孫奇逢、耿介等河南學者的討論，見本書第二章；亦見林存陽，《清
　　初三禮學》（北京：社會科學文獻出版社，2002），頁91-129。

者們相比，[117]「家庭」在顏元等清初北方學者身上有更鮮明而實質的意義。他們絕不會像王畿（1498-1583）一樣說出「男子以天地四方為志，非堆堆在家，可了此生」這類的話，[118]也絕不會如羅汝芳（1515-1588）在兩個兒子客死他鄉時，只遣二子之棺歸家，自己則「從南海歷惠、潮入閩，徧訪同志，所在大會而後歸。」[119]同樣信奉「吾非斯人之徒而誰與」的孔門價值，王畿等晚明講學者努力在同志朋友間講學經世，顏元等清初北方學者則選擇先經營自己的家庭生活。

此固然與學者本身的際遇有關，孫奇逢、顏元等人並未出仕，居家時間長，活動範圍與關注焦點自然比較容易以家庭為主，在他們身上我們看見了以經營家庭為首務，再推致出去從事社會教化工作的儒者形象。[120]然而，個人的政治遭遇絕不是唯一的理由，即使像湯斌、耿介這樣出仕的官員，一樣重視家庭的禮儀實踐；或者像顏元、李塨，即使遠遊離家，仍不忘每朔望對著家鄉先祠和父母行遙拜之禮。若再對比於熱衷講學者如王畿，即使致仕在家，他亦不時離家遠遊、求友講學，追求一種在同志朋友中從事聖賢之學的生活方式。[121]因此，學者個人的性格、學問內涵的差別以及對聖學修為的構想應是更關鍵

---

117 關於晚明陽明講學者喜好遠遊求友，高舉友倫，見呂妙芬，《陽明學士人社群：歷史、思想與實踐》（台北：中央研究院近代史研究所，2003），第七章。

118 王畿，〈天柱山房會語〉，《龍谿王先生全集》，卷5，頁28b，收入《四庫全書存目叢書》，集部，冊98。

119 羅近溪，《盱壇直詮》（台北：廣文書局，1977），卷下，頁59b。

120 關於孫奇逢的討論，見本書第二章。

121 關於王畿的討論，見呂妙芬，《陽明學士人社群》，第七章。

的原因。

　　這種學術上的變化，即從晚明強調在自我內心意念上的探索，到清初北學極重禮儀習行的變化，以及從晚明某些講學者喜歡悠遊於同志朋友間、高舉友倫的重要性，到清初北學收斂端謹並回歸家庭的走向，應該也相當程度地反映著當時社會與政治時局的變化：從晚明熱絡的結社生活，到清初朝廷嚴禁結社、以家庭為維繫社會秩序的主力、推行孝治天下的教化政策，以及日漸興盛的宗族組織與宗法制度等社會政治變化。[122]此亦顯示著學術內涵與社會時局間密切互動的關係。當然，這種變化絕不能以鮮明二分的整體變易來理解，因為「家」向來是中國社會的核心組織，在儒學「格、致、誠、正、修、齊、治、平」的理想藍圖中始終占重要一環，又因為從明代中葉以降，宗族重整的活動興盛，從修族譜、建祖祠、跨地域的血緣

---

122 Benjamin A. Elman, *Classicism, Politics, and Kinship*（California: University of California Press, 1990），pp. 32-35. Kai-wing Chow, *The Rise of Confucian Ritualism in Late Imperial China*, pp. 76-84. 王汎森，〈清初士人的悔罪心態與消極行為──不入城、不赴講會、不結社〉，收入周質平編，《國史浮海開新錄：余英時教授榮退論文集》（新北：聯經出版事業公司，2002），頁441-451。關於順治朝嚴禁結社訂盟，見鄂爾泰等修，《清世祖章皇帝實錄》，卷55，頁438；卷131，頁1016，皆收入《清實錄》（北京：中華書局，1985），冊3。清朝以孝治天下的政策，可從順治皇帝親注《孝經》並詔儒臣編纂《孝經衍義》，最後在康熙朝內成書，以及康熙《聖諭》及雍正《聖諭廣訓》中對孝弟的重視窺見。趙爾巽等著，《清史稿》（北京：中華書局，1976），卷5，頁144；卷6，頁180；卷7，頁228。又參見劉家駒，《儒家思想與康熙大帝》（台北：台灣學生書局，2002），頁87-110。井上徹，《中国の宗族と国家の礼制》（東京：研文出版，2000），頁253-291。

性聯宗、到地緣性擬血緣的聯宗蔚為風氣，顏元的家禮實踐也可視為這股風氣下的產物，[123] 故尚不論在結社、講學、遠遊盛行的晚明仍有許多不愛參與講學活動而致力於家族事物的儒者，即使在特重自我性命追求的陽明學者中，「家」也始終沒有退位或虛化。講學者如王襞（1511-1587）、何心隱（1517-1579）、以及許多江右學者們都致力於重建宗族之事。[124]

　　同樣地，即使重視家庭和家禮如顏元者，在朋友間講學和規過勉勵也是他生命中重要的活動。[125] 事實上，顏元每天在家中所行的禮，除了拜先祠、拜父母之禮外，尚有學儀一項。學儀意指每天向聖龕行揖禮、每朔望則焚香率子及從學弟子拜聖

123 關於宋理學家對家禮的提倡與影響，參見Patricia Buckley Ebrey, *Confucianism and Family Rituals in Imperial China*；關於明代在嘉靖後華南地區家禮與建家祠的普及化，參見科大衛，〈祠堂與家廟——從宋末到明中葉宗族禮儀的演變〉，《歷史人類學學刊》，卷1期2（2003年10月），頁1-20。關於明中葉以後宗族組織活動在華南地帶的興盛，參見Maurice Freedman, *Lineage Organization in Southeastern China*（London: University of London Athlone Press, 1958）; David Faure, *The Structure of Chinese Rural Society: Lineage and Village in the Eastern New Territories, Hong Kong*（Hong Kong: Oxford University Press, 1986）; 鄭振滿，《明清福建家族組織與社會變遷》（湖南：湖南教育出版社，1992）。
124 熱衷講學的王襞和何心隱都曾致力於重建自己宗族之事，東林學者高攀龍、顧憲成、劉宗周亦然，參見Kai-wing Chow, *The Rise of Confucian Ritualism in Late Imperial China*, pp.76-79。關於江右陽明學者致力於家族的活動，參見張藝曦，《社群、家族與王學的鄉里實踐：以明中晚期江西吉水、安福兩縣為例》（台北：國立臺灣大學出版委員會，2006）。
125 關於此可從其《年譜》看之，亦參見王汎森，〈日譜與明末清初思想家——以顏李學派為主的討論〉，《中央研究院歷史語言研究所集刊》，69本2分（1998年6月），頁245-294。

龕四，又受弟子們拜四的儀式。[126]顏元也自我規定在犯過嚴重
要罰跪時，罰跪的位置分別是：「過在家人宗族，罰跪於父祠
前；過在教人交友，罰跪於孔子神位前。」[127]由此均可見在
顏元平日家居生活中，家人和師友關係都重要，即使是祭祀禮
儀，也有著血脈與學脈兩系並存的現象。這些都讓我們無法清
晰獨斷地將晚明到清初的學術和社會變化，簡單地描述成一種
從血緣家族外的朋友結社關係到以家族為核心的絕然轉向。不
過，若從家族以外社團生活在清初受壓抑而萎縮的角度、或從
儒學學術主流變易的角度來考量此變化，卻也不是毫無意義。

　　我們還可以進一步將顏元與晚明一些講學者處家庭與師友
的關係略做比較，例如王畿、鄒守益（1491-1562）、歐陽德
（1496-1554）、王艮（1483-1540）、羅汝芳等人的家庭，也
都有父子或兄弟共同致力追求儒家聖人之學，認真地以理學為
家學的傳承，他們都期許在天生的父子人倫關係上加上實質的
同志師友的關係，在儒家聖賢和天道面前，以同志聖賢的崇高
和超越性，提升、充實父子之倫的內涵。從這些學者的傳記資
料，我們固然看到不少在家族中講學的例子，但也經常看到兒
子們跟隨著父親到處求友講學，從小就在理學家豐沛的師友圈
中耳濡目染地學習成長。[128]相對而言，平日居家的父子、母

126 李塨，《顏習齋先生年譜》，卷下，收入《顏元集》，冊下，頁762。
127 顏元，《顏習齋先生言行錄》，卷上，收入《顏元集》，冊下，頁653。
128 呂妙芬，《陽明學士人社群》，頁115-121、127-128、178-179、318-324；
　　關於王艮兒子王衣、王襟、王褓，及曾孫王元鼎的思想與實踐，可參見彭
　　國翔，〈王心齋後人的思想與實踐〉，收入袁行霈主編，《國學研究》
　　（北京：北京大學出版社，2004），卷14，頁75-114。

子、兄弟、夫婦間的禮儀，雖不能斷然說不受重視，但確實較少反映在傳記資料上。我們可以說，晚明講學家的父子、兄弟關係，往往有一種欲在天生的人倫之上，試圖以學聖的同志師友關係來提升之的努力，也因而有一種超越家庭藩籬、企盼道濟天下的崇高理想；在實際生活中，由於對講學生活的熱望，他們當中也不乏暫時擱置家庭生活、投向師友講學懷抱之人，有時甚至父子、兄弟同行，一起融入家庭外更寬闊的師友關係網絡中，家庭之事只能倚靠妻子盡力維持。[129]

　　顏元和李塨則不同，顏元雖然也努力在師友間規過勸善，雖然也重視祭拜孔子的學儀，但學儀的實踐基本上是拜父母之禮的延伸，是家庭禮儀的一部分。[130] 他和李塨即使出遊在外，始終沒有輕忽拜先祠、拜父母之禮，甚至刻意為之。因此可以說，在顏李之學中，「家」始終是高度顯性的存在，是不可一時輕忽的聖學場域，即使是同志師友，也只能在各自堅守家庭人倫與職責之後，才有資格聚會論學，這一點從他們的學規首揭「孝父母」而不同於陽明學者的學規多首揭「立志」亦可充分見得。[131] 對他們而言，離了家，儒家聖學便失去了真正實踐

---

129 見本書第五章。

130 顏元言自己：「設夫子主如家齋，奉如父母，出告反面，朔望、令節必拜。」見顏元，〈季秋祭孔子文〉，《習齋記餘》，卷7，收入《顏元集》，冊下，頁523。

131 陽明學當然也重視孝，尤其晚明學者如羅汝芳、楊起元、呂維祺等人，對孝與《孝經》都有重要論述，但均以孝等同於良知，陽明學者重視良知本體工夫，故與清初顏元等人強調孝行實踐不同。關於晚明《孝經》論述與陽明學的關係，見呂妙芬，〈晚明士人論《孝經》與政治教化〉，《臺大文史哲學報》，期61（2004年11月），頁223-260。

的可能性。

　　綜合言之,本節主要討論家禮實踐在顏元之學的重要意涵,說明顏元之所以竭力實踐家禮,除了是克盡孝職,並以禮持家外,與他相信鬼神存在和祭祀享鬼的真實性有關,也反映著他學術一遵儒家古禮、嚴厲闢斥其他宗教的態度。本節也試圖引申討論家庭在顏元之學中的地位,指出顏元雖然在理論上完全肯定家庭、婚姻的神聖性,但在實踐上卻有強烈的制欲傾向,尤其對性欲的高度壓抑,顯出一種從理論到實踐的背反。最後,則指出顏元等清初北方儒者有別於晚明講學結社盛行時的某些喜歡遠遊求友、高舉友倫的講學者,其生命與學問都更質實地擔負、體現了身為一家之男主人的職責,他們作為「孝子」的形象也格外鮮明。因此可以說,家庭不僅是人履行為人天職的神聖場域,也是落實儒家聖賢之學的必要場域。

　　然而,如此重視血脈傳承和家庭的顏元,其身世卻異常單薄。事實上,在前近代的中國,像顏元這樣出身卑微、身世單薄而卒能成為大儒者極少。下節將介紹顏元的身世際遇與家庭生活。

四、家庭生活

　　顏元生於直隸蠡縣劉村的朱家,他的父親是朱家的養子,四歲時父親離家出走,十二歲時母親改嫁。養祖父朱九祚曾為巡捕,供他讀書,對他的功名頗有期待,也給他不少壓力。[132]

---

132 朱九祚曾對顏元不赴科考動怒,參見李塨,《顏習齋先生年譜》,卷上,

朱九祚曾因訟事纏身而一度逃離家園，顏元也因此被繫獄問訊，訟事解決之後，顏元以二十歲之齡務農擔負起一家生計，後又為生計考量，學醫。二十四歲時，他開了一所家塾，開始耕讀、授業的生活。顏元十五歲娶妻張氏（本姓李），張氏長他一歲，是一位道標巡捕官的養女。二十五歲得一子，取名赴考。

　　顏元十一歲時，朱九祚從側室得一子，取名朱晃，從此朱家便不和睦。顏元二十九歲時被迫帶著養祖母和妻子別居東舍，盡以南王滑村民田讓與朱晃；三十四歲養祖母去世後，顏元遭逐，遂移居隨東村。[133] 後來朱晃取走了朱家的全部田產，甚至唆使朱九祚謀殺顏元，[134] 根據《年譜》所載，顏元始終努力盡到奉養的責任。三十九歲時，朱九祚病逝，顏元在畢葬終喪後，決定回歸他的本家楊村，復為顏氏。[135]

　　顏元生命中沒有享受過太多親情，卻受到極大的壓迫。《年譜》寫朱九祚和朱晃父子對顏元的逼迫，以及顏元始終如一的孝弟，不禁令人想起舜的故事。但即使顏元真能崇高地處養祖父與養叔父之間，克盡孝道，仍談不上親情的溫暖。真正能帶給顏元親情溫暖的是他出身卑微的妻子以及早夭的兒子。

　　顏元對婦女的態度基本上是約束、壓抑、教導，但也有尊

　　收入《顏元集》，冊下，頁713。
133 李塨，《顏習齋先生年譜》，卷上，收入《顏元集》，冊下，頁726。
134 李塨，《顏習齋先生年譜》，卷上，收入《顏元集》，冊下，頁733。
135 李塨，《顏習齋先生年譜》，卷上，收入《顏元集》，冊下，頁739-740。

重。[136]他教導妻子張氏行禮，也教她讀書，[137]並期許她學古代賢婦。[138]因此，雖然不平等，但在某種意義上還是視她為他道德修養及家禮實踐中不可缺少的伴侶。他要求自己和妻子要做到「相敬如賓」；「閨門之內，肅若朝廷。」[139]他在自我省察的十四項中，特別列了「對妻子如嚴賓歟？」。[140]在教育門人的規條中亦言：「至于夫婦相敬如賓，相戒如友，必因子嗣乃比御，夫婦之天理也，必齋戒沐浴而後行。」[141]妻子不順命時，顏元會令她罰跪。[142]在顏元的調教下，張氏也頗能符合他的期望，有一年端午，張氏生病，顏元令她不必行禮，張氏卻堅持起來行禮，顏元因此稱讚她「能自強」。又顏元曾因王養粹的離去，憂心無良友相規過，張氏則安慰他：「無慮，外無強輔，妾當努力相規，勿即於邪。」[143]果然有一天，顏元盥洗畢沒有整冠即出，張氏立刻諫曰：「君昏夜從無露首出，今何

---

136 王養粹曰：「婦人性陰，可束而不可順。」顏元是之。見李塨，《顏習齋先生年譜》，卷上，收入《顏元集》，冊下，頁732。亦參見馬序，《顏元哲學思想研究》，頁46-47。

137 李塨，《顏習齋先生年譜》，卷上，收入《顏元集》，冊下，頁722。

138 顏元曾教內子盡相夫之道，可以稱賢，妻對曰不能，顏元乃舉周宣王姜后之例勉之。見顏元，《顏習齋先生言行錄》，卷上，收入《顏元集》，冊下，頁631。

139 顏元，《顏習齋先生言行錄》，卷上，收入《顏元集》，冊下，頁657。

140 李塨，《顏習齋先生年譜》，卷上，收入《顏元集》，冊下，頁722。這日省十四事的修持也為王養粹所行，見顏元，〈白扇箴〉，《習齋先生記餘遺著》，收入《顏元集》，冊下，頁593。

141 李塨，《顏習齋先生年譜》，卷上，收入《顏元集》，冊下，頁742。

142 李塨，《顏習齋先生年譜》，卷上，收入《顏元集》，冊下，頁738。

143 李塨，《顏習齋先生年譜》，卷上，收入《顏元集》，冊下，頁733。

有此？」顏元也立即整冠、承認自己昏放。[144] 雖然顏元、張氏
兩人都出身卑微，但在學習古代相敬如賓的夫婦之道上則頗能
相配；雖然他們的關係絕對是男尊女卑，但對丈夫的行為，張
氏偶爾也能贊一詞。顏元夫妻最痛苦的可能是他們唯一的兒子
赴考在六歲就殤亡了，之後張氏都不能再孕，她也為此承受極
大的壓力。[145]

　　顏元只有短暫當父親的經驗，他的兒子赴考乖巧懂事，
很能滿足他的心意，也為他孤單的身世帶來幾許人倫親情的溫
暖，只可惜六歲便夭折了。讀顏元為兒子寫的祭文，真情流
露，令人為之鼻酸：

　　　所可悲者，吾窮於人倫，四歲失父，十歲離母，上無兄
　　姊，下無弟妹，惟立子差早，是至窮苦中一樂也。吾窮於
　　學問，上無父師之訓，中無兄弟之助，下無弟子之承，惟
　　與爾禮樂從事，又至窮苦中一樂也。今皆成往事，使我烏
　　能已於悲哉！[146]

顏元與兒子短暫的相處時日也留給我們一幅生動的父子共學圖
象，顏元寫其子曰：

---

144 李塨，《顏習齋先生年譜》，卷上，收入《顏元集》，冊下，頁735。

145 有一次張氏生病，不願服藥，欲以死薦顏元納妾。見李塨，《顏習齋先生
　　年譜》，卷上，收入《顏元集》，冊下，頁738。

146 顏元，〈祭無服殤子文〉，《習齋記餘》，卷8，收入《顏元集》，冊下，
　　頁552。

　　自汝之能舉止記憶也，聽我之訓，每晨午飯後至我前，
正面肅揖，側立讀聖諭三過，序認其字。又於背面亂書認
之畢，誦名數歌三徧，認字三四句，乃與我擊掌唱和，歌
三終，又肅揖，始退。……所欲為者，畏吾即止；所惡為
者，順吾即起，其見於平常者然也。[147]

可見顏元每日親自督導兒子的教育，教導他認字、寫字、讀聖
諭、誦名數歌，最生動的是父子兩人每天「擊掌唱和，歌三
終」，以及小小年紀的赴考每次來到父親面前都能中規中矩地
行肅揖之禮的情景。赴考沒有一般孩童的天真爛漫和自然活
潑，而有著酷似其父的早熟和守禮，這一點最得顏元的歡心，
也是他的驕傲。顏元在祭文中特別記赴考能夠指出表叔在事親
行禮上的缺失，並且「唱鞠躬、伏、興以示之」；又稱他「事
親內盡其心，外盡其儀，是謂禮兒。」顏元對兒子異乎凡人的
表現不僅自嘆弗如，[148]甚至以「朝聞道，夕死其可」來形容他
短暫卻沒有虛度的人生，也特別不隨俗地厚葬他。[149]
　　顏元在最親近的夫妻和父子關係上的經營仍是以禮為
主軸，並以君臣和師生關係為標的，故《年譜》記其：「待
妻如君，撫子如師，屋漏獨居，身未嘗傾欹，是為先生之躬

---

147 顏元，〈祭無服殤子文〉，《習齋記餘》，卷8，收入《顏元集》，冊下，
　　頁551。

148 顏元，〈祭無服殤子文〉，《習齋記餘》，卷8，收入《顏元集》，冊下，
　　頁551。

149 顏元，〈祭無服殤子文〉，《習齋記餘》，卷8，收入《顏元集》，冊下，
　　頁551-552。

行。」150赴考去世後，雖然顏元曾置側室田氏和姜氏，151但終無能有後，雖過繼養子，養子又不能孕，又過繼養孫重光，重光又早亡，顏元終究還是無能有後。對於重視家庭血脈與祭祀禮儀的顏元而言，這誠然是一大不幸。李塨對此頗有感慨地說：「聞習齋孫重光凶，信悼之，因思天生人有禪生，有特生，禪生常也，特生異也，如習齋之生，上不關父母，下不關子孫，乃天特生以明周孔之道者，禪生之常烏足以論之哉。」152把顏元血脈中絕的悲哀說成是「天特生以明周孔之道者」當然是一種自我安慰的想法，不過以顏元這樣單薄的身世與困厄的際遇，衡諸其學問後來在中國近代思想史上的地位，確實稱得上是異數。

五、學術脈絡

論諸身世，顏元確實稱得上是「上不關父母、下不關子孫」，其學術又如何？雖然李塨和王源（1648-1710）說他是得「天地神聖之所啟」、「天特生以明周孔之道者。」153不過這

150 李塨，《顏習齋先生年譜》，卷下，收入《顏元集》，冊下，頁794。
151 顏元分別在四十歲和五十九歲置側室田氏和姜氏，見李塨，《顏習齋先生年譜》，收入《顏元集》，冊下，頁741、775。
152 馮辰，《清李恕谷先生（塨）年譜》，卷4，頁18b
153 王源曰：「先生生亦晚近，居蓬蓽，孰傳之，孰啟之？一旦爬日抉月，堯舜周孔之道，拾之墜地，而舉之中天，奚其然耶！豈天道運會，一盛一衰，堯舜盛以至于周秦衰，而邇迤至明，自此以後，乾旋坤轉，聖道重明，斯民蒙福，故特生其人耶！」李塨曰：「今聖道之悠謬二千年矣，顏先生忽出而獨尋墜緒以開吾徒，豈一人一心之力所能致此，殆亦天地神聖之所啟也。」見李塨，《顏習齋先生年譜》，收入《顏元集》，冊下，頁

並非事實,當時學界已有不少欲超越宋明理學、歸回儒家原典以求孔孟之道的聲音,[154]正如許多學者所指出的,顏元學問的形成還是有脈絡可尋,無法真的完全跳開他所處時代的學術氛圍。本節的討論將離開顏元個人的家庭生活和家禮實踐,談談顏元之學的學術脈絡,也算是為其學在明清學術系譜中尋找某種「家」的歸屬。

關於顏元的師友與學術脈絡的討論其實已累積相當豐富的成果,[155]故此處不應花太多篇幅贅述,僅擬就顏元與王養粹、李明性(李塨父親)的交友情形,說明顏元對家禮實踐的重視並非獨創,而有得於鄉里師友之啟發。

顏元在二十九歲到三十歲之際(1663-1664),結交了他一生親密的學友王養粹,也是受到王養粹的影響,顏元才開始從

722、795;李塨,〈與方靈皋書〉,《恕谷後集》,卷4,頁7a。

154 錢穆,《中國近三百年學術史》,頁65-66;Kai-wing Chow, *The Rise of Confucian Ritualism in Late Imperial China*, pp. 53-70;林慶彰,〈明末清初經學研究的回歸原典運動〉,《孔子研究》,1989年第2期,頁100-110。

155 顏元自述其生平嚴事者惟孫奇逢一人。父事者五人:刁包、李明性、王餘佑、張羅喆、張起鴻。兄事者二人:王之□、呂申。交友者三人:王養粹、郭靖共、趙太若。見鍾錂,〈習齋先生敘略〉,見顏元,《顏習齋先生言行錄》,卷首,收入《顏元集》,冊下,頁620。又顏元受啟蒙老師吳持明的影響,有博學之風,以及稍後在賈珍的開導下向學、因彭通的介紹而得聞理學等,見李塨,《顏習齋先生年譜》,卷上,收入《顏元集》,冊下,頁712、714;顏元,〈未墜集序〉,《習齋記餘》,卷1,《顏元集》,冊下,頁397;顏元,〈答五公山人王介祺〉,《習齋記餘》,卷3,收入《顏元集》,冊下,頁429。亦參考錢穆,《中國近三百年學術史》,頁179-191;姜廣輝,《顏李學派》(北京:中國社會科學出版社,1987),第1、2章;李瀅婷,〈顏元學術思想研究〉(台北:國立臺灣大學中國文學學系碩士學位論文,2002),第1章。

事許多家庭禮儀的實踐。王養粹是蠡縣北泗人，十六歲成為庠生，受李明性的開導，十九歲即奮然以學道自期，曰：「不作聖，非人也。」王養粹歸向儒學的作法很激烈，他焚毀科舉用書，誦讀五經，投佛像於井，而且家居必衣冠，率家眾朔望拜祖祠父母，相其生母拜嫡母。[156] 如此激烈的行為，自然召致許多批評，時人視其為癲狂，但卻也引發顏元的好感，立刻馳書獎之。不過也因兩人狂傲的個性使然，直到一年之後才因顏元主動拜訪，正式訂交，並相約每十日一會，彼此互質日記、勸善規過。[157] 從此開始兩人一生中親密的學友關係。

　　王養粹和顏元以這樣的方式訂交，可以看出兩人性格上的契合，都是屬於積極狂放、任道勇毅的個性。李塨所輯的《顏元年譜》也都以「狂」字形容二人，中國儒生文人中不乏「狂」的精神表現，除了因高度自信而有目無餘子的表現外，「狂」也意指一種忠於自得、勇於任道的精神，王陽明曾以「狂」來表達自己敢於挑戰程朱正統的自信，[158] 顏元也說這是一種聖人可以鼓動、造就以成聖賢豪傑的重要特質。[159] 這種勇於自信、積極進取的狂者精神在王養粹、顏元一生學問變化上表露無遺：焚毀佛像幡然改志儒學的王養粹在遭妻喪後又嗜愛

156 李塨，《顏習齋先生年譜》，卷上，收入《顏元集》，冊下，頁716。
157 顏王相交過程可參見顏元，〈初寄王法乾書〉、〈與王法乾書〉，《習齋記餘》，卷4，收入《顏元集》，冊下，頁445-448。
158 余英時，《猶記風吹水上鱗》（台北：三民書局，1991），頁92-93；呂妙芬，《陽明學士人社群》，頁363-366。
159 顏元，《顏習齋先生言行錄》，卷下，收入《顏元集》，冊下，頁661。

《莊子》；[160]而顏元一生則從學仙求道、出入陸王程朱，到力破程朱以回歸周孔，建立自己對儒家聖賢之學的看法，又能不顧別人異樣眼光演禮作樂，這些都需要過人的自信方能做到。

更值得注意的是，顏元學問中許多被認為具開創性的特色，都有他和王養粹共同學習、相互影響的痕跡，例如顏元重習行禮、習射演舞的學問特色，也是王養粹學問的特色，李塨記王養粹「志聖學，力於行，習禮、習射、習舞，退食輒令門人站班，高聲歌『戰戰兢兢，如臨深淵，如履薄冰。』王子竦起拱聽，乃退。」又王養粹居必衣冠，率家眾朔望拜祖祠父母的作法，也成為顏元自我實踐和日後教學的重點。顏元也承認自己受王養粹的影響：「吾行家禮、學儀，皆始自法乾。」[161]從《年譜》我們也得知就在與王養粹訂交之後，顏、王兩人曾合纂有關灑掃、應對、進退之儀注的書籍《勹詩舞節》，顏元也開始偕妻在家中行禮，並訂常儀日功，切實實踐。[162]

另一位對顏元有重大影響的地方學者是李明性，即李塨的父親。[163]李明性是明季諸生，在崇禎末年天下大亂之際，曾「與鄉人習射禦賊，挾利刃、大弓、長箭，騎生馬疾馳，同輩無敵者。」[164]甲申變後，他沉潛涵養，念聖學以敬為要，故顏其堂曰「主一」。他做學問的工夫紮實，據稱：「獨功甚

---

160 李塨，《顏習齋先生年譜》，卷上，收入《顏元集》，冊下，頁716。

161 馮辰，《清李恕谷先生（塨）年譜》，卷3，頁10b。

162 李塨，《顏習齋先生年譜》，卷上，收入《顏元集》，冊下，頁718。

163 李明性生平，見顏元，〈孝愨子傳〉，《習齋記餘》，卷5，收入《顏元集》，冊下，頁471-472。

164 李塨，《顏習齋先生年譜》，卷上，收入《顏元集》，冊下，頁721。

密，祭必齊，盛暑衣冠必整，力行古禮。讀書乏膏火，則然條香映而讀。」[165]晚年仍然好射，時時率弟子比試。李明性這種允文允武、兼重內外修為的學問風格，同樣在顏元的學問中得到相當的繼承與發揮。再者，李明性極注重家庭孝弟教育和禮儀實踐，據稱他事親極孝，每日雞鳴即趨堂下四拜，後升堂問安，並每日誦讀《孝經》。[166]他對李塨的教育是：「抱提口授孝經、古詩及內則、少儀，素先翁（祖父李綵）彎小弓引之學射。」[167]這種文武兼修、注重孝弟、每日拜父母、出告反面的家庭禮儀都相當程度地啟發了王養粹和顏元，也成為後來顏元學問的基調。顏元曾在筆筒上書「李晦翁王法乾」六字，[168]每坐一拱，敬對之，以激勵自己戒慎行禮。[169]可見李明性、王養粹二人在顏元學思歷程中所扮演的重要角色。[170]

　　上述這兩個例子提醒我們，顏元學問特色的養成相當得力於師友間的切磋和啟發。屬於清初北方學風的陶塑之功也是不可忽略的一面，綜看顏元一生所尊重和結交的朋友幾乎都是北方學者，走出直隸，顏元心中的學術中心和主要交友者是當時正講學於河南的孫奇逢學圈，此從其對孫奇逢的景仰，以及

---

165 李塨，《顏習齋先生年譜》，卷上，收入《顏元集》，冊下，頁721。
166 馮辰，《清李恕谷先生（塨）年譜》，卷1，頁26b。
167 馮辰，《清李恕谷先生（塨）年譜》，卷1，頁1b。
168 晦翁是李明性的號，法乾是王養粹的字。
169 李塨，《顏習齋先生年譜》，卷上，收入《顏元集》，冊下，頁724-725。
170 李明性對顏元狂放的個性有所批評，亦不願參加他與王養粹二人舉會的行動，但仍適當指引他，後來更肯定其治學嚴謹，故遣子李塨向之問學。見李塨，《顏習齋先生年譜》，卷上，收入《顏元集》，冊下，頁720-721、724。

五十七歲遊學中州等事可見一斑。而當時河南在孫奇逢的帶領
下已逐漸帶出儒學（主要是程朱理學）的復興，他們不僅明顯
有欲與晚明學術和江南學風區隔、重建中州學術傳統的豪情，
且十分重視孝弟和禮儀之學，[171] 此都與顏元之學有相當的雷
同處，因此錢穆先生判斷顏元之學「蓋有聞於夏峰之風聲而起
也」是很有見地的。[172]

　　顏元學問的一大轉折發生在他三十四歲那年（1668），
這一年中他體悟到宋明理學並非儒家正學，轉而上求周、孔之
道。事情發生的契機是他為養祖母守喪時，因克遵朱子《家
禮》，覺其有違性情，才校之古禮，從而轉向古學，「因悟周
公之六德、六行、六藝，孔子之四教，正學也。」[173] 楊瑞松認
為顏元此刻在學問上的轉向有其更深的心理因素，因為就在他
嚴刻地依照朱子《家禮》為養祖母守喪，導致病殆之際，他才
第一次知道自己真正的身分（不是朱家血脈），過去長期忍受
朱九祚和朱晃的逼壓之感，可能在潛意識中造成他的抗拒，因
而在學問上投射成對程朱學的反抗。[174] 這樣的詮釋很新穎也確

---

171 見本書第二章。

172 錢穆，《中國近三百年學術史》，頁179。當然，顏元反程朱理學的態度是
　　有別於中州學風的，他在五十七歲遊中州看到當地程朱理學盛行的景況，
　　更加深他反理學的心志。

173 李塨，《顏習齋先生年譜》，卷上，收入《顏元集》，冊下，頁726。據顏
　　元自言，當時也受到王養粹之言的影響，才開始覺得朱子並非聖人，後又
　　悟朱子氣質之性的說法與先儒不合，見顏元，〈性圖〉，《存性編》，卷
　　2，收入《顏元集》，冊下，頁20；又見〈性理評〉，《存學編》，卷3，
　　收入《顏元集》，冊上，頁74；〈未墜集序〉，《習齋記餘》，卷1，收入
　　《顏元集》，冊下，頁397。

174 Jui-sung Yang, "From Chu Pang-liang to Yen Yuan: A Psychohistorical

有其可能性，雖然論證心理狀況總是異常困難。然而1668年作為顏元學思歷程中的重大轉捩點並確立自己學問的方向是毫無疑異的，第二年（1669）他便完成了兩部針對理學而發的重要著作：《存性編》與《存學編》。因此，王源特別稱此轉折為二千年學術氣運之一大關：「先生自此毅然以明行周、孔之道為己任，盡脫宋明諸儒習襲，而從事於全體大用之學，非二千年學術氣運一大關乎。」[175] 三十四歲之後的顏元學問確立了以周孔之道為己任、有意識脫離宋明理學傳統的大方向。

　　儘管顏元有意識要脫離宋明以來六百年理學的傳統，但畢竟極少人能夠真的不受到所處時代學術氛圍的影響而跳躍式地開出全新的學術規模，顏元亦然，他的學問既陶塑於清初北方學術，受到孫奇逢講學中州的影響，又曾深得於程朱陸王之學，即使轉手而出，其學問仍留有理學的許多風貌。關於這一點，前輩學者們大概都已洞見，只不過在面對顏元這種處於學術典範轉移之間的學術特色時，有人強調其傳承於理學的一面而將之定位為理學的別傳，[176] 有人側重其有意識脫離程朱學一

Interpretation of Yen Yuan's Violent Rebellion against Chu Hsi," 收入熊秉真主編，《欲掩彌彰：中國歷史文化中的「私」與「情」，私情篇》（台北：漢學研究中心，2003），頁411-462。

175 李塨，《顏習齋先生年譜》，卷上，收入《顏元集》，冊下，頁726。亦參見王源，〈與堉梁仙來書〉，《居業堂文集》（上海：上海古籍出版社，1995），卷8，頁5b-7a。

176 張之洞著，陳居淵編，朱維錚校，《書目答問二種》（香港：三聯書店，1998），頁270；錢穆也強調顏元之學與理學的關係，尤其與王陽明之學的關係，見氏著，《中國近三百年學術史》，頁183-198；馬序，《顏元哲學思想研究》，頁91-98。

面而將之歸諸反理學的陣營。[177] 儘管名義上看似天壤之別，實際上兩種看法之間非完全互斥不相容，因為顏元之學確實兼具上述兩個面向，底下我想根據閱讀《顏元年譜》與《王陽明年譜》對兩位學者的生平經歷與學思歷程的描寫，提出一點觀察，也藉此說明顏元之學屬於明清之際學術轉移的特色。

　　儘管王陽明和顏元兩人身世、地域、思想、學問都有明顯差異，但可能因為《年譜》剪裁書寫的關係，在閱讀二人《年譜》之時總令人有神似之感。舉例而言，兩本《年譜》都寫兩人受孕十四月而生、生時都有祥瑞、少年學問都龐雜粗曠有大志、都曾因學道求仙而娶妻不近、也都曾經歷不公平的逼迫和牢獄之災、甚至都有瀕臨死亡而死裡逃生的經歷，而這種種困阨的經歷當然都是動心忍性、淬勵其學問極重要的關鍵。再者，兩人都能做到文武並重、內外兼修、道德與事功並重，而且學問興趣都曾經歷數次的轉折，才終於在三十幾歲時確立為學的大方向。大方向確立後，終身不再動搖，不僅自己工夫日益進深，更具有掃蕩舊見、開創新學的大氣魄，且都不惜以激烈的言詞、高亢的態度持論，故兩人在學問的自信上都帶有狂放的精神。

　　但是在這神似的生命歷程之外，我們卻也清楚看見兩人學思內涵的差異，此可清楚見於以下兩個例子：王陽明和顏元都有奮力跟隨朱子指示而失敗的學習經驗，這失敗的親身體驗也終於導致他們和朱子學分道揚鑣，此在王陽明是格竹子病倒的經驗，在顏元則是依朱子《家禮》守喪致疾的經驗；同樣踵足

---

177 姜廣輝，《顏李學派》，頁183-188；《走出理學》，頁244-259。

前賢，兩人選取的方式已明顯呈現出學問取徑和重點的差異。
再者，兩本《年譜》都記載了兩人在某次機緣中與佛教僧人對
話的場景，王陽明三十一歲時欲思離世遠去，卻感到自己對祖
父母不能忘情，因悟到「此念生於孩提，此念可去，是斷滅種
性矣。」[178]亦即體悟到人天生的孝思愛親之情是根於人性、不
可斷絕，這也是人之所以為人的根本。後來他遇到一位坐關的
禪僧，三年不語不視，遂有下面的問答：

> 先生（王陽明）喝之曰：這和尚終日口巴巴說甚麼？終
> 日眼睜睜看甚麼？僧驚起，即開視對語。先生問其家，對
> 曰：有母在。曰：起念否？對曰：不能不起。先生即指愛
> 親本性諭之。僧涕泣謝，明日問之，僧已去矣。[179]

顏元的例子則是發生在二十六歲，他因赴科考入京寓於白塔寺
椒園，與僧人無退有一番問答；

> 僧又侈誇佛道，先生（顏元）曰：只一件不好。僧問
> 之，曰：可恨不許有一婦人。僧驚曰：有一婦人，更講何
> 道？先生曰：無一婦人，更講何道？當日釋迦之父有一婦
> 人，生釋迦，才有汝教。無退之父有一婦人，生無退，今
> 日才與我有此一講。若釋迦父與無退父，無一婦人，並釋

---

178 王守仁著，吳光、錢明、董平、姚延福編校，《王陽明全集》（上海：上
　　海古籍出版社，1992），冊下，頁1226。
179 王陽明，《王陽明全集》，冊下，頁1226。

> 迦、無退無之矣，今世又烏得佛教，白塔寺上又焉得此一
> 講乎。僧默然頫首。

過幾日無退又來，說起自己之所以出關，是為自己的削髮師籌
募葬具之費，顏元借機指點：

> 吾知汝不募緣久矣，今乃為即生父母破戒，非即孝親
> 之意乎？曰：然。僧紹興人，因詰之曰：紹興有父母否？
> 曰：無。有墓否？曰：有。孰拜掃乎？曰：有兄。先生
> 曰：即生父母，尚多一「即」字，遂破戒以盡孝。真父母
> 宜如何？乃舍其墓於數千里外而不省，舍汝兄於數千里
> 外而不弟，此際不當一思歟？[180]

言至此，無退俯首泣下，長歎曰：至此奈何？顏元曰：「未晚
也，足下年方富，返而孝弟何難？」不久之後，無退就選擇回
到紹興老家。

　　這兩則故事都是關於他們成功地說服了佛教僧侶還俗歸家
的經歷，他們所賴以說服的重點都是儒家教義中的「孝」，不
過兩人逼近的方式則很不同，當然也反映著兩人各自的為學經
驗與思想內涵的差異。王陽明用的方法近乎禪宗的棒喝，所指
點的是心中不能割捨的一念，是在良知本性的層次上說孝思；
相對地，顏元的說服重點則具體地落在家庭的血脈關係和表達
孝思的家祭禮儀上，婦女的存在、生育的行為、日常生活中具

---

180 李塨，《顏習齋先生年譜》，卷上，收入《顏元集》，冊下，頁713-714。

體的家庭祭祀禮儀都在顏元的論述中占有實質、鮮明而不可取代的地位，絕不同於精微地指點心中的一念孝思。

　　上述這種神似與差異，即無論就個人的學思歷程或《年譜》的敘述而言，都有著極類似的經驗模式（人生情節）與敘述的框架，但同時又有著明顯的內容差異。我相信這種異同固然是屬於兩位思想家個別的異同，但也有屬於學術史層次上新舊觀念與典範轉移的意涵，說明著從明代陽明學到清初學術的重大轉向，也說明兩者之間不可忽略的學術傳承與變化的關係。

　　顏元對家庭血嗣的傳衍，雖然極盡努力，卻孑然一身，無後而終。相反地，在學術的血脈上，他雖亟欲與宋明理學傳統斷絕關係，卻終究無法完全脫離此學術傳統的籠罩。在學術的系譜上，顏元之學還是可以找到家的歸屬。

六、結語

　　晚近對儀式的研究，採表演理論（performance theories）取徑者大都有別於過去視儀式行動為禮儀文本或既存意識型態的外顯表現而已，也傾向捨棄去追求普遍性之儀式結構的作法，轉而探討儀式活動的動態過程及其所帶出的效果或象徵性意涵，行禮者本身也往往成為研究的焦點，而且強調同一個禮儀行動在不同行禮者於不同歷史情境下的演出，必然具有不同的意涵。[181]這樣的觀點有助於我們理解顏元在清初力行古禮的意

---

181 關於此研究傾向的介紹，參見Catherine Bell, "Performance," in Mark C.

涵。

　　同樣是「拜父母」之禮，這個禮儀曾在唐朝皇帝欲崇揚孝治的政治意圖下，被塑造成孝的重要表現而詔令要求天下僧尼一律要遵守，引發政治與教義間的衝突及群臣的激辯，在那種情況下，「拜父母」的行為早已溢出孝的範疇，因君王權力的背書而極負政治意涵，高度挑戰著僧尼生命的價值觀與認同。[182]同樣的行為在今天日本松下商學院中則蛻變成現代化商業管理教育的重要內容，該學院為培養商業人才，要求學員們每天早上，面向家鄉，「遙拜父母」，心中默念《孝經》的：「孝，德之本也。身體髮膚，受之父母，不敢毀傷，孝之始也。立身行道，揚名於後世，以顯父母，孝之終也。」[183]上述這兩種在極不同的歷史情境下的「拜父母」之禮當然具有不同的意涵，也與本文討論顏元家禮實踐的意涵有別。不過這兩種意涵在顏元思想中也並不完全陌生，我們看到顏元也以「拜父

Taylor, ed., *Critical Terms for Religious Studies*, pp. 205-224; Catherine Bell, *Ritual Theory, Ritual Practice*（New York: Oxford University Press, 1992）; Catherine Bell, *Ritual: Perspectives and Dimensions*, pp. 72-83.

182 唐太宗貞觀五年、玄宗開元二年令道士、女冠、僧尼致拜父母。見司馬光編著，胡三省音注，《資治通鑑》（北京：古籍出版社，1956），卷193，頁6086；劉昫著，楊家駱主編，《新校本舊唐書附索引》（台北：鼎文書局，1981），卷8，頁172。唐高宗時，釋威秀上表稱沙門不合拜，上令百官集於中臺都議其事，皇帝敕令不拜君而拜父母，但不久因議致敬事狀多，又再詔令停我。見贊寧等著，《宋高僧傳》，收入新文豐出版公司編輯部編，《大正新脩大藏經》（台北：新文豐出版公司，1983），卷17，頁2061；范文瀾，《唐代佛教》（北京：人民出版社，1979），頁144。

183 相關資訊參考張德，〈松下公司這樣培養商業人才〉，http://www.chinahrd.net/zhi_sk/jt_page.asp?articleID=18212。

母」作為儒教教孝與正祀的重要表徵，不僅藉此批判儒道僧徒不孝，並欲召喚他們返回儒教範域；也看到顏元對身體習行拜父母的禮儀活動的教育功能深具信心，他也確實以此來經營自己的家庭生活和親情倫理。

　　顏元留下的自我書寫也讓我們看見，作為一個行禮的人，他如何賦予這項禮儀特殊而豐富的意涵。除了上述他以此作為儒教正祀的表徵及強調其教育功能外，他還告訴我們他每次拜謁父親木主時，都惕勵自己要做個孝子：「謁父生祠，思為人臣者每朔望謁聖，惕其忠也；吾為人子，每晨謁父，惕其孝也，可不立吾父之身乎！」[184] 由此可見，顏元每晨拜父生主時，心中思想的是惕勵自己要如《孝經》所教導：「立身行道、揚名於後世，以顯父母。」可以說他行禮時總是激勵著自己朝著更完美的德性前進，且以此作為經世致用的根本。

　　我們也看到，顏元的家禮實踐還有屬於清初學術的特殊意涵，行禮不僅是顏元個人學問的主軸，也是顏李學派的重要特色，更與清初北方儒學的精神相契合，甚至呼應著當時學界欲回歸孔孟和原典的理念，且與清廷聖諭的教化和孝治天下的理念相符合，均是在走過晚明黨社活動激變、社會失序的時代之後，試圖重新安定社會秩序的努力。與此時代主流相呼應，清初許多北方儒者的生平與學風也有別於晚明那些熱衷結社、交友遠遊的講學者，他們都更質實地在家庭中履行孝弟的職分，更鮮明地活出孝子和嚴父的形象，也再次明確重申「家」在儒家聖學中不可輕忽的神聖地位。

---

184 顏元，《顏習齋先生言行錄》，卷下，收入《顏元集》，冊下，頁678。

　　顏元雖然一遵古禮，在禮儀形式上並沒有太多創新，不過以他在清初習行演禮的作風、其賦予禮的文化意涵與試圖批判對話的學術傳統等關係，他的行禮不但成為其學最鮮明的標記，也在明清學術界中留下重要意義。他透過研讀禮書及與師友的切磋討論，也通過身體習行，將古代禮儀規範的文本活化成他日常生活與學術的標記，他的舉止作風在當時人看來相當怪異而激進，但正是透過這種不合時宜的作風，他有力地進行對理學傳統與當時學風的批判。我們乍看顏元自我規過和實踐禮儀的嚴苛不苟，很容易認為他是一個狷介、無膽識的守舊之徒，然而細讀他的生平和著作，我們將會訝異於他的狂傲、自信與創新的衝動。顏元在極度細瑣而嚴厲的守禮行為下，心中實懷有學術經世的超凡大志。以他的個性和志向，他其實費了相當大的力氣，極有自覺地一日一日、一步一步地把自己的行為舉止和心念馴服在禮儀的規範之下，像一位孔武有力的巨人甘心地把自己關進牢籠中，只因為他相信履行這套禮樂便是履行聖人的教導，也是對治宋明理學六百年學術弊病的最有效藥方，當然也是他選擇向學術界發聲的方式。他透過身體行禮的活動來規馴自己，試圖召喚、活現出周孔的古聖傳統，並與程朱陸王的學術系譜斷絕。只是，在知識的傳承中，絕少人真能不倚靠前輩巨人的肩膀擎天而起，顏元亦不例外，他的學術得益於師友的扶持，展現著清初北方學術的特質，也體現著欲從宋明理學傳統破繭而出的強烈欲意與揮之不去的包袱。

第四章

施閏章的家族記憶與自我認同

一、前言

當我在從事明代寧國府宣城縣的陽明講會活動研究時，曾注意到宣城地方志所記載當地的講學活動，在王畿（1498-1583）和羅汝芳（1515-1588）先後的帶領下，於1560年代達到鼎峰，萬曆七年（1579）張居正召毀書院之後，呈現明顯的斷層現象，但不久又出現一批以陳履祥為首、施鴻猷和汪有源為輔的布衣講學者活躍的踪跡。[1]陳履祥是羅汝芳的學生，因此這批布衣講學者被稱為傳承羅汝芳講學熱誠的泰州學者。我嘗試追溯方志的文本來源，發現主要來自施鴻猷之孫施閏章（1618-

---

1 關於宣城一帶的陽明學歷史，見呂妙芬，《陽明學士人社群：歷史、思想與實踐》（台北：中央研究院近代史研究所，2003），第四章。陳履祥，字文臺，號九龍。見施閏章，〈施氏家風述略〉，收入氏著，何慶善、楊應芹點校，《施愚山集》（合肥：黃山書社，1993），冊4，頁105、107；鄒元標，〈文臺陳先生傳〉，《鄒子願學集》（東京：高橋情報1990年複印，中央研究院傅斯年圖書館藏），卷6，頁101b-102a。施鴻猷生平見下文。

1683）書寫其祖父和家學的文字。[2]施閏章是一位活躍在清初文壇的著名詩人，又十分認同自己家學中的理學背景，同時也是一位致力於興復理學講會活動的儒家官僚，他曾於清初在江西青原山上再興青原講會，掀起千人聚講的盛況，我也因此對他在詩文與理學的認同意識感到興趣。

　　本文的研究主要循著我個人上述點滴的發現與興趣，希望藉著深入研讀施閏章，探索施閏章個人對家庭、祖先、家學的記憶與情感，看他如何透過文字建構祖父施鴻猷的泰州傳人形象，以及施家以理學傳家的家學風貌，如何透過他自身的政治社會實力重塑陳履祥和施鴻猷等人在宣城的文化地位。我希望藉此個案研究能夠進一步思索個人的記憶和書寫，與地方集體記憶、公共書寫之間複雜又交互影響的關係。另外，本文也嘗試討論施閏章以怎樣的心態面對家學與自我——即理學家與詩人——的認同問題。

二、成長與功名

　　施閏章三歲喪母，他對生母馬氏幾乎完全沒有記憶，不過「喪母」所意味的苦，以及想像中當年自己幼小孱弱的病軀意

2　地方志中對陳履祥、施鴻猷及一同講學的孫經、孫緯、袁光南、汪有源等布衣講學者的生平記載，主要取材於施閏章書寫的傳記及其所記錄的晚明宣城理學史，這些傳可見於氏著，《學餘堂文集》，卷16，收入紀昀等總纂，《景印文淵閣四庫全書》（台北：臺灣商務印書館，1985），冊1313；另外陳履祥與施鴻猷交往的軼事與講學內容，見〈施氏家風述略〉，《施愚山集》，冊4。

象，卻深烙其心，也多次在其文字書寫中躍現：「閏章幼罹天譴，三歲失先安人，大母哺之，又病疳，屢瀕死」；「我當年喪母時，未滿三歲，又多病，比汝苦倍也。」[3]在施閏章心裡，母親對兒子的期望並沒有隨著死亡而消失，他與這位生不相識的母親，終於在三十年後，在他登第榮歸的途中，戲劇性地於夢中相會：母親裂土從墳墓中復生，如病初起，如寢初興，伸展張目後，親切呼喚兒子到其膝前。夢中的閏章清楚記憶母親已去世的事實，夢中的母親也以亡魂的口吻呼喚著兒子，告訴他不要害怕，我是你的母親。[4]因此這不是一場母親回到人世的夢，而是兒子的成就滿足母親的期待、撼動母親鬼魂復甦的夢境。這種深負著「兒子的責任」、「先人的期許」的情懷，則是我們閱讀施閏章生平極重要的關鍵。

　　施閏章九歲喪父，成了真正的孤兒。他對父親有較鮮明的記憶片段，他記得七歲時父親授之《孝經》，告訴他這是千古聖賢的大根本，又教他歌詠唐人詩句，[5]施閏章選擇在自傳式的書寫中記載父教的最早內涵──「孝」與「詩歌」──大概不是偶然，這兩者呼應著他心目中對家學與自我的認同。他也記得八歲時父親示他一本《太上感應篇》，叫他終生無忘此書，因為以他福薄多病之軀能夠倖免於殤，多虧冥冥中的神明祐護，此種幽冥之中果報感應的神秘與正義，往後確實成為閏章

3　施念曾編，《施愚山先生年譜》，卷1，頁1b-2a，收入北京圖書館編，《北京圖書館藏珍本年譜叢刊》（北京：北京圖書館出版社，1998），冊74。

4　施閏章，〈夢先母詩並序〉，《學餘堂詩集》，卷3，頁18a，收入《景印文淵閣四庫全書》（台北：臺灣商務印書館，1985），冊1313。

5　施念曾編，《施愚山先生年譜》，卷1，頁2b-3a。

所相信、擁抱的價值觀。[6]

　　對父親記憶的另一片段則是父親的鞭打和祖母的救護，八歲的施閏章與村兒相詬罵，父親批他面頰，留下赤紅的手痕，回家又要杖打他，祖母以身救護、怒罵兒子且大聲嚎哭，父親跪謝許久方息母怒。之後，父親私下警告他：「若復不率，吾不撻爾於家。」祖母也告誡他不要再犯父怒，從此以後，施閏章失去兒童嬉爭的能力，在嚴厲的家教下，成為端謹聽話的兒子。第二年，父親在臨終病榻上把九歲的閏章交給弟弟施譽（1602-1679），[7]囑附要嚴於管教：「蒙養惟正，家教惟嚴，毋使家有不肖之子。」[8]父喪的情景，施閏章略能記憶的是，小父親十歲的叔父毀瘠逾禮，以執父喪之禮為兄守喪。從此，他與叔父之間保持一種亦父亦兄但卻更嚴厲守禮的關係，[9]兩人齊心為施家的前途奮鬥。

　　孤兒施閏章在叔父施譽的監護下，十二歲時已完成童蒙教育，能屬文，十三歲就外傅，叔父為他慎選王念祖為師。十七歲迎娶同年的梅氏為妻，十九歲補博士弟子。施譽本身也是習舉業的郡學生，他長期關切閏章的文章寫作，經常親自到館督導傳授為文的法度。歷經十年的苦讀，十九歲的閏章終於能夠寫出令叔父欣慰的好文章，當施譽讀到這篇好文時，先是色

6　見下文討論。

7　關於施譽的生平，見施閏章，〈先叔父文學公砥園府君行狀〉，《學餘堂文集》，卷17，頁21a-25a。

8　施念曾編，《施愚山先生年譜》，卷1，頁3a。

9　施譽對施閏章嚴厲管教，見毛奇齡，〈誥授奉政大夫翰林院侍讀加一級施君墓表〉，收入施閏章，《施愚山集》，冊4，頁231-232。

喜，接著廢卷嘆息：「恨不令汝父見」，然後嚎淘大哭，這是
發生在閏章父親去世後的第十年。[10]這個事件讓我們看見，背
負在施譽和施閏章身上沉重的科舉使命。施家家境清貧，到閏
章之時，已是連續五世習舉業的士人之家，[11]但始終沒有人獲得
功名，尤其閏章的父親施督好學苦讀，卻以三十七歲之壯齡早
夭，幾乎又是一代希望的幻滅，因此喪父後的施閏章，在叔父
的培育下，專心致力舉業文章的學習。他靠著天賦和努力，終
於逐漸嶄露頭角。

　　二十幾歲的施閏章已寫得一手好文，曾在晚明江南文社數
百文人中脫穎而出，獲得周鑣（1628進士）的賞識，並延之其
家讀書二年，又獲得宣城知縣余颺（1637進士）[12]的讚賞，聲
名日噪。[13]明清鼎革後，施閏章終於在順治三年（1646），以
第十八名的佳績舉於鄉，中舉後製一善衣，叔父見之則喜極而
泣曰：「爾祖盛德，皆沒齒布袍，孺子好自愛。」[14]這個數代以
理學孝友傳家卻一直困居諸生的家庭，終於在此刻嚐到功成名
就的滋味，這個成功絕不只屬於施閏章本人，更是屬於施家一
族，它不僅讓施家獲得轉換社會地位的機會、讓施家先人的聲

10　施念曾編，《施愚山先生年譜》，卷1，頁4b。
11　施閏章高祖施志和、曾祖施尹政、祖父施鴻猷、父親施督與叔父施譽，均
　　為郡學生，見施閏章，〈施氏家風述略〉，《施愚山集》，冊4，頁104-
　　105。
12　余颺，字賡之，莆田人，崇禎十年至十四年（1637-1641）為宣城知縣，擅
　　文禮士，以古學振興地方教育，甚有功。見李應泰等修，章綬纂，《宣城
　　縣志》（台北：成文出版社，1985），卷12，頁6a；卷11，頁12b。
13　施念曾編，《施愚山先生年譜》，卷1，頁4b-5a。
14　施念曾編，《施愚山先生年譜》，卷1，頁6b。

名得以彰顯，它同時也是施氏家族歷史得以重新書寫、名留青史的重要契機。

　　施閏章於三十一歲初為人父，三十二歲高中進士，補刑部主事，但因病歸里，兩年後方赴部。他於順治八年（1651）秋奉使廣西，遇李定國之亂，幾乎獲難，次年冬從平樂經江西而歸抵里門，祖母已於前一年去世，閏章遂以冢孫丁艱三年。三十八歲那年，閏章再獲一子，並補刑部廣西司員外郎，第二年秋天，奉使督學山東，直到四十三歲那年為止（1656-1660）。四十四歲至五十歲期間（1661-1667），施閏章出任江西布政司參議，分守湖西道，[15]因身任地方官員的重職，這段仕宦期間讓他對於志繼先人的理想有進一步的落實作為。[16]五十歲那年，施閏章因裁缺落職歸里，直到康熙十七年（1678）朝廷詔開博學鴻詞科，他方以六十一歲之齡應徵，御試授翰林院侍講充明史纂脩官。康熙二十年（1681），典河南鄉試，轉授侍讀，六十六歲（1683）以疾卒於京師。[17]

三、家學與家風

　　對施閏章而言，家學與家風有多重意涵，它包括施家簡樸而守禮的嚴厲家教；包括多年以來親身接受叔父在生活起居上的照顧與教誨、在文章寫作上的指導、叔父親承祖訓、歸本理

15　湖西道包括臨江府、登州府、吉安府三府。見施閏章，〈分守湖西道題名記〉，《學餘堂文集》，卷11，頁29b。

16　見下文討論。

17　上述經歷，見施念曾編，《施愚山先生年譜》。

學的身教影響，[18]以及叔父終生對父兄先人的敬愛與不敢稍懈的責任感；[19]它也包括依稀記憶中父親的嚴教和臨終的期許，及從傳聞與父親遺稿中所摹想、描繪出的父親形象和父教的意涵。關於父親，施閏章在〈施氏家風述略〉中記錄了一段父親年少時受到其祖父（閏章的曾祖父）嚴厲鞭打及祖母哭泣保護的小故事，十來歲的少年在嚴厲的家教督導下，終於克制了肉體上貪睡的欲望，能夠昧旦惊起，努力學習。[20]閏章選擇記錄的父親童年是一段與他自身經歷和記憶相當雷同的故事，大概也非偶然。它意味著「家教」確實以一種綿延不斷、代代相傳、克服時間變易的重複方式體現，鞭杖從曾祖父的手傳遞到父親的手，承受鞭打的身軀則從父親傳到兒子，因此閏章自己年少受鞭的身體（心靈）彷彿與父親的身體（心靈）重疊，共同馴服在施家嚴厲的家教下，雙雙蛻變，成為施家真正的兒子。

　　施閏章在父親去世後的第三十二年，以四十一歲之齡開始整理父親的遺稿，編排成集。[21]在此編輯過程中，他開始以一個成年男子的心情去重新認識自己的父親，也似乎更能夠以「施家兒子」的身分去認同他那早夭的父親。那個嚴厲杖子的父親形象悄然退下，躍然紙上的則是一位紹述祖訓、孝友好學、貧病受困的男子，一位不折不扣、身世命運卻更加坎坷的施家子

18　施閏章，〈先叔父文學公砥園府君行狀〉，《學餘堂文集》，卷17，頁21a-25a。

19　施譽與兄感情極好，施督去世後數十年，每諱日，施譽臨祭，仍然哀慟。見施閏章，〈先考遺集書後〉，《學餘堂文集》，卷26，頁18b-20a。

20　施閏章，〈施氏家風述略〉，《施愚山集》，冊4，頁105。

21　見施閏章，〈先考遺集書後〉，《學餘堂文集》，卷26，頁18b。

弟。閏章如此地重構著他父親的形象：

> 亡何大父捐館，先君子當戶，無中人產而有大父義田
> 之役，既不敢粥田以廢義，而強宗悍戚虎視鯨食者日環其
> 垣。公私逋負潰決狼狽，內無紀綱之僕，外無素封稱貸之
> 友，劬身戮力，出則躬督農圃，入則課諸弟，篝燈誦讀不
> 休。是時先王母稱未亡人，又諸子相繼夭殤，嘗終日哭，
> 先君子必跪而止之，王母不食則粒米不入口。……嘗過金
> 陵從焦澹園、鄒南皋兩先生往復問學，以貧病親老不能遠
> 離為恨，間丙夜讀書，先王母戒止之，夕則就寢，伺王母
> 既寐，輒復起，默誦不敢出咿唔聲，其勤且困若此。[22]

　　同樣遭遇父喪，施彥所擔負的家計重責和心理壓力遠不是
施閏章可以比擬的。施彥既無長輩親友或義僕的幫補，又有欲
欺壓侵產的惡戚環視；既失父親的保護，又需照顧脆弱多傷的
母親；既受限於環境不得致力追求學問，又不能割捨放棄，漏
夜古讀，[23]致使病情日益加甚，終於不堪負荷，壯年而夭。功
成名就後的施閏章，在整理父親遺稿、重新面對這位苦難、脆
弱、早夭的父親時，多次「廢書號哭」，不能自已。[24]身為施家

22　施閏章，〈先考遺集書後〉，《學餘堂文集》，卷26，頁19a-20b。

23　在〈施氏家風述略〉中施閏章記道：「府君童年當戶，晝給人事，夜讀書
　　至丙夜，母夫人切責之，漏下二鼓，輒就枕假寐，需母夫人寢罷，復起默
　　誦以為常。又貧難購書，所讀皆整治，若未觸手，試之多諳記。」見《施
　　愚山集》，冊4，頁111。

24　施閏章，〈先考遺集書後〉，《學餘堂文集》，卷26，頁18b-20b。

的兒子，施閏章不僅僅整理了父親遺稿，結集成書，他更試圖用自己的生命擔負起前代的「失敗」，讓它們在往後，隨著他在仕途經世上的成功，隨著他致力傳承家風的作為，而獲致新的意義。

儘管叔父和父親的影響比較直接，也很重要，但對施閏章而言，「家學」的意義和源頭則更是指向他的祖父——施鴻猷，一位晚明的理學家。這位以詩文顯名於當世的施閏章，似乎不能抗拒地要回到他理學家祖父的身上，找尋屬於自己的身分與認同，也為施家特殊的家學傳統定調。

在施閏章的筆下，施鴻猷雖是一介布衣，其成就卻可以比擬許多士大夫和理學名儒，關於他的成就與風範，施閏章主要從三方面來描繪：（1）政治經世的才華、（2）設置義田以嘉惠族人的義舉、（3）羅汝芳泰州講學在宣城的嫡傳。

根據施閏章所寫，施鴻猷雖然不熱中功名，卻有經世之大才，其長才也並非不為人知，他與同縣的章仲輔、羅達生、[25] 太平縣的王璽[26]曾獲得寧國知府金礪[27]的賞識，被延攬入北樓講學，時稱「高齋四子」。在四人之中，施鴻猷最受禮遇重用，

25 章仲輔、羅達生二人，我未能查出名字，關於章仲輔的家族，可從施閏章所著〈螺川章氏譜序〉中略窺一二，章家與施家子弟為世交，見《學餘堂文集》，卷2，頁18a-19b。

26 王璽，字信之，號心印，冠弱遊太學，師事陽明學者杜質，熱心參與太平縣內的許多講會。其傳見曹夢鶴等修，孔傳薪、陸仁虎纂，《太平縣志》（台北：成文出版社，1985），卷6，頁1b-2a。

27 金礪（或勵），字霜鐔，河南西華人，萬曆三十五年至三十八年（1607-1610）為寧國知府，振風紀，明正學，其傳見宋敦等纂修，《寧國府志》（台北：成文出版社，1983），卷17，頁17b；卷16，頁17b。

金礪許多事務都諮詢於他，常謂：「施子匡余不逮，吾布衣交也。」[28]言下之意，施鴻猷曾以政治人物的師友身分，而非低層幕僚的身分，參與了當地政治運作的核心，展現儒者經世的理想與才華，這當然也呼應了泰洲學者所強調以師道經世的理想意涵。[29]另外，傳記中也記錄了施鴻猷幫助朋友王慧納媵舉子、化解羅達生兄弟鬩墻的危機、救濟鄉人等嘉惠鄉鄰的事蹟，顯示其在地方上的影響力與為人師友的風範。[30]

　　施閏章特別標舉的第二點是施鴻猷為施家籌設義田和義塾。此事的肇因是叔父施志穆因為無子，將一百三十畝的田產和出貸於人千餘金的債權都留給施鴻猷，施鴻猷因為是冢孫，又是獨子，不能為施志穆之後，且因顧念施家族內多貧人，因此決定以此遺產設置義田，並置義塾以嘉惠族人子弟。因為不想變賣田產，故施志穆家有四喪未舉及三女未嫁所需的費用，本來是希望以收取債務來支付，但許多欠債人都抱持「絕戶債可負」的抵賴心理，加上施鴻猷慷慨豁達的性格，最後都沒有追回債金，而由施鴻猷自己承擔。[31]根據施閏章寫的〈義田記〉，義田的維持經營成為施家沉重的負擔，在施鴻猷去世

---

28 施閏章，〈施氏家風述略〉，《施愚山集》，冊4，頁106。

29 關於泰州學者強調師道，從王艮等人相信為政必先講學，「大丈夫存不忍人之心，而以天地萬物依於己，故出必為帝者師，處則必為天下萬世師。」等處可明見。王艮，《王心齋全集》（台北：廣文書局，1987），卷2，頁14b-15a。金礪與諸子的講學，後有《旌陽會紀》出版，見施閏章，〈重刻旌陽會紀跋〉，《學餘堂文集》，卷26，頁6b-7b。

30 施閏章，〈施氏家風述略〉，《施愚山集》，冊4，頁108。

31 見施閏章，〈施氏家風述略〉，《施愚山集》，冊4，頁111；亦見施閏章，〈義田記〉，《學餘堂文集》，卷12，頁23b-25b。

後，施督根本無力經營，債務積累日重，最後只好賣田解決債務。必須等到施閏章中舉人後，才有能力復贖田七十畝，成進士後才再擴增到約二百畝的規模。[32]雖然嚴格地說，施鴻猷的義田計劃並沒有成功，不過他效法宋朝宰相范仲淹（989-1052）的義舉，無疑是值得敬佩和表彰的。

　　而施閏章發揮最多、也最引以為傲的則是施鴻猷傳承羅汝芳一脈泰州講學家的身分。明代宣城一地的理學活動主要是受到鄒守益（1491-1562）、王畿、錢德洪（1476-1574）等人的影響和帶領，在嘉靖年間培養了相當多的陽明學者，包括戚袞（1532貢生）、貢安國（1556貢生）、沈寵（1537舉人）、梅守德（1510-1577）等，他們和寧國府內其他縣的學者共同舉辦水西會的盛大講學活動。尤其在1560年代，當羅汝芳擔任寧國知府期間，對於講會活動的倡導更是不遺餘力，志學書院和宛陵精舍的重建，讓講學活動有更多發展的空間，一時縉紳士人群集，造就宣城講學的空前盛況。然而，萬曆七年（1579）張居正召毀書院，志學書院被改為官園，宛陵精舍被改為理刑公署，田產經費移作公用，講會活動快速消沉，加上貢安國、沈寵、梅守德等家族的後裔對於陽明講學活動並不特別熱衷，因此在查閱晚明宣城一地的講會活動時，我們幾乎看不到原來王畿和羅汝芳帶領下的講會或學者們延續活動的踪影。不過，在此明顯的歷史斷裂中，我們發現了一群以陳履祥為首，施鴻猷和汪有源為輔，聚講於同仁會的布衣講學者，一群在泰州講學已飽受批判、江南學風已快速變易下的晚明，仍活躍於江南

---

32 施閏章，〈義田記〉，《學餘堂文集》，卷12，頁23b-25b。

社會中的庶民講學者。而這些人之所以能夠浮上歷史記憶的表面，完全是拜施閏章之賜。簡言之，今天我們所能看到有關施鴻猷的史料，以及許多與施鴻猷相交的晚明宣城布衣理學家的事蹟，幾乎都是透過施閏章追述的文字，施閏章的文字也成為方志的史料，施閏章可以說是記錄晚明宣城理學活動的重要人物。

其實從施閏章所著〈施氏家風述略〉記載施鴻猷的事蹟看來，施鴻猷無疑只是個侷限於本鄉本地的小理學家，絕非聲名遠播的碩學鴻儒，其對當地講學活動的開拓發展，雖不能謂毫無建樹，但影響恐怕相當有限。然而，施閏章顯然要強調祖父身為泰州傳人的身分及其承擔講學教化的重責，這個目的只能透過強化其與陳履祥的關係，藉由陳履祥進而接引更著名學者的書寫策略才能達成。

陳履祥是祁門縣人，他雖也算不上是著名理學家，不過他確實曾與羅汝芳、焦竑（1541-1620）、鄒元標（1551-1624）等大儒交接過。鄒元標曾著有〈送文臺陳先生謁選序〉與〈文臺陳公傳〉二文，[33] 從文章內容我們得知，陳履祥曾攜帶自己的作品《易觳》去見焦竑，就正於他，並因著對《易經》的領悟而深入理學，最後拜羅汝芳為師，又於萬曆二十八年（1600）左右，帶著新著《九經翼》去見鄒元標。鄒元標在陳履祥的傳記中，花了一些筆墨記載其與羅汝芳問學的經過，兩人學問與個性並不十分相契，但陳履祥最後還是贏得羅汝芳的讚賞和期勉：「陳君，陳君，予守寧國時，啟迪告戒，時集禪語，今年

33　鄒元標，《鄒子願學集》，卷6，頁101b-102a；卷4，頁87b-88b。

來一尊孔矩，且知孔矩之無以，尚更不必從它門乞靈。子為我以移吾邦人士，俾知吾學有歸。」[34]就某一意義而言，陳履祥可以稱得上是泰州講學的傳人，至少羅汝芳曾期勉他能夠在宣城一帶傳遞講學的大業。

在施閏章筆下，施鴻猷則是以陳履祥嫡傳大弟子的身分，上接羅汝芳泰州一脈。除了直言他是陳履祥的「第一高弟子」外，[35]這種傳承的關係，在以下這段文字中更表露無遺：

> 九龍先生及門八百人，以公（即施鴻猷）及汪惟清先生為左右手。公疾篤，九龍籲天延請以己算，語具先生年譜中。公旋愈，而先生明歲廷對，卒京邸，公聞之，如喪考妣，衰絰迎櫬，又推從師，至葬衣冠于雲山，作祠其側，言及則流涕，每嘆曰：「先師實假我年，敢不畢力以大張師學？」[36]

字裡行間似乎透露著：若不是因為對施鴻猷有極深的期許與愛護，若不是因為傳道弘業的考量，陳履祥何以願意以老師的身分折減自己的壽數為弟子求壽？而命運的發展似乎應驗了人的祈求，施鴻猷康復了，陳履祥卻於次年卒於京，從此施鴻猷的生命在某種程度上與老師的生命重疊，始終惦記著自己的再生彷彿老師所賜，而老師未完成的使命也成了他全力承擔

34 鄒元標，〈文臺陳公傳〉，《鄒子願學集》，卷6，頁102b。
35 施閏章，〈寄魏司農環溪〉，《學餘堂文集》，卷27，頁7b-8b。
36 施閏章，〈施氏家風述略〉，《施愚山集》，冊4，頁107。

的責任，於是「敢不畢力以大張師學？」成為他往後人生的重
要目標。也因此，在施閏章筆下，施鴻猷成為陳履祥之後，宣
城一帶泰州講學的正宗傳人。施閏章在其他文章中也明確地宣
揚施鴻猷泰州傳人的地位：「維我先大父中明子奮跡諸生，接
盱江之淵源」；「先祖……實得盱江之傳。」[37]在〈跋先祖奉
送陳九龍先生北上詩後〉一文，更進一步倒置了陳履祥與施鴻
猷的重要性，寫道：「九龍陳先生初來宛陵，從游纔數輩，先
大父一委贄，倡導挈引，一時至八百餘人，先生倚大父為左右
手。」[38]換言之，陳履祥雖身為老師，但其講學之所以能夠在宣
城有如此的影響力，則多倚靠施鴻猷的倡導之功。

　　泰州學派是晚明理學中庶民化程度最深的一派，也是深具
社會改革理想的一派，在萬物一體之仁的理想下，泰州學者強
調師道、強調講學以經世、強調以孝弟慈成聖的理想，也致力
於宗族內創造落實理想的機制，他們的活力有時可能撼動傳統
中國的禮法秩序，然其所主張的理念仍是十足儒家的理想。[39]
羅汝芳以講會鄉約治寧國、向庶民甚至眾囚開講以期感悟的典
範，更是當地人所熟知傳誦的。[40]而施閏章筆下的陳履祥和施

37　施閏章，〈祭鄒忠介公文〉，《學餘堂文集》，卷23，頁10a；卷27，〈寄
　　魏司農環溪〉，頁8a。

38　施閏章，〈跋先祖奉送陳九龍先生北上詩後〉，《學餘堂文集》，卷26，
　　頁11a。

39　見呂妙芬，《陽明學士人社群》，第八章。

40　根據曹胤儒所記，羅汝芳治寧國府時頗受人民愛戴，當他因父親去世必須
　　離開寧國時，當地士民縉紳泣別相送，亦有人追隨不捨陪他回到家。而關
　　於羅汝芳治寧國的事蹟，則有「民有兄弟爭產者，汝芳對之泣，民亦泣，
　　訟乃已。刱創開元會，罪囚亦令聽講。」的記載。《南城縣志》亦載寧國

鴻猷等人正是相當程度地依照泰州講學理想所形塑的布衣講學者，他們端謹、守禮、平易、熱情，深入民間講學、負經世改革熱望、深悟崇高道體、又確實實踐；是一群具有泰州講學的正面質素而沒有任何負面張狂因子的庶民學者。他們雖然身分卑微隱晦、沒有政治高位，卻有經世之實才與壯志，人品與作為絲毫不亞於士大夫。這樣的書寫反映多少真實當然不得而知，不過儒學的理想和泰州講學所標榜的人品風範在施閏章捕捉、型塑這些先人的過程中起了相當的作用，則是可以肯定的。

　　當施閏章欲建構施家高卓的家風時，除了描寫祖父施鴻猷在政治經世、家族鄉里、講學教化等事業的傑出表現外，其與焦竑（1541-1620）等名儒交接的經歷更是描寫的重點，這種書寫顯然帶有誇張的成分，且具有現實的政治目的：

　　　　大父受業九龍先生，始用講學顯，而先子多從游秣陵，因事焦翰撰，執弟子禮，出而師友，入而父子兄弟，并有矩度。大父之事後母貢夫人，焦翰撰目為『慈孝柯則』；

居民歌舞載曰：「羅郡侯刑輕訟簡德化修，公餘講學偏林丘，不似謝朓但登樓；」又歌曰：「南北時王府君，今明來羅府君，前後相輝德政均，兄弟爭田忽成讓，陵陽層峭天下聞。」參見羅近溪，《盱壇直詮》（台北：廣文書局，1977），卷下，頁45a-b；魯銓等修，洪亮吉等纂，《寧國府志》（台北：成文出版社，1970），卷5，頁26b；曹養恒等修，蕭韻等纂，《南城縣志》（台北：成文出版社，1989），卷12，頁84a-b。其他相關的記載，亦見黃宗羲著，沈芝盈點校，《明儒學案》（台北：華世出版社，1987），卷34，頁763；施閏章，〈修盱江羅明德祠記〉，《學餘堂文集》，卷11，頁14b-16a。

> 九龍先生數過余家，稱『一門鄒魯』，或非阿所好也。[41]

　　先祖故明萬曆間諸生，篤志理學，實得盱江之傳，蓋
盱江曾守寧郡，教澤猶存，盱江之高弟陳文臺先生來遊宛
陵，先祖稱第一高弟子，語錄雜著盈尺……近世論學者頗
訾姚江盱江，誠亦有見，要之前輩孳孳汲汲無寒暑晦明以
畢力於身心性命之學，蓋非無所得者。先祖之名諱行事詳
具焦澹園、鄒南皋諸公志傳中，既幸收於鄒、焦兩先生，
其不見擯於閣下無疑也。[42]

　　實際上，施鴻猷與焦竑、鄒元標二人並沒有深交，即使曾
有過接觸，恐怕也是透過陳履祥的關係，間接引進而已。以陳
履祥的例子看來，其與焦、鄒二人也僅算得上淺交，更遑論施
鴻猷。從施閏章幾乎不能舉證更多關於施鴻猷對當地講學活動
的貢獻，而需要屢次援引他與焦竑淺薄的關係來證明其理學家
的身分，更可確知施鴻猷在當世應是隱微、不具影響力的小理
學家。也正因為如此，施閏章在獲得功名之後，便有意識地擔
負了闡揚自己先祖的責任。
　　施閏章在出仕後便陸續整理家人文字的工作，他大約從
1659年開始整理父親的遺稿、排次成集，[43]仕於山東時（1656-
1660）所寫的信也提及「鳩刻家集」的心願。[44]他後來又撰寫

41　施閏章，〈家風述略跋〉，《施愚山集》，冊4，頁118。
42　施閏章，〈寄魏司農環溪〉，《學餘堂文集》，卷27，頁7b-8b。
43　施閏章，〈先考遺集書後〉，《學餘堂文集》，卷26，頁18b。
44　施閏章，〈答嚴給諫子餐〉，《學餘堂文集》，卷27，頁5a-6b。

〈施氏家風述略〉，此書主要是根據口述傳聞，記錄了自他以上四世先祖們的嘉言懿行，目的在使先人之名得以彰顯，此書撰寫日期不詳，但跋則書於康熙十五年（1676）。從時間上看來，此書撰寫可能與促成祖父崇祀鄉賢祠的努力有關。[45]以施鴻猷曾經馳聘於聖人之學的追求、熱切於地方講學活動、又曾交接過焦竑、鄒元標等大儒的條件，加上施閏章本人的名望與交友，崇祀鄉賢顯然是合宜的目標，而施閏章對此確實也相當積極。

施閏章著手整理祖父的文稿，據他所說（我們無從得知真實性如何）：祖父曾有會紀語錄，編成一集，生前來不及出版，後來父親又手錄而輯之，但遭遇戰亂，全化為劫灰，儘管他從親交故舊之家努力蒐集，卻僅能得十之二三而已，[46]儘管如此，他重新整理的書仍於在康熙十四年（1675）春刻成，又於次年（1676）秋合而成《中明子集》十卷。[47]書成之後，施閏章積極請求王士禎（1634-1711）的相助，希望延請當時講學名儒魏象樞（1617-1687）為此文集作序，[48]在寫給另一位講學碩儒

---

45 我無法找到施鴻猷奉祀鄉賢的確實年代，但它發生在鄧琪棻為涇縣知縣時期，亦即康熙十三年至十九年間（1674-1680）。施閏章，〈修葺水西書院記〉，《學餘堂文集》，卷12，頁9a-11b；李德淦修，洪亮吉纂，《涇縣志》（台北：成文出版社，1975），卷13，頁23b-24a。

46 施閏章，〈寄高彙旃先生〉，《學餘堂文集》，卷27，頁22b-24a。

47 施閏章，〈先大父中明府君集書後〉，《學餘堂文集》，卷26，頁17a-18b。

48 施閏章，〈寄魏司農環溪〉、〈與王阮亭〉，《學餘堂文集》，卷27，頁7b-8b；11a-12b。王士禎，字貽上，號阮亭，與施閏章同為翰林院侍讀，修明史。魏象樞，字環極，一字環溪，號庸齋，官至刑部尚書，深得於理學，立朝端勁，為人望所歸，家居立友仁社，邑士從游者眾。見閔爾昌纂

高世泰（1637進士）的信中，閔章也明白請求背書，說即使能「草略數行」亦「自足引重」。[49]在這些求序、求背書的書信中，施閔章一再地複訴著祖父師承陳履祥、上接盱江一脈，其學受到焦竑、鄒元標推重的說法。[50]〈寄高彙旃先生〉中的這一段是概括上述施閔章如何構建施鴻猷在理學史上重要地位的極佳代表：

> 敝郡理學薪傳濫觴於東廓過化，而承流於盱江作郡，大約皆沿習良知之旨。而先祖所北面則盱江高弟子，所謂陳文臺先生，諱履祥，字光庭者也。先祖嘗疾篤，陳先生願減己算作祈命詞以甦之，而焦公澹園、鄒公南皋今詩志傳具在集末，可考而知之。[51]

短短一段文字中不僅明確點出宣城一地陽明講學的重要師承，以及施鴻猷在此學脈中的地位，也包涵了前文所述施鴻猷作為陳履祥嫡傳高弟，並藉焦竑和鄒元標的名字推重施鴻猷的

錄，《碑傳集》，卷18，頁36a-37a，收入周駿富編，《清代傳記叢刊》（台北：明文書局，1985），冊107；徐世昌纂，《清儒學案小傳》，卷2，頁399-401，收入周駿富編，《清代傳記叢刊》，冊5。

49 施閔章，〈寄高彙旃先生〉，《學餘堂文集》，卷27，頁23b。高世泰，字彙旃，是高攀龍從子，少侍高攀龍講席，篤守家學，晚年以東林先緒為己任，葺道南祠、麗澤堂於梁溪，與同志講學。李元度纂，《清朝先正事略》，卷28，頁18b-19a，收入周駿富編，《清代傳記叢刊》，冊193。

50 這樣的論述分別出現在〈寄魏司農環溪〉、〈與王阮亭〉、〈寄高彙旃先生〉文中，見施閔章《學餘堂文集》，卷27，頁7b-8b、11a-12b、22b-24a。

51 施閔章，〈寄高彙旃先生〉，《學餘堂文集》，卷27，頁22b-24a。

部分。鄒守益、羅汝芳是眾人皆知的理學大儒，文中自然不必
對「東廓」和「盱江」再加任何說明，但陳履祥不同，他顯然
是個不夠著名的學者，因此必須詳言其名諱字號。而刻意引證
焦、鄒二人文字以證成施鴻猷曾獲名儒推重的做法，總予人一
種牽強附會的薄弱感覺。由此我們也可以想知施閏章在重構祖
父理學地位時所遭遇的困難。不過，藉著層層接引名人以自重
的手法，施閏章確實藉著文字確立了祖父施鴻猷作為晚明宣城
泰州傳人的地位，其地位與重要性後來也進一步在地方志的公
共書寫中獲得確立。

　　施閏章除了透過文字書寫建立祖父在理學學脈中的重要地
位，以及邀請當代著名儒者為其背書以外，他也藉著出版以及
重修當年祖父與學友們講學的依仁齋及齋內祠祀的活動，[52] 更具
象地形塑了施鴻猷的理學成就與施家家風，這些努力終於成功
地將施鴻猷的木主送入鄉賢祠。關於此，以及施閏章如何在行
動上展現對理學家學的認同與承續，則是下一節的重點。

四、認同家學

　　施閏章確實是一個能夠顯親的施家孝子，雖然他是施家第
一個獲取功名、揚名宇內的人物，他卻沒有讓自己成為施家家
學的開創者，反而強調自己受施家家風調教的子弟身分。他仔
細記錄了施家先祖的嘉言懿行，更重要的是努力地重構了祖父
施鴻猷的理學地位，以及施家以「理學孝友」傳家的家風。這

52　見下文討論。

除了反映當時普遍對家族的重視外，主要還與施閏章本人對理學的某種嚮往與認同有關，這種認同也相當程度地影響了他的宦蹟與社交。

施閏章三十九歲督學山東時，曾嘆曰：「吾家以理學孝友三傳而皆困諸生，今吾忝一第，抗顏稱師，敢負吾君以負吾祖父乎。」[53]由此可見對家學的認同確實某種程度地影響了他對自我、以及對自己職責的期許。他在〈提學道題名記〉中自述在山東一地倡學的情形：

> 余紹述先人理學之緒，待罪齊魯之都，數引諸生講業相告誡，或至流涕，諸生亦有感動泣下者，猶懼其未能格也，彷徨轉側，未旦而興，一日顧視廳側有題名，記自薛文清以下得六十有三人，而理學惟薛公為著，士稱薛夫子。明末至今，姓氏皆闕，考名次補之，又得七人。[54]

此段文字不僅再次說明自己身為理學後裔，繼承祖父的志向，也表現出他欲效法羅汝芳以講學為仕的泰州典範，同時也說明他以修補理學史的心情挖掘明末以來湮沒不彰的理學家，賦予其歷史記憶的努力。

事實上，施閏章在仕宦期間確實相當積極地投入重建明代講學書院、恢復講會、再舉祠祀等工作，尤其當他以布政司參議的身分出仕江西——陽明學最興盛也最具代表性的區域——

53　施念曾編，《施愚山先生年譜》，卷2，頁2a。
54　施閏章，〈提學道題名記〉，《學餘堂文集》，卷11，頁29a。

時，這種努力的成果更益凸顯。換言之，他不僅努力挖掘史料
文獻，以文字重建晚明以來理學學術史，他更效法過去致力於
道統傳承的理學家們，企圖在清初再度興復業已衰微的講學活
動。當他出遊青原山，遙想過去鄒守益、聶豹、羅洪先、歐陽
德等名儒齊聚一堂講學的風光，再對照眼前會館傾圮的荒涼，
感觸格外深刻，於是著手重修青原會館的傳心堂和五賢祠，並
在五賢祠的左右各建一書室，令學者設席其間。[55]他在江西確實
有意要效法理學前輩們倡導講會的舉措，他在白鷺洲書院和青
原山舉辦講會以興起士人，他曾自述：「凡吾之講業於此，蓋
踵吉州舊事，振其緒而弗敢墜焉，非抗顏人師也。」[56]而他的
努力果然頗有成效，沉寂多時的講會活動又現人潮：「一時山
中父老扶杖而來，環橋千人，三日乃罷，有聞而流涕者甚矣，
斯道之不遠于人心也」；「……愚山倡道，鐘鼓為新，集數郡
人士於一堂之上，反覆辯難，不減當年從遊鄒忠介（元標）師
時。」[57]施閏章也自記道：「西江講學之會，吉州最盛，中輟
者四十年矣，余以癸卯十月修復舊事，布衣野老皆許以客禮相
見，會者近千人。」[58]

---

55 平觀瀾等修，黃有恒等纂，《廬陵縣志》（台北：成文出版社，1989），
　　卷18，頁47b。

56 施閏章，〈景賢書院記〉，《學餘堂文集》，卷12，頁3a-b。

57 釋笑峰等撰、施閏章補輯，《青原志略》，卷3，頁17b，收入《四庫全書存
　　目叢書》編纂委員會編，《四庫全書存目叢書》（台南：莊嚴文化事業公
　　司，1997），史部，冊245；李元鼎，〈青原山觀瀑小記〉，收入彭際盛等
　　修，胡宗元等纂，《吉水縣志》（台北：成文出版社，1989），卷56，頁
　　29a。

58 施閏章，〈鷺洲講會歌序〉，《學餘堂詩集》，卷19，頁1a。

　　施閏章講學於白鷺青原間的二年後，想進一步籌建講堂，
於是選定在廬陵縣南方景賢堂的舊址上蓋書院，景賢堂座落在
晚明廬陵縣學內，原祀奉王陽明，當時已成廢墟。但在施閏章
與地方士人的共同努力下，康熙五年（1666）景賢書院落成，
仍祀王陽明，這是施閏章在江西提倡講學的具體成果之一。[59]另
外，吉安府安福縣的復真書院，是劉邦采、劉陽等人建於嘉靖
三十七年（1558）的書院，也是安福南方重要的講學書院，[60]同
樣在施閏章的鼓勵以及當地士人的努力下完成修建工作，時在
康熙三年（1664）；[61]羅汝芳在盱江的祠，亦因施閏章囑咐建昌
知府高天爵（1620-1676）而獲得修繕，祠祀亦得再舉。[62]施閏
章在江西提倡理學講學的成效也清楚反映在以下這事件：他在
離開江西職務的前夕，當地士人趕緊醵金建龍岡書院，彌月而
成，並且「群奉公講學三日而後去，以終公志。」[63]

59　施閏章，〈景賢書院記〉，《學餘堂文集》，卷12，頁3a-4b；亦見盧崧等
　　修，朱承煦等纂，《吉安府志》（台北：成文出版社，1989），卷18，頁
　　40b-45a。

60　關於安福南方學者與復真書院之興建，見呂妙芬，《陽明學士人社群》，
　　第三章。

61　施閏章，〈重修復真書院記〉，《學餘堂文集》，卷12，頁4b-6b；時間則
　　見張繡中等纂修，《安福縣志》（台北：成文出版社，1989），卷5，頁8b-
　　9a。

62　施閏章，〈修盱江羅明德祠記〉，《學餘堂文集》，卷11，頁14b-16a。
　　高天爵任建昌知府時期為順治十七年至康熙十三年（1660-1674），見孟
　　炤等修，黃祐等纂，《建昌府志》（台北：成文出版社，1989），卷24，
　　頁23a。其傳見趙爾巽等著，《清史稿》（北京：中華書局，1976），卷
　　488，頁13480-13481。

63　施念曾編，《施愚山先生年譜》，卷2，頁12a。

　　施閏章出仕江西時所激起的講學波瀾可以說是陽明講會活動在江西最後的一道漣漪，也是一個令人驚豔的句點。要在學風已然轉易的清初持續地挑旺陽明學的講會活動並不容易，施閏章靠著他地方官的權勢或許尚有可使力處，但隨著他的離去，白鷺青原的講堂，「堂前又復草深」的荒落景象便立即再現，[64]景賢書院也很快被知府郭景昌改為廬陵縣義學。[65]不過，以五十歲之齡回到宣城後的施閏章，則持續他修建祠祀、提倡講會的工作。他首先修葺了里邑內當年陳履祥與施鴻猷等人講學之同仁館，[66]修建後並在館中舉辦講會，據稱他們「歲每二會，率以為常。」[67]

　　大約在康熙十四年（1675），他又重修與祖父有密切關係的依仁齋。依仁齋並不是書院，而是座落在清涼山上耿定向祠後面的齋室，據說當初是提供陳履祥居住的地方，也曾是施鴻猷等門人與陳履祥論學的地方。施閏章希望能夠重修依仁齋，並且在齋中「恢復」對老師陳履祥與施鴻猷等門人的祭祀。他將這個心願傳達給地方官員，最後終於在地方官員的支持下完成依仁齋的修建工作，並重建了對陳履祥、施鴻猷等人的祭祀。[68]

　　其實當初依仁齋內講學情況如何，以及依仁齋先前的祭

64　李元鼎，〈青原山觀瀑小記〉，收入《吉水縣志》，卷56，頁29a。

65　《吉安府志》，卷18，頁44b。

66　施念曾編，《施愚山先生年譜》，卷3，頁3b；《寧國府志》，卷28，頁4a。

67　施念曾編，《施愚山先生年譜》，卷3，頁3b。

68　施閏章，〈修復依仁齋記〉，《學餘堂文集》，卷12，頁6b-9a。

祀對象如何，已不可考，今天我們所知道的，只能根據施閏章所記。施閏章告訴我們：陳履祥師生們在依仁齋講學的熱絡情形，曾深深感動焦竑，而當時講學的成果也曾有《依仁問》一編，蒙鄒元標為之作序。施閏章又說：焦竑在陳履祥、施鴻猷雙雙去世後，曾再過此地，並主張祠陳履祥，配以施鴻猷等門人，於是便有如下安排：「齋屋五楹中，虛其一，祠木主，左右各兩間為客館，學者解裝就楊，至則如歸，如是者五六十年。」[69] 後來因為戰亂，守齋者失職，田產為庵所奪，遂「移景賢之額於耿祠，而所謂依仁齋為守者吳氏子竊鬻，惟九龍先生、吳子孝昭二木主存而不祀。」[70] 換言之，在施閏章要重修依仁齋之際，齋內只存陳履祥和吳孝昭兩個木主，並沒有施鴻猷的木主，最早到底奉祀何人也已不可考。因此，此時重建依仁齋及其祠祀，就某個意義而言，是一個重新建構的起點。施閏章當然用肯定的語氣告訴我們，陳履祥和施鴻猷是當初焦竑主張要祀的當然人選：「乃首祠陳子九龍，配以先大父及元夫諸子。」[71] 這種確定性在清初重建時也當然無庸置疑，因此他說：「自先大父以下從祀名氏無考，乃臆取陳門高弟子數人配享，餘不勝紀者闕焉。」[72] 換言之，施閏章承認他在此做了些考證和臆測的工作，他選擇某些陳門高弟配享，也可能有些人被他遺漏了，不過他所要表達的是：祖父施鴻猷配享地位是無庸置疑的。

69　施閏章，〈修復依仁齋記〉，《學餘堂文集》，卷12，頁8a。
70　施閏章，〈修復依仁齋記〉，《學餘堂文集》，卷12，頁8a。
71　施閏章，〈修復依仁齋記〉，《學餘堂文集》，卷12，頁7b。
72　施閏章，〈修復依仁齋記〉，《學餘堂文集》，卷12，頁8a-b。

　　前文已論到，施閏章重修依仁齋很可能與祖父崇祀鄉賢祠
有關，不過這並不意謂他對復興講學活動與記錄理學史的熱誠
全然虛假，或者完全質疑他對理學的認同。施閏章在〈修葺水
西書院記〉中明白表達自己傳承先人之道的願望：「閏章承流
後起，宜有以告來者，夫鄒羅諸公之論道詳矣，守而弗失，循
而日進，近同濂閩，上泝洙泗，毋馳騖藝文而略躬行，毋樂言
生安而恥困勉，先我者倡導於前，薰而善者至於今不輟。詩不
云乎，豈弟君子，遐不作人，吾冀後之勸興而有徵也。」[73]以他
出仕山東學政、江西參議以來一連串的自我表白與復興理學的
行動看來，[74]這種期望扮演著承先啟後、傳遞聖學、認同聖賢的
心意，應該有相當真誠性。

　　另外，從施閏章所著部分書信和傳記也可以感受到他對理
學家的關心，以及他與其他理學家後裔之間保持的友誼。例如
他為張五權、孫經、孫緯、呂堅、袁光南、汪有源、張嗣達等
人作傳，[75]為龍瀛作墓表，[76]這些人都屬於陳履祥講學圈內的人
物，且除呂堅外，均是一生未仕的布衣。施閏章曾經極力讚揚
鄒元標肯為布衣作傳的胸襟，[77]他自己顯然亦效法之。而從其與

73　施閏章，〈修葺水西書院記〉，《學餘堂文集》，卷12，頁11b；涇縣水西
　　書院重修工作主要是知縣鄧琪棻所推動，鄧琪棻同時也是推動施鴻猷崇祀
　　鄉賢的重要人物，水西書院完工於康熙十九年（1680），見《涇縣志》，
　　卷8，頁10a。鄧琪棻傳，見《涇縣志》，卷16，頁20b。

74　除了上文所述外，施閏章對先祖的懷念與認同之情也表現在其〈述祖德
　　詩〉，見施閏章《學餘堂文集》，卷3，頁1a-2b。

75　各傳文在施閏章，《學餘堂文集》，卷16；張嗣達傳在卷25，頁27a-28a。

76　施閏章，〈齊祚龍先生墓表〉，《學餘堂文集》，卷22，頁7b-9a。

77　施閏章，〈祭忠介公文〉，《學餘堂文集》，卷23，頁10a-b。

孫奇逢（1584-1675）和施璜[78]的書信、為劉陽（1525舉人）後裔劉竹菴[79]作的壽序、為張元沖後人張鎡所作的墓誌銘，[80]都可見其社交圈中確實存在一層因理學而聯屬的特殊關係。

綜上所述，施閏章對祖父施鴻猷以及其所獻身的理學，確實有相當的認同感，他有意識地要去仿效過去偉大理學家們提倡講會、興發士人、修建書院、設立祠祀等工作，也確實有不少具體建樹。不僅羅汝芳以講學為仕、鄒元標為布衣作傳的典範可以在他身上找到模仿的痕跡，[81]當他在陽明講學活動早已衰微的年代裡，再次有聲有色地創造出千餘人聚講白鷺青原的風光，有人幾乎要稱他是王陽明再世了。[82]因此，就某個意義而言，施閏章確實繼承了祖父的志向，甚至超過他祖父所能表達、所能完成的，因為祖父對理學的講求與成就以及施家以理學傳家的家風，都是透過他的手才得以顯揚，而他身居高官的身分，更讓他能夠「創造講學歷史」，至少創造了一些值得

---

78 施璜，字虹玉，休甯人。棄舉業，專致講學，師事高世泰。見李元度，《清朝先正事略》，卷28，頁19b。

79 我找不到劉竹菴的名字。

80 施閏章，〈復孫徵君鍾元〉、〈復虹玉〉、〈壽劉太平竹菴五十序〉、〈奉政大夫晉府左長史張公墓誌銘〉，《學餘堂文集》，卷27，頁18a-19b、24a-25b；卷9，頁23b-26a；卷21，頁1a-3b。

81 《清史稿》中施閏章的傳記道：「新淦民兄弟忿戾不睦，一日聞講禮讓孝弟之言，遂相持哭諧階下服罪。」頗似羅汝芳之宦蹟。湯斌更明言：「昔羅盱江嘗為寧國守，以和易得民，公大父實服膺其教，公之為政亦略相彷彿，而時事之難易有大不同者。」參見施閏章，《施愚山集》，冊4，頁223；湯斌，〈翰林院侍讀前朝議大夫愚山施公墓誌銘〉，收入施閏章，《施愚山集》，冊4，頁234。

82 見張貞生記景賢書院告成之文，收入《吉安府志》，卷18，頁42b。

被公開書寫在地方志上的講學歷史。然而，任何讀過施閏章傳記、看過他文集的人應該都可以感受到，施閏章不像理學家，他更具詩人文人本色，下一節我們要介紹他生命中的另一種認同。

五、文人本色

　　無論就著作的多寡與成就、學術界給予的評價，或就其生平交友與活動而言，施閏章都是十足的文人，其最大的成就也在詩。他有《學餘詩集》五十卷，又《別集》、《餘集》十卷傳世，詩作數目高達三千二百餘首，相當可觀。[83] 而從清初的文壇到當代的文學史，施閏章也都能獲得肯定，並占有一席之地。陳允衡（1672卒）曾稱讚他：「宛陵施愚先生，今之梅聖俞」；魏禧（1624-1680）、錢謙益（1582-1664）、毛奇齡（1623-1716）、汪琬（1624-1690）等對其詩文亦讚譽有加。簡言之，無論是身居「燕台七子」或「國朝六家」之一[84]，或有「南施北宋」的雅號，或與同鄉高詠（1614-1680）等人的唱和獲「宣城體」之稱，都反映了施閏章在清初詩壇的盛名與實力。

83　嚴迪昌，《清詩史》（台北：五南圖書出版公司，1998），頁517。

84　關於「燕台七子」，見下文。「國朝六家」是朱庭珍在《筱園詩話》中提及：「順治中，海內詩家，稱南施北宋。康熙中，稱南朱北王。謂南人則宣城施愚山、秀水朱竹垞，北人則新城王亭、萊陽宋荔裳也。繼又南取海鹽查初白，北取益都趙秋谷益之，號六大家，後人因有六家詩選之刻。」見朱庭珍，《筱園詩話》，卷2，頁11a，收入上海書店出版社編，《叢書集成續編》（上海：上海書店出版社，1994），冊158。

施閏章的詩文以雅正清醇著稱，魏禧指其能夠「剷除一切浮腐之言，而左規右矩，與古人不失尺寸」是他的詩文勝人之處，[85]現代學者嚴迪昌也認為施閏章詩雖溫潤如玉，「但那是一柄玉尺，其特點是量度守正，不『過』亦不『不及』。」[86]這種端正的詩風或與其嚴謹的家風及對禮法的認同有關，也多少體現他為人言行的風格，尤侗（1618-1704）言：「宛陵施愚山先生，予交之三十餘年，見其天性純篤，言坊行矩，嘆為今之古人。」是其為人的典型寫照。[87]而其雅醇貴實的文風則與其人特重古學有關，湯斌（1627-1675）在其墓誌銘中說道：「公教士以通經學古為先，論文崇雅黜浮，風氣為之一變。」[88]可見施閏章博覽經史古文、雅好詩歌，其學問更接近清初普遍的江南學風，與多數理學家偏重性理之學有相當差距。

讓我們離開這種蓋棺論定式的評論，來看看施閏章在日常生活中展現對詩作活動的喜愛，我們更可以捕捉他和前代理學講學者的差異。施閏章能夠在文壇上嶄露頭角主要是靠詩文，他「弱冠即以制舉藝名噪里」，又因為參與復社活動，與沈壽民（1607-1675）遊，受到周鑣賞識而聲名益噪。[89]登上仕途後，順治十二年（1655）在京師，與丁澎（1622-1686?）、嚴沆（1617-1678）、宋琬（1614-1673）、張文光、趙賓（1646

85　魏禧，〈學餘全集序〉，收入施閏章，《施愚山集》，冊4，頁245。
86　嚴迪昌，《清詩史》，頁516。
87　施閏章，《施愚山集》，冊4，頁280。
88　湯斌，〈翰林院侍讀前朝議大夫愚山施公墓誌銘〉，收入施閏章，《施愚山集》，冊4，頁233。
89　施念曾編，《愚山先生年譜》，卷1，頁4b-5a。

進士）、周茂源（1618-1677）結詩社，號稱「燕台七子」。[90]
又根據其自述，他守湖西道時，名其官署為芙蓉屋，造作亭
樓，閒暇時自己徜徉其間，「客至則觴焉，主客醉歌，留詩屏
壁」，即使許多詩作已毀於雨蝕風披，所存留者仍能輯為《蕭
江倡和集》。[91]其他描述這種與朋友歡聚賦詩的場面者尚有許
多，例如：「今年予在都下，故人曹君顧庵、宋君荔裳、王君
西樵、阮亭、沈君繹堂，相與連日夜為文酒歡」；[92]「歲之初
夏，晉陵莊澹庵先生來宛陵，輒同汎青溪，登響山，舉酒賦
詩，驩竟日。」[93]

　　而從長孫施琮（1671-?）所述：「先生詩文最矜愛，隨時省
改，稿本雜染，迄無定集。詩舊編年，湖西歸田後，始拆分體，
已刻近體詩三十餘卷，一日忽盡竄其詩，焚其板。晚官史局，儘
手定古今詩至甲寅而止，與漁洋王公諸名賢商榷者，文增省尤
密，固無成編。」[94]則可見施閏章平日熱愛詩的創作，對於出版

---

90 朱克敬著，岳衡、漢源、茂鐵點校，《儒林瑣記》（長沙：岳麓書社，
　　1983），卷1，頁14-15；谷雲義等編，《中國古典文學辭典》（長春：吉林
　　教育出版社，1990），頁1117；何慶善、楊應芹，《施愚山年譜簡編》，
　　收入施閏章，《施愚山集》，冊4，頁298。

91 施閏章，〈蕭江倡和集序〉，《學餘堂文集》，卷3，頁24b-25b。毛奇齡的
　　描寫則是：「每日昃一視事，但對閣皂山支頤賦詩，築愚樓于官廨之旁，
　　環以橘柚，暇則與過客登臨其中，出入屏干撖。」毛奇齡，〈誥授奉政大
　　夫翰林院侍讀加一級施君墓表〉，收入施閏章，《施愚山集》，冊4，頁
　　229-232。

92 施閏章，〈程周量詩序〉，《學餘堂文集》，卷4，頁11a。

93 施閏章，〈莊簡討宛遊草序〉，《學餘堂文集》，卷7，頁9a。

94 施琮，〈學餘集詩文稿本跋〉，收入施閏章，《施愚山集》，冊4，頁
　　258。

自己的作品更是謹慎。事實上，施閏章在當時詩壇確實擁有一定的地位和影響力，毛奇齡曾說：「予過湖西，與愚山論次當代能詩可嗣後者，合得一十二人，愚山居一焉。」[95]當時著名詩人如錢謙益（1582-1664）、吳偉業（1609-1671）、方文（1612-1669）、宋琬、王士禎、汪琬、魏禧等人都與他來往唱酬。而施閏章自述其交友廣泛的情形：「余少喜文詞為古詩歌，聞天下之善是者，求之惟恐後，自官京師，以遊四方，所交殆遍，非徒其詞之癖也，蓋將與賢豪者游」；[96]「海以內恢奇博雅能文之士，大率多吾友也，不則亦嘗聞姓字，寓書往來者也。」[97]也清楚顯示其活躍於當時文壇、悠遊於文學創作的情形。

　　喜愛文藝創作其實未必不能是個道地的理學家，雖然傳統上理學家對文藝確實有貶抑的傾向。只是，我們從施閏章的文字和生平發現他對理學義理探究和工夫修養的興趣確實相當有限。儘管他對前代理學家很景仰，對於自己理學的家庭背景很自豪，也願意效法先賢，然而他所採取的承繼與效法方式，卻不是理學家式的性命追求，而是史家式的歷史書寫與傳統儒學官員致力教化的政策。我們所熟悉的理學家們，大概有幾個共同的生命經驗，包括在生命的某個時刻經歷過一種近乎宗教「皈依」的自我抉擇，通常以「立志學聖」來表達，這種經歷可能是因為閱讀前人著作如《伊洛淵源錄》或《傳習錄》等，或因聽取學者的一席話而促成，此經驗也象徵著從此「學道」

95　毛奇齡，〈施愚山詩集序〉，收入施閏章，《施愚山集》，冊4，頁247。
96　施閏章，〈程周量詩序〉，《學餘堂文集》，卷4，頁11a。
97　施閏章，〈王山長集序〉，《學餘堂文集》，卷4，頁20b-21a。

成為一種有別於世俗、須全力追求的人生志業；又包括生命中
許多與朋友談論或自我思索關於性理學意涵的經驗，亦即與朋
友相聚講學或參與地方講會活動，並有涉及義理探究的文字書
寫；也包括致力於長期而嚴謹的工夫實踐。而無論是個人道德
修養或群體講學的活動，自覺的「自我性命追求」以及特定的
語言和工夫，都是重要的內涵。

　　上述這種理學式的活動，施閏章顯然並不熱衷，從他認
同理學的表述中，我們看不到立志學聖賢、以自我性命追求契
悟道體的宏願，看不到以靜坐等工夫向內心探索自我的活動，
看不到關於性命之學義理的討論，更看不到任何悟道的經驗表
述。施閏章與朋友間的交接與往來，顯然是透過詩作活動來完
成，而不是理學的講論或修身工夫之切磋。他對理學的認同似
乎總是透過祖父施鴻猷所體現的施家家學傳統為媒介，或者可
以說是在另一種道德理想意涵下的認同，他不像其他理學家們
以追求自我性命契悟道體為目標，卻更像在「不負先人期望」
的心態下，以施家孝子的身分致力於承先啟後的儒學社會工
作。因此，施閏章是一位奇特的講學領袖，他因仕宦與家學的
機緣而「獻身」提倡理學講學活動。他像是一位沒有皈依經驗
的宗教領袖，扮演著提倡聖人之學的領袖角色，卻不是一位捨
身向道的實踐者。[98]

98　當然，我這樣刻畫施閏章有可能是偏頗片面的，畢竟施閏章尚有許多文字
　　沒能存留下來。據安徽大學從事研究整理《施愚山集》的學者指出，施閏
　　章許多專門性著作，包括《矩齋論學》、《大易文》、《蕉陽日札》等
　　十九種著作以及多種選評均已亡佚，或許「理學家施閏章」正是隨著那
　　些亡佚的文稿而消逝，不復捕捉。（見施閏章，《施愚山集》，冊4，頁

六、家學與自我之間

　　上文所描繪的施閏章，很容易給人一種矛盾的感覺，這種矛盾感可以歸納成二點：施閏章徘徊於家學與自我之間的認同問題呼應著傳統「道」與「文」之間的複雜關係，若置諸理學家重道輕文的脈絡下，[99] 確實可能造成某種對立感；而他既認同、提倡理學，又不能熱衷理學性命追求的舉動，則予人一種內外不符的矛盾感。如果我們試著與另外兩位同樣身處於明清世變之際，同樣是理學家後裔，又同樣喜好文藝創作的著名文人相比，更可以對照出施閏章給人的這種衝突矛盾的印象。施閏章明顯不像方以智（1611-1671）那般豐富地展現學術認同的多樣性與深度，從方以智的生命與作品中，我們清楚看見他的理學造詣和文學素養，也清楚感受到他對性命之學（是理學的也是佛學的）的追求與熱望，同時對傳統學術的豐厚涵養，這種多方位、多層次的認同、以及動盪時局下生命深刻的經歷與體會所交織成的生命內涵，給予人一種難能企及、難以了解的深度，同時方以智的作品中也更深刻地展現個人面

324）不過，如果理學真的是施閏章一生「學問之大原」，如果理學內涵的著作真是他自認最重要的作品，應該不會如此容易被掩蓋遺忘吧！他同時代的學友們對他的評論也應該不至於僅講詩文的一面才是。

99 理學家也並非完全壓抑文學創作或拒絕從事文藝活動，但他們確實具有重道輕文的觀念，關於兩者的關係，參見Peter Bol, *This Cultures of Ours: Intellectual Transitions in T'ang and Sung China*（Stanford: Stanford University Press, 1992）；馬積高，《宋明理學與文學》（長沙：湖南師範大學出版社，1989）；許總，《宋明理學與中國文學》（南昌：百花洲文藝出版社，1999）。

對不同人生價值及身處動盪時局的矛盾與無奈。[100]施閏章也不像張岱（1597-1689）那般，可以更輕易地與自己家學中理學的部分保持距離，而在自我認同中更明顯地以文人、史家的角色自詡。[101]相較之下，施閏章似乎是既不能割捨離棄理學（家學），又不能真正投入其中；他既真心喜愛文學創作（自我），又不能賦予「文」像道一般崇高的價值。乍看之下，他確實給人一種在認同上游移於家學與自我之間的矛盾印象。

　　然而，當我閱讀施閏章的文字時，卻又不能太多感受到他內心的矛盾或焦慮。因此我不得不問：這種認同上的矛盾是否真的強烈地存在？如果真的存在，它到底以何種面貌呈現在施閏章生命中？抑或這種矛盾感只是我作為一個讀者在理解分析過程中所提出的假設？施閏章可不可能以某種和諧而合理的方式統合上述兩種看似矛盾的現象？這與他所理解的「道」和理學的內涵有何關係？

　　首先，關於施閏章既認同理學卻最鍾愛文學創作的問題，這問題在宋明理學普遍重道輕文的傳統下確實反映了某種程度的對立和緊張性，尤其施閏章的理學背景應該讓他對此張力相

---

100 關於方以智的生平與學術，參考Willard J. Peterson, *Bitter Gourd: Fang I-Chih and the Impetus for Intellectual Change*（New Haven & London: Yale University Press, 1979）；余英時，《方以智晚節考》（台北：允晨文化，1986）；蔣國保，《方以智哲學思想研究》（合肥：安徽教育出版社，1986）；羅熾，《方以智評傳》（南京：南京大學出版社，1998）。

101 張岱對於修史與戲曲等文藝活動的投入也與其家學有關，關於張岱的研究，參見黃桂蘭，《張岱生平及其文學》（台北：文史哲出版社，1977）；夏咸淳，《明末奇才：張岱論》（上海：上海社會科學出版社，1989）。

當瞭然，只是屬於「文」與「道」之間的對立其實並非必然，
而清初的文壇、學界也有足夠的動能可以扭轉宋明理學家輕文
的看法。包弼德（Peter Bol）的研究詳細論述了在唐宋古文運
動中「文以貫道」、「文以明道」、「文以載道」等對於文與
道之間複雜關係的討論，這些討論讓我們看見在重道輕文的道
學觀念獲得壓倒性優勢前，學者們普遍結合文與道的看法。[102]
而《詩》三百篇的經典地位更是論證道文或道藝合一的有效根
據。當明末清初理學退潮，經史文學蓬勃發展之際，加上形上
玄遠思想在清初學界趨於沒落，形下道器之理逐漸取代形上義
理成為論述重點時，[103] 談論器物文藝之道的風氣也必然更加正
當而普遍，此時出現顛覆宋明理學家們分離道／文且重道輕文
的觀念，而重提道文合一的論點，絕對是可能的。這種論點在
當時也確實明顯被表達，方以智、馮從吾等人都曾發表過主張
道文（藝）合一的言論，[104] 施閏章也表達了類似的觀點，他在
〈吳舫翁集序〉中說：

> 文之傳後者以道存也。近世文與道二，蓋自有宋諸儒來
> 矣，以其湛深性學，不沾沾小言，故別創為語錄，後之工

---

102 Peter Bol, *This Culture of Ours: Intellectual Transitions in T'ang and Sung China*.

103 王汎森，〈清初思想中形上玄遠之學的沒落〉，《中央研究院歷史語言研究所集刊》，69本3分（1998年9月），頁557-583；鄭宗義，《明清儒學轉型探析：從劉蕺山到戴東原》（香港：香港中文大學出版社，2000）。

104 羅熾，《方以智評傳》，頁271-280；亦參考廖肇亨，〈藥地愚者詩學源流與旨要論考〉，《臺大佛學中心學報》，期7（2002年7月），頁257-293。

文者若惟恐其浼也，相戒不敢涉一語，文之所以日靡也。
今使司馬揚班之儔與濂洛諸賢絜巒比跡，其輕重必有辨
矣。孔子曰辭達而已矣，又曰修辭立其誠，誠之不存，辭
於何有？吳子舫翁之有作也，其志亦將以明道，其為文浩
乎不可禦，纚纚焉曼衍而無窮。[105]

施閏章認為「文」與「道」析而為二是宋代道學興起後
才造成的偏頗現象，而理學家對「文」的不重視，致使學者不
敢用力於此，遂造成文章日靡日壞的局面。當然，施閏章並沒
有進一步給予「文」獨立的價值，「文」之價值仍在其所表達
的「道」，但是至少已試圖扭轉理學家們重道輕文的看法，以
「道文合一」的理想來提升「文」的地位。這篇序為吳舫翁而
作，吳是一位有多重學術淵源和認同的文人，他是江西僧人，
拜方以智（藥師）為師，其曾祖是與鄒守益等理學家講學的學
友，因此同樣有理學的家庭背景，施閏章在江西講學時，他也
熱心參與，他也非常熱愛文學創作。施閏章對於這位在家庭背
景和學術傾向上都與他相近的學者有一定的認同之情，他選擇
以「道文合一」的理想為其文集作序，也表達了他對自我與文
學創作的期許。

施閏章雖然贊成「道文合一」，但他並不認為「道」的彰
顯可以靠著堆砌理學話頭或大量學術知識語言而達成，真正關
鍵的是創作者個人對道的體會，即創作者本身的生命內涵，他
說：「山谷言：『近世少年不肯深治經史，徒取助詩，故致遠

---

[105] 施閏章，〈吳舫翁集序〉，《學餘堂文集》，卷5，頁11a-b。

則泥。』此最為詩人針砭。」[106]換言之,「道文合一」的理想必須透過有道之人的文藝心靈與寫作技巧,以美學的詩藝而達成,因此詩文既是藝術也是生命的流露。這樣的文學觀也表達為:「詩如其人,不可不慎,浮華者浪子,叫囂者粗人,窘瘠者淺,癡肥者俗。風雲月露,鋪張滿紙,識者見之,直是一葉空紙耳。故曰:君子以言有物。」[107]

因此,處在清初文壇上的施閏章確實可能已相當程度地擺脫宋明理學家們重道輕文的觀念,不致因為認同理學又喜愛文學而陷入矛盾情結。不過,在施閏章心裡,文與道在價值的位序上仍有上下之別,畢竟文的價值在於道,學道才是為文的真正根基所在,這種價值位序的差異偶爾也會讓施閏章作出重道輕文的價值判斷。他曾自言:「閏章薄祐,早失祖父,雖時時廁身講會,然用博士業通籍竊祿,曠遠師資,性耽文詠,以談藝弋名,遂使四方謬許為詩人文士。昔程子以科第文章為不幸,予殆先世之不才子也。」[108]縱使可能只是謙虛的修辭,這段話仍然帶有詩人文士之成就不能媲美理學家的意涵。下面這段話:「余奔走仕宦,善病早衰,追尋先人理學之緒,嘗家居累月不為詩。」[109]則進一步透露出閏章心目中作詩與理學追求間的距離,顯示他仍不能完全擺脫重道輕文的看法,曾刻意壓抑自己詩歌創作的欲望,試圖更真切地擁抱理學。

再者,關於施閏章對於理學認同是否純正的問題,一個既

---

106 施閏章,《施愚山集》,冊4,頁2。
107 施閏章,《施愚山集》,冊4,頁2。
108 施閏章,〈家風述略跋〉,《施愚山集》,冊4,頁118。
109 施閏章,〈遺山堂詩序〉,《學餘堂文集》,卷7,頁10a。

提倡理學講會又不熱衷性命之學的人，是否稱得上真正認同理學？乍看之下，這一點確實讓人覺得矛盾而怪異，但如果我們把問題往前推一步，詢問施閏章心目中的「道」為何，這種矛盾似乎可以化解。

　　施閏章在學術知識上對宋明理學有相當的掌握，對理學歷史也很熟稔，但他對於以個人性體契悟天道的理想以及心性工夫的實踐似乎並不熱衷，對於性理之學的思索與闡述性文字也很少。然而，這並不意味著他不相信天道或不肯定道德，相反的，他很相信天道的存在，只是他以另一種方式來理解天道的運作以及其與人世的關係，即在陰騭信仰的框架中詮釋人的道德行為和意義。

　　施閏章接受陰騭思想，除了受當時普遍社會風俗的影響，[110]也受到家學的影響，又與他自幼多病的親身經歷有關。[111]因為父親的囑咐，施閏章從小信奉《太上感應篇》，此書明白宣揚「天地間有司過之神」、「善惡之報，如影隨形」的觀念，列舉各種善行福報、惡行禍隨的例子，目的在勸人行善以轉禍為福。[112]這些觀念對施閏章有深刻影響，我們從其文集中可以看到許多仙道夢感的神秘事蹟，例如〈大洋洲英佑侯蕭公廟碑〉記蕭天任生前通神術、死後成為顯靈的水神；〈孝

---

110 明末清初是善書和陰騭思想最流行的時期，而最流行的區域則是江南地區，見游子安，《勸化金箴：清代善書研究》（天津：天津人民出版社，1999）；陳霞，《道教勸善書研究》（成都：巴蜀書社，1999）。

111 施閏章，〈重刻感應篇輯解序〉，《學餘堂文集》，卷3，頁4b-6a。

112 李昌齡著，黃元正圖注，《太上感應篇》（北京：北京燕山出版社，1996）。

通廟碑記〉記一孝龍的故事；〈石蓮洞記〉中寫到自己造訪羅洪先的石蓮洞，在山巔長嘯賦詩，彷彿與羅洪先之神靈相遇，也寫到寺僧告訴他羅洪先臨終前有仙人預示的故事；[113]又《矩齋雜記》中的〈牛戒〉、〈戒溺女〉、〈義鳩〉、〈鱔報〉、〈冥報〉、〈再世〉、〈犬報〉、〈貓報〉、〈神兆捕賊〉等文也都明顯表達了陰譴、陰德的思想。[114]另外，與陰騭思想相關，明清士人普遍的惜字思想，[115]也為施閏章所接受，〈勸同志勿用壽字緞說〉一文即明白勸導「勿狎褻文字」。[116]

在〈重刻感應篇輯解序〉中，施閏章更以見證人的口吻，述說自己因編《感應篇輯解》而全家受到陰庇的靈驗故事：某年夏日在官署中，全家人正坐在大柏樹下，忽然大風雷自北方折截柏樹，柏樹竟然沒有往南而往西倒，西方因為是土垣空處，故無人傷亡，而且前一天晚上，閏章妻子還夢見「神吏數十人，出入臥內，倚柏牆立，若有所伺察者。」這事件更讓他確信「高明之家，鬼瞰其室」，自己和家人的幸運必當是冥冥中的神佑，也是禍福自有果報的印證。[117]

從陰騭思想的角度，我們也更了解施閏章的為人和宦蹟背後的動力，根據《清史列傳》中的記載，他是一介清廉剛正

113 施閏章，〈大洋洲英佑侯蕭公廟碑〉、〈孝通廟碑記〉、〈石蓮洞記〉，《學餘堂文集》，卷18，頁10b-13a、13b-15a；卷14，頁19b-21a。
114 施閏章，《矩齋雜記》，收入《施愚山集》，冊4，頁61-68。
115 關於明清士人的惜字行為與善書關係，見梁其姿，《施善與教化》（新北：聯經出版事業公司，1997），頁135-155。
116 施閏章，〈勸同志勿用壽字緞說〉，《學餘堂文集》，卷25，頁19b-20a。
117 施閏章，〈重刻感應篇輯解序〉，《學餘堂文集》，卷3，頁5b。

的好官，他仕於刑部時，「引經斷獄，期於平允」，因此而全活者甚多；守湖西道時，屬郡殘破多盜，他遍歷山谷撫循之，「人呼為施佛子」。他深刻同情人民生活脊苦，作〈彈子嶺〉、〈大阮歎〉、〈竹源歎〉等篇告諸長吏；當地風俗多溺女，他作戒溺女的歌謠以誘除劣俗，且「捐資收養，全活無算」。[118]對於朋友的需要，他更是不遺餘力地付出，好友邢孟貞、顧夢游去世後，他為之經理喪事，出版遺文，並照顧其後裔；楊商賢卒於江南，他也為之誌其墓，主持孤女婚事，故高詠言其「為德于人蓋不可勝數也」。[119]另外，施政期間無論是面對築城屢潰、虎患、乾旱的困境，他都曾以向神明祈禱的方式來解決問題。這種種助人、救人的善行，都是善書中所提倡的善行，而其偏重訴諸祈禱神明以解決問題的方式，亦與他所信奉的陰騭信仰有密切關係。

在〈重刻感應篇輯解序〉中，施閏章又記載了他在京師時所做的夢：

> 及官京師，小有戲豫，輒夢神若冕服者屬聲督過，余叩首謝罪，神揖之起曰：若家世理學，能改過，未晚也。旁睨其案頭，有牙籤錦帙者，彷彿見太上二字，知感應篇，益屬志奉行，遂版其書。[120]

---

118 中華書局編，《清史列傳》（台北：中華書局，1964），卷70，頁24b-25a。
119 高詠，〈施愚山先生行狀〉，收入施閏章，《施愚山集》，冊4，頁228。
120 施閏章，〈重刻感應篇輯解序〉，《學餘堂文集》，卷3，頁5a-b。

　　施閏章沒有用任何心理分析的角度來剖析自己的心理，而
是相信自己在夢中真實地與神靈相遇，神靈透過夢帶給他的是
一種超越世俗、帶有啟示智惠的信息。[121] 因為自己從小奉行
《太上感應編》，但到了京師，稍有懈怠，神靈便適時在夢中
向他顯現，督責他，也讓他在彷彿之中「看見」神案上擺著一
本《太上感應編》，故醒後他更加相信善惡報應的真實，亦更
加厲志奉行，並出版善書。

　　從心理分析的角度看，夢透露著做夢者潛意識中的某些
訊息，這個夢讓我們窺視施閏章心靈深處理學家學的樣貌與作
用。它顯示施閏章生命中一股強固的道德約束力，一種須臾放
縱自我便陷入深度焦慮的心理，他曾說：「我輩既知學道，自
無大戾名教，但終日不見己過，便絕聖賢之路，終日喜言人
過，便傷天地之和。」[122] 這種心理與施家嚴厲的家教，與善
書中普遍宣揚省過和改過的觀念，也與晚明理學普遍對於自我
犯過十分警醒、焦慮，且時時強調在內在意念上省過均有關
係。[123] 在施閏章的夢境裡，他的焦慮並非像某些理學家是來
自自我良心的控告，而是具象地訴諸一位司過之神的督責。而
從「若家世理學，能改過，未晚也」的文字，我們也意會到在

---

121 關於早期文明對夢的非心理學分析與二十世紀心理分析的簡單介紹，見佛
　　洛姆（Erich Fromm）著，葉頌壽譯，《夢的精神分析》（台北：志文出版
　　社，1971），第五章。

122 《清史列傳》，卷70，頁24b-25a。

123 Pei-yi Wu, "Self-Examination and Confession of Sins in Traditional China,"
　　 Harvard Journal of Asiatic Studies, 39:1（1979）, pp. 5-38；王汎森，〈明末
　　清初的人譜與省過會〉，《中央研究院歷史語言研究所集刊》，本63分3
　　（1993年9月），頁679-712。

施閏章心中,理學的家世同時也是幫助他得以改過、免罪的陰
庇。因此我們可以說,施閏章所認同的理學和所構想的天道,
以及他所致力的地方講學教化的工作,都是在陰騭思想框架內
的行善之學。

從陰騭思想的信仰框架下,我們再次審視施閏章生命中
的多重角色,無論是作為一個顯親的孝子、同情教化百姓的官
員、公正謹慎的司法官、熱心救助朋友的好人、端正守禮清廉
的君子、或是提倡地方講學的領袖,都在在彰顯見證他內心對
善行價值的肯認,也是一種學道的具體表現。此種學道的善舉
不僅為了在天地間善惡禍福的果報法則中轉禍求福,也是他所
理解為人所應然的行為表現,又是創作好的文學作品的關鍵所
在。從這個角度出發,我們不難發現學道與作文二種活動,其
實是緊密地交織在施閏章的價值觀中,也難怪施閏章的文字表
現了低度的矛盾情緒。

七、結語

本文嘗試書寫一位活躍在清初文壇的著名詩人施閏章,
希望藉著書寫其生命某些重要經驗也可以進而探索關於記憶與
認同的議題。從本文的討論,我們看見施閏章個人對家庭、祖
先、家學之記憶與認同的建構,不僅透過口傳敘說的方式傳
遞,如他在〈施氏家風述略〉中對祖先們各種生活事蹟的書寫
都得自傳聞;同時也倚靠他對傳統儒學和理學的認識,即憑藉
某種普遍化的知識和人物類型進行想像塑造,例如他筆下的施
鴻猷,相當程度是靠著對傳統儒者與晚明泰州學者講學經世的

理想與典範來描寫。通過歷史上范仲淹義田的義舉、儒學經世的理想作為、羅汝芳等講學領袖的形象等文化意涵，他型塑了自己理想中的祖父形象。我們可以說，傳統的儒學意涵和理學家形象等社會文化集體記憶的某些部分在施閏章對先祖的想像與記憶型塑過程中發揮了重要的作用。

另一方面，我們也看見施閏章如何透過文字的書寫，重構晚明宣城一地講學的學脈及施鴻猷的學術地位；並運用其文字的說服力及其個人的政治社交影響力，重建地方講會與祠祀，促使施鴻猷得以奉祀鄉賢。在這樣的例子中，施閏章個人的記憶與感受、私人的文字書寫，都相當有力地介入宣城公共書寫與建制之中，成為地方集體記憶的一部分。不僅宣城地方志對晚明理學家活動的情形、對施鴻猷學圈的記錄幾乎完全取材於施閏章的文字，依仁齋的重建、齋內祠祀的重修、鄉賢祠內的奉祀等重要地方地理與文化景觀，也因為施閏章而有了重大變革。簡言之，施閏章個人對家族的記憶與重構，相當程度地影響了宣城地方的公共歷史書寫與記憶。

因此，這個例子的確在某個程度上顯示一種個人記憶與集體記憶互相滲透影響的作用。不過，藉著分析施閏章對過去事件和人物的型塑過程，我並非要單單凸顯線型時間觀念中後者對前者（或現在對過去）的操弄能力，其實「時間」面向總是以更複雜重疊的關係存在；「過去」與「現在」總以某種複合的方式連結，展現在人的記憶與認同中。同樣地，個人記憶與集體記憶的交織影響亦然。以施閏章的例子言，固然施家的家族歷史、家學風範、甚至某些宣城的公共集體記憶，在某種程度上都倚賴他個人的建構而成形，但施閏章並不是一個憑空

捏造歷史的虛構者，許多屬於過去的記憶其實深刻地刻劃在他的身體與生命經驗中，「過去」並沒有真正地消逝：母親的期望、父親的教誨與遺憾、祖父未能實現的理學志向、施家祖先們長久以來的失敗都以某種方式烙印在施閏章的生命中，成為他人生理想與目標的一部分，而過去的人物與風華也隨著他人生的歷練與成就、藉著他的敘述與作為，而獲得嶄新的意義。

　　再者，我們從分析施閏章在家學與自我間的認同問題，可以看到施閏章如何以當時普遍流行的陰騭思想來涵攝「學道」與「為文」二事，來理解理學家成聖的理想與投入地方教化的講學事業。雖然他仿效過去理學家在白鷺青原間再舉講會的作為，但他的行為既不像鄒守益、羅洪先等發自對性命義理的追求熱望，亦非純粹虛偽的政治作秀，而是在他信仰的陰騭思想中，理學的講學活動成為一種可以與端謹守禮、孝敬長輩、發揚家學、公正判案、救貧活民、幫助朋友、改變風俗等行為並列的善行。這不僅讓我們看見，一個人可能以其獨特的方式資取文化資源而形成其獨特的認同，即使運用相同的語言或仿效相似的行為，其語境與文化意涵亦會有所變易。此個案也顯示在陽明講學風潮漸衰的清初，理學所標榜的道德人倫、人物風範，仍可以附和著各種思想形態而存留，並轉化內涵。

III

理學與婦女

〈婦女與明代理學的性命追求〉是我參加中研院近代史研究所舉辦的「近代中國的婦女、國家與社會（1600-1950）」國際學術研討會（2001）所發表的論文，這個研討會由游鑑明教授主辦，非常盛大成功，會後又編輯三本論文集出版（2003），在中國婦女史研究中有相當的影響力。我很高興有機會參與這個盛會，寫了生平第一篇和婦女史有關的論文。

婦女史和性別史研究在我求學時期已非常盛行，我所修的各種課程幾乎都會特別安排關於婦女或性別的討論，1990年代也出版了許多關於中國婦女史的重要著作。不過，我自己的博士論文完全沒有婦女的蹤影，當時常有人問我「陽明講會中有婦女參加嗎？」我總是斬釘截鐵地回答「沒有」。這些問題開始讓我思想女性與理學的關係。我在寫作此文時主要想問的問題是：理學和婦女的關係如何？女性有可能成為理學家嗎？我利用明代理學家文集中的婦女傳記，理學家與女性家屬互動的史料，思考理學家對婦女教育與人生意義的看法。雖然我找到少數婦女涉足理學領域的記載，但整體而言零星而稀少，比起其他宗教能提供婦女在心靈層次上的追求，理學明顯更屬於男性的學問。本文若能配合《陽明學士人社群》（2003）一起閱讀將會更有感受，本文出現大量理學家的名字，他們的講學活動與思想，書中有更詳細的討論。

〈女子與小人可談道：楊甲仁性命之學的日用場景〉的主角是楊甲仁，楊甲仁對於婦女投入儒家性命之學的追求比大多數的明儒都更肯定與支持，他的側室周氏算得上是一位女性理學家。儘管知識程度不高，她和男性學者間有師徒情誼，也可以大方表述她修道悟道的經驗，她的經驗還被記錄成文字存留

至今。楊甲仁的門人中也不乏商人走卒，他和僕役間的互動對話也常圍繞著理學修身工夫，他的文集留給我們更多生動的庶民講學的情景。

這篇論文原刊於《新史學》（卷21期2，2010），我把它放在「理學與婦女」的主題下，因為它描述了一位女性理學家，部分回應了上一篇文章所問的問題，但其實婦女史僅是其中的一個面向，泰州庶民講學遺風在清初的發展也是非常值得留意的面向，楊甲仁的思想有濃厚泰州學派的影響。

楊甲仁的著作《愧菴遺集》典藏於中研院傅斯年圖書館，當時尚未重刊出版，書中記載不少與楊甲仁問學的人物事蹟，這些人物多半是小儒、商人，甚至僕役。我本想利用這些史料進一步追索來重建明清之際四川地區的講會歷史，但可惜未能找到更豐富的史料，只好作罷，最後寫成這篇以楊甲仁個人講學及其支持婦女講學求道的論文。

第五章

婦女與明代理學的性命追求

一、前言

儒學是不是宗教是個複雜的問題，[1]不過明代理學的確在許

1　從十七世紀早期中國和西方密切相遇後，西方漢學家不斷用啟蒙的觀念重
　　塑中國傳統，尤其在宗教領域，以猶太－基督教的許多基本假設來界定宗
　　教，把中國儒教說成是一世俗、不具宗教性的文化，這樣的看法在中國知
　　識分子間得到相當的迴響。五四以來，知識分子大都堅稱儒教不是宗教，
　　即便它有明顯宗教性。然而到底什麼是宗教？「宗教」這個詞既是十九
　　世紀晚期才傳入中國的外來語彙，宗教的定義又不能離開文化而獨立界
　　定，因此這個問題並不是可簡單回答的，學者們也都一再強調儒學有別於
　　猶太－基督教的宗教意涵。即使如此，晚近確實有許多學者側重儒學宗
　　教性的探索，如杜維明、Rodney Taylor分別著書說明儒學的宗教性，只是
　　Taylor採取以基督教觀念來討論中國儒學的作法，有待商榷，其立論亦略
　　嫌簡單；Roger Ames也在強調中國有別於西方的超越觀念下，說明具中國
　　思維特質的宗教性。而黃進興則從中國儒釋道三教互比的角度，探討兩漢
　　以降儒教，說明其從作為官方宗教擴展到民間宗教的過程。黃進興，〈作
　　為宗教的儒教：一個比較宗教的初步探討〉，《亞洲研究》，期23（1997
　　年7月），頁184-223；Wei-ming Tu, *Confucian Thought: Selfhood as Creative
　　Transformation*（New York: State University of New York Press, 1985）;
　　Rodney Taylor, *The Religious Dimensions of Confucianism*（New York: State

多方面展現高度的宗教性格，除了政治意味濃厚的廟祀制度和
傳統的祖先崇拜外，從學者個人的修養工夫和經驗上看，理學
家們長期致力於靜坐涵養的操持，許多人的確擁有宗教性的神
秘契悟經驗；[2]極力注重向內在心體最初的意念上省克的工夫，
使得晚明理學在對「過」的敏感度上可與清教徒傳統相提並
論。[3]從日常生活的活動上看，除了個人每日的修身省過和撰寫
日錄，甚至早晚的誦儀外，[4]理學家們所興起的講學活動，除了
社交性質外，也帶有若干近似宗教團體的性質，成員們彼此勉
勵、省過、教導、講論、分享、印證，以堅立彼此獻身聖學的

University of New York Press, 1990）; Roger Ames and David Hall, *Thinking from the Han: Self, Truth, and Transcendence in Chinese and Western Culture* （New York: State University of New York Press, 1988）。相關問題亦參見，山下龍二，〈陽明学の宗教性〉，《陽明學》，號7（1995年3月），頁2-22；黃俊傑，〈試論儒學的宗教內涵〉，《臺大歷史學報》，期23（1999年6月），頁395-408。

2　陳來，〈心學傳統中的神秘主義問題〉，收入氏著，《有無之境：王陽明哲學的精神》（台北：佛光文化事業公司，2000），頁581-624。楊儒賓，〈理學家與悟──從冥契主義的觀點探討〉，收入劉述先主編，《中國思潮與外來文化：第三屆國際漢學會議論文集（思想組）》（台北：中央研究院中國文哲研究所，2002），頁167-222。

3　Pei-yi Wu, "Self-Examination and Confession of Sins in Traditional China," *Harvard Journal of Asiatic Studies*, 39:1, pp. 5-38。王汎森，〈明末清初的人譜與省過會〉，《中央研究院歷史語言所集刊》，本63分3（1993年7月），頁679-712。

4　王汎森，〈日譜與明末清初思想家──以顏李學派為主的討論〉，《中央研究院歷史語言研究所集刊》，69本2分（1998年6月），頁245-293；王汎森，〈明末清初儒學的宗教化：以許三禮的告天之學為例〉，《新史學》，卷9期2（1998年6月），頁89-123。

志向，講會甚至扮演了講學傳道的功能。[5]就對生命永恆性的追求而言，雖然理學論述仍然沒有清楚構想一個死後的世界，不過卻已碰觸了個人生存不朽的課題。個人的生命得與宇宙萬物中主宰流行的道體融契合一，成為許多理學家最終極的追求，也是他們在面對生死時的真正關懷。[6]屬於上述這些宗教性的操持與關懷，是明代理學講論的重要內容，也某種程度削弱了理學的政治意涵，強化了超越的境界。

　　既然晚明理學家重視的「不朽」意涵已明顯脫離以立言、立功等外在成就而名垂青史的意義，轉而講究因著身體實踐使自身道德與天地道體密契的生命境界，他們不僅在道德性命的修養上益加講求精密，也更加確定人生存的一切價值最終當以

5　呂妙芬，〈陽明學講會〉，《新史學》，卷9期2（1998年6月），頁45-87。

6　例如明儒王時槐說：「古人有所謂不朽者，夫身外之物固必朽，文章勳業名譽皆必朽也，精氣體魄靈識亦必朽也，然則不朽者何事？非深於道者，孰能知之？」胡直：「夫性命之精，不以生存，不以死亡，故老子曰：死而不亡曰壽，其謂不亡，非後世名與教之云也，彼其身有不可亡者，雖後天地長存可也。」鄒元標：「世間科名不少，究竟與草木同朽。」可見只有深造於道，才能契於不朽，而如何契悟道體以達不朽，也成了許多明理學家最關心的課題。見王時槐，《塘南王先生友慶堂合稿》，卷6，頁4a，收入《四庫全書存目叢書》編纂委員會編，《四庫全書存目叢書》（台南：莊嚴文化事業公司，1997），集部，冊114。胡直，〈梁陶貞白先生集序〉，《衡廬精舍藏稿》，卷8，頁60b，收入紀昀等總纂，《景印文淵閣四庫全書》（台北：臺灣商務印書館，1985），冊1287。鄒元標，〈答陸鍾陽孝廉〉，《鄒子願學集》（東京高橋情報1990年複印，中央研究院傅斯年圖書館藏），卷3，頁4b。亦參見傅偉勳，《死亡的尊嚴，生命的尊嚴》（台北：正中書局，1993），頁162-164；呂妙芬，〈儒釋交融的聖人觀：從晚明儒家聖人與菩薩形象相似處及對生死議題的關注談起〉，《中央研究院近代史研究所集刊》，期32（1999年12月），頁165-207。

自身道德修養的實際為判準。相對的，政治功名、富貴聲望、壽命長短、人間禍福等，或許仍有透露天理的參考意義，但絕無法與自身良知靈明的精微、時時體道行道的道德實踐相比擬。[7]這樣的發展代表著理學到了晚明，在其自身發展與其他宗教密切融合的過程中，確實有更重視自我追求超越境界的趨向。既然這些理學家對生存的意義有如此深刻的體認，這體認是否促使他們對儒家傳統所規範的男女分工有進一步的反省而提出突破性的看法？女人的生命是否也同樣必須透過自我從事性命操持才能契於不朽？理學提供女人從事性命之學、學作聖賢的管道嗎？或者，「女聖女賢」在理學論述中有何意涵？而如果理學並沒有提供女人從事性命之學的管道，難道女性真的不曾有過從事此種修養的渴望或親身操持的可能嗎？理學真的始終沒有女人涉足的痕跡？本文主要想回答上述的問題，所考查的對象主要是明理學家庭中的婦女，因此都是上層社會的婦女，並不包括中下階層的婦女；所使用的材料主要是明代理學家為女人書寫的文字，以現存理學家文集看，這類文字主要是壽序和墓誌銘。

雖然因著材料為男性文本的關係，本文許多分析只能侷限於理學家對女性道德的理想規範，無法觸及女人的想法，然而這些材料仍提供了關於明代理學家庭中男女角色關係的訊息，其中更有一些文字揭露了女性對理學的好奇與追求，讓我們在

7　參見呂妙芬，〈儒釋交融的聖人觀：從晚明儒家聖人與菩薩形象相似處及對生死議題的關注談起〉；呂妙芬，《陽明學士人社群：歷史、思想與實踐》（台北：中央研究院近代史研究所，2003），第八章。

理應是男性專享的理學世界內發現些許的女性踪跡，也讓我們看到女人在其受限的環境中，實現其性命追求的可能作法。

　　本文主要分三部分：第一、分析理學家書寫女性的文字內容，說明儒學對女性道德的主要要求，尤其在婦德與母教方面，也試圖說明在科舉日難、講學興盛、宦遊平常的明代社會中，士家族中的女性所擔負的家庭重職，以及許多男性對女性的依賴，甚至愧疚。第二、從理學家的觀點說明「女聖」、「女賢」的意涵僅止於「母以子貴」模式下的意義，理學家並未能將自身修德的價值運用於對女德的界定，理學論述中完全不涉及女性可能透過身體修養以契悟道體而不朽的層次。第三、雖然因著男性的書寫，大部分的文獻都讓我們看見女人如何接受了男人所規範的道德，在家庭事務中實踐，然而仍有少數理學家陳述了他們生命中親密的女性如何渴望聞道、涉足理學的例子。同時我們也看見某些理學家對於女人應該預備自己以坦然面對死亡的課題相當關注，既然理學在這方面無能為力，一些人也欣然接受佛教的管道。這個現象也提供我們理解晚明三教融合的另一個視角。

二、理學家心目中的女德

　　理學家所構想的學習進程與目標，最重要的就是《大學》所規範的：格物、致知、誠意、正心、修身、齊家、治國、平天下。這八個步驟都是針對士人之學而言，當然主要以男性為對象。從其所涉及的範圍而言，雖然修身、治國、平天下之事與女人無直接關連，然而女人卻在家庭內政上扮演了極重要的

角色，甚至是男人得以實現《大學》理想的關鍵助力。本節主
要討論儒家對女性道德的看法，以及女人如何承擔家庭重責、
資助男人對聖學崇高的追求、並負責教養兒女的工作。根據的
文獻主要是理學家為女人所寫的壽序和墓誌銘，雖然這類應酬
文字的記實性值得懷疑，這些作品在對母親和妻子品德與行為
的描述，通常呈現一種典範式的書寫，但我們仍可以從這些對
女性的典範書寫，反觀書寫者對女性道德的觀點與期許。

在儒家的構想裡，女人被賦予掌管家庭內政的責任相當繁
重，聶豹（1487-1563）曾說：

> 予讀周南桃夭之詩，歎女貞係家邦之興替尚矣。謂宜
> 其家人者，言一家之人也，上自曾祖考妣，次祖考妣，次
> 翁姑夫子，又次則所生之子女，與子女之婦、姒娣臧獲之
> 類，皆是子之所宜者。8

上對長輩的孝養、對丈夫的輔助、下對子女媳婦的教導、旁及
嫡庶之間和姒娣之間的相處，以及對僕役婢女的管理，都是
女人的責任，可以說把維繫整個家族正常和諧運作的責任都
加諸婦女身上。王畿（1498-1583）對其親家母何夫人（1494-
1581）9在家庭內政上的成就，有如下的描寫：

8　聶豹，〈袁母胡孺人墓誌銘〉，《雙江聶先生文集》，卷6，頁66b，收入
　　《四庫全書存目叢書》，集部，冊72。
9　何夫人為何鰲（1497-1559）之妻，出身蕭邑沈氏名族。見王畿，〈誥封何
　　母沈夫人行狀〉，收入氏著，《龍谿王先生全集》，卷20，頁43a-47a，收
　　入《四庫全書存目叢書》，集部，冊98。

　　夫人淑慎敦默，勤于閫內之務，其裎身不為矯飾，雖女
子褻御日在側，未嘗見其袒衣與其見齒之笑。嚴于祭祀，
四時饋奠，滌器具脩，必致其潔。事太夫人虔而有禮，和
柔靜密，尤善處嫡庶之間，溥惠泯嫌，人未嘗少見其隙，
待諸子若女，慈愛懇至而不失于訓，治家積累絲粟，能澹
泊撙約于既貴之後，至于周貧恤孤，脫簪鬻珥以濟之，有
所不靳。其于族里，雖褖襫瑣縷，遇之未嘗有忽；其于婣
戚之黨，雖疏遠之姻，歲時栗棗羞脯之問，厚之未嘗不如
近姻，以是族人皆曰：夫人有德于我，其姻戚皆曰：夫人
未嘗失禮于我。[10]

從這段文字，我們看見女性持家的範圍還不止於自己家庭之
內，甚至與遠近親戚鄉黨間的禮尚往來與和睦相處都涵括在
內。而王畿對何夫人美德的描寫，也完全符合儒家對女德的理
想要求。儒家對女德的要求，可以簡單地歸納如下：對待長輩
要孝順，包括對逝者要謹於祭祀，對生者要盡心奉養、曲從其
心；對待丈夫要謹慎合禮、全心輔助丈夫完成其志向與責任，
包括勉勵、支持丈夫向學的志向和朋友社交，也包括傳宗接代
的責任，若自己不能生育，應主動為夫置側室，並以寬慈善處
嫡庶關係；教養子女要愛且不失嚴訓，並為之善擇良師，使之
向學成器；對待姒娣要能和諧、溥惠泯嫌；對待臧獲奴婢要
慈惠寬大。[11]至於女性個人的性情與品德，則以安靜、沉著、

10　王畿，〈壽何母沈夫人七秩序〉，《龍谿王先生全集》，卷14，頁47b-48a。
11　這些美德要求可以從女人傳記中輕易發現，亦可見於女教書籍內容。關於

檢樸、勤勞、寬惠、好施為尚，所謂「貞靜幽閒端莊誠一，女子之德性也」。[12]這些基本上就是傳統女教書籍中對女德的要求，[13]同時也是當時社會、思想加諸婦女的「正規屬性」和期望。而在明理學家為女人撰寫的墓誌銘和壽序中，也普遍地轉述著、歌頌著這樣的女德，底下僅舉幾個例子為證：

據聶豹的描寫，宋儀望（1514-1578）的母親鍾氏是閭田閨秀，據說當時「閨秀之出閭田者，往往稱賢」，而宋儀望的母親又是其中出名的賢女，未出嫁時早有美譽。[14]聶豹對鍾氏這位賢德女性的描寫如下：

> 性靜默謹厚，勤女工，精中饋，不習侈靡綺麗，如女師然。迨其歸也，浹月而內政改觀，撫前室之子女不啻己出，孝養翁姑、和妯娌、慈臧獲，罔不得其懽心。[15]

胡直（1517-1585）描寫胡舜舉（1522-1576）的母親劉孺人如下：

　　明代女教書的研究，參見王光宜，〈明代女教書研究〉（台北：國立臺灣師範大學歷史學系碩士學位論文，1999）。

12　《內訓》德性章第一，見張福清編注，《女誡：婦女的規範》（北京：中央民族大學出版社，1996），頁23。

13　參見《女誡》、《女孝經》、《女論語》、《內訓》、《閨範》等書內容，同上註。

14　聶豹，〈敕封宋母鍾氏太孺人墓誌銘〉，《雙江聶先生文集》，卷6，頁69a。

15　聶豹，〈敕封宋母鍾氏太孺人墓誌銘〉，《雙江聶先生文集》，卷6，頁69b。

性靜愨，歸君得順道，雖居華腆而持儉澹，非大慶吊無踰閫閾，事尊章禮尤至，臧獲有過，亦微讓之而已。始自度艱子，即贊君置側室，已又贊之增置，睦若娣姒。無何，連舉子又撫若己出，稍長，贊君延禮名師教育，恐後諸子林林詵詵如也，孺人賢可知已。[16]

周汝登（1547-1629）對自己的嫡母描寫如下：

太安人生而幽靜，不妄言笑，及笄，歸府君，低頭一室，或疑少能，既廟見，精刺枭饉饎之事，能先諸姒，事舅姑以善養稱。府君蚤年生產未裕，而太安人拮据匍匐，以勤佐理，府君業儒，所與交者過論學，則操作供具，不言置。既齋，用稍優，而布裳蔬食不易，其素待諸姒娌，能使皆化於和，非慶吊大節，履聲不越於閫。[17]

以上這幾段描寫可以說明晚明理學家心目中的女德理想正與傳統儒家女教相符。本節下文我想集中討論婦女身為人妻和人母這兩個重要的角色，特別是在許多理學家庭中，女人如何輔助丈夫和兒子從事聖學。

16 胡直，〈螺溪處士胡君偕配劉孺人墓誌銘〉，《衡廬精舍藏稿》，卷26，頁12b。

17 周汝登，〈嫡母丁太安人行狀〉，《東越證學錄》，卷14，頁26b-27a，收入沈雲龍編，《名人文集叢刊》（台北：文海出版社，1970），冊25。

（一）婦德

　　關於妻子的角色，《易》坤六三爻：「妻道也，臣道也，地道無成而代有終也」，王宗沐（1523-1591）據此說明：為妻之道與為臣之道相似，均以「順」為主，平常君王和丈夫是為首的，臣子和妻子是順從者，然而處變故之時，臣子要負起輔幼主的重責，妻子也要寡居守貞，身代夫職地擔負孝養、持家、教子的責任。[18]簡言之，為妻之道應當要作為丈夫的賢內助，而儒家對於女人內助之賢主要標榜婦德和母德兩方面，[19]母德專指對兒女的教養，婦德則是指襄助丈夫孝養父母、管理一切家庭內政，此即聶豹所言：「以所事言有婦道焉，以所字言有母道焉。」[20]雖然妻子的角色是丈夫的內助，是順從丈夫的領導，不過從明理學家的書寫中，我們卻發現女人在許多方面成為丈夫的倚賴，尤其在家庭經濟的生產和管理上，而對子女們的教養和督導，女人也經常比男人擔負更重的責任。這個現象相當普遍存在受儒學影響的中國家庭中，Susan Mann對十八世紀的研究指出類似的情形，[21]研究近代儒學文化中的家庭角色與關係的學者，也指出類似的情形。[22]

18　王宗沐，〈壽岳母夫人林氏六秩序〉，《敬所王先生文集》（日本：高橋情報，1990），卷5，頁31a。

19　周汝登：「古稱內助之賢惟是婦德母儀。」見周汝登，〈喻母丁太安人壽序〉，《東越證學錄》，卷8，頁32b。

20　聶豹，〈謝母徐孺人墓表〉，《雙江聶先生文集》，卷6，頁79a。

21　Susan Mann, *Precious Records: Women in China's Long Eighteenth Century* （Stanford: Stanford University Press, 1997）, pp. 143-177.

22　Walter H. Slote, "Psychocultural Dynamics within the Confucian Family,"

　　從理學家的書寫中，我們發現身為士人的丈夫完全不理
會治生之事，而將家庭經濟推給妻子的情形相當普遍。舉例
而言，聶豹在為其妻宋氏所作的墓誌銘中提及，當妻子宋氏
（1488-1545）嫁到他家時，家道已中落，妻子焦劬於內理，
毅然以身代夫職，未及五個月，「資裝筐篋諸所有咸易值為子
母之息，井臼之暇，輒事機杼，孳畜蓋藏，井若有方，雞豚鵝
鴨群而腒醃，鹽醬豉用足而不乏，又善釀酒旨而利倍。」從此
聶豹不必掛心祭祀之事和對父母親的奉養，而其與師友宗黨戚
舊之間慶吊饋遺之費，也完全由妻子負責打理，他因此得以專
志於學。宋氏非常勤儉，籌度有序，對於家政的管理更是盡心
竭力，即使在她死前二日，仍「督數婢子負廥績」，死後家人
「斷其殘機，得苧綿布為丈者百二十奇，啟篋笥稽所有尺線寸
帛，裹襲整整，菽麥諸種類，甕盎封閉，無鼠虫嚙蝕之跡，木
頭炭屑有陳積數年不用者。」宋氏死後，聶豹除了感念妻子對
他的幫助，更「慟妻以憂勤至死」。[23]

　　像宋氏這樣勤於治生的情形並非特例，事實上許多女人的
傳記都有類似的記載，胡森烈的女兒嫁到袁家（妻介菴公），
胡氏初嫁時，袁家還相當富裕，然胡氏持之以儉，後來袁家為
訟所窒，家道日漸中落，胡氏便「糲衣草食，早夜率僮婢勤耕
織，善雞豚狗彘之畜，生殖繁滋，凡以相夫家之不逮者，種種

---

in Walter H. Slote and George A. DeVos, eds., *Confucianism and the Family*
（Albany: State University of New York Press, 1998）, pp. 37-51.

23 聶豹，〈敕封孺人進宜人宋氏墓誌銘〉，《雙江聶先生文集》，卷6，頁
7a-10b。

相繼。」[24]而無論家庭經濟多麼困難，平常生活所需必須盡量節約，但是祭祀賓客之事，則絕不能輕忽，因此胡氏仍設法做到「一觴一豆一簠一簋，鑿鑿務精潔，罔不稱介菴意。」[25]

　　宋儀望的父親宋聞義（1535年卒）性情倜儻，不願意錙銖必較，「每以貲貸人，或不能俾本，亦多置不問」，又因為家裡連續舉辦婚事、興建房屋、為兒子擇師以習舉業的花費，使得家事日益落沒，甚至稱貸鬻產地度日，但宋聞義仍毫不為意。[26]對於這樣的情況，妻子鍾氏只能「私心隱痛」，還是親自打理每歲粟米魚鹽酒醋牲豚雞彘之事，以備祭祀賓客之所需和一切家計，然後將重振家道的希望寄望在兒子身上。[27]王畿的家庭也是由妻子掌管治生之事，王畿承認自己性疏慵、不善理家，妻子則纖於治生，「拮据綢繆，終歲勤動，料理盈縮，身任其勞」，使得家計日益富裕，不致蠱敗渙散，王畿也因此得有閒暇逸志參與講學的神聖志業。[28]沈寵（1537舉人，d. 1571）雖出身大族，其家卻十分貧困，沈寵又倜儻不事藏蓄，凡中饋井臼事，皆賴妻子崔氏晨夕勤事地工作張羅。[29]

24　聶豹，〈袁母胡孺人墓誌銘〉，《雙江聶先生文集》，卷6，頁67b。

25　聶豹，〈袁母胡孺人墓誌銘〉，《雙江聶先生文集》，卷6，頁67b。

26　聶豹，〈敕封宋母鍾氏太孺人墓誌銘〉，《雙江聶先生文集》，卷6，頁69a-71a。關於宋聞義生平，亦見宋儀望，《華陽館文集》，卷10，頁15a-20a，收入《四庫全書存目叢書》，集部，冊116。

27　鍾氏平日督諸子必曰：「女父年且老，家又日迫，女輩不自樹立，即非夫也。」見聶豹，〈敕封宋母鍾氏太孺人墓誌銘〉，《雙江聶先生文集》，卷6，頁70a。

28　王畿，〈亡室純懿張氏安人哀辭〉，《龍谿王先生全集》，卷20，頁110a-b。

29　王畿，〈沈母崔孺人墓誌銘〉，《龍谿王先生全集》，卷20，頁85a-b。

　　張元忭（1538-1588）自述其父親終歲館於外，家庭經濟困
窘，母親變賣自己的粧奩幫補家用，又「手乳孤忭，而身兼操
作，竭淅瀨以奉事先大父母。」[30]胡直在剛結婚時，家境貧困
至極，其自述道：「畢婚時，予惸且窭，先世無尺宅儋粟，上
有祖母蔡太孺人高年，母周太安人孀居，下有兩弱弟，靡為朝
夕」，他新婚的妻子蕭閨莊看到這種情形，驚愕異常，此時胡
直開始出外授徒，蕭氏則「漸鬻諸奩具，佐給俯仰，而自啗者
率半菽，間出衣布應二弟束修。」[31]胡直於1543年中舉人，卻屢
次會試下第，此時家境「往往糧絕至浹旬，咸得安人脫簪，始
見突煙」，連祖母蔡太孺人去世時，所穿的斂服都是胡直妻子
嫁時的新衣。這種拮据的情形一直要到胡直於1553年謁選句容
教諭，以及1556年舉進士後才改善。但蕭氏簡樸的習性已然養
成，並不稍改。[32]

　　當然並非晚明的士人都不善治生或不過問家中錙銖之事，
尤其當時士人兼營商業的現象愈形普遍，傳統貧富良賤的觀念
也正發生變化，根據梁其姿的研究，當時「貧士」不再意謂著
品德高尚，反而有道德之不足的意涵，也有愈來愈多的士人感
受到貧困的社會壓力，以及治生的實際責任；[33]也並非所有的

30 張元忭，〈先妣劉安人行狀〉，《張陽和先生不二齋文選》，卷5，頁
　　19a，收入《四庫全書存目叢書》，集部，冊154。
31 胡直，〈亡妻蕭安人墓誌銘〉，《衡廬續稿》，卷9，頁17b-18a，收入《景
　　印文淵閣四庫全書》（台北：臺灣商務印書館，1985），冊1287。
32 胡直，〈亡妻蕭安人墓誌銘〉，《衡廬續稿》，卷9，頁18a-19a。胡直為學
　　歷程與心得，見其自傳〈困學記〉，收入黃宗羲著，沈芝盈點校，《明儒
　　學案》（台北：華世出版社，1987），卷22，頁519-526。
33 梁其姿，《施善與教化》（新北：聯經出版事業公司，1997），頁46-57。

士人之妻都如此勤儉樸質、事必躬親，目前對於晚明奢靡風氣的研究已指出許多上層社會的婦女在衣著、品味上的追求和消費有前代無法比擬的程度。[34]但是，即使晚明的確正經歷著經濟活動、消費行為和社會價值的巨變，文人不善治生的習性與文人不屑治生的想法恐怕無法一時俱改，標榜專志苦讀、重義輕利、清廉有守的士人精神也應仍深植於許多士人心中。這些向來陳義甚高的理學家若比一般人更標榜這樣的精神也是極易理解的，例如周怡（1506-1569）就明白地說：「自古聖賢皆從貧中做出來，飯糗茹草，若得終身蔬食曲肱，樂在其中，簞食瓢飲，不改其樂，此是吾人家法。」[35]又如施譽（1602-1679）克遵理學家訓，每嘆「富貴多慆德，貧賤鮮墮行，」故終身窮老坦如也。[36]另外，儘管晚明江南服飾華麗流行之風昌盛，[37]而像

34 參見劉志琴，〈晚明城市風尚初探〉，收入上海復旦大學編，《中國文化研究集刊》（上海：復旦大學出版社，1984），輯1，頁190-208；徐泓，〈明代社會風氣的變遷：以江浙地區為例〉，收入中央研究院第二屆國際漢學會議論文集編輯委員會編，《中央研究院第二屆國際漢學會議論文集．明清與近代史組》（台北：中央研究院，1989），冊上，頁137-139；林麗月，〈晚明「崇奢」思想隅論〉，《國立臺灣師範大學歷史學報》，期19（1991年6月），頁215-234；林麗月，〈衣裳與風教——晚明的服飾風尚與「服妖」議論〉，《新史學》，卷10期3（1999年9月），頁111-157；巫仁恕，〈明代平民服飾的流行風尚與士大夫的反應〉，《新史學》，卷10期3（1999年9月），頁55-109。

35 周怡，〈與方養德友〉，《訥谿先生文錄》，收入氏著，《周訥谿全集》（據清道光二十年（1840）燕翼堂刊本，中央研究院傅斯年圖書館藏），尺牘卷4，頁34b。

36 施譽是施弘猷之子，施閏章的叔父，其傳見施閏章，〈先叔父文學公砥園府君行狀〉，《學餘堂文集》，卷17，頁21a-25a，收入《景印文淵閣四庫全書》（台北：臺灣商務印書館，1985），冊1313。

37 巫仁恕，〈明代平民服的流行風尚與士大夫的反應〉；林麗月，〈衣裳與

劉宗周（1578-1645）以名儒清高之身不改貧生本色，亦讓「士
大夫飾其輿服而來者，不覺慚沮」，且多毀衣以見先生；[38]再由
《明季北略》所記鄭鄤以簡樸勤儉的特徵來取悅黃道周（1583-
1646）的例子：「黃道周雅重鄤，攜夫人過，嘗宿其家，見鄤
妻惟布衣，內室惟列紡織具，佯作道學狀，又事母極恭。」[39]均
可見道學家們多標榜的樸實勤簡之風，而「素樸貧困」亦仍然
可能在奢靡的晚明江南社會中作為一種象徵清高的符號。

　　這些對於女人勤勞掌管家庭經濟的書寫也可能同時具有記
實與摹寫理想兩種意涵。從文字書寫表達某種儒家社會秩序理
想的方面看，這些描述顯然符合儒家對女人的規範，可能帶有
欲強調女人之勤勞與掌內政之能，或凸顯其相夫志學的不凡見
識，因此具有誇張的成分。正如Francesca Bray所論的，「女
工」在傳統儒家觀念中，除了有經濟意涵外，更是女性道德的
象徵，而明清儒者和官員們傾向將女工視為女德的表現，將其
視為維持社會秩序的教化意義甚為明顯。[40]這些明代理學家所撰
寫的婦女傳記，的確很可能更多反映了男性社會菁英的社會道
德理想，而非記實。晚明之際，許多士大夫家庭的女性，已不
必再親自紡織以供家用，而是從市場上購得，但理想的女人形

風教——晚明的服飾風尚與「服妖」議論〉。
38　黃宗羲，〈子劉子行狀〉，《黃宗羲全集》（台北：里仁書局，1987），
　　冊1，頁258。
39　計六奇，《明季北略》，卷15，頁4a，收入《續修四庫全書》編纂委員會
　　編，《續修四庫全書》，冊440。此資料由邱澎生提供，特此致謝。
40　Francesca Bray, *Technology and Gender: Fabrics of Power in Late Imperial
　　China*（Taipei: SMC publishing Inc., 1997），p. 257; see also Susan Mann,
　　Precious Records, Ch. 6.

象未必能適時反映這種改變。

　　然而另一方面，這些文字的描述也可能有相當的事實基礎，尤其對於窮困的士大夫家庭而言。中國婦女從事紡織的工作為時已久，這項工作實質上對家庭經濟有重要的幫補作用，即使Francesca Bray所論在宋元以降，隨著經濟的發達，紡織業逐漸出現地域性分工、商人壟斷、男性介入取代女性織工位置等情形，使得婦女經濟角色更屈居邊緣隱晦的地位，也並不表示婦女勞動力不再參與家庭經濟生產；婦女雖然無法在蓬勃發展的商業活動和專業化技術中與男人競爭，獲取經濟和社會上顯著的地位和利益，但絕不可能因此而卸下擔負在肩上的家庭重責。[41] Patricia Ebrey對宋代女性的研究以及熊秉真根據眾多年譜和傳記研究明清之際的母子關係，也同樣指出婦女負擔家庭管理和生計的普遍情形。[42]

　　特別在明代科舉競爭激烈的情況下，像胡直一樣父親早

---

[41]　參看Francesca Bray, *Technology and Gender*, Part 2. 雖然Bray強調婦女經濟角色在商業發展中被男性擠到邊緣位置，尤其在絲布生產方面，男性專業取代女工，但是明末以前在棉布生產上，婦女勞動仍普遍，夫婦並作也一直是江南農家勞動方式。見李伯重，〈從「夫婦並作」到「男耕女織」——明清江南農家婦女勞動問題探討之一〉，《中國經濟史研究》，1996年第3期，頁99-107；並參見連玲玲，〈科技世界中的性別關係——評介Francesca Bray: *Technology and Gender*〉，《近代中國婦女史研究》，期6（1998年8月），頁266。

[42]　Patricia Buckley Ebrey, *The Inner Quarters: Marriage and the Lives of Chinese Women in the Sung Period*（Berkeley & Los Angeles: University of California Press, 1993）, pp. 115-119; Ping-chen Hsiung, "Constructed Emotions: The Bond Between Mothers and Sons in Late Imperial China," *Late Imperial China*, 15:1（1994）, pp. 87-117; Francesca Bray, *Technology and Gender*, pp. 281-282.

卒、[43]家境貧困、卻又考運不濟的士子們，漫長的備考生涯使其更不可能全心投入生產事業，也更需要仰賴妻子在經濟上更多的投入，以及在心理上更多的包容。尤其，那些熱衷講學的士人，又更需要妻子們的「知心」相助，畢竟為舉業而辛苦，猶有功名利祿的期待；為聖賢之學而奔走，則只有另一番崇高的志向才能體會。士人之不善治生、不較錙銖，本來就隱涵著一種具更崇高道德志向的意義；男人志在四方、廣結朋友，也可以標榜一種心懷天下、好學求道的襟懷。而為人妻者既然應全心順從輔助丈夫，在面對丈夫的崇高偉志時，就應該要脫簪卸珥、全力資助，即使家庭經濟再匱乏，自己生活再節縮，也要傾全力招待丈夫的志同好友，以示其能家曉事。《女論語》教導婦女待客之道就是要酒飯殷勤，一切周至，絕不可怠慢。[44]

　　講學者的妻子們真的都能毫無怨言地支持她們丈夫的崇高心志嗎？恐怕未必，至少胡直的妻子起初就很不高興自己的丈夫「妄意古人之學」，胡直也清楚知道妻子的不懌之情，但毫不為所動。[45]宋聞義的妻子面對生性倜儻、不善治生的丈夫，也感到「私心隱痛」。重點是，女人的不情願到底有多少力量？從男人的書寫中，我們幾乎看不到這方面的披露，所看到的例子都是女人衷心的支持丈夫的追求，至少是在既定的文化價值

---

43 胡直的父親胡天鳳究心於理學，三十八歲即卒。見羅洪先，〈明故贈刑部雲南清吏司署員外郎晴岡胡君墓銘〉，《念菴文集》，卷15，頁41b，收入《景印文淵閣四庫全書》（台北：臺灣商務印書館，1985），冊1275。
44 見張福清編注，《女誡：女性的枷鎖》（北京：中央民族大學出版社，1996），頁18-19。
45 胡直，〈亡妻蕭安人墓誌銘〉，《衡廬續稿》，卷9，頁18b-19a。

框架中求得自己的適應和改變。[46]我們經常看到這一類的描述：

> 故予（胡直）雖涼劣，一時門多偉夫名士車，即舍中罄
> 竭，安人必力辦酒漿蔬饌，俾予得罄懽，以上下古今為愉
> 快，知予志意在也。[47]

> 孺人自武適儒，見惠江公服帶褒博，玩誦圖史，稱古昔
> 之高誼，于生產作業澹如也，悅而欲遂其志，常自作勞佐
> 之。惠江公所友名士，常留信宿或逾月，殆歲無虛日焉，
> 孺人自治醯醯，調膳肴豐且蠲，弗斁弗怠。[48]

> 有訓（王託）從先師學，取友四方，遠越數千里，近
> 或百里，多至踰年，少或踰月浹旬，蓋不知其幾，而孺人
> 為緝衣峙粻，脫簪卸珥，亦不知其幾，咸未嘗有怨色懟
> 言。[49]

> 士致（蔣士致）初事舉子業，聞山農顏師講陽明先生
> 良知之學，遂棄去遊四方，門戶事惟孺人一身任之，士致

---

46 胡直曾說他以為妻子始終不懌其學，但妻子則告訴他：「吾習子夙懷久
　矣，吾豈不亟承之。」所以胡言感嘆曰：「乃其知予而翼之也。」見胡
　直，〈亡妻蕭安人墓誌銘〉，《衡廬續稿》，卷9，頁18b-19a。

47 胡直，〈亡妻蕭安人墓誌銘〉，《衡廬續稿》，卷9，頁18b。

48 楊起元，〈葉母吳孺人墓誌銘〉，《楊復所太史家藏文集》（東京高橋情
　報1991年複印，中央研究院傅斯年圖書館藏），卷5，頁21a。

49 胡直，〈王氏冠山墓記〉，《衡廬精舍藏稿》，卷12，頁13b-15a。

或數月或踰歲乃始一歸相見，熙熙晏如也。丁未，余（即羅汝芳）道永新，庭謁士致，同行者數十輩，孺人出為禮畢，隨具客茗，俄頃俱遍。余訝曰：誰謂士致貧耶，及窺其果核，竟人人殊，其約己而善蓄事，固多類此也。[50]

這些文字所描寫的是：許多理學家得以專志一意地、甚至千里遠遊地參與講學、親師取友，他們的妻子，無論是真心的認同或在無其他選擇下的認命配合，都是他們在物質上最大的供應者，在精神上最大的支持者，以及在履行家庭職責上最重要的替代者。

當明代陽明講會興盛之際，同志好友聚集的講會被塑造成聖賢之學的理想園地，透過同志朋友的砥礪交修，才有可能追求成聖的境界，而「友四方之士」更是當時許多士人的理想，許多人不遠千里地尋師求友，更有不少人以「東西南北人」自況。[51]這種求道志學的理想與落實，弔詭地將儒學首重的家庭

50 羅汝芳，〈永新蔣母李孺人墓誌銘〉，《羅明德公文集》（據內閣文庫善本書影印，東京：高橋情報，1994），卷4，頁75b。此類例子很多，如胡直〈敕封張母廖安人墓誌銘〉記：「水部故從王歐二先生學聖賢學，喜延四方同志士，安人辦治惟所命，兢兢不敢後，可不謂難乎。」見胡直，《衡廬精舍藏稿》，卷25，頁21b。
51 呂妙芬，〈陽明學者的講會與友論〉，《漢學研究》，卷17期1（1999年6月），頁79-104。因強調取益四方而自稱「東西南北人」的例子可見杜蒙：「吾東西南北人也，若廑則不能遍游四方，親師友以求益也。」參見楊起元，〈明逸儒黃峰杜先生墓誌銘〉，《太史楊復所先生證學編》（東京高橋情報1990複印，中央研究院傅斯年圖書館藏），卷3，頁42a；羅汝芳：「余亦思賦遠遊而為東西南北之人矣。」見羅汝芳，〈書取益四方卷〉，《羅明德公文集》，卷5，頁47b-48a。至於這種遠遊的社會經濟因素，主要

倫常及男子的家庭責任都轉移到女人身上。有時候，女人更在
丈夫強烈的求道欲望下被要求極不合理的配合，講學者中有人
因為求道若渴，搬入寺中居住，「五年不入私室」，妻子則不
但仍要躬給湯藥，還變賣所有來持家；[52] 有人在臨死前必定要
得到妻子守貞的允諾，在妻子斷指表志後才瞑目；[53] 有人直接
跟妻子說「我家忠臣孝子俱有，但少一節婦耳」，並指《列女

是明代中晚期之後商品經濟的發達，城鎮和各省水陸交通頻繁，商賈往來
的熱絡。關於明末商書的程圖和路引，參見陳學文，《明清時期商業書及
商人書之研究》（台北：洪葉文化事業公司，1997）；關於明代旅遊風氣
的變化，參見周振鶴，〈從明人別集看晚明旅遊風氣的形成〉，「明人文
集和明代研究學術研討會」，台北：漢學研究中心、中國明代研究學會主
辦，2000年4月28-30日，此文後出版於《復旦學報社會科學版》，2005年第
1期。

52 饒思明本是習舉業的縣學生，後因得陽明《傳習錄》而矍然歸道，「期必
聞道死乃已」，從此他「言嘿動止，僅僅欲自信，深衣大帶屏居沉思。」
即使受到同輩指摘譏慢，也毫無影響。饒思明求道心切，竟然「居新興寺
中，五年不入私室」，其妻孫氏則「躬給湯藥，亦五年不衰，囊篋盡，即
脫簪珥，簪珥盡，日夜縴織足之。」後來饒思明病得嚴重，妻子去看他
時，他對妻子說：「吾已矣，無過悲，汝年少又無子，從汝志不禁也。」
妻子一聽，驚號曰：「君疑我，豈忘平日言邪，萬一不諱，終不令君妻事
他人。」孫氏遂在饒思明斷氣前自絕。見羅洪先，〈明故饒良士孫烈婦合
葬志銘〉，《念菴文集》，卷16，頁8b-12b。

53 王象魁臨終前，懼妻子有他志，對她說：「汝能終我事乎？」妻子羅氏掩
泣剪髮以示其志，王象魁還嫌不夠，於是羅氏自斷指以示之。羅洪先，
〈葛山王母羅氏六十序〉，《念菴文集》，卷11，頁86a。類似的例子，亦
見歐陽德，〈樂母歐陽孺人墓誌銘〉，《歐陽南野先生文集》，卷26，頁
14a，收入《四庫全書存目叢書》，集部，冊80。這一類以自毀身體，如割
鼻、斷耳、毀形等，以示不再嫁的行為相當普遍，參見呂坤，《閨範》，
卷3，頁52b-57b，收入鄭振鐸編，《中國古代版畫叢刊二編》（上海：上海
古籍出版社，1994），輯5。

傳》訓之；[54]也有人即使聽到妻子去世的消息，仍選擇留在同志間砥礪問學，刻不欲離。[55]男人對於自己在家庭職責和夫妻倫常上的虧欠，難道毫無感覺？當然必要的時候，儒家聖學的崇高理想、為君主盡忠的責任、男兒志在四方的教導可以讓他們輕易找到藉口。女人的奉獻和犧牲也可以被文字轉化成為有見識、能匹配丈夫偉志的美德，一種隱約和男人的聖學連上關係的成就。然而有時候，男人還是難掩其歉咎之情，例如羅洪先（1504-1564）在〈奠亡室曾孺人〉中就表達了自己對妻子極深的歉意：

> 嗚呼，嗚呼，自子于歸以來，三十有五年，吾以學且仕，憂且病，與子居室者不過數年耳，雖遠在數千里外，未嘗以饋祀賓祭之事，一日戚吾之心者，子能知吾之心，敬承不違，雖勤瘁澹泊，能久安之，誠足恃也。自吾歸田以來，十有五年，吾以講學聚友外出者，歲不知其幾矣，雖遠在百里外，未嘗以取與酬應之事，一日戚吾之心者，

---

54 周可學是理學家周怡的姪子，曾從周怡得知身心之學，憬然有契於中，他對於自己能夠好學有一種超凡的自信，曾告訴母親：「我等好學之人皆上天所降生，非凡流可比；」對於生死也有超然的見解，曾言：「人生如寄，不必畏死，惟潔身速化乃為善耳。」但是他竟然將自己的信念以如此無情的方式傳遞給妻子。參見王畿，〈周生可學小傳〉，《龍谿王先生全集》，卷20，頁105a-106b。

55 周怡的妻子黃氏於嘉靖八年（1529）二月九日去世，周怡當時在南都，受業鄒守益，他寫信給父親，表示自己造道心急，刻不欲離，在南都與同志朝夕相聚，無日不樂。見吳達可編，《周恭節公年譜》，收入周怡，《周訥谿公全集》，卷下，頁6a。

> 以子能知吾之心，敬承不違，雖其身甚弱，然不易病，即
> 病亦不踰日速愈，誠足恃也。……今為千古之別，乃病不
> 知其時，藥不辨其宜，沒不聞其語，殮不執其手，子其有
> 遺恨於吾否耶？可悲也。……子其有深憾於吾否耶？可悲
> 也。即子委命能不吾憾，吾出而反顧，莫為之主，入而
> 獨處，莫為之語，吾縱有四方之志，其終能恝然耶？可悲
> 也。[56]

羅洪先的妻子曾浙（1505-1555）是個命運坎坷的女人，她一共
生了六個子女，其中五人在稚幼時即去世。[57]當她臨終時，羅洪
先遠遊在外，返家時，妻子已卒一旬，[58]故羅洪先所寫的奠文
有極深的悲歎。從此篇奠文，我們讀不出太多男女相思不捨之
情，但有為夫者深沉的虧欠，[59]羅洪先著實記載了一位一生寂
寞、持家奉獻讓丈夫得以學以仕的女人，他一聲聲「子其有深
憾於吾否耶？可悲也」，恐怕正是了然於妻子之深憾，也是他
對妻子無奈命運的哀悼。

---

56 羅洪先，〈奠亡室曾孺人〉，《念菴文集》，卷17，頁44b-47a。

57 Kandice Hauf, "The Jiangyou Group: Culture and Society in Sixteenth-Century China," （Ph. D. dissertation, Yale University, 1987）, pp. 154-163.

58 見胡直，〈念菴先生行狀〉，《衡廬精舍藏稿》，卷23，頁15a。

59 羅洪先曾回憶說：「往遭妻喪，以未得面訣，又屢見尼不之聽，已而悔
之，故哭之慟，五十之世，經此頗成內損。」可見其哀慟之情，見羅洪
先，〈與劉仁山〉，《念菴文集》，卷4，頁17b。

（二）母德

　　母教是儒家文化非常重視的婦女責任，也可以說是身為母親最重要的責任，[60] 一般而言，士大夫的家庭中，雖然兒子在學業內容上的學習與父親有更直接的關係，[61] 不過在啟蒙、督誠、訓勉等課子之事上，母親經常擔任更重要的角色。[62] 王畿就曾說女子於課事之事，既優且勤，因此以教導督課而言，則優之之效，不在男子，而在女子。[63] 尤其當時家庭婚姻的關係，強調「夫有再娶之義，婦無二適之文」，[64] 故妻子死後，丈夫續

---

60 儒家對於母職的要求，教養之責勝於生育之實，事實上許多元配是不孕的，但妾所生的兒女都歸在她的名下，受其扶養和教育成人，此母親的職責使一位即使不能生育的女人（妻）仍能成為母親（嫡母）。見Francesca Bray, *Technology and Gender*, Ch. 9。

61 雖然中國父親很少親自擔任兒子的教師，反而多請朋友教之，此乃為保持父子間和諧關係與確保師訓的功效。參考Wei-ming Tu, "Probing the 'Three Bonds' and 'Five Relationships' in Confucian Humanism," in Walter H. Slote and George A. DeVos, eds., *Confucianism and the Family*, p. 125。不過父親仍然對兒子的學習和學術生涯有極深的影響，如許多家學在父子間傳承。理學理想中，父子間能以道相成也成為一種理想的父子關係，如下文所論羅汝芳與父親的關係，亦參見呂妙芬，〈陽明學者的講會與友論〉，《漢學研究》，卷17期1，頁79-104。

62 Dorothy Ko, *Teachers of the Inner Chambers: Women and Culture in Seventeenth-Century China*（Stanford: Stanford University Press, 1994）, pp. 158-159; Ping-chen Hsiung, "Constructed Emotions: The Bond Between Mothers and Sons in Late Imperial China."

63 王畿，〈章母楊太君八十壽篇〉，《王龍谿先生全集》，卷14，頁38b-39a。

64 范曄著，楊家駱主編，《新校本後漢書并附編十三種》（台北：鼎文書局，1987），卷84，頁2790。

弦是維繫家庭生活正常運作的當然作法，極少有父代母職的情形；相對的，士大夫階級格外重視婦女的貞節，因此寡婦身兼父職則十分普遍。因此，許多母親扮演著兒子學術生涯的重要推手，尤其在父親早逝的家庭中，母親更扮演了牽引兒子可以以承繼父親致力聖賢志業的角色。

　　儒家母教所強調的是愛而不失嚴，《女孝經》的母儀章便說：「夫為人母者，明其禮也，和之以恩愛，示之以嚴毅」，[65]呂坤（1536-1618）在《閨範》也說其取捨立傳的標準是：「母不取其慈而取其教，溺愛姑息，教所難也。」[66]書寫母教的文字描述也多著墨於母親的「嚴訓」，可見這是當時認可的教育標準。例如會稽楊毅菴公的孫女楊氏，自幼受教育，兼通書而習禮，嫁章畏齋[67]為妻，楊氏因為知書，所以口授書於三子，積十餘年，在母親的嚴格督導下，「無一人敢先昏雞而寢，後晨雞而興，機杼軋軋與唇吻咿唔聲相答和，過者聞之，無不傾耳卻履，相與嘆賞而後去。」[68]

　　沈寵之妻崔氏（1513-1560），「其教女也，愛不廢嚴，其教二子也，嚴過於君，不事姑息，必擇君同志端良者以為之師，里巷謳囂諸劇戲事，禁不與狎。」長子沈懋敬少時偶從輕薄子遊，崔氏召他跪終日，自己也跟著不吃飯，並「備述育養期望之意以誘督之」，對待小兒子沈懋學（1539-1582）執傲的個性，崔氏則以眼淚勸其「毋忘爾父之訓」，使之馴謙。崔

65　見張福清編注，《女誡：婦女的枷鎖》，頁11。
66　呂坤，《閨範》，卷4，頁1a-b。
67　此處楊毅菴、章畏齋為其號，不知其名，均出身會稽望族。
68　王畿，〈章母楊太君八十壽篇〉，《龍谿王先生全集》，卷14，頁39a。

氏並未受過文字教育，不能讀書，但當兒子們讀書時，她總是
「夜率籌燈續紡以助其勤」。[69]劉應峰（1526-1586）[70]的母
親陳氏也是嚴厲盡責的母親，她「性嚴肅，御諸子婦不少假色
詞」，即使媳婦張氏在富貴年長有孫之後，只要小不稱其意，
陳氏輒面督過，必張氏悔謝乃已。[71]對於兒子的教育，陳氏非
常重視，劉應峰從遊羅洪先之門，返，陳氏必問羅先生云何，
令謹行之。她又時時「持續器引燈」伴兒子讀書，經常是「女
紅罷，書聲亦休」。張元忭也說親生母親對待自己「至嚴」，
「即一言詿誤，必呵之」，可是對待庶出的弟妹卻姁姁以和；
對待長媳曾不少假，對待二弟婦則未嘗不色喜。[72]這種違反人性
的作風，既是望子成龍殷盼下希望藉嚴教以成子的表現，也是
一種刻意行人之所難行的舉動，如同呂坤作《閨範》刻意不取
慈母立傳，而取慈繼母立傳，主要也在取人之所難成，相信多
少有鼓勵風尚的效果。[73]

　　寡婦因為身兼父職，兒子又是其最重要的倚靠和希望，甚

69　王畿，〈沈母崔孺人墓誌銘〉，《龍谿王先生全集》，卷20，頁62b。

70　劉應峰，字少衡，號養旦，學於羅洪先，累官至江西參議、雲南提學副
　　使，與劉元卿共同講學，其傳見胡直，〈賀劉養旦憲副歸省齊壽序〉，
　　《衡廬精舍藏稿》，卷10，頁19a-21a；耿定向，〈明提督雲南學校按察司
　　副使劉公墓誌銘〉，《耿天臺先生文集》，卷12，頁16a-18b，收入《四庫
　　全書存目叢書》，集部，冊131。

71　劉元卿，〈劉母陳太安人墓誌銘〉，《劉聘君全集》，卷8，頁66b-67b，收
　　入《四庫全書存目叢書》，集部，冊154。

72　張元忭，〈先妣劉安人行狀〉，《張陽和先生不二齋文選》，卷5，頁
　　19b。

73　見呂坤，《閨範》，卷4，頁1a-b。

至是其生存的理由，[74]因此寡婦通常對兒子的教導更加嚴厲，而且會把丈夫無法完成的志業，寄諸兒子身上。馬文煒（1533-1603）的女兒嫁與王沼為妻，王沼因身體羸弱、讀書攻苦而早卒，遺有二孤。馬氏悲悼幾死，既而曰：「孤在即夫在也，留薄命以立孤，不猶愈乎。乃口授二子書，及就外傅，則詰其日課，有廢業，則挺訕之曰：『吾非以富貴望兒，所貴讀書謹循名教，不忝所生耳。』」[75]歐陽蕙秀出身泰和望族，為歐陽熙（1451進士）之孫女，能通經書大義，有丈夫氣慨，十九歲即守寡，生一遺腹子樂葵（1488-1568）[76]，樂葵從十三歲選補郡博士弟子始，歐陽蕙秀總不忘誨飭，教其親師取友，並告誡曰：「孤兒當百倍愓厲，庶寡母有以下報乃父，不然，非吾子也。」[77]大學生彭琬因舉業失敗、鬱鬱不得志而染病卒，當時他的妻子劉氏才二十九歲，劉氏為了兒子的教育，除了聘禮名師訓之，平日教導更是嚴厲，「稍佻達，即跪諸前而戒之曰：『汝父以不成名抱志泉下，吾所以忍死至今，日獨念汝能成學，父為不亡，有如顛墜先人之聲問，則不若無子。』」[78]如此恩威並施，動輒以寡母的艱辛和忍死的心願、父親的遺志來勸

74 許多女人傳記都寫著在丈夫去世時，為人妻者本堅決殉夫，最後都因家人以需撫養孩子為理由勸阻。

75 呂坤，〈明節婦馬氏墓誌銘〉，《呂新吾先生去偽齋文集》，卷10，頁35b-38a，收入《四庫全書存目叢書》，集部，冊161。

76 樂葵之傳，見胡直，〈樂處士十松翁墓誌銘〉，《衡廬精舍藏稿》，卷26，頁6a-7b。

77 歐陽德，〈樂母歐陽孺人墓誌銘〉，《歐陽南野先生文集》，卷26，頁14b。

78 劉元卿，〈彭母劉氏貞節傳〉，《劉聘君全集》，卷7，頁74a-75a。

動兒子，更不惜說出「非吾子」這般嚴厲的語詞，其中當然有複雜的寡母孤子情結，[79]與中國家庭中母親的角色息息相關，然而這也就儒家所標榜母教的一部分。

　　丁彥伯（性甫）、丁美祖（中甫）是周汝登母族的親戚，二人從周汝登游，學聖人之學。據周汝登所言，丁彥伯的父親歧陽君早逝，母親尹氏「褆躬飭行，姒娣有女聖之稱。」歧陽君生前即勉勵兒子留意聖學：「爾從茲入聖門，亦知聖門何地？入聖門為何事？」而尹氏「能數舉以示」，可見她對丈夫志向有一定程度的了解和支持。尹氏因為痛惜歧陽君一生賚志未竟，企盼兒子能克紹箕裘，因此鼓勵他們參與講學活會，「伯仲（案：即彥伯、美祖）時赴講會，歸必問會中所語，有及忠孝信義處，亟加感嘆，勉令實履之。」[80]這位母親和許多寡婦一樣，扮演著在兒子身上傳遞父教的角色。

　　母教的表現除了嚴厲外，也注重為兒子創造好的求學環境，特別在擇師取友方面。王畿說：「文伯之母傳數千年者無他也，在成其子，謹擇師取友而已矣。」[81]文伯之母是魯大夫穆伯之妻敬姜，穆伯先逝，文伯出學而歸，自以為成人，敬姜責以成王周公之道，文伯始能謹擇師友而嚴事之，終相魯。[82]陶

79　參見Ping-chen Hsiung, "Constructed Emotions: The Bond Between Mothers and Sons."

80　周汝登，〈丁母尹安人壽序〉，《東越證學錄》，卷8，頁39b-42a。丁性甫與中甫的名字與小傳，見牛蔭麐修，丁謙等纂，《嵊縣志》（台北：成文出版社，1975），卷14，頁27a。

81　王畿，〈章母楊太君八十壽篇〉，《龍谿王先生全集》，卷14，頁39b-40a。

82　見呂坤，《閨範》，卷3，頁8a-10a。

侃（257-332）的母親辛勤紡績資給陶侃，使結勝己者，又賣斷
髮以延客，是一個母親如何為兒子在結交師友上所作努力的美
談。[83]明理學家在書寫母教時，對這方面也十分重視，例如章畏
齋之妻楊氏自己不喜重味，但在招待兒子的老師和朋友時，則
令童子荷擔而入市，歸充庖俎；[84]沈寵的夫人認為事師之禮必要
做到晨夕視饌，躬調以進；[85]杜質的母親喜悅兒子遠遊講學，並
且令次子杜資、季子杜賓一起參與講學，晚歲家雖稍落，「然
四方同志至其家，必盡出其所藏，飼之不少惜」，而其自奉則
非常簡約。[86]郁達甫的母親劉氏在丈夫去世後，為兒子的教育而
搬家，兒子果然得以因里中君子，承肖詩禮之冑，後來里中建
道館講院以講學，劉氏和兒子更贊翊之，劉氏認為能遊仁人以
成名比金錢之利更有價值，里人亦咸謂其為賢母。[87]

　　儒家母教的典範首推孟母，孟母的成就在於她積極地為
兒子創造良好的求學環境，並且成功地引導兒子在道德上有所
成，但是真正讓孟母聲名得以顯揚，且超越其他母親的，並不
是孟母本身的德性，而是她兒子傲人的道德成就。孟母自然是
理學家書寫母德的最佳典範，而這種母以子貴的邏輯也主導了
理學對女性道德的論述。下一節即就從理學家為母親們所寫的
祝壽文字中談論這個主題。

83　見呂坤，《閨範》，卷4，頁28a-b。

84　王畿，〈章母楊太君八十壽篇〉，《龍谿王先生全集》，卷14，頁50a。

85　王畿，〈沈母崔孺人墓誌銘〉，《龍谿王先生全集》，卷20，頁86b。

86　查鐸，〈賀杜孺人八十敘〉，《毅齋查先生闡道集》（東京高橋情報1991
　　年複印，中央研究院傅斯年圖書館藏），卷7，頁14b-15a。

87　劉元卿，〈郁母劉孺人六十序〉，《劉聘君全集》，卷6，頁42a-44a。

三、理學家觀點下的女聖女賢

　　理學家們對自己致力聖人之學的理想與自負，即使在為師友的母親寫壽序或墓誌銘時仍流露無遺，此節所引用文獻主要是壽序之類的應酬文字，這些文字寫作的主要目的，與其說是歌頌母德或生平事蹟的忠實記載，毋寧說是男性師友社群間的社交文字，許多理學家在為母親們祝壽的文字，或對婦德、母德的歌頌，最終仍歸結於對彼此道德修養的肯定與互勉。

　　這些壽序文字主要從兒子和男人的角度出發，他們所關懷的是兒子如何才能榮耀自己的母親，或者說當他們為母親祝壽時，他們總要說明自己的學問志向如何與母親的生命相關連。正是這樣的關懷和思緒，許多理學家所寫的壽序，都在「母以子貴」的邏輯下，強調修德行道是最高層次的孝與壽親的表現，[88]且歸結於師友間的道德勉勵，成聖不再只是個人或社群政治之事，更是兒子的責任，是孝的最高表現。例如周汝登為張宏甫母親祝壽的文字便用了相當多的篇幅來說明作兒子的該如何修德以壽親，其結語說：

---

[88] 例如鄒德涵：「古之壽以道，今之壽以年。夫夫也，知所壽矣，夫道與天地同悠久，仁人敬身以永其命，孝子敬身以永其親，皆是物也，若欲吾壽乎，則在若矣。」見鄒德涵，〈壽秋江蕭公七十序〉，《鄒聚所先生文集》，卷2，頁7b，收入《四庫全書存目叢書》，集部，冊157。又見，鄒德涵，〈賀母蕭宜人六十壽序〉，《鄒聚所先生文集》，卷2，頁32a-34a。耿定向在為劉少衡母親寫的壽序中稱讚劉少衡以為「孝莫大於養志」，實能真正顯揚母德。見耿定向，〈壽劉母陳安人六十序〉，《耿天臺先生文集》，卷11，頁37a-39a。

是故善壽其親者，不求之親而求之身；善壽吾身者，不求之身而求之心。一識此心，而至人、至壽、至孝，當下自全，可與明是義者，惟我同志。故今於宜人之壽而重為宏甫勗，兼為諸子言。不然，猶夫人之為壽而已也，豈稱我輩相期之至誼哉。[89]

周汝登又曰：

惟是余所以壽人母者，皆責之子若孫，務在立己行道，身為賢聖，而因以顯母為賢聖人之母，十餘年來，朝免〔晚〕娓娓與諸君言者，無非是義。[90]

羅汝芳（1515-1588）為同學朱可夫的母親祝壽時也寫道：「可夫誠能知本於格物，慎獨於誠正，立則於修身，吾見孺人之壽行，將以天地為紀，以萬物為養，而垂之今古無朝夕矣。否則，求無忝其身弗可得也，而況事其親矣乎。事親猶未能也，而況壽之矣乎，可夫勉之。」[91]同樣強調兒子修身以壽母親，並歸結於同志之間的互相勉勵。查鐸（1516-1589）為杜質母親所寫的祝辭也以修德相敞作結：「使杜子之學日益充實，日益光大，杜母之心雖啜蔬飲水有餘樂矣。然則杜子之壽其母與吾人之為杜母壽，惟此自修之意交相敞耳。」[92]

---

89 周汝登，〈張母應太宜人壽序〉，《東越證學錄》，卷8，頁31b。
90 周汝登，〈王母馬安人壽序〉，《東越證學錄》，卷8頁37b。
91 羅汝芳，〈壽親說〉，《羅明德公文集》，卷3，頁80a-b。
92 查鐸，〈賀杜孺人八十敘〉，《毅齋查先生闡道集》，卷7，頁13b-16a。

這些文字提醒我們，理學家以宗教般的熱忱投身於講學成聖的事業，其意義是被延展擴伸於社會生活的每個層面，不僅從個人生命價值的追求到平天下的偉大願景，[93] 從出仕立志為帝王師的豪氣到居鄉投身教化易俗的作為，即使在他們經常虧欠最多、最無力分擔的家庭經濟和日常人倫上，他們也能夠用「母以子賢而行著」、「賢內助」的邏輯來彌補，讓母親和妻子的奉獻或犧牲，因著分享兒子和丈夫的道德光環而有意義。壽序的寫作焦點經常集中在男性的事業，即使在為母親們祝壽時，他們最關懷的仍是自身「超乎凡人」的成聖志業。

講學同志間形成的特殊社交團體，其活動當然不僅於問道論學，也包括婚喪祝壽等活動，例如周汝登與十幾位講學同志相約，「凡同志之父母有慶，則皆升堂拜賀，而更為詞以相勗。」[94] 這些壽序格外強調同志間修德勵志的重要，也標榜了講學的崇高和特殊。這樣的訊息在楊起元（1547-1599）所著〈孟太夫人祭文〉中也清楚地表達：

> 某等生非盡同鄉，出非盡同年，仕非盡同官，而敬母，而哀母，則有出於同鄉、同年、同官之外者，以學同志也。夫學同志者，雖百世之上，百世之下，莫不感通也。今子鯉誠益進其所學，無愧於軻，則將來以母比孟母者，

---

93 晚明理學家非常強調以講學而「明明德於天下」的經世理想，參見呂妙芬，〈儒釋交融的聖人觀：從晚明儒家聖人與菩薩形象相似處及對生死議題的關注談起〉。

94 周汝登，〈張母應太宜人壽序〉，《東越證學錄》，卷8，頁30a。

不永有辭哉。[95]

當然還是子以修德進學尊親的思想，不過這段文字透露了更多講學者對於同志師友社群的特殊情誼與自負。理學家總認為他們比一般人更能榮耀自己的母親，因為他們不屑於文學政事，而是以聖賢之學顯親，所謂「孝子之思壽其親，其有大於以身為聖賢者乎？其又有大於尊其親為聖賢之父母者乎？」[96]他們高舉自己和講學同志間以道為連屬、因體道而貫通古今宇宙的超越性，並以此來尊崇母德。

明理學家對於女人修德成聖到底抱持何種看法？在極力強調道德自主性與修德以臻不朽的學風下，理學家是否將這樣的信念推及女人的生命意義上？從壽祝的文字，我們的確看到了母親被冠上「聖賢」的可能，也出現「身與賢聖比德而壽與太虛齊年」等意指不朽的字眼，[97]然而它們的意涵又如何？底下周汝登這段話清楚表達了理學家對這此問題的看法：

> 閨閫之行雖甚盛，不能自彰，每每徵于夫若子，而至於所稱生母者，則尤必以子顯。我國家令典，體悉子情備至，凡所生母具得以子貴貴之，是故子郎官則母稱安人，以至恭人、夫人，皆得視其子封號不二于嫡人，子遭時，可謂無不遂之情矣。然此猶孟子所謂人爵，得在外者耳。

95 楊起元，〈孟太夫人祭文〉，《楊復所太史家藏文集》，卷5，頁47a-b。
96 劉元卿，〈壽潘母劉夫人六秩序〉，《劉聘君全集》，卷6，頁37b。
97 周汝登，〈吳氏鄭太安人暨紹南吳公母子繼壽序〉，《東越證學錄》，卷8，頁22a。

　　修我天爵，以報所生，則更隆重不朽，是故子而賢人，則
　　母賢母矣；子而聖人，則母聖母矣。主爵之柄，貤恩之
　　權，係我天君不由外假，孟子曰：人人有貴於己者，得
　　之，可不謂甚便矣乎。人而悟此，斯為真能孝也。[98]

孟子之區分人爵與天爵，主要意涵在強調道德價值的至高性和
自主性，儒家相信道德行為正是「係我天君不由外假」的全然
自主，這樣的理念同樣是理學的核心信念。然而，周汝登這段
話雖然引用這種人爵與天爵的區分，也強調為仁由己，卻並未
將這種意義運用於女人的道德上，僅以「母以子貴」的道德論
述，讓女性道德成為男性道德的附庸。

　　女人無緣政治，只能靠著丈夫或兒子的功名而取得政治
封號，[99] 而女人的道德成就如何？雖然我們不能輕易說女人與
修德之事無涉，正如前文所述，女人是被賦予婦道、母道等掌
管家庭內政的重大責任，儒家對女性品德也有嚴格要求，因此
女人能夠也必須依賴自己在家庭中所扮演的角色而獲得道德肯
定。然而屬於女人的道德意涵僅止於此，至於體悟自己道德心
體的性命之學，則仍然像政治一樣，是女人遙不可及的領域，
故周汝登在論母親之成聖成賢時，完全套用政治領域命婦封號
的邏輯，強調「子而賢人，則母賢母矣；子而聖人，則母聖母
矣。」劉元卿（1544-1609）在推論何以歷代母親中，以孟母

98　周汝登，〈張母陳安人七十壽序〉，《東越證學錄》，卷8，頁27a-b。
99　參見申時行等修，《大明會典》，卷6，收入《續修四庫全書》（上海：古
　　籍出版社，2002），冊789。

名聲最顯赫時，所提的關鍵理由並不在於母親本人之所為，而在於兒子之道德成就。[100]由此可知，理學家從孔孟之學所領悟為仁由己、不由外假的道德自主性，其精微高超的意涵僅限於男性的世界中實現，而一切身外虛名毀譽均不能動搖的道德不朽，對於女人，則是空談。[101]

　　女人的確是無緣於理學家的性命之學，至少理學家們是如此認為。劉元卿曾緝《女訓》，他說：「而上下古今賢媛哲姬，何德不有，未有涉理學之津者，獨以其子為丘，則稱孔母，子為軻，則稱孟母云。」[102]他認為古今賢媛沒有人涉足理學領域，女人之於聖賢之學，唯一的聯繫則在：由兒子道德成就所彰顯的母德。王畿對自己的妻子曾發如此的感嘆：「使安人不為女子，可以與於儒者心性之學，不然亦為敦行君子無疑也。」[103]可惜這樣的嘆惜並沒有激發出挑戰傳統的新思維，仍然認為自己所講究的性命之學和不朽境界，女人無緣實踐。

　　既然女人無緣於性命之學，而性命之學又是唯一可以使生命達不朽的道路，難道女人的生命就必然與草木同腐？墓誌銘和壽序的文字當然不至於如此無情，不過理學家們的確用了一套不同的標準來描述女人的壽與德。理學家對於自己的道德

---

100 劉元卿，〈陳姐七十序〉，《劉聘君全集》，卷6，頁35a-b。

101 關於在儒學論述中始終存在的男女不平等現象，以及女人被排拒在聖學論述與實踐之外，參看劉人鵬，《近代中國女權論述》（台北：台灣學生書局，2000），頁18-49。

102 劉元卿，〈壽潘母劉老夫人六秩序〉，《劉聘君全集》，卷6，頁37b。

103 王畿，〈亡室純懿張氏安人哀辭〉，《龍谿王先生全集》，卷20，頁113b。

成就，絕不會承認、也不會滿意於可以由別人的作為來決定，但對於女性，則相信可以（也只能）因著兒子的道德成就而不朽，周汝登說：「人為聖賢則身不朽，此謂以至人膺至壽，身不朽則父母與之俱不朽，此謂以至壽奉至親。」[104]此處「不朽」的意涵只限於顯揚於當世或留名於青史，無涉於「聞道則能通晝夜、一死生」或「永此身與元會運世共不磨」這類以自身生命契歸道體的不朽境界。[105]我們因此可以說，那被理學家們精思後所揚棄的「不朽」意涵，此時被請回挪用作應酬文章中的偉句。女人的生命真的可以不朽嗎？理學家們似乎沒有問過，更沒有回答。

綜上所論，雖然明理學家的道德論述經常擺脫外在聲名富貴的纏累，而直究性命之源，透露著雖千萬人吾往矣的道德勇氣；對於生命價值的認定，也試圖超越傳統立功、立言的層次，在身體立行的道德實踐中尋求不朽的意義。然而理學這種超越性的關懷與理想，並無法將女人納入其間，提供女人一條可以修身養性的途徑。即使理學家們相信人人有具足的良知、相信愚婦愚夫的良知與聖賢無異、相信人人可學為聖，但是女人卻被排拒在「人人」之外，沒有路徑可以趨入聖學之域。他們對女人道德的看法，仍舊停留於傳統以家庭角色的扮演來要求女人做到貞靜幽閒端莊誠一、勤樸慈惠寬和曲從，要求女人必須無條件為配合丈夫的道德理想而犧牲奉獻，男人則在發出

104 周汝登，〈張母應太宜人壽序〉，《東越證學錄》，卷8，頁29b。
105 王龍溪，《王龍溪語錄》（台北：廣文書局，1986），卷3，頁14b；周汝登，《東越證學錄》，卷3，頁15b。楊東明，《山居功課》（東京高橋情報1991年複印，中央研究院傅斯年圖書館藏），卷10，頁14a。

幾聲「真知吾心」的讚嘆後，再以自己的道德追求和興趣轉移
給女人某種與道德關連的名銜。他們為女人構想的最佳生命境
界，是聖賢的母親，因為身為母親，女人完成了儒家最重視的
對家族延續的責任，能教養出聖賢兒子，則是母儀的彰顯，母
親也得因此而得榮名。在這套構想裡，女人本身的道德意念和
心體性靈其實無關緊要，要緊的只有兒子的表現。以理學家們
善於思辯的心靈，他們真的相信這種「母以子貴」式的「女
聖」、「賢母」得以真正的不朽嗎？我相信並不。「聖母賢
母」的意義至多是如孟母般因孟子之德而名垂青史，這是他們
構想女人生命所能達致的最高境地了。在理學論述中，女人其
實無分於道德修養的追求，成聖始終不是女人的職分。106

---

106 其他宗教也有類似的看法，例如D. L. Carmody指出穆斯林教傳統，雖然
《古蘭經》的教義堅持個人為自己的得救和受罰負責，但是一般信徒相信
女人缺乏得到救贖的足夠智慧，認為女人主要靠著母親的角色得救，「到
復活的日子，她的兒子將用臍帶拖著她進入樂園」，即使在天堂中，女人
總是與自己的丈夫和孩子在一起，且仍然服從他們。見鄧尼絲‧拉德納‧
卡莫迪（D. L. Carmody）著，徐鈞堯、宋立道譯，《婦女與世界宗教》
（成都：四川人民出版社，1995），頁157-167。又如佛教目連救母的故
事，母親因為生產受到污血沾染的罪，只有靠著兒子得著救贖。參見Gary
Seaman, "Mu-lien Dramas in Puli, Taiwan," in David Johnson, ed., *Ritual Opera,
Operatic Ritual: "Mu-lien Rescues His Mother" in Chinese Popular Culture*
（Berkeley: University of California, 1989），pp.155-190。目連故事從盂蘭經
流傳以來有許多不同形式的文本和故事內容，參見陳芳英，《目連救母故
事之演進及其有關文學研究》（台北：臺大出版中心，1983）。另外，從
宋代程顥（1032-1085）之女對道學的高度傾慕，其父、叔雖然心知，卻不
願教之，直到其病革彌留時，其叔程頤（1033-1107）才為之言，徒增其懨
恨的例子，亦可知女人與聖賢之學的隔閡。見程頤，〈孝女程氏墓誌〉，
收入程顥、程頤，《二程集》（台北：漢京文化事業公司，1983），頁640-

四、女人與理學的性命追求？

　　正如前文所論，墓誌銘或壽序之類的文字對女德的書寫
有一定的價值框架和書寫模式，也是透過男人再現後的女性形
象，因此嚴格說來我們無法得知女人真正的想法和欲望，我們
從這類文字所看到的，大部份都是女人如何配合男人的期許、
如何擁抱男人的理想及所定的規範，在繁重的家庭職責中生存
奮鬥。

　　例如上文所述丁彥伯、丁美祖的母親尹氏，雖然每次兒
子參與講會歸來，她總要詢問兒子會中所語，其實未必是自己
對於丈夫、兒子們的學問內容有興趣，從周汝登的書寫也看不
出她有自身學道的舉動，可能只是為要盡力做到母親督戒的責
任。不過尹氏顯然努力實踐儒家對女人的道德規範，因而在姒
娌間有「女聖」之稱，且全心擁抱丈夫的理想，希望兒子們能
承繼父志，致力聖人之學。

　　王三台是與周汝登一同講學的士人，[107]他屢試不第，因此
周汝登為王三台的母親馬安人所寫的壽序中除了勉勵王三台繼
續努力外，對於他能參與陽明學講會給予很大肯定：「學問之
途千蹊萬徑，而良知指授得入最上一門，遠近友朋不知凡幾，
而心術行誼具推思位為最。」[108]並推崇王三台能以「閑邪存
誠，動率以禮」的正貞之學尊親壽親，是最有價值的。接著，

641。
107 王三台，字思位，師事周汝登，人稱衡南先生。其傳見《嵊縣志》，卷
　　14，頁23b-24a。
108 周汝登，〈王母馬安人壽序〉，《東越證學錄》，卷8，頁38b。

周汝登向馬安人敬酒，並以馬安人的口吻寫道：「以言頌我，孰若以言勵我子若孫，假我五十年百二十歲，庶歲歲得聞□□言，而見吾子若孫之於道有成也，願以識之不忘。」[109]這段文字雖然難得地以一位母親的口吻出現，不過它看來只是社交場合的客套話，話的內容完全呼應理學家的想法。當然，很可能馬安人的確真心擁抱了理學家們的理想，根據周汝登的記載，這位馬安人是受過教育的女士，她「明理知書」，並且口授王思位《孝經》、《大學》、《中庸》，對於兒子學道，「儆策倍嚴」，周汝登盛讚其有「古賢母之風」。[110]同樣可能的是，透過周汝登的書寫，我們看到更多理學家形塑的賢母風範。

屠桃淑，是萬全衛經歷屠晟之女，從小受《孝經》、《毛詩》、《女誡》、《列女傳》之書，通其大義，父親為之慎擇婚配，終於嫁予廣東按察司副使胡某人為妻。丈夫性情嚴肅，婚後屠桃淑以古禮相之，不但「恂恂恭謹，親操井臼治酒漿，雖洒掃浣濯，不獨委人」，甚至到了「事無專制，尺帛一錢必以請」，連其家人都覺得不必要的地步，但她堅持這是「為婦之法」。[111]在這位屠桃淑女士身上，《女誡》、《列女傳》的教育顯然十分成功，她異乎常人、極端刻意的順從和謙卑，以及出於自願地凡事請示丈夫，唯夫命是從，除了是對儒家女德禮法的認同，也可以是一種逆向操弄權力的方式。她很重視

---

109 周汝登，〈王母馬安人壽序〉，《東越證學錄》，卷8，頁39a。
110 周汝登，〈王母馬安人壽序〉，《東越證學錄》，卷8，頁39a。
111 鄒守益，〈封恭人屠氏墓誌銘〉，《東廓鄒先生文集》，卷12，頁12a-14a，收入《四庫全書存目叢書》（台南：莊嚴文化事業公司，1997），集部，冊66。

家中女子教育，對佛教相當排拒，據稱她「閒居即誦古人嘉言善行以風厲諸婦及群從女子，關雎桃夭之篇，日夕訓之，且反覆推明其義。至浮屠氏之說，終身拒不入，有尼善幻說，俗爭延之，一日求見麾之門，屏外曰：婦道不昌，此輩亂之也已。」[112]

從這些例子和前文所述多數標榜女德、母德的例子，我們多看見女人接受了男人所規範的女德而付之實踐的情形，到底這是歷史的真實或男性書寫的偏好，其實很難斷定，也是史料性質的限制。然而，同一類史料中，卻偶爾也出現一些令人驚奇的書寫，以下將主要介紹三位女性，他們的生活可能與其他明代仕宦之家的婦女相差不大，但因為書寫者在取材上的側重和透露，為我們在晚明婦女與理學修身的關係，提供一些新穎的視角。

第一位是羅汝芳的母親甯氏，主要是根據羅汝芳的書寫。甯氏出身盱南游溪的巨族，[113]幼雖未經師傅，但於《小學》、《列女傳》等書，悉能通其大義。[114]從羅汝芳為其阿姨所撰的墓誌銘可知，甯氏姐妹雖未臨師傅，但因同其父親口誦詩書，得以知書明理。[115]根據羅汝芳自述，他幼年的啟蒙師即是母

---

112 鄒守益，〈封恭人屠氏墓誌銘〉，《東廓鄒先生文集》，卷12，頁12a-14a。
113 參見羅汝芳，〈從伯母甯孺人墓誌銘〉，《羅明德公文集》，卷4，頁76b。
114 羅汝芳，〈先母甯太安人墓誌銘〉，《羅明德公文集》，卷4，頁53b。
115 羅汝芳，〈從伯母甯孺人墓誌銘〉；另外，羅汝芳的祖姑甯淑靜，同樣是受過教育的女性，尤其寫得一手好字，她「精習女紅，暇則涉獵書傳，悉通大義，至作字端楷遒勁，雖善書者弗如也。」見羅汝芳，〈南城樊母甯孺人墓誌銘〉，《羅明德公文集》，卷4，頁77a-79b。

親：「某至不才，然幸生儒家，方就口食，先妣即自授《孝經》、《小學》、《論》、《孟》諸書」[116]；「晨夕經史，多母口授，遇有卓絕行誼，輒呼而問之，若輩可能是耶？」[117]羅汝芳的父親羅錦，曾學陽明學於臨川饒瑄（b.1482）[118]，成為盱地陽明學的倡導人物，[119]也影響羅汝芳之學甚鉅。[120]據稱甯氏對於丈夫和兒子的功名並不看中，[121]她不僅了解、支持丈夫追求聖賢之學，也幫助丈夫「為堂叔撫孤成立，而聯族黨、新宗祠、積社倉、開義塾」。她性喜歡施予，經常捐貲造橋渡濟，嘗曰：「吾須篋無尺帛銖金之餘，方覺洒然無累。」[122]

　　以上的描述和其他對女人的書寫並無大異，僅止於性格行事的描述，並不能凸顯甯氏個人生命追求趨向性靈的向度，然而羅汝芳接著寫母親的晚年：

---

116 羅汝芳，《盱江羅近溪先生全集》（據明萬曆四十六年（1618）刊本攝影，國家圖書館善本書室藏），卷2，頁1b。

117 羅汝芳，〈先母甯太安人墓誌銘〉，《羅明德公文集》，卷4，頁54a。

118 饒瑄，字文璧，號行齋，臨川人，博學多聞，拜王陽明為師後，授門多先之以靜坐，四方從學者眾，其傳見陳明水，〈造士行齋饒先生墓誌銘〉，《明水陳先生文集》，附錄，頁43b-45b，收入《四庫全書存目叢書》，集部，冊72。

119 羅汝芳：「盱人士知講學明道，實自先君始之。」同上註，頁53b。關於羅錦生平，參見羅汝芳，〈先府君前峰公行狀〉，《羅明德公文集》，卷4，頁79b-81a。

120 羅汝芳：「……父子怡然於從姑玉冷之間，絕無外慕，每春和秋清攜芳侍榻觀空岩下，中夜披衣起坐，商訂經書疑義，必述陽明行齋二先生之以示歸的。」羅汝芳，〈先府君前峰公行狀〉，《羅明德公文集》，卷4，頁80b-81a。

121 羅汝芳，〈先母甯太安人墓誌銘〉，《羅明德公文集》，卷4，頁53a-55a。

122 羅汝芳，〈先母甯太安人墓誌銘〉，《羅明德公文集》，卷4，頁53a-55a。

　　母是時，久已玩心太虛，性地融徹，日惟瞑目靜坐。
汝芳侍之移時，不接一語，間叩焉，則曰：此際此心空空
洞洞已爾。如是三載，忽食頃集諸婦語曰：人生苦欲多
壽，即千齡與此日何殊，隨呼婢設浴具，浴畢，持筭櫛鑰
置高所。婢曰：「明取不復勞乎？」笑曰：「吾不復用此
矣。」夜半疾作，端坐鼻流雙筯而終。[123]

在理學家對女人的眾多書寫中，這段文字相當特殊，這段文字
沒有明顯的女性傾向，因為所要表達的主要意涵是：甯氏這位
女性透過靜坐修養之後所達到的生命境界。前文我們談到，
從理學家的論述看來，女人其實無分於道德性命追求的聖人之
學，但是從羅汝芳母親甯氏的例子，我們卻看到一個女人在晚
年「日惟瞑目靜坐」，而且達到「性地融徹」、並有「此際此
心空空洞洞」的體悟經驗；我們也看到一位著名儒者，陪侍母
側，叩問、驗證其心體性靈之境界。甯氏臨終前能自知歸期，
並且預備妥當、坦然無懼地端坐而終，也符合晚明理學家對生
死大事的重視及所期許的超脫。[124]

　　羅汝芳之所以選擇呈現母親生命修養的境界於這篇墓誌
銘中，應當與他自身對生命體悟的重視有密切相關，從羅汝芳
的家書我們可以看到，他非常重視人應當自我面對、承擔自身
生存的責任，尤其是能夠通過修持而毫無恐懼地面對死亡，即

123 羅汝芳，〈先母甯太安人墓誌銘〉，《羅明德公文集》，卷4，頁54a-b。
124 關於晚明理學家之關注生死議題，以及表現在傳記書寫上著重臨終前坦然
　　無懼之情的描寫，參見呂妙芬，〈儒釋交融的聖人觀：從晚明儒家聖人與
　　菩薩形象相似處及對生死議題的關注談起〉。

使對於家中的女性，羅汝芳也有同樣的期許。例如在一封家書中，他寫道：

> 人生百事可緩，惟是末後一著最緊勞，我二相公扶助奶奶，悉心向善，將自己去來大事明白輕快，覺得遇親、遇怨、遇讚、遇謗，平平淡淡，不起一些波瀾，不被一些掛礙，眼前透得十二分，到臨時方得一二分，若眼前少存掛礙，今在心中雖止毫芒，將來便是銅牆鐵壁千萬重矣。望我賢奶奶用心用意，好了又加好，細了又加細，我也在此共加勉力。……惟願二位娘子及諸孫諸媳，各務曉事，莫只想要富貴一邊，不老實求些受用，……人在世間只有衣穿有飯吃，不被人打罵，便過得日子，便好幹辦自己前程，各人早得些手，便是各人本事。慎勿恃著少年，須知轉眼便三十四十來了。[125]

從這些信中，我們看到羅汝芳不僅對家中男子有講學求道的期許，[126]對家中女性也有相同的期許，並且提醒子孫輩應該幫助奶奶平日做好準備，以接迎生命的終點。以羅汝芳家庭這樣的家風，我們可以想像甯氏的靜坐修養和體悟，當不致於是文字上的虛寫而已。

---

125 羅汝芳，《羅明德公文集》，卷5，頁27a-b。
126 羅汝芳經常勉勵家人要齊心向道，以了此生，並要鼓舞精神，與講學同志共同「匡持書院，盡心聯屬，切莫錯過時光」，又在寫給弟弟的信中，表達對家中子弟急求功名，不究心於身心大事，違背羅家家風的憂慮。參見羅汝芳，《羅明德公文集》，卷5，頁25b-26a、28b、29b-30a。

　　第二位和第三位分別是沈寵的妻子和王畿的妻子，都是根據王畿的書寫。沈寵的妻子崔氏對理學內容十分感興趣，很難得，她有機會從丈夫口中得知理學家講學部分內容並付諸實踐，根據王畿所撰〈沈母崔孺人墓誌銘〉：

> 孺人歸沈君纔三月，即脫所飾簪珥，勸君從學。時歐陽南野文莊公講學南都，沈君往從之遊，及歸，孺人問：歐陽公所講大義可得聞乎？君以居常孝弟、不欺此心為對，孺人憬然若有省曰：若是，則婦人亦可學也。自是挺身應務，凡門內交承，一以此為主，以不欺心為課程，或中夜偕沈君披衣起坐，若有意于攝心之為者。久之益若有省。[127]

崔氏特殊之處在於她不僅鼓勵支持丈夫從事聖學，更是試圖與之共學。她主動探詢歐陽德講學的內容、思索這些內容、且付諸實踐。晚明理學家著重在日常人倫平凡簡易處行道的哲學，提供她「婦人亦可學」的信心，她所付諸踐履的，除了家庭內政之事，更包括一般理學家靜坐攝心的修練，並還有所省悟。

　　崔氏對理學的愛好，還可以見於如下的記載，王畿說自己曾拜訪沈寵，住在沈寵家，每當他與沈寵談說聖道時，崔氏則「每竊聽記，以商于君」。而且沈寵曾間叩妻子以所聞歐陽德之言，崔氏能夠「述答不遺一字」，她說這是她一生受用所

---

127 王畿，〈沈母崔孺人墓誌銘〉，《龍谿王先生全集》，卷20，頁84b-85a。

在，怎可能忘記。[128]對於沈寵轉述歐陽德「不欺心」之教，
崔氏在日常生活中也極力地操持：「孺人……非大禮慶未嘗衣
華飾，侍兒（睍）御，未嘗見有袒衣傾立之態。嘗曰：『墻壁
屋柱皆有鬼神，縱欲欺人，安能自欺。』」崔氏對「不欺心」
的理解摻雜一般鬼神的想法，並不完全符合理學家的想法，不
過像她如此的投入和操持，已經超越一般男性理學家對女德的
要求和規範，難怪連王畿都要讚嘆她知學、有近於儒者的性
情，[129]並且感嘆道：「使孺人不為女子，可以語于經綸之義，
不然，亦當為博雅敦行人無疑也。」[130]

　　崔氏並沒有受過文字教育，不過據稱她「性敏好古」，喜
歡讓兒輩誦說列傳及裨官小說大旨，「見古人壯節懿行，則擊
手詫嘆，以為烈士當如是。」[131]她一生協助支持丈夫以古聖
賢為期的理想，堅持深靖肅然的生活態度到臨終的最後一刻：
「孺人病寒疾轉痢，臥床雖久而神爽不亂，病且革，既冥，長
女侍浴，忽甦，問為浴者誰，女以婢對，則怒，女曰：婢入
時，帶尚未解，乃喜，頃之遂逝。」[132]頗有儒者風範。

　　第三位女性是王畿的妻子張氏，根據王畿所述，張氏性情
沉穩，「凝重寡言笑」，即使面對煩瑣紛雜的事務，也能隨宜
靜治，不露匆遽凌戾之色。對於家中男女內外之辨，僕役奴婢
之管理相當重視，自己行為謹慎遵禮，所以「宗親鄰黨遠近，

128 王畿，〈沈母崔孺人墓誌銘〉，《龍谿王先生全集》，卷20，頁86b-88a。
129 王畿，〈沈母崔孺人墓誌銘〉，《龍谿王先生全集》，卷20，頁88a。
130 王畿，〈沈母崔孺人墓誌銘〉，《龍谿王先生全集》，卷20，頁85a。
131 王畿，〈沈母崔孺人墓誌銘〉，《龍谿王先生全集》，卷20，頁87b。
132 王畿，〈沈母崔孺人墓誌銘〉，《龍谿王先生全集》，卷20，頁88b。

無不信之如女師」。[133]張氏的嫡母是督學鄭遜齋之女，能通五經女史，所以張氏自幼即受《詩》、《易》之教，並能頗通大旨。[134]

　　張氏可以說完全配合了王畿對陽明學的熱忱，不僅擔負起家庭中經濟、管理的責任，使王畿得以專心從事講學傳道的工作，又因為自己無法生育，早年即為王畿置妾，以廣嗣續，而且處處配合王畿的心願，王畿說：「安人素知予淡于慾，故能割床第之愛，益相忘而無所忌。素知予志有所在，故能諒其心，不泥其跡，益相信而無所疑。」[135]因此，王畿在為她寫的哀辭裡表達了對她深刻的感情與感念：「聚首五十餘年……賴安人與予同心，日夜經營，彌縫補葺，使變者寧，紛者理，倏忽者定，優游容與，以至於有今日」；「予自聞陽明夫子良知之教，無日不講學，無日不與四方同志相往來聚處，安人既貽予以逸，得以專志於學，贈遺聯屬，觀省慰勞，不致獨學寡聞以負師訓，識者謂有雞鳴雜佩之風。嗚呼，安人所見者大，其所德於予者深矣。」[136]

　　張氏中年之後禮佛，於朔望弦晦及忌辰必持齋，更「虔事觀音大士，掃靜室，持普門品，及金剛經，晨昏誦禮，出入必禱，寤寐精神，時相感通，若有得於圓通觀法者。」[137]王畿披

133 王畿，〈亡室純懿張氏安人哀辭〉，《龍谿王先生全集》，卷20，頁113a。
134 王畿，〈亡室純懿張氏安人哀辭〉，《龍谿王先生全集》，卷20，頁113b。
135 王畿，〈亡室純懿張氏安人哀辭〉，《龍谿王先生全集》，卷20，頁110a-b、112b。
136 王畿，〈亡室純懿張氏安人哀辭〉，《龍谿王先生全集》，卷20，頁111a。
137 王畿，〈亡室純懿張氏安人哀辭〉，《龍谿王先生全集》，卷20，頁

露了他和妻子張氏之間關於佛學與陽明學之間的四個問答：

> （張氏）嘗問予（王畿）夫子良知之教與佛教同異。予謂：良知性之靈，心之覺，體佛是覺義，即心為佛，致良知即是開佛知見，同異未暇論也。

> 問觀音能度一切苦厄有諸。予謂：此事全憑念力，一念覺時，即是見佛，苦厄頓消，所謂自性自度也。

> 問因果報應。予謂：一念善因，終成善果，一念惡因，終成惡果，其應如響，止惡修善，不昧因果，便是大修行人。一念萬年，無有生滅，即無輪迴，知生則知死矣。

> 又問六如之法。予謂：人在世間，四大假合而成，如夢境，如幻相，如水上泡，如日中影、草頭露，如空裡電，倏忽無常，終歸變滅，所謂有為法也，惟無為本覺真性，萬劫常存，無有變滅，大修行人作如是觀，借假修真，即有為而證無為，此世出世究竟法。[138]

在這幾個問答中，王畿的回答一如他在別處與友人談佛儒異同時一樣，以他所秉持良知乃範圍三教之宗[139]、大人之學無三

113b-114a。

138 王畿，〈亡室純懿張氏安人哀辭〉，《龍谿王先生全集》，卷20，頁114a-b。

139 王畿：「良知兩字範圍三教之宗，良知之凝聚為精，流行為氣，妙用為

教之分的信念，¹⁴⁰在生命實踐的層次上談論佛學與良知學的貫通，無論語言或內涵均不見刻意簡化。¹⁴¹根據王畿自己所言，此處他與妻子張氏的問答只是「隨機開諭之說，學術毫釐，未之詳及」，而對話的真正目的是希望能使張氏「有益於得」。¹⁴²雖然就學術的標準而言，這樣隨機的問答或許算不上真正的論學，王畿也許不認為他們夫妻間真的可以（或應該）像理學同志一樣地討論學問，然而這段文字可貴的是，它讓我們看見王畿夫妻間的對話非常接近理學同志間講學的內容，也讓我們看見女人在諸多家庭責任之外，對於自身生命意義的探索與追求，不僅極為關切，而且利用可能的管道將此追求付諸行動。理學論述儘管不認為女人應該同男人一樣從事性命之學，但某些理學家顯然也能體會女人對類似課題的關懷與追求。

　　從以上三個例子我們看到，雖然儒家聖賢之學並沒有為女人構想一套同男人一樣可以藉著修身養性而體悟本心、契悟道體以達不朽的進程，也沒有為女人安排追求個人生命自主的可能管道，女人之於道德只能在家庭內政和孝親教子的責任中找

神，無三可住，良知即虛，無一可還，此所以為聖人之學。」見王龍溪，《王龍溪語錄》，卷7，頁4b。
140 王龍溪，《王龍溪語錄》，卷4，頁19a-b。
141 例如，在與陸五臺就儒佛問題對話中，王畿說禪宗參話頭只為要見般若本覺真心，而「良知即是智慧」，人若能自信良知、真切於心體上致良知工夫，必能超越三界，了究生死，因此良知是入世出世的究竟法。見氏著，《王龍溪語錄》，卷6，頁15a；卷7，頁4a-b。
142 王畿，〈亡室純懿張氏安人哀辭〉，《龍谿王先生全集》，卷20，頁115a。

尋意義。然而實際上，儒家社會規範對女人這樣的侷限並不能完全抹滅女人對自己性靈更深刻的探索，理學這個完全排斥女人的殿堂也並不是毫無女人涉足過的痕跡。我們看到沈寵的妻子崔氏即使以竊聽的方式，也想一窺理學殿堂的奧妙，她中夜偕夫起坐攝心，久而久之，也能有所省悟；王畿的妻子張氏基於佛學的修持根基，也想一探儒佛指歸的異趣，在與丈夫的討論之後，也能「俛而思，恍然若有所悟」[143]；而羅汝芳的母親甯氏，更是具備理學家風範，晚年終日靜坐、性體融徹，從其與兒子羅汝芳之間的互動看來，實相當接近同志道友間的印證關係。因此，我們一方面不禁會想，既然根據有限的史料我們已看見有婦女能夠穿透社會規範和意識型態的限制，進入儒家性命之學的堂奧，其他未能被文字披露的類似情形，恐怕大有人在。

　　然而另一方面，我們也不禁要再強調，上述三個例子仍然是極特殊而罕見的。女人即使有機會涉足理學之津，不僅機會有限，恐怕涉獵的深度也受到限制。以上所論三位女人，都是明代著名陽明學者的家人，她們都是在家庭中私隱的情境下才得與兒子、丈夫談論這類的問題，或從事操練。沈寵之妻，縱然對理學有一股超乎一般女性的熱情，她也只能間接從丈夫口中得知歐陽德或王畿的教法，即使王畿住在她家，她仍然不能正式向王畿請益；而王畿的妻子張氏也不認為她對佛學與理學的興趣是合適於公開談論的，王畿說：「（張氏）常謂無非無

---

143 王畿，〈亡室純懿張氏安人哀辭〉，《龍谿王先生全集》，卷20，頁115a。

儀婦人之分，[144] 凡與諸內人言，惟及勤儉衣食生理，人道之
常，見人有能心綺語，即面赤，含章內閟，未嘗以所得拈出示
人，故人莫得而窺之耳。」[145] 儘管張氏有趣興和能力洞悉佛儒
教義，但她基本上接受了傳統認為女子不應涉獵此道的看法，
而刻意迴避公開的談論。由此可見，女人對理學的接觸，只能
從親密的男性家屬中獲得部分知識，其操持與談論都是一種隱
私，而這一切超乎男性規範的追求也必須在先完成作為女人的
家庭職責後，才有可能進行。

　　如果說這三位女性是極少數的特例，我們想問：難道其
他的女人都不曾有過類似生命探索與追尋的渴望？如果儒學不
能夠提供她們個人生命追求的管道，佛道二教如何呢？做為一
個為眾生指示了究生死大事的宗教以及其流行於中國的程度而
言，佛教的確比理學更能提供女人對生命性靈的探索與操持的
空間，但也同樣存在著不平等的男女觀和對女人的限制。[146] 佛
教對女人能否成佛的問題是有過激烈的爭辯的，根據古正美的

<hr />

144 出自《詩經》〈小雅·斯干〉：「無非無儀，惟酒食是議。」言婦人無專
　　制之義，而有三從之道；婦人有閫內之作，而無境外之志。見毛公傳，鄭
　　元箋，孔穎達等正義，《毛詩正義》，收入十三經注疏小組編，《十三經
　　注疏分段標點》（台北：新文豐出版公司，2001），冊4，頁1070。
145 王畿，〈亡室純懿張氏安人哀辭〉，《龍谿王先生全集》，卷20，頁
　　114b-115a。
146 幾乎世界各大宗教中都普遍存在不平等的男女觀念與關係，屬於女人的宗
　　教象徵充斥著神聖與邪惡的混雜，或比男人更好，或比男人更邪惡，卻無
　　法像男人一樣地「正常」。從歷史上看，女人一直未能平等地分享男人同
　　樣的人性，沒有獨立自主權，始終是從屬的角色。參見鄧尼絲·拉德納·
　　卡莫迪，《婦女與世界宗教》。佛教同樣把女人當成比丘們修行的障礙，
　　因為女人是撩起情欲的主因，比丘尼的地位也遠不及比丘。

研究，一切有部主張女人經由修行可以轉成男身，再由男身成佛；化地部認為女人因有五礙，而無法翻身成佛，故反對女人修行；初期大乘空系主張破除男女之辨，亦反對轉身論，對女人可以成佛有正面的看法。[147]雖然中國主要襲用大乘無男女見的思想，對於男女持較平等的看法，不過盛行於晚明的淨土宗教義，仍主張女身不得進入西方極樂世界，對女人修行的看法極曖昧。[148]

　　就實際修練而言，姑不論一般佛教信眾中女性占相當高的比率，或明代民間宗教中不乏婦女創教的事實，[149]即使在上層士大夫家庭中，也有如曇陽子這樣的女教主，她所傳講的教義和修行居然能夠使其父親王錫爵（1534-1611）和當代名士如王世貞（1526-1590）、屠隆（1542-1602）、沈懋學等人皈其門

---

147 參見古正美，〈佛教與女性歧視〉，《當代》，期11（1987年3月），頁27-35。

148 Beata Grant, "Who Is This I? Who Is That Other the Poetry of an Eighteenth Century Buddhist Laywoman," *Late Imperial China*, 15:1（1994），pp. 47-86.

149 晚明進香客中有相當的女性，對佛寺興建的贊助，女性也經常有重要的力量，雖然公開的書寫仍歸功於男性。參見Pei-yi Wu, "An Ambivalent Pilgrim to T'ai Shan in the Seventeenth Century," in Susan Naquin and Chün-Fang Yü, eds., *Pilgrims and Sacred Sites in China*（Berkeley: University of California Press, 1992），pp. 65-88; Timothy Brook, *Praying for Power: Buddhism and the Formation of Gentry Society in Late-Ming China*（Cambridge: Harvard University Press, 1993），pp. 188-191。關於清代女性宗教生活，亦見Susan Mann, *Precious Records*, Ch. 7。至於民間宗教中婦女參與的情形，因與本文討論的上層婦女，在社會層級上不類，故不詳論，可參考洪美華，〈清代民間秘密宗教中的婦女〉（台北：國立臺灣師範大學歷史學系碩士學位論文，1992）；衣若蘭，〈從「三姑六婆」看明代婦女與社會〉（台北：國立臺灣師範大學歷史學系碩士學位論文，1997），頁50-52。

下。[150]而就研讀深奧的佛經或投入性靈修養而言，女人在佛學中也比其在理學中的追求有更高的能見度，例如彭紹升（1740-1796）的《善女人傳》記載了許多明代婦女誠心禮佛，以至自知歸期、臨終前見聖應的例子；至於講論佛經者，也有如譚貞默的母親嚴氏「以金剛法華二經為常課，晚歲兼持華嚴，日必一卷，時為子婦講說大意」的例子。[151]從李贄與梅澹然通信論道的內容看來，女人的確參與相當智識性的討論，不過也引起衛道之士的強烈批判。[152]Susan Mann告訴我們十八世紀的閨秀，有人研讀《楞嚴經》等經典，並致力於心性的修養，甚至有僧侶們在教義和修持上給予幫助，某種程度上跨越了儒家所規限的內外女男的隔限。[153]Beata Grant對陶善（1756-1780）的研究，也讓我們看見像陶善這樣的女子，無論就其學識、性靈、求道的悟性和所領悟的境界，都絕不亞於男性，其詩作也顯示她對中國古典和三教經典的熟稔，但是即使這樣一位女子、且身在一個學佛的家庭中，仍不能擺脫儒家對女子婚姻、家庭職責的規劃，而對於女人能否修道成佛的疑問，也仍縈繞其心。不過，這個例子也顯明了女人對性命追求的渴望並無異於男人。另外，袁中道的姐姐能深解袁家兄弟間論學要旨，甚

---

150 曇陽子的宗教修持有佛、道和民間信仰的質素，見Ann Waltner, "Tan-Yang-Tzu and Wang Shih-Chen: Visionary and Bureaucrat in the Late Ming," *Late Imperial China*, 8:1（1987）, pp. 105-131.

151 嚴氏的例子，見彭紹升，《善女人傳》，卷下，收入卍續藏經會編，《卍續藏經》（台北：新文豐出版公司，1983），冊150，頁244。

152 見李贄，〈觀音問〉，《藏書》（台北：漢京文化事業公司，1984），頁166-176。

153 Susan Mann, *Precious Records*, pp. 187-193.

至中年欲棄家冗入道，勸其夫置妾以代司管鑰，然丈夫不肯。
鄭培凱指出她對探究人生意義的性命之學的追求有興趣，顯示
了她思想意識中智性探索的傾向與能力。[154]佛教雖然不能賦予
女人完全自由的追求空間，至少給予兼融儒家女德與佛教善女
的可能性。[155]

　　道教對於女性以修行進入神聖領域則有更開放、寬廣的管
道。道教在思想源頭上有更明顯的女性特質，在宗教崇拜方面
也有許多女性神仙。[156]楊莉對女冠的研究指出，《周禮》「冠
禮」本為男性專屬，但六朝至唐代之際出現了道教女性戴冠的
制度，此不僅從性別角度是對周禮冠制的一種變革，而且此變
革具有一神聖意涵，亦即道教之「冠」所具有的權威來自神
靈，「因而當一位女性配戴此冠，就意味著她參與到這一神聖
力量之中，並在跟這一力量的交流中成為神聖。」因此有一種
女權神授的意義。[157]

　　在實際修煉方面，道教中夫妻共修的例子也較普遍，[158]且
發展出專門指導女性修內丹的學說。據詹石窗研究，女性修內

---

154 見鄭培凱，〈晚明袁中道的婦女觀〉，《近代中國婦女史研究》，期1
　　（1993年6月），頁201-216。

155 Beata Grant, "Who Is This I? Who Is That Other? The Poetry of an Eighteenth
　　Century Buddhist Laywoman."

156 詹石窗，《道教與女性》（上海：上海古籍出版社，1990），頁44-49；杜
　　慧卿，〈道教女神、女仙觀念之演變〉，《道教學探索》，號9（1999年12
　　月），頁413-424。

157 楊莉，〈「女冠」芻議：一種宗教、性別與象徵的解讀〉，《漢學研
　　究》，卷19期1（2001年6月），頁167-185。

158 許多道教人士都有妻室，如葛洪與妻子一起修道成仙，房中術基本上也是
　　夫妻共修的。見詹石窗，《道教與女性》，頁106-115。

丹者在魏晉以前已有，唐代到宋元時代更獲進一步發展，金代
的孫不二是王重陽（1113-1170）女弟，有「坤道工夫次第」之
論，可謂初步建立了女丹學說。[159]明清時期，又產生了許多女
丹書籍[160]，這些不斷增加的女丹書籍反映了女性修道的願望以
及實踐修行的需求。清人賀龍驤曾說：「先君嘗語家慈曰：女
修一事，少女行之可以化氣，老婦行之可以卻病，孀婦行之而
守節之心更見堅固。若成仙成佛，又在女流功德之大小，工夫
之淺深，不可同年而語也。此家慈所以樂此幾三十年不倦也。
厥後吾嫂、吾姪女、吾妾、吾女、吾族親諸姑伯姐相繼樂此
者，甚不乏人。」[161]此段文字雖記載晚清的現象，但仍說明了
道教女丹修行與一般家庭倫常並行、受家長支持而盛行於民間
家庭內的情形。

理學無法提供女人性命之學的實踐機會，而佛道又有較
開放的管道，果然晚明理學家庭中的女人接觸佛道者不少，尤
其是認真禮佛者更多見於文字，例如王畿家庭中的女性學佛頗
深，除了妻子張氏是個虔誠學佛者，媳婦張氏是理學家張元沖
的女兒，嫁王應禎為妻，應禎早亡，張氏專志守貞，後結廬茅

159 詹石窗，《道教與女性》，頁124-125。Catherine Despeux考證《孫不二元
　　君法語》是十八世紀末的作品，附會於孫不二名下，故不認為孫不二建立
　　女丹學說，Catherine Despeux著，門田真知子譯，《女のタオイスム》（京
　　都：人文書院，1996）。
160 賀龍驤所輯《女丹合編》中收書目，見詹石窗，《道教與女性》，頁125；
　　其他女丹書目亦見Catherine Despeux著，門田真知子譯，《女のタオイス
　　ム》，頁270-281。
161 賀龍驤，〈女丹合編通俗序〉，收入彭定求編，《道藏輯要》（台北：新
　　文豐出版公司，1986），冊1，頁243-249。

墓傍，也「禮佛其中」。[162]羅汝芳在家書中提及：「前得賢奶奶親筆書，知在家念經向道，一切放下，我心十分懽喜。」[163]此處念經向道，應該也是指佛經。張元忭的母親「平生禮佛持齋」，臨終前亦能「了了不少亂，一切後事皆手自擘畫如平時」，在其病革之際，張元忭告訴母親：「母嚮伏佛，此正其時也」，「母乃連念彌陀，聲尚徹壁」，張元忭更命諸孫，和以《心經》送終。[164]而周汝登為張子易母親祝壽時說：「安人邇且掃舍焚香，齋居禮誦，一切絲絮米鹽俱置不問，則安人當有夙稟，至識子易密勤聖修，必然意為愉悅。」[165]張子易母親的「掃舍焚香、齋居禮誦」也應是禮佛的行為。陶望齡（1562-1609）的母親也是長年禮佛者，她向年熟讀《壇經》而能有所悟入，陶望齡更鼓勵弟弟陶奭齡要在《圓覺經》上多下工夫，並「順文解說與母親聽之」。[166]而即使嚴辨儒釋的劉宗周，其家中婦女也多有虔誠禮佛者，劉宗周的從曾祖母茅氏和祖母陳氏都是虔誠佛教徒，其妻章氏則虔信觀音大士，日夕持經咒薰禮，亦能讀《心經》、《延壽經》等經，並解其大義。[167]

　　這些明代著名理學家至親的母親、妻子、女兒如此認真地

---

162 張元忭，〈王節婦傳〉，《張陽和先生不二齋文選》，卷5，頁38b-40b。

163 羅汝芳，《羅明德公文集》，卷5，頁26b。

164 張元忭，〈先妣劉安人行狀〉，《張陽和先生不二齋文選》，卷5，頁20b-21b。

165 周汝登，〈張母陳安人七十壽序〉，《東越證學錄》，卷8，頁29a。

166 陶望齡，〈登第後寄君奭弟書〉，收入氏著，《陶文簡公集》（北京：北京出版社，2000），卷13，頁39a-40a。

167 見姚名達，《劉蕺山先生年譜》，收入民國叢書編輯委員會編，《民國叢書》（上海：上海書店，1992），編4，冊85，頁3、4、241。

學佛，並沒有受到強烈反對，羅汝芳、張元忭顯然認為學佛得以使人坦然面對死亡，是有價值的，而周汝登則說母親沉浸佛學中的「夙稟」應有助於她對兒子致力聖學的體會與支持。這樣的事例也再次讓我們看見，在晚明三教融合的時代裡，理學和佛教可以如此密切地在同一個家庭中被實踐著，而當理學愈來愈走向對生命體道的重視、以及對政治功名的反省與適度的疏離時，我們發現它不能提供給女人相當的道德自主性與性命追求的有效管道，恐怕是一個連當時的理學家都可以感受得到的缺憾。

五、結語

本文主要以明理學家族中的女性為考察對象，透過理學家們的書寫，我們看到許多符合儒家理想的婦女，在家庭中承擔著沉重的經濟、管理、孝養、教養的責任，也看到許多士人之所以能夠專心向學、外宦遠遊，都倚賴著妻子對他們在物質上和精神上的全力供應與支持。然而除此之外，我們也偶爾發現，有些女人試圖突破「理學」這個女人向來無法涉跨越的樊籬，在偕夫靜坐、談論講學內容、印證心性的經驗中，直探理學心性修養的境地，此已超出理學論述為女人所規範的道德實踐意涵。當然，這樣的例子是少數的，較多的女人是從佛教信仰中追求生命深一層次的慰藉與意義，理學家庭中的婦女普遍學佛的事實，以及理學家以誦念佛經幫助母親往生的例子，也再次提醒我們，在晚明的社會裡，佛教與儒學的確有極深密的交融。

　　與目前學界研究晚明文化史和婦女史的成果比照，我們也可以得到一些心得。高彥頤（Dorothy Ko）的書專門研究十七世紀的婦女，描繪了晚明上層社會的婦女所受的教育和才華，說明這些婦女通過詩歌的創作和出版，不僅拓展自我心靈和文化的空間，也聯絡了婦女間的情誼、傳遞女性的文化、甚至建立某種屬於女性集體的文化空間。因此在實際生活中，男女外內之別並不是截然分明的，其中有許多游移和彼此穿越的可能性。[168]另外，學者多指出晚明流行一股「尚情」的文化，表現於當時的文學創作和男女之情上，特別以名妓和才子間志趣相投、才華相稱的戀情為著，這樣的熱情和至情也相當程度地激動著明末的愛國行動。[169]對於晚明名妓文化的研究相當豐富，我們看見當時江南名妓與文人之間的戀情和交往，造就了一種對情意生活的嚮往。[170]名妓的才華與美貌、其身處於儒家禮教規範之模糊地帶所具有的優勢、與其對復社等復明活動的支持，都使得名妓常成為至情、自我表現、獨立性和忠毅愛國的象徵，尤其是在十七世紀文人的作品中，更成為一種失落的精萃文化的象徵。[171]而且，晚明的名妓與士人家庭之間並非絕然

---

168 Dorothy Ko, *Teachers of the Inner Chambers.*

169 Kang-I Sun Chang, *The Late-Ming Poet Chen Tzu-lung: Crisis of Love and Loyalism*（New Haven: Yale University Press, 1991）.

170 王鴻泰，〈青樓名妓與情藝生活——明清間的妓女與文人〉，收入熊秉真、呂妙芬主編，《禮教與情慾：前近代中國文化中的後現代性》（台北：中央研究院近代史研究所，1999），頁73-124。

171 Wei-yee Le, "The Late Ming Courtesan: Invention of a Cultural Ideal," in Ellen Widmer and Kang-I Sun Chang, eds., *Writing Women in Late Imperial China*（Stanford: Stanford University Press, 1997）, pp. 46-73.

區隔，至少有史料顯示兩種身分的婦女間有所交往。[172]

　　雖然一般認為晚明文學和文化的一股「尚情」心態與陽明學的內涵及泰州學派的發揚息息相關，不過這種關連應該視為思想在複雜文化情境和人物中被傳遞、挪用、轉化後的發展，即廣泛意義下的文化氛圍，而非直接的實質的影響。同樣生活在晚明經濟活絡而富庶、出版業蓬勃發展的南方社會，家庭中的女性同樣多有接受四書和經書的教育，晚明的理學家庭卻呈現了相當不同的風貌。從理學家所遺留的文字資料，我們不僅看不見妓女的身影，即使傳遞夫婦間情感的詩篇也極少，大部份理學家的詩作都以學道、求友、旅遊抒懷為主，其中絕少觸及女性，可以說完全看不見當時「尚情」心態的反映。如果名妓與才子的愛情經驗和豔情詩作表達著一種濃豔的浪漫之情、親密的肌膚之戀、和這股熱情所鼓動燃燒的行動力，那麼晚明理學家的「情」顯然是一種抽象哲理性的關懷，一種近乎沒有對象的、對理想自我的追求；如果「尚情」思想欲傳達一種能夠跨越生死的情的偉大力量，那麼理學家則顯然追求一種不為生死所動的寧靜心情，這一點從他們在人生最悲痛的時刻仍以「中和」之情為自我學問指標的主要關切可清楚看出。[173] 這與

---

172 Dorothy Ko, "The Written Word and the Bound Foot: A History of the Courtesan's Aura," in Ellen Widmer and Kang-I Sun Chang, eds., *Writing Women in Late Imperial China,* pp. 74-100.

173 這裡特別指許多理學家在痛失至愛親人時會不斷期勉自己不至過哀，例如查鐸兒子亡後，愛孫又在成婚前夕死亡，處此逆境，他仍以「外來境界若與我無干」的自定來期勉自己，也相信在此逆境中的安定不過悼，才能顯出平日學問的精神。又羅汝芳在痛失二愛子於端州後，視其含殮、周其棺具後，便遣棺歸鄉，自己則東適閩，數月才返，門人黎允儒認為羅汝芳不

理學作為一種文人自覺選擇的文化認同和學術志業當然有密切的關係，同時也提醒我們晚明的南方即便是個資訊發達、流行風潮湧現的社會，其間屬於地域、家風、學術等因素所形成的「次文化」仍是影響觀念和行為的重要因素。

也因為此，Susan Mann說十八世紀文人對於婦學的觀點有許多違離十七世紀的現象時，她描述了妓女的社會活動和角色有明顯轉變、清代閨秀取代晚明名妓成為才女的代表等重要的變化，然而，如果我們把眼光凝聚在晚明另一群女性身上，例如理學家庭中的女性，我們將可以從理學家對婦學的重視、對女德的強調、對女工的重視等情形，明顯看到十八世紀文人對前代價值的延續與傳承。

與兒子之棺俱返，旨在不欲過哀而傷道。見查鐸，〈與蕭思學書十一〉，《毅齋查先生闡道集》，卷3，頁19a-20b；羅近溪，《盱壇直詮》（台北：廣文書局，1977），頁265-266。

第六章

女子與小人可談道

楊甲仁性命之學的日用場景

一、前言

　　晚明陽明學較具平等觀念、泰州理學深具庶民色彩，這些雖是眾所周知的理學常識，但過去我們從著名理學家的文集，無論王艮（1483-1540）、羅汝芳（1515-1588）、周汝登（1547-1629）或楊起元（1547-1599）的著作，仍主要看到士人之間的往來問學，很少有中下階層人士參與講學的紀錄。雖然王艮曾宣稱滿街皆聖人、羅汝芳指著捧茶童子說道，但在那些場景中的童子和街人，都不是講學論道的參與者，而是被援引以闡道的工具性存在而已。羅汝芳在寧國府對囚犯講道，則更接近以教化行吏治，與日常生活和理學家之性命追求仍頗有距離。[1]因此，過去談到泰州理學的庶民特色，我們幾乎只能憑藉

1　這種地方官員試圖以教化感化民眾的作法古有前例，例如：唐開元中韋景駿在處理母子相訟案件時，令讀《孝經》，使母子感悟悔改；楊簡為富陽主簿，日諷詠《魯論》、《孝經》，而民自化。劉昫著，楊家駱主編，

《明儒學案》中幾則簡短紀錄來論述，既擔心過度推論，也看不出太多求道生活的細節。

　　我也曾經試圖考察那些重視自我生命意義和性靈追求的明代理學家們，如何看待女人的生命意義，儒家性命之學是否能提供婦女平等追求的機會？在實際生活中，女性是否能涉入理學領域，在其中找到安身立命之價值？當時我主要根據數百篇理學家文集中找到的婦女傳記，得到的結論是：即使明代理學家中確實有人能夠欣賞婦女的才性與求道的熱誠，然而他們並未能在理學領域中為婦女開啟追求性靈自主的天地；在理學論述中，女人其實無分於道德修養的追求，成聖始終不是女人的職分。現實生活裡，婦女多半在佛教中進行這方面的追求。儘管少數傳記透露著一些理學家的母親或妻子對理學有濃厚興趣，也有靜坐養心之操練，但這些紀錄畢竟太簡單而隱晦，無法清楚說明這些婦女對於從事儒家性命之學的自我意識與實踐程度如何，而且這些個案也顯示她們的修持與佛教信仰有密切關係。2

　　最近我讀到清初四川儒者楊甲仁（約1639-1718）的遺集，發現楊甲仁的作品對於上述情形有重要的補充和啟發。楊甲仁是一位少為人知的清初儒者，過去幾乎沒有以他為專題的研究

《新校本舊唐書附索引》（台北：鼎文書局，1981），卷185上，頁4797；馬澤修、袁桷纂，《延祐四明志》，卷4，頁17a-18b，收入中華書局編輯部編，《宋元方志叢刊》（北京：中華書局，1990），冊6。
2　呂妙芬，〈婦女與明代理學的性命追求〉，見本書第五章。

成果，[3]他在思想上明顯繼承了陽明心學的特色，[4]強調於內在心體上做工夫，且極力在日常生活中付諸實踐，並將其平日學思實踐的經歷形諸筆墨，留下許多生動的紀錄。他的交友圈沒有太多著名人士，主要以貢生、庠生為主，他的門人也有從事貿易的商人和胥吏。而從其與友人、門生的書信問答，我們可以看到他們從事修身工夫的諸多實踐細節，及其主要的關懷和所面對的困境。最難能可貴的是，楊甲仁的作品詳細披露了自己在日常生活瑣事上落實性命之學的點點滴滴，尤其他與側室周氏、僕人長壽之間講道問答的細節，以及他個人強烈支持女人和僕人能夠平等追求儒家性命之學的態度。這些充滿著日用場景的理學求道內容，使得楊甲仁、周氏、長壽成為明清理學實踐中極具特色的人物，活化了我們對晚明陽明學落實於士庶日用之間的了解，也是對晚明庶民從事儒家性命之學的精彩註腳。因此，本文將主要介紹楊甲仁這位鮮為人知的清初四川儒者，透過他的著作，說明其生平與思想，及其與朋友、妾、僕共同求道的情形。

二、著作、生平與思想

　　有關楊甲仁的歷史紀錄主要來自其著作《愧菴遺集》，其他史料僅見李顒（1627-1705）一段稱讚楊甲仁話，[5]即使地方志

3　光緒十四年（1888）四川尊經書院出版的《蜀學編》曾簡短地介紹楊甲仁之學。

4　見下文。

5　李顒：「貴部射洪縣有楊愧庵者，諱甲仁，其學不事標末，直探原本，見

中的小傳，也主要取材自《愧菴遺集》，故《愧菴遺集》就是
本文主要根據的史料。《愧菴遺集》的出版很曲折，是在湮沒
一百多年後才被發現而付梓，故從清初到道光時期約一、二百
年間，楊甲仁鮮為人知，對學術界也無大影響。雖然他家鄉四
川射洪縣人似乎隱約知道此人及其有著作遺世，但由於作品沒
有流傳，所知也很有限，要等到《愧菴遺集》出版後，楊甲仁
的知名度和學術地位才獲得提升。6既然《愧菴遺集》是讓我們
得見楊甲仁學思生活的主要文獻，也是將其帶進理學史領域的
重要憑藉，下文我們就從此書的出版談起。

（一）著作出版

　　藏於中央研究院傅斯年圖書館的《愧菴遺集》是同治三年
（1864）的重刊本，內容包括：《北游日錄》、《自驗錄》上
下卷、《下學錄》二卷、《下學芙城錄》、《憂患日錄》。根
據此版本內所收錄有關《愧菴遺集》初刻和重刻諸序，我們可
以知道這些著作被發現和付梓的大概經過。

　　在《愧菴遺集》尚未出版之前，射洪縣人對於楊甲仁仍有
一些記憶，趙燮元（1807舉人）說自己小時候曾聽長輩說起楊
甲仁：

　　　　元為童子時，嘗聞先敬齋公稱康熙中邑明經楊愧菴者，

地卓越，遠出來瞿塘之上，弟所欽服。」見李顒，〈與周星公太史書〉，
　《二曲集》（北京：中華書局，1996），卷17，頁183。
6　見下文。

為明太僕卿忠節公五世孫，篤行君子也。平生學近白沙、
陽明，而不悖於程朱。年十八遊楚，見劉麗虛於荊南，得
聞道。之秦，見李二曲於盩屋，二曲稱之不置口，又嘗遺
蜀學使周星公書，盛言愧菴所學，直探原本，不事標末，
遠出來瞿塘之上。[7]

趙燮元是嘉慶丁卯科舉人，曾任雲南永平縣令，未仕居鄉時，
主講金華書院，是射洪縣的重要學者，[8]也是促成《愧菴遺集》
出版的重要關鍵人之一。《愧菴遺集》出版前最後的收藏者就
是趙燮元，主要因為其門生于靖安（1821舉人）[9]從鹽商胡氏處
發現該書，據稱此書從清初到當時已輾轉易手十六家。[10]于靖安
獲得遺集後，十分欣喜，他隨即將其交送趙燮元珍藏，時為嘉
慶二十四年（1819）。由於趙燮元參與嘉慶二十四年刊本《射
洪縣志》的編纂，楊甲仁之傳亦於此時首度被收入方志，此應

7　趙燮元，〈劉執菴先生考訂楊愧菴集後叙〉，收入楊甲仁，《愧菴遺
　　集》，卷首，頁3a-b。瞿塘是來知德（1525-1604）的號，來知德也是四川
　　人，其學不同於理學，認為體上做不得工夫，以格物為格去物欲，以明德
　　為行五倫而有得。李顒對於楊甲仁之評價在來知德之上。關於來知德的思
　　想，見鍾彩鈞，〈來知德哲學思想研究〉，《中國文哲研究集刊》，期24
　　（2004年3月），頁217-251。
8　趙燮元傳，見黃允欽修，羅錦城纂，《射洪縣志》，卷11，頁16b，收入
　　《中國地方志集成》編輯指導委員會、《中國地方志集成》編輯工作委員
　　會編，《中國地方志集成・四川府縣志輯》（成都：巴蜀書社，1992），
　　冊20。
9　于靖安傳，見黃允欽修，羅錦城纂，《射洪縣志》，卷11，頁17a。
10　張鵬翂，〈初刻楊愧菴先生遺集序〉，收入楊甲仁，《愧菴遺集》，卷
　　首，頁2a。

與趙燮元於此時獲其遺集有關。[11]

　　即使如此，射洪縣人對楊甲仁的認識還是很模糊。道光八年（1828），張鵬翂曾向兩位射洪縣學生詢問楊甲仁，二生約略知道此人，但表示從未聽聞有關遺書之事。[12]道光九年（1829），方學周任射洪縣知縣，他說自己到任後，「索觀縣志，即知國朝有明經楊先生，諱甲仁，號愧菴。」並知道楊甲仁有遺著留世，可惜幾次搜尋都未得見。[13]可見楊甲仁學術知名度與地位的提升，並沒有因為入縣志有太大變化，還是需倚賴後來《愧菴遺集》的出版與流傳。

　　趙燮元雖珍藏《愧菴遺集》，但並未將其出版，出版事宜主要在張鵬翂的熱心主導下才完成。張鵬翂是關中人，他年輕時曾在關中大儒李顒（1627-1705）的書中讀到對楊甲仁的讚賞，故特別留意此人。道光七年（1827），張鵬翂出仕四川，他到達後即四處向人打聽楊甲仁，但無消息，又檢閱《四川通志》，也無其傳。[14]第二年，他向射洪縣學生田濟溥、田濟洲詢

11　乾隆五十一年（1786）張松孫修，沈詩杜等纂的《射洪縣志》（海口：海南出版社，2001）並無楊甲仁傳。嘉慶二十四年（1819）陳廷鈺等修的《射洪縣志》（中研院傅斯年圖書館藏古籍線裝書），楊甲仁傳在卷11，頁20b-21a；光緒十年（1884）刊本亦有楊甲仁傳，見謝廷鈞等修，張尚淮等纂，《射洪縣志》（台北：台灣學生書局，1971），卷11，頁13a-b。

12　張鵬翂，〈初刻楊愧菴先生遺集序〉，收入楊甲仁，《愧菴遺集》，卷首，頁1a。

13　方學周，〈初刻楊愧菴先生遺集序〉，收入楊甲仁，《愧菴遺集》，卷首，頁1a。

14　張鵬翂：「晤此邦人士，輒詢之，無一知者，復檢閱《四川通志》，亦無其傳。心甚訝之。」道光十二年（1832），張鵬翂官銜為四川候補直隸州州判。張鵬翂，〈初刻楊愧菴先生遺集序〉，收入楊甲仁，《愧菴遺

問，亦無著落。不過，兩位學生後將此事告知趙燮元，趙燮元
遂讓二人將所收藏的《愧菴遺集》帶去給張鵬翊。[15]張鵬翊閱覽
後，決定先請鈔胥鈔寫，「以備異日之代鋟」。但就在此際，
張鵬翊父親去世，他在回鄉奔喪之前，將此事交代僕人辦理；
於紛亂之中，僕人將「付鈔」誤聽為「付鋟」，故等到張鵬翊
辦理完父親喪事再回成都時，書已經鋟成待校。張鵬翊也只能
接受現實，就已刻好的書板進行校對。這個版本顯然刻得很不
好，張鵬翊說：

> 亟取而校之，見一切款式，率失其常，而重段重句，悉
> 為剗去，應斷仍連者，悉雙行改鑴。至於不當鋟而鋟者既
> 多，悉留廬山真面目，以待大儒削正焉。[16]

儘管如此，張鵬翊對於《愧菴遺集》能夠在湮沒近二百年之
後，於道光年間正式出版，[17]還是覺得極難得。他說：

> 其鋟此煞不易易，雖非余無尺寸之柄，時所官多事，而
> 二百年來已湮之物，復得彪炳於人間，當亦士大夫所先

集》，卷首，頁1b。

15　張鵬翊，〈初刻楊愧菴先生遺集序〉，收入楊甲仁，《愧菴遺集》，卷
　　首，頁2a。

16　張鵬翊，〈初刻楊愧菴先生遺集序〉，收入楊甲仁，《愧菴遺集》，卷
　　首，頁2b-3a。

17　初刻的兩篇序文由方學周、張鵬翊撰寫，時間分別在道光十一、十二年
　　（1831、1832）。

以為快者也。嗚呼，先賢先儒，精靈不泯者多矣。他不必
論，即如此集，初知之於二曲，繼得之於二生，終刊之於
一僕，雖其間牽合奸午，歷卅年之久而不少衰，脫非有物
焉呵護之，烏能成於不可知之數哉。君子觀於此，可以悟
凡事之成，莫非天意。[18]

或許因為初版實在錯誤太多，道光十四年（1834），劉執菴[19]決
定重刊，他以百金購得張鵬翮初刻書版，請趙燨元及邑諸生羅
雲、袁霖進行校讐，增損脫誤和重複之後，重刊出版。[20]

　　雖然《愧菴遺集》在道光年間兩次付梓，但並未廣泛流
行，原刻的書版後也被燒燬。咸豐十年（1860），蓬溪縣葉心
田因躲避李秀成之亂來到康樂堡，從友人處得見《愧菴遺集》
初刻本，心甚契之。回家後告訴子侄輩曰：

　　爾等讀書，抑識同郡愧庵有遺書乎？愧庵遠宗尼山，近
師麗虛，其書實道脈所關，不幸版片燬於兵燹。欲重刊之
而未得其會。[21]

18　張鵬翮，〈初刻楊愧菴先生遺集序〉，收入楊甲仁，《愧菴遺集》，卷
　　首，頁3a-b。
19　趙燨元稱其為「明府劉執菴」，我無法從《潼川府志》及其他四川方志找
　　到劉執菴之名。
20　趙燨元，〈劉執菴先生考訂楊愧菴集後叙〉，收入楊甲仁，《愧菴遺
　　集》，卷首，頁3a-b。
21　葉莖先，〈重刻楊愧庵先生遺集序〉，收入楊甲仁，《愧菴遺集》，卷
　　首，頁1b。

因此，其侄葉莖先設法尋得此書。在葉氏叔侄的努力下，《愧菴遺集》於同治三年再次翻刻，[22]這也是傅斯年圖書館所藏、本文所根據的版本。

（二）生平與交友

楊甲仁，字乃所，號愧菴，四川射洪縣人，大約生於1639年，享年八十歲。[23] 他出身仕宦之家，五世祖楊澄（1433-1508），曾以監察御史巡按兩淮，又遷大理寺卿歷僉都御史巡撫山西；高祖楊最（1472-1540），曾任工部員外郎等職，因上〈諫止希仙疏〉、〈請上出方士疏〉，慘死於嘉靖皇帝的廷杖下，穆宗時期才被平反，並追諡忠節；曾祖楊釾，贈光祿少卿；祖父楊禾，任閬中教諭。[24]父親楊嗣龍（1645卒），明末仕金壇縣丞，後調鎮江府司理，陞南京中城副兵馬司，轉北城正兵馬司補雲南縣知縣，著有《中北城讞語》、《國乘紀要》、《金華浪語》等書。順治二年（1645）楊嗣龍在射洪遇張獻忠

---

22 葉莖先，〈重刻楊愧庵先生遺集序〉，收入楊甲仁，《愧菴遺集》，卷首，頁2b。

23 生年是根據楊甲仁自言，於十八歲見劉麗虛，見三年後，於順治十六年己亥（1659）歸蜀，推算得知。《蜀學編》中楊甲仁傳曰：「年八十卒」。見楊甲仁，《北遊日錄》，《愧庵遺集》，頁46b-47a；趙燨元，〈楊愧庵先生傳〉，收入楊甲仁，《愧菴遺集》，卷首，頁1b；方守道初輯、高廥恩復輯，《蜀學編》，卷2，頁37a，收入江慶柏主編，《清代地方人物傳記叢刊》（揚州：廣陵書社，2007），冊9。

24 趙燨元，〈楊愧庵先生傳〉，收入楊甲仁，《愧菴遺集》，卷首，頁1a；四川省射洪縣縣志編纂委員會編，《射洪縣誌》（成都：四川大學出版社，1999），卷27，頁980。

亂殉難，長子楊甲傳亦同年遇難身亡。[25]

　　楊甲仁為康熙三十三年（1694）歲貢生，第二年（1695）曾赴北京考取中書。從其著作看來，他一生未仕，多居家或遊歷講學。楊甲仁的兒子楊秉乾（1702舉人），字樞然，曾授貴州永從令，因平苗亂等政績，累官至工部員外郎，後卒於官。[26]從上述家族史可見，楊甲仁出身射洪縣仕宦之家，經歷明清鼎革，自己的政治生涯雖不顯赫，但其中書的身分與家學淵源，仍讓他常與地方官員和士人交接。他對儒家性命之學的熱衷追求、樂於宣講，也讓他結交不少學友，吸引年輕學者向他問學。

　　以下我根據《愧菴遺集》，整理出他生平的重要經歷與交友情形。《愧菴遺集》主要記載康熙三十四年至四十六年間（1695-1707）的事件與對話，但偶爾也會追述往事，故我們可以知道部分楊甲仁早期的經歷及交友。下文言及的人物，若我能找到其名，將一律以名稱之，並在括弧中註明字號，但由於許多人物均無法找到更多史料，故僅能沿用《愧菴遺集》所書之名字。

25　見謝廷鈞等修，張尚淮等纂，《射洪縣志》，卷18，頁9a-b。

26　謝廷鈞等修，張尚淮等纂，《射洪縣志》，卷11，頁13b-14b。

時間	交友與經歷
順治十三年（1656）	楊甲仁初次與劉麗虛（約1605-1670）會面，此次會面深刻影響了他的學問，也是他日後不斷回憶與講述的內容。當時楊甲仁只有十八歲，特別慕名遠赴楚南拜訪五十二歲的劉麗虛。[27]
順治十六年（1659）	返回四川。
康熙八年（1669）	到過湖北孝感縣，見一位騎驢者，氣象不凡，但並未與之交談，日後他認定此人即是他所佩服的楊洪才（字拙生，號恥菴）。[28]
康熙十二年（1673）	寓居河南南陽鎮平。[29]
康熙十四年（1675）	由河南南陽到浙江。[30]
康熙十六年（1677）	仍居浙江海寧，與史明道、朱曦、蔡道詮等人講學。[31]
康熙十八年（1679）	到山東謁聖林，同年又從山東出發到河南，希望能再訪劉麗虛，但抵達後才知道劉麗虛已於九年前去世。[32]

27　文獻均記赴楚南見劉麗虛，但劉麗虛是河南洧川縣人，我不知道確實會面的地點。

28　楊甲仁，《下學錄》，卷2，頁113b，收入《愧菴遺集》。楊洪才傳，見梁鳳翔修，李湘等纂，《孝感縣志》（海口：南海出版社，2001），卷18，頁35a。

29　楊甲仁，《北遊日錄》，頁47a，收入《愧菴遺集》。

30　楊甲仁，《憂患日錄》，頁12b、13a，收入《愧菴遺集》。

31　三人為年輕輩學生，史明道是揚州人，朱曦開封人，蔡道詮海寧人。楊甲仁，《憂患日錄》，頁30a、40a。

32　楊甲仁，《憂患日錄》，頁28b-29a、49b-50a。楊甲仁在1696年曾回憶十八年前謁聖林事，見《自驗錄》，卷上，頁11a，收入《愧菴遺集》。另一處記曰：「自山東來謁，而夫子已夢奠八年。」楊甲仁，《北遊日錄》，頁46b。

時間	交友與經歷
康熙二十二年（1683）	與漢陽友人傅餘夫（萬青）及其長子傅端御[33]見面，行相見禮，[34]後與傅端御時有書信往來。
約康熙二十三年（1684）	與同郡劉柱石締交，兩人常有書信往來。[35]
康熙二十七年（1688）	傅端御之弟傅良辰（慎全）偕友人馬方昇（涵光）正式拜楊甲仁為師，[36]後來傅端御亦拜入甲仁之門。[37]傅端御的父親為胥吏，晚年好學道，亦積極鼓勵兒子學道。[38]傅家兩兄弟與馬方昇均是從事貿易的商人，[39]亦均正式拜楊甲仁為師，熱切追求儒家聖賢之學。不過，後來傅良辰似乎覺得自己與老師不太同道，此也引發楊甲仁不少抱怨。[40]

33　傅端御可能即是傅方辰，因其為傅良辰長兄。從〈丁亥正月二十八日風雨中寄門人傅方辰〉書中可知傅方辰是傅良辰之兄。楊甲仁致傅端御早期的書信均稱其「端御」，可能因當時傅端御尚未拜入其門，1701年端御正式從甲仁遊，故丁亥年（1707）之書稱其名。另外，《下學芙城錄》卷首校者名單亦有傅方辰之名。然因無法完全確定，故行文中我仍用「傅端御」。

34　楊甲仁，《自驗錄》，卷上，頁51a-b。據楊甲仁言，士相見禮在蜀已五十年無人講看，廖有恒在1687年行之於故舊，曾引人譏笑。此與顏元等清初北直隸學者的經驗相當接近。另外，1683年楊甲仁與傅端御等人曾在漁樊泓遇兵掠船，在傅端御協商下才解危。見《自驗錄》，卷上，頁30b、35a。

35　楊甲仁在1697年寫給寄柱石的信中說道「吾兩人締交十四年」。《自驗錄》，卷上，頁101b。

36　楊甲仁，《自驗錄》，卷上，頁64a-b。

37　時在康熙四十年（1701），見楊甲仁，《北遊日錄》，頁14a。

38　楊甲仁，《下學錄》，頁105a。

39　楊甲仁，《北遊日錄》，頁15b；《憂患日錄》，頁21a-b、59a-b。

40　《北遊日錄》記曰：「良辰丁亥秋與董寧侯帖曰：學脈路徑與不尚不同，不知良辰近日又得何學脈，若果另得真學脈，甲仁自當改以師良辰，萬不

時間	交友與經歷
康熙二十九年（1690）	滿人官員中丞噶公聘請楊甲仁至署講學。[41]
康熙三十三年（1694）	楊甲仁約五十六歲，被選為歲貢生。
康熙三十四年（1695）	赴北京考中書。二月由射洪出發、三月抵京、十一月返回射洪，其間往返行程、會晤官員與朋友交接講學等，均有詳細的紀錄，即《北遊日錄》的主要內容。在這十個月的旅程中，均由僕人長壽陪伴，《北遊日錄》中也記錄不少主僕二人的對話。
康熙三十四年（1695）	楊甲仁在京城期間主要交接者仍是四川籍士人，包括：羅為賡（字西溪，1654舉人）[42]、高人龍（惕菴，1688進士）[43]、樊澤達（悔齋，1685進士）[44]、程介石、劉子節、周鈞和、楊璿（字正辰，號他山）等人。[45]

敢執其舊見，不降心也。」見楊甲仁，《北遊日錄》，頁15a-b；《自驗錄》，卷下，頁34a-35a、35a-b。

41 楊甲仁，《自驗錄》，卷上，頁18a-19a。

42 羅為賡是南充人，任瀚的門人，康熙十年（1671）任孝豐知縣。劉濬修，潘宅仁纂，《孝豐縣志》（台北：成文出版社，1975），卷5，頁4b。

43 高惕菴時任吏部官員，楊甲仁三十年前已與之結交。高惕菴應是高人龍，梁山人，康熙二十七年（1688）進士。見楊芳燦，《四川通志》（台北：華文書局，1967），卷124，頁50b。

44 樊悔齋時為翰林院官員，為宜賓人，對講學有興趣，楊甲仁稱其「恬淡直樸，有赤子不彫氣象。」見楊甲仁，《北遊日錄》，頁3b；楊甲仁，《自驗錄》，頁24a；楊芳燦，《四川通志》，卷124，頁50b。

45 劉子節是陝西略陽貢生；周鈞和是合州貢生；程介石是萬縣舉人。事實上在京城所遇之人更多，例如，六月廿五日在樊澤達署中，在座者有江津舉人程德也、西充舉人馬士嶼、叙州府貢生宋懷斯、成都貢生龍禹功、巴縣監生劉同飲。又曾在飯店內遇蘇州貢生張毓成。見楊甲仁，《北遊日錄》，頁6b、13a。楊璿之字號，見楊甲仁，《自驗錄》，頁2b。

時間	交友與經歷
康熙三十四年（1695）	由北京返射洪的經歷： 在山西吉州曾與周鑑（三為）、盧石功講學。[46] 路過文津縣，謁薛文清祠。[47] 到關中盩厔拜見李顒，留居八日，彼此講論印證，是此次旅程的高峰。[48] 過橫渠鎮，謁橫渠祠。[49] 到寶雞訪李修（汝欽）。[50]
康熙三十五、三十六年間（1696-1697）	楊甲仁曾會晤廖有恒（字成之，一字柴坡）[51]、周宜仲、蘇兩之、劉柱石、錢秋水、何近光、左元藝（唯一）、蒲薦蓁（殷配）、李世英（一中）等人，並與劉柱石、傅端御、錢秋水、曾濟蒼等有書信往來。[52] 不過，這期間紀錄最多的則是家居生活中與姜周氏（悟性、了心）的對話，[53] 以及自我體悟的心得。楊甲仁曾感嘆自己家居生活寂寞無友，「終日與僮僕打量柴米油鹽，牛猪雞鴨」等瑣事纏繞；[54] 但他也說自己老來「門下有了心、羅度、長壽，性地之證，言到即徹，全無擬議。」[55] 由此可知了心、羅度、長壽是其晚年重要的講學伙伴。

46　楊甲仁，《北遊日錄》，頁21a-23a。

47　楊甲仁，《北遊日錄》，頁23a。

48　楊甲仁，《北遊日錄》，頁25b-65a。

49　楊甲仁，《北遊日錄》，頁65b。

50　楊甲仁，《北遊日錄》，頁65b-66a。李修是姜水人，李顒門人，其小傳見強振志等纂，《寶雞縣志》（台北：成文出版社，1970），卷9，頁14b-15a。

51　廖有恒為射洪縣人，曾任山東濟寧州知州，其傳見張松孫修，沈詩杜纂，《射洪縣志》，卷5，頁26b。

52　左元藝為彭縣庠生；蒲薦蓁為成都庠生；李世英為新都庠生。另外，康熙三十五年（1696）八月十六日，楊甲仁遇張大酉，談及工夫；九月朔日，王子木等人來會。見楊甲仁，《下學芙城錄》，頁1a-10b、20a，收入氏著，《愧菴遺集》。

53　有關周氏與了心、悟性，見下文討論。

時間	交友與經歷
康熙四十四年（1705）	八月，了心去世。十月十一日楊甲仁寫成《了心語錄》一書。56
康熙四十五年（1706）	長壽陪伴遊成都一年。
康熙四十六年（1707）	長壽陪伴遊黔中。大約此時，亦有與學臺周澹園、劉碧峰，以及張恕行、廖海長（1711舉人）等人論學的紀錄。57《愧菴遺集》的內容記載到此年為止。
約康熙五十七年（1718）	楊甲仁卒。《蜀學編》說楊甲仁卒年八十，據此推論其約卒於1718年；其生平最後十年並沒有文字紀錄存留。

　　從以上片斷的記載，我們可以想見楊甲仁多遊歷、好交友、樂講學的一生。他講學的基本精神可從以下這段自述得知：

　　康熙三十四年，夏四月，至吏部，過堂會各省諸同人。於大堂上，甲仁曰：人生百年只同一息，一息若不真，百年成醉夢。甲仁，蜀人也，今應中書之文，來遊京師，與諸君會，借此良晨，以通消息。諸君須大拓胸襟，高著眼界，吾人頂天立地，誰是我悠久無疆者，何處真見得大行不加，窮居不損。若果見得，則隱不徒隱，顯不徒顯，堯舜君民，分內事耳。以此燮理一身，即以此燮理九有，參

54　楊甲仁，《自驗錄》，卷上，頁6a。楊甲仁談到家居孤寂，見楊甲仁，《下學芙城錄》，頁42a。

55　楊甲仁，《自驗錄》，卷下，頁33b。

56　楊甲仁，《自驗錄》，卷下，頁20b、40b。

57　楊甲仁，《自驗錄》，卷下，頁10b-31b。

> 贊神猷，輔相皇極，功業皆德業也，中書豈異人任哉。否
> 則，勿論不得；即得，亦負疚良多耳。58

如此向他人宣講或提醒自己人生終極意義的發言，是楊甲仁遺
集中非常重要的主題，此與其思想有密切關係，故下文討論楊
甲仁思想淵源及其最仰慕的儒者。

（三）思想淵源與仰慕之儒

　　從《愧菴遺集》我們無法得知楊甲仁確切師承，不過可以
看出他對理學的濃厚興趣，且具有相當學術背景。他曾自言：
「仁生也晚，早失父兄之訓，長罕師友之箴，為學如盲。」若
有一些心得，是自己長期摸索所得。59他一生最景仰也最常言
及的當代學者是劉麗虛、楊洪才、李顒三人，但事實上他與三
人的實質往來很少。60加上楊甲仁學派觀念淡泊，常以自己想
法融會前儒觀點，61故推論他可能自學的成分更大。《愧菴遺
集》所言及的理學家包括周敦頤（1017-1073）、邵雍（1011-
1077）、張載（1020-1077）、程顥（1032-1085）、程頤
（1033-1107）、朱熹（1130-1200）、陸九淵（1139-1192）、

58　楊甲仁，《北遊日錄》，頁1b-2a。
59　楊甲仁，《憂患日錄》，頁59a。
60　見下文。
61　例如，楊甲仁主張直認性體、在性體上做工夫，他認為濂溪主靜立極、明
　　道體認天理、象山之立大本、延平看未發氣象，均是同樣的工夫。他並不
　　再去細分上述各家工夫上的差異。見楊甲仁，《北遊日錄》，頁4b-5a。

楊簡（1141-1225）、薛瑄（1389-1464）、陳獻章（1428-
1500）、胡居仁（1434-1484）、羅欽順（1465-1547）、王陽明
（1472-1528）、王艮（1483-1540）、錢德洪（1496-1574）、
王畿（1498-1583）、羅洪先（1504-1564）、羅汝芳（1515-
1588）、顧憲成（1550-1612）、高攀龍（1562-1626）、李顒
等，[62]且談論內容主要是理學，由此可知楊甲仁是在宋明理學
的傳統中，找尋人生的定位。趙爕元說他「平生學近白沙、陽
明，而不悖於程朱。」筆者認為他的思想確實接近陳獻章與左
派陽明學，[63]但並不類於程朱學。以下將先簡要說明楊甲仁的思
想淵源，再討論他心目中最仰慕的三位儒者，及其與他們的關
係。

　　楊甲仁不是一位強調學派歸屬的儒者，相反的，他試圖超
越學派門戶之見。他說自己的學問不是要宗朱或宗陸，而是要
宗尼山；[64]而讓他有自信能夠超越門戶直宗尼山，是因他相信
人人心中有尼山，即天賦眾人相同的性體（心體），是一切是
非善惡的終極判準。儘管楊甲仁沒有門戶之見，也沒有批評朱

---

62 楊甲仁言及前儒的文字很多，散見《愧菴遺集》中各書。

63 此處用「左派陽明學」主要指王畿和王艮等泰州學者對於良知與工夫論
的看法。楊甲仁也認為王畿和王艮之學相近，曾說：「心齋悟處與龍谿
同」。見楊甲仁，《下學芙城錄》，頁32b。

64 楊甲仁：「吾之學非宗王也，非宗陳也，非宗朱也，非宗陸也，非宗程
也，非宗周也，吾宗尼山也」；「講學者分陸分朱，是千古斯道之厄，
吾學不是宗朱宗陸，是宗尼山。……人不見乎性中之尼山，又惡可以宗尼
山。」又回答友人問朱陸之學時，曰：「放著自家一個朱考亭、陸象山不
參究，卻去問當年朱考亭、陸象山。」見楊甲仁，《下學芙城錄》，頁
22b、24a；《北游日錄》，頁5b。

子學，但是他的學問明顯接近陳獻章對心體的重視，[65]尤其接近左派陽明學即本體即工夫、良知現在的看法。他對朱子學的體會明顯有扭曲，不僅在工夫論上與朱子的「主敬涵養、格物窮理」不相契，以「在性體上做工夫」解釋「格物致知」也不同於朱學，[66]他認為朱子晚年悟道而洞徹性源、盡改舊見，也可能源於王陽明《朱子晚年定論》的看法。[67]

綜觀楊甲仁論學，最突出也最常強調的重點是：無論中下根器者，聖學入門均應在本體上下手；離了本體，別無工夫。[68]以下摘錄幾段楊甲仁自己的話，呈現他與左派陽明學間的密切關係。

　　甲仁直認性體，以本體為工夫之說，此非不肖鑿空之言也，蓋實有見於古今學脈，惟此可尋入手，可尋究竟耳。

65　楊甲仁認為陳獻章之學近程顥，較象山、陽明更沉細。他強調要體認本體，認為得了本體，則千聖骨髓都在吾人手裡，以性合性，以天入天，才是應物讀書之本，此均接近陳獻章。楊甲仁，《自驗錄》，卷上，頁58b-59a；《下學芙城錄》，頁63b-64a。

66　楊甲仁對格物致知的解釋，主要見於《下學錄》。他把格物解釋為「格明德至善之物（性體）」，格物致知即直認本體的工夫，故格物、致知、誠意、正心、修身，原非漸次積累之工夫，而是即本體即工夫。見楊甲仁，《下學錄》，頁11a；21b-50a。

67　楊甲仁說朱子足以為千古師法者，在於他不執舊見。又說朱子晚年因病有悟，所見必與昔時不同。楊甲仁，《下學錄》，頁13a。王陽明之說，見王陽明，〈朱子晚年定論序〉，收入王守仁著，吳光、錢明、董平、姚延福編校，《王陽明全集》（上海：上海古籍出版社，1992），冊上，頁240-241。

68　楊甲仁：「本體上下手，方是真工夫。又曰：離了本體，別無工夫；離了本體，別無下手處。」見楊甲仁，《北游日錄》，頁33b。

故三十年來，層層披剝，反觀密照，殊有以自信。[69]

直認本體已握驪珠，更復何言。認本體千真萬真，誠非易易，但一真則無所不真，非節次等待做出。只要一眼覷見，了了徹徹，識得是自家本面，死不放手，則萬紫千紅盡皆春矣。[70]

學利困勉，雖在着緊用力，而本體上底工夫，却是一團天然機括，著不得半點人為。弗能弗措，己百己千，勉然處都出自然。[71]

聖人心性之學，都是一齊下手。……聖人凡夫，都是一齊下手，不分層次。[72]

良知在人倫日用眼前事物上認取，致良知即在人倫日用眼前事物上下手，如何怕入於空寂而為禪。[73]

夫婦愚不肖，盡同聖人不知不能底本體。聖人只是由夫

69　楊甲仁，《自驗錄》，卷上，頁102b-103a。

70　楊甲仁，《下學芙城錄》，頁6b。

71　楊甲仁，《北游日錄》，頁34a。

72　楊甲仁，《北游日錄》，頁36a、37a。另一段與李顒的段話，見同書，頁27b-28a。

73　楊甲仁，《北游日錄》，頁10a。

婦之知能，以做到不知不能。[74]

　　另外，楊甲仁雖強調在性體做工夫，但不走歸寂一派，對此他有親身實踐的體驗，曾說：

　　良知本寂，無用歸寂，歸寂是病。[75]

　　龍谿曰：良知本寂，無取乎歸寂，歸寂則稿矣。吾嘗驗之，歸寂便不能寂，不能寂，便有千般病痛，亂起亂滅，不止於枯稿。歸寂則稿，是存心斷滅之弊。[76]

楊甲仁的學問重視向內直認本體，強調不思不勉、自然無為的本體工夫，亦即不循故轍軌跡、不涉私意安排、不分層次的當下工夫，[77]故其工夫論具有明顯頓悟的色彩。[78]又認為得了心體便能掌握道統、學統、治統之樞紐，[79]這樣的學問態度接近陳獻章以心體悟天道生化的自然之學，而其高度自信良知、認為學絕不能循塗守轍、照依成法的看法，又頗似王畿與泰州學者。[80]

74　楊甲仁，《自驗錄》，卷上，頁32a。

75　楊甲仁，《下學芙城錄》，頁2a。

76　楊甲仁，《憂患日錄》，頁73b。

77　這部分的討論非常多，例見楊甲仁，《北遊日錄》，頁9b-11b、32a-39a；《自驗錄》，卷下，頁11b-12a。

78　楊甲仁，《自驗錄》，卷上，頁2a。

79　楊甲仁，《下學芙城錄》，頁23b。

80　楊甲仁說「踐迹」是將自己的本命元辰落在別人手裡。楊甲仁，《自驗錄》，卷上，頁14b-15b、16a。

由此我們可說，即使楊甲仁師承並不清楚，但他的學問接近明代心學的傳統，尤其與王畿與泰州學派的精神風貌相近。這一點我們從他自己對於宋明理學家的評論，也可以清楚看出。楊甲仁說：

> 麗虛劉子，後世化神一人。濂溪、明道，顏子後二人。象山，孟子後一人。白沙，明道後一人。陽明，象山後一人。心齋、龍谿，陽明後二人。近溪，心齋後一人。恥菴，白沙後一人。中孚，近溪後一人。[81]

楊甲仁在這段發言中，提及三位他生平最推崇的當代之儒，他們是：劉麗虛、楊洪才（恥菴）、李顒（中孚）。其中楊甲仁最推崇劉麗虛，認為他才是真正達到化神的人物：「甲仁四十年前丁酉，得見一化神至人麗虛劉子焉。狂狷而進於中行，則得恥菴楊子，中孚李子焉。」[82]趙燦元也說：

> 公平生師事劉麗虛，以為當代之神化者，惟劉夫子一人。其次則惟恥菴楊子，中孚李子。[83]

所謂「化神」意指「在境不著境」而言。[84]對楊甲仁而言，劉麗虛即是這種不絕於境又不著於境的活見證，其地位遠在宋明諸

81　楊甲仁，《自驗錄》，卷上，頁58b-59a。
82　楊甲仁，《自驗錄》，卷上，頁67b。
83　趙燦元，〈楊愧庵先生傳〉，收入楊甲仁，《愧菴遺集》，卷首，頁7a。
84　楊甲仁，《下學芙城錄》，頁17b。

儒之上。但這一位在其心目中為「化神至人」的劉麗虛，我們
幾乎找不到其他任何史料，[85]只能透過楊甲仁的文字得知其人。
然而，楊甲仁的文字與其說能引領我們真實認識劉麗虛，毋寧
說讓我們更多看見他自我理想投射出的劉子形象。

　　劉麗虛是河南洧川縣人，十八歲的楊甲仁首次與之會面，
便留下一種神秘莫名、沒世難忘的經驗。楊甲仁回憶道：

　　　予年十八，見麗虛劉子，登樓望見，顋門若開，神為震
　　動，是以所感之深，沒世不忘。[86]

這是楊甲仁一生最重要的經歷，往後他不斷詮釋這個特別的經
歷，將自己的學思心得投射到劉麗虛身上，劉麗虛也逐漸成為
他心目中最崇高、神化，渾然與道同體的人物，成為他與人講
學的核心內容。

　　事實上，楊甲仁並沒有正式拜劉麗虛為師，[87]他與劉麗虛
也不能算是親近的師友，兩人只見過十數次面。[88]而且，十幾歲
的楊甲仁顯然對劉麗虛之學沒有太深的了解；不過對他而言，
劉麗虛始終具有某種特殊的魅力。何以如此？連他自己都無法
解釋。[89]他說：

85　我用基本古籍資料庫蒐索，也查閱《洧川縣志》，均未能找到其他史料。
86　楊甲仁，《自驗錄》，卷上，頁84b。
87　楊甲仁，《憂患日錄》，頁64a。
88　楊甲仁，《自驗錄》，卷上，頁69a。
89　楊甲仁：「吾四十年前，見麗虛劉夫子，不過十數次，不知劉子何以得甲
　　仁之心，乃至如此。」見楊甲仁，《自驗錄》，卷上，頁69a。

予時年少，夢夢不知此事為何事，但每見夫子後，覺得身心輕安，有手舞足蹈不能言之妙。[90]

又說：

時夫子已五十二矣，彼時不知不覺，歷十七年始信夫子之入化。[91]

可見楊甲仁開始比較深刻感受到劉麗虛之學是在首次會面的十七年之後，且主要與自己在學問上的突破有關。康熙十二年（1673），楊甲仁寓居河南南陽鎮平，當時他從事攝靜工夫已近三年，一日忽然有所突破：

一日渙然無疑，默自證曰：劉夫子十八年前已入化矣，何元神元理，徹首徹尾如斯也。於是每遇雜念妄想發作時，直一提起，便就正念炯炯，群邪銷亡。[92]

透過日後自己工夫修持的心得，楊甲仁追憶當年初見劉麗虛的經驗，認為當時所經歷的境界正是「性之本體一現」。後來甚至說，自己四十年所見亦不過是當年一息之見。又說：「知四十年，只是當年一息之見，即知百年千萬年，亦是那一息之

90　楊甲仁，《北遊日錄》，頁46b。
91　楊甲仁，《北遊日錄》，頁46b。
92　楊甲仁，《北遊日錄》，頁47a。

見，又何今古生死之可分哉。」[93]可見他認為當年初見劉麗虛的一刻，已然接遇其一生所致力追求、那超越時空的永恆道體與境界，全然入化的劉麗虛即渾淪道體之化身，也代表著楊甲仁終極追求的目標與生命回歸的核心。

隨著自己性命工夫的深化與體悟，楊甲仁不斷地把他心中學道者的理想境界加諸劉麗虛身上，型塑出《愧菴遺集》中神妙自然、入於化境的劉子。楊甲仁像泰州學者一樣強調自然天真無機、在日用平凡中見道、於當下行本體工夫而不循軌跡，視外在事功、著述與言論為次要，而他筆下的劉麗虛就是這種「直悟本體、與道消息」的理想投射。劉麗虛沒有留下任何著作，楊甲仁說他在臨終前把著作都燒了；[94]劉麗虛不愛講學、不是理學大家、沒有特殊成就，甲仁視此為「神隱」。[95]事實上，劉麗虛也可能是一位平凡無奇之人，他像平常人一樣喫煙、喝酒、出遊、看戲，但看在楊甲仁眼中，這一切平凡的舉動都體現了一種與道消息、隨感隨應的神秘境界。[96]讓我們看兩段楊甲仁對劉麗虛的描述：

> 予一日見劉子乘馬而過，著絳桃緞衣，戴綴結舊帽，渾渾噩噩，一元密運，萬化平滿，收斂處就鋪舒，鋪舒處

---

93 楊甲仁認為性之本體、良知天理是古今天地人物共有，永恆不息。關於此，見下文討論。楊甲仁，《下學芙城錄》，頁45a。
94 楊甲仁，《北遊日錄》，頁29b。
95 楊甲仁：「平日不見他講學，或是無人問著他，遂不露，亦未可知。」見楊甲仁，《北遊日錄》，頁47a；《自驗錄》，頁68b。
96 楊甲仁，《北遊日錄》，頁32a-b。

即收斂。又一日，甲仁與朱茜菴、徐季方、程天衣侍飲，劉子醉矣。揖讓俯仰，轉折周旋，愈舒暢，愈欽翼，愈欽翼，愈舒暢，愈渾穆。[97]

　　然劉子神隱，非有心也，亦不自知。古今抱道神隱者，未免自家猶知得，劉子不絕境以神隱，亦不自知為神隱。甲仁每見，留飲達旦，酒只顧吃，話只顧說，也猜枚，也喫煙。喫煙便到不可為處，真令人學不來，微吸一兩口，若吞非吞，若吐非吐，若有若無，不留不拒，從容中節，萬化平滿，真是寂然不動，陶情即是盡性。歲暮春初，出王游行，也看打拳者，也看做耍法者，也聽說唱書者，也登眺山川，也流覽寺觀。一日甲仁入護國寺，劉子在東楹正坐，看甲仁來，命從者安椅，甲仁侍坐少頃，鄭鎮一內親來，氣焰矜張，劉子與之語，平平常常，其人敬應，不敢仰視，如是頓飯間鞠恭辭去，甲仁窺劉子氣象始終不添減一毫。[98]

　　這樣的文字是典型楊甲仁對劉麗虛的描寫，其他尚有如「吾見劉子之神，毫無所繫」；「劉子無一毫精光外露，無名可名」；「惟麗虛夫子，從晨至夜達旦，性體渾淪，機緘綿密，沕穆即舒安，舒安即沕穆，始終莫測，越看越看不盡，越看越難名」；「然只見夫子渾渾淪淪氣象，便人人神遊於邃古

97　楊甲仁，《北遊日錄》，頁32a-b。
98　楊甲仁，《自驗錄》，頁68b-69a。

淳龐之界，相忘於沕穆函蓋之中」等。[99]這些描述盡都是楊甲仁個人的觀感，充滿飄渺崇高的氣蘊，但也令人有不切實際、難以信服之感，當時也有人表達了類似的懷疑。[100]

總之，楊甲仁的文字絕非平實地描述歷史上的劉麗虛，而是更多反映他自己從劉麗虛身上感受到的魅力，及其心目中學道之理想境界。由此，我們不難理解何以他對劉麗虛的評價總在歷史眾名儒之上。[101]另外，在楊甲仁的文字中，「劉子」也具有指涉人之心性本體之義。例如，當李顒表示楊甲仁的描述讓他如見麗虛劉夫子時，他立刻說：「非先生見劉子之劉子，實見先生之劉子矣」。[102]又如他指點楊璿說：「君心本是劉夫子」；[103]告訴曾濟滄《中庸》首章言本體工夫，又說：「蓋吾之本體，還是《中庸》、劉子之根宗，得了根宗，我便是《中庸》、劉子也。不然，《中庸》只是中庸，劉子只是劉子。」[104]

另外兩位楊甲仁所佩服的學者是楊洪才和李顒。楊洪才

99　楊甲仁，《北遊日錄》，頁29a、32b、46b、47a。

100　例如，李顒曾懷疑劉麗虛臨終焚書之事，曾濟滄則猜想焚書是因為「悔從前之非，勿留悞後學」。另外，許多人在聆聽楊甲仁敘述劉麗虛之後，都表示他們感受到楊甲仁對劉子的全然信服，或說楊甲仁真是善言德性，而非具體知道劉麗虛的作為或為人。例見楊甲仁，《下學芙城錄》，頁60b；《北遊日錄》，頁29b、33a；《自驗錄》，卷上，頁11a。

101　例如：「麗虛劉子化神莫測，非堯夫比也。」又如稱讚劉麗虛全然化神，其他儒者僅化幾分。見楊甲仁，《下學芙城錄》，頁60a；《北遊日錄》，頁52a。

102　楊甲仁，《北遊日錄》，頁32b；亦見楊甲仁，《憂患日錄》，頁50b。

103　楊甲仁，《北遊日錄》，頁18b。

104　楊甲仁，《下學芙城錄》，頁66a。

是湖北孝感縣人，我們從縣志可知其在當地享有名聲，嗜讀五
經四書，愛好程朱之學，並與同郡學者丁之鴻（字漸齋，號
素石）、程怡孔（字孟願，號鈍菴）、彭大壽（字松友，號
魯岡）等人成立貞通學社，四仲會講，並著有《五經四書諸
說》、《誠書》、《弋獲錄》、《正史法誡》諸書。[105]與劉麗
虛相較，楊洪才無論在著作、講學上都較有聲望，也留下較多
歷史紀錄。然而，楊甲仁並未曾與之謀面，只能透過閱讀其著
作、與其門人交接而得聞其學。楊甲仁大約在1660年代就知道
楊洪才其人，[106]但一直沒有見面，直到楊洪才去世後，楊甲仁
於康熙十八年（1679）訪問孝感時，才見到楊洪才之孫。[107]楊
甲仁也結交楊洪才的友人與門生，又在傅良辰等人的幫忙下，
獲得楊洪才的遺書。[108]我們從《愧菴遺集》中也可以看到一些
楊甲仁閱讀楊洪才《誠書》的心得與回應。[109]

　　至於李顒，楊甲仁雖早已仰慕，但直到1695年才與之見
面，[110]即從北京返回四川途中，特地前往關中拜訪李顒，停留

---

105 梁鳳翔修，李湘等纂，《孝感縣志》，卷18，頁35a。

106 楊甲仁：「予不肖四十年前得親炙洧川麗虛劉夫子，三十年來又得聞恥菴
　　楊子、中孚李子，曾見其書焉。」楊甲仁見劉麗虛於1656年，故知其得聞
　　楊洪才於1660年代。見楊甲仁，《北遊日錄》，頁2a。

107 楊甲仁，《下學錄》，卷2，頁113b。

108 楊洪才的門人任溥如是河南淅川人，他藏有楊子遺書。1685年傅良辰等人
　　前往關中拜訪李顒時，特地到淅川訪問任溥如，並抄錄楊洪才的遺書，於
　　1688年送給楊甲仁。見楊甲仁，《下學錄》，卷2，頁111a。

109 例見楊甲仁，《下學錄》，卷2，頁107b-108a；《自驗錄》，卷下，頁
　　41b-43b。

110 在此之前，楊甲仁曾鼓勵傅良辰、張子達去拜訪李顒，兩人於1683年已至
　　關中拜見李顒。

八日，共同講學。李顒是當時著名的儒者，是一位在亂世之際
自學有成、有為有守、極受尊重的大儒，其學重視悔過自新的
身體力行，也心儀陽明學，此時已年近七十。此次會面講學的
經過詳細記載於《北遊日錄》，兩人論學頗相契，而投合的主
因在於兩人都重視身體力行的實踐，李顒也能理解楊甲仁一再
強調的無層次、不著半點人為之「本體上底工夫」，[111]而且十
分欣賞楊甲仁對自己學問取徑的自信。[112]此次會面對楊甲仁極
具重要意義，他說：

> 夫予生平以未拜劉子門為大缺陷，又未見恥菴楊子，今
> 皆已矣。仰止無從，每遇朋輩，竊話其生平之憾，欲以欽
> 宗劉子，印正楊子者，轉而親炙中孚李子，以畢我向上之
> 願。不謂中孚亦神契於我矣。自此以往，深慮德業無成，
> 歲月虛度，有負大賢相期之重。[113]

事實上，楊甲仁並不是來向李顒問學取經，而是希望能將自己
二十年來獨自摸索的心得，與李顒這位大儒的相印證。[114]能
夠與李顒相談甚歡、獲其肯定，則給予長期獨修的甲仁莫大激

---

111 楊甲仁，《北遊日錄》，頁25b-42a；又如當時學者們對無善無惡有嚴屬批
　　評，但李顒和楊甲仁卻都能欣賞此是悟性之言，見楊甲仁，《下學錄》，
　　卷2，頁90a。
112 楊甲仁，《北遊日錄》，頁69a。
113 楊甲仁，《憂患日錄》，頁64a。
114 楊甲仁說在劉麗虛、楊洪才去世後，今日宗傳就在李顒。見楊甲仁，《憂
　　患日錄》，頁70b。

勵，這也是此次會面的重要意義。[115]

三、四民為師友

　　儘管就思想內容言，楊甲仁沒有太多創新，但其實際講學及留下的文字紀錄，則讓我們看到晚明陽明講學落實於中下階層的某種圖景，也披露許多實際從事工夫實踐的細節。本節將主要討論楊甲仁與友人講學的內容。

　　楊甲仁講學有一極清晰的目標，即追求永恆的生命意義。他對於良知不朽的信念很強烈，相信良知本體即天理，自信自己稟性源自天命本體，與古今天地萬物相通，他說：「靈氣相通處只是個理，這便是知。故天地古今人物，同此一個良知。」[116]他又認為，人的身體形骸因涉氣化而有生死，人之本性卻能與太虛為一，超越生死：

　　　　以形骸論，一生一死，百年遞嬗，乃氣之變遷也。至於此性，無有變遷，不見起滅，有甚生死。[117]

因此，他也認為堯、舜、文王、孔子等全性之人均不死。[118]而儒學教人了究生死大義，便是從事性命之學以契悟太虛本體，

---

115 楊甲仁，《北遊日錄》，頁69a。
116 楊甲仁，《下學芙城錄》，頁17b。
117 楊甲仁，《北遊日錄》，頁31a。
118 楊甲仁，《下學芙城錄》，頁36a。了心去世後，楊甲仁與廖先宗談到了心不死，也是就其性體不死而言。見楊甲仁，《自驗錄》，卷下，頁21a。

達到不死的境界，此也是他所追求的生命意義。又由於他深信眾人稟性相同，故也深信對永恆生命的追求沒有性別或社會身分的差異，這一點我們在下兩節中有更多討論。此處讓我們先看楊甲仁對傅良辰、馬方昇兩位門人的告誡：

> 於是進二子而告之曰：人生只有這件事是大事，此事是人安身立命之命。上天生人，畀以此性，不分聖凡，都是一樣完全，無剩無欠，只爭迷悟兩途，便成者自成，壞者自壞。到得破壞之後，天理滅絕，人欲猖狂，即是禽鬼。倘能於此迴光獨照，猛然一念打轉，兢兢護持，常常不昧，這性體仍舊是完完全全的。辟如大風揚沙，太陽昏晦，天地黑暗，到得塵消霾散後，太陽光輝依然如舊。但至道難聞，人壽難得，既經破壞，必須早悟一日，早修一日，庶幾早證一日。所謂朝聞死可，學如不及，猶恐失之，方不辜負自己英靈，方不空過有限光陰也。[119]

傅良辰、馬方昇都是商人，遠道來問學，本也希望能學習作文帖括之事，楊甲仁戒其不要將精神耗損在文字追求上，要在性命上做實地工夫。[120] 而且明白告訴二人，聖凡稟性完全一樣，每個人的稟性都圓滿具足，所以成壞關鍵完全取決於個人，人只要能倚靠其本有之性體，讓其完全呈現，便是安身立命之基。無論講學對象是官員、士人、商賈、僮僕或女人，

---

119 楊甲仁，《憂患日錄》，頁4a-b。
120 楊甲仁，《憂患日錄》，頁7a、24a-b。

楊甲仁均能無所差別地如此強調性命工夫與求道目標。[121] 而他的門徒也多能受其啟發，擁抱這樣的理想，下兩節我們會談到周氏和長壽的情形，此處則舉馬方昇為例，馬曾明白表示，自己「願將性命之學做到盡頭，便無虧欠，不願作口耳講說之徒。」[122]

《愧菴遺集》記載許多楊甲仁與友人講學及書信往返的內容，從其講學對象看來，最多是貢生、庠生階層，偶有官員，但也有商人、胥吏和奴僕；[123] 就其講學內容而言，最多討論的是工夫問題。由於楊甲仁相信工夫取徑沒有中下根器之分，只有本體工夫才是正途，故他經常說服人要自信本體，甚至替人判斷某種經驗是否即是本體呈露的境界，若他肯認是本體呈露，便極力鼓勵人要自信自己本體，因他相信這是一切工夫的根宗。[124]

由於相信本體呈現完全不假人為，一涉人為安排便是制欲而非體仁，故楊甲仁極看重在工夫實踐時是否涉及私意安排，是否為意識牽絆，他強調「不在後起之念做工夫」，故對於斬

121 見下文討論。

122 楊甲仁，《北遊日錄》，頁15b。

123 例如，張萬滄為筮者，張子達為府吏，兩人均勇於學道，但均卒於1685年。見楊甲仁，《下學錄》，頁104a-b。其他則見下文討論。

124 例如他與劉柱石及其他人討論劉的證悟經驗、和錢秋水討論其聞雞鳴而悟的經驗、判斷樊悔齋年輕時所證者正是性體呈露、肯定悟性在壬申年所見是真本體，是其入道根宗。見楊甲仁，《北遊日錄》，頁4a-5b、48a-49a；《下學芙城錄》，頁11a-12b、15a-17a、43a-44a；《自驗錄》，卷上，頁9b、54b-55a。

除雜念格外敏銳。[125]然而，斬念又必須不刻意為之，否則即落
人為。他與人講學常常涉及此，舉例而言，錢秋水訴說自己十
年來的修身經驗，曾覺得氣自踵直透泥丸，降下宮中，凝聚光
明，徧體輕安，又嘗見室中光明，但也認為這些都屬作用，非
究竟事，故必須打破，才不會受障蔽。錢秋水很明顯知道「光
景」不僅不是修道的目的，反而是障礙，故警覺到要打破光
景。但是，楊甲仁立即提醒他「只舉個念頭要如何用功，便是
塵障」；[126]然他又清楚知道不能沉空守寂，故工夫實踐確有困
難。他說：

> 舉念便落塵，不舉念便落空。不落塵、不落空，如何纔
> 好？要默識得不費纖毫力。不然，左也不是，右也不是，
> 處處成障。[127]

所謂「要默識得不費纖毫力」，意指從內在本原做起、直認
本體，却又要能不執著、不被意識簸弄。楊甲仁曾說自己的
經驗：「意識生生滅滅，如百萬魔軍，一心明定，便倏然銷
亡」。[128]他也強調需時時認取這樣的機括，但不能刻意以某種
方式去尋求保有。他完全不贊同用靜坐、歸寂、調息等方式去
證悟心體或獲得類似經驗。[129]這種強調在日用眼前事物中行當

---

125 楊甲仁，《下學芙城錄》，頁14b。
126 楊甲仁，《下學芙城錄》，頁1b。
127 楊甲仁，《下學芙城錄》，頁1b。
128 楊甲仁，《憂患日錄》，頁2b。
129 楊甲仁，《憂患日錄》，頁8b-9a、15b。

下工夫，所謂無工夫之工夫，其實也是極困難的工夫取徑；而批判靜坐歸寂等工夫進程為喜靜勿動之偏執，同樣延續著晚明以來泰州與江右學派的分歧，此都明顯反映其為學的傾向。[130]

楊甲仁是極勤奮的實踐者。他說：「學道要乘時，氣到神通，性體昭著，物欲自不敢近」；[131] 又說：「至於夜課，須刻刻提防，怕底是昏沉熟睡。陽生即起，一惺即起，所謂天心無改移，全得這天心，自無滲漏之患矣。」[132] 他也身體力行，此從他在關中與王心敬（1656-1738）同寢，雞鳴即起坐，遭到王心敬消譴，引出一段對話可見。[133] 另外，他對斬念的工夫也很有心得，他說斬念要快，不能絲毫猶豫；人在夜寐昏沉中，斬念更難，但於寤寐之中，也不得有絲毫沾滯，要斬截得了了明明；他認為夜夢是意識纏絆，也是本原鍛煉不乾淨所致。[134] 他曾以自己戒烟為例說明這種去念工夫境界的變化：

　　予九年前戒烟亦是這箇消息，初時常常萌動念頭。十餘日，不萌動念頭，然見人喫，猶萌動念頭。數月後，見人喫，亦不萌動念頭，然見喫，輒動惡底念頭。至今九年，

130 相關討論，見呂妙芬，《陽明學士人社群：歷史、思想與實踐》（台北：中央研究院近代史研究所，2003），第8、9章。

131 楊甲仁，《下學芺城錄》，頁47b。

132 楊甲仁，《下學芺城錄》，頁37a。

133 王心敬說：「先生八段錦乎」，楊甲仁回答：「通乎晝夜之道，不舍晝夜，八段錦乎？坐以待旦，八段錦乎？陰陽相摩，八卦相盪，八段錦乎？」見楊甲仁，《北遊日錄》，頁58a。

134 楊甲仁，《北遊日錄》，頁18a；《下學芺城錄》，頁21b、27b-28b；《憂患日錄》，頁1b。

　　亦不動惡底念頭，然猶卒然見人滿地吐著口水，滿地丟著
　　水炭，一連喫兩三袋，棹上狼籍，又不覺動惡底念頭，少
　　頃，方纔平復。這還是在我者猶有個影子，必要將這影子
　　融化得乾淨，千不動，萬不動，方能一息如是，萬年如
　　是。事事照著這樣用功，息息照著這樣用功，至難，至
　　難，只要返得轉來，截得住，却又不見其難，都是天機出
　　於自然，若有纖毫做作，便是按捺強制，便有退壞。[135]

這種去念、轉念的工夫也是楊甲仁與門人講學的重點內容。例
如，左元藝曾訴說自己聽到楊甲仁稱讚另一位同學時，心生忌
怒、後又逐漸消釋的心理變化，由此便體會到時時勘驗的重
要；[136]馬方昇也訴說自己如何在有妓女的社交場合中，將念頭
平平放下，便能見如不見，心中安然。[137]《自驗錄》中更有諸
多關於楊甲仁和周氏勘驗念頭的紀錄，還有一則記載楊甲仁對
自己說話：「說吾反者是吾師，惟聖人時時體此。甲仁你尋常
見人說你好，你就喜；說你不好，你就怒。這樣肺腸，試默默
自家勘驗，與那說吾反者是吾師底境界，相去幾何。」[138]
　　職業的差異也反映在工夫實踐所遭遇的困難及所關懷的重
點。例如，傅良辰、馬方昇因從事貿易，特別談到商賈貨利之
習對性命之學的妨礙，楊甲仁的教導總是強調正是在這般日用

135 楊甲仁，《北遊日錄》，頁20a-b。
136 楊甲仁，《下學芙城錄》，頁25b-26a。
137 楊甲仁，《憂患日錄》，頁16a。
138 楊甲仁，《自驗錄》，卷上，頁39a。

紛擾的事物中學習，才是真實之學。[139]又傅良辰說自己因致力
於工夫，晝夜提撕，雜念不但未去，反而患了失眠症；曾因染
瘧，在病後行攝靜工夫，體驗過「心自光明，而念自清淨，身
體暢然，氣機息而不出」，但爾後數年工夫不能增進，故詢問
是否能從事調息工夫。楊甲仁完全反對，認為調息工夫有弊無
益，完全偏離本體工夫的正途。[140]而從樊澤達、錢秋水、曾濟
蒼等人的問學，則可見當時士人的理學知識與關懷，如認為陽
明學入禪、悟境易涉玩弄光景之類是普遍的看法，朱陸異同之
辨則仍是士人關懷的議題。[141]與關中王心敬的討論，則涉及性
氣是一是二的問題，此亦與張載氣學以及明中葉以後氣論之發
展有關。[142]雖然楊甲仁極不願落入門戶之辨或學術議題討論，
盡量持守住身體實踐的精神，但他的思想到底能影響多少士
人，則很難估量，許多人都表示他所說的工夫境界太困難。[143]
或許也因此，他更讚嘆一些未受過太多教育的人對其教導的全
然信服，他也樂於與之談道。

---

139 楊甲仁，《自驗錄》，卷上，頁71a-72a；《憂患日錄》，頁21a-b。

140 楊甲仁，《憂患日錄》，頁74a-76b。

141 楊甲仁，《北遊日錄》，頁4a-5b、10a、21a-22a；《下學芙城錄》，頁
　　1b、55b-78b。

142 楊甲仁，《北遊日錄》，頁49a-50a、58a-b。王心敬認為性氣為一之說，是
　　當時的主流，而楊甲仁仍持性、氣二分的看法。關於張載氣論與明末清初
　　的氣學發展，見呂妙芬，〈明清之際的關學與張載思想的復興：地域與跨
　　地域因素的省思〉，收入劉笑敢主編，《中國哲學與文化》（桂林：廣西師
　　範大學出版社，2010），輯7，頁25-58，收入本書第一章。

143 例如，溫仲芬：「學問思辨行一齊俱到，某信不及。」錢秋水也表示，即
　　使聞甲仁之教，但「總是意識用事，只到不得這一步。」見楊甲仁，《北
　　遊日錄》，頁60a；《下學芙城錄》，頁15a。

四、夫妻是道侶

　　楊甲仁不僅肯定女人可從事儒家性命之學，且在自己家中
切實實踐，自己也能夠從中學習、享受夫妻共同求道的喜樂，
此在宋明儒者之中是極特殊的例子。他在《愧菴遺集》中留下
夫妻居家生活中講學求道的生動紀錄，也是理學史上難得的文
獻。本節主要說明楊甲仁與側室周氏間的師友關係及談道內
容，並討論楊甲仁對女人從事儒家性命之學的看法。

　　趙燮元在〈楊愧庵先生傳〉中記道：

> 　　公側室周氏，性警敏，通文義，每聞公言，輒有深悟。
> 公嘗以哲徒呼之，先公卒，著有了心宗傳。[144]

據此，我們知道了心即甲仁的側室周氏。但在《愧菴遺集》
中，我們只有在《自驗錄》卷下，大約1705年左右的紀錄，才
看到「了心」之名，其他較早的紀錄中，與楊甲仁對話的女子
名為「悟性」。筆者認為悟性和了心應是同一人，即其側室周
氏。雖然我們沒有看到改名的紀錄，不過有幾個證據可以支持
這樣的判斷。首先，「了心」和「悟性」顯然都是道名，而非
本名。[145]更直接的證據是，了心去世後，從楊甲仁的回憶可
知，了心在十五年前曾經對他有過寫字之諫：

---

144 趙燮元，〈楊愧庵先生傳〉，收入楊甲仁，《愧菴遺集》，卷首，頁7b。
145 悟性之名應與其悟之經驗有關，見楊甲仁，《下學芙城錄》，頁35a-b。

　　了心因予答以要寫到無可寫纔不寫。了心曰：只今便是
無可寫，更待何時無可寫。[146]

　　了心於1705年去世，故此事發生於1690年左右，我們不僅可知
1690年左右與楊甲仁談道的女人名為悟性，而且《下學錄》中
也記載了兩人之間有極類似的對話。楊甲仁有「偶有所見即書
以自考」的習慣，悟性認為太繁瑣，[147]問：「幾時才不寫？」
楊甲仁回答：「直寫到盡頭時方休。」悟性接著說：「如今便
要盡頭，更待何時，若有所待，便千百年亦不得盡。」[148]兩段
記載文字雖略有出入，但應指同一件事而言。另一個證據是，
了心曾說過「一念真時，照破無數世界」，[149]同樣的話悟性也
說過。[150]據此，筆者認為悟性、了心是周氏在不同時期所擁
有的兩個道名，了心是晚期之名，故以下行文均以「周氏」稱
之。另外，《了心語錄》似已佚失，但《愧菴遺集》中有少數
了心之言及大量悟性之言，此部分很可能即是《了心語錄》的
主要內容。

　　周氏稱得上是楊甲仁的心靈伴侶，她有機會從楊甲仁聽
聞儒家性命之學的大義，並能夠在這個家庭內付諸實踐，夫妻
間的對話充滿學道的心得和疑問。在楊甲仁的引導下，周氏顯

---

146 楊甲仁，《自驗錄》，卷下，頁40b。

147 另一處記曰：「予每聞見，書以自勘，悟性曰：太繁瑣了。」見楊甲仁，
　　《自驗錄》，卷上，頁65a。

148 楊甲仁，《下學錄》，卷2，頁79b。

149 楊甲仁，《自驗錄》，卷下，頁21a。

150 楊甲仁，《下學錄》，卷2，頁120a。

然認定自己生命的真正意義必須在求道中尋得，她稱甲仁為
「師」，並說：

> 父母生我之身，若非師教我，使我聞道，此身全在作
> 惡，有何用處，以是見得師恩真難報。151

可見周氏並不完全滿足於傳統儒家為女人設定的角色，而將自
己生命的意義定在「聞道」。此又與楊甲仁對女性的態度有密
切關係，雖然楊甲仁知道儒家對於男女內外之禮分際嚴格，152
也知道女人學道受到許多限制，但由於他深信人之本性沒有男
女貴賤之別，這樣的信念也讓他堅信女人可以證道，儘管他並
沒有因此而完全泯除男女社會角色之別。以下兩段引文可清楚
反映楊甲仁對女人學道的看法：

> 人滯於男女形骸，總只從欲上起見，若識得性，則欲沾
> 染不上，又何有於男女形骸。孟子知性知天，事天立命，
> 嘔血剖心，說到盡處。千萬世而下，求之男子，且有簡
> 數，何況女子。然而此理流行充塞，無一息滅斷，鳶魚蟲
> 蠢，皆契道妙。以女身而證性，不可謂今竟無其人也。153

> 女人皆可任道，古今來有許多女中聖賢，胎教、內則、

151 楊甲仁，《自驗錄》，卷上，頁11a。
152 楊甲仁，《下學錄》，卷2，頁101a。
153 楊甲仁，《下學芙城錄》，頁14a-b。

昏義，皆婦女修身宜家之法，但限於內外之位，故講學不
及其實，婦女有志學道者，自五、六十歲以上，性定德
立，不妨與師友之會，以參證乎性命之淵源。154

我曾考察明代理學家文獻，認為他們並未能為在儒學領域中為
女人開啟求道的空間，儘管有一兩位女性試圖跨越藩籬，但也
僅能在私密空間中悄然實踐。155現在，清初楊甲仁與周氏的例
子顯然提供了很不一樣的觀點。楊甲仁不僅認為儒家性命之學
應該向女性開放，深信在生命意義的追求上男女無別，而且公
開支持年長的婦女參與公共場域中的講學活動，與師友共參證
性命之淵源，這的確是理學家中相當特殊的看法。

　　不僅楊甲仁鼓勵周氏求道，周氏直捷警敏的才性也深得其
心，甚至覺得她有許多表現在自己之上。例如在康熙三十五年
（1696）的一段問答之後，楊甲仁讚嘆道：

　　他雖女人之身，却已不是女人之身了。道不分男女，
　　亶其然乎。只看他後面葆守行持何如，予常常禱祝天地神
　　明，呵護默相，使斯人成道，庶不枉了他今日見地也。156

楊甲仁視周氏為門人，稱其為「哲徒」，且在周氏去世後，不
顧他人反對，堅持要為之報服，157亦即根據楊洪才等所言「弟

154 楊甲仁，《下學錄》，卷2，頁100b。
155 見本書第五章。
156 楊甲仁，《自驗錄》，卷上，頁8b-9a。
157 傅良辰極力反對，見楊甲仁，《自驗錄》，卷上，頁4a-b。

子中有可以繼道統之傳者，師於弟子，當有報服」，為周氏服喪。[158]以上種種，均可見楊甲仁對周氏的看重，兩人不僅是共同生活的夫妻，更是證道之學侶。

周氏學道生涯中曾有過一次重要的悟道經驗，發生於康熙三十一年（1692），對其往後之學有重要啟發。[159]關於此，《下學芙城錄》記曰：

> 悟性曰：適纔在門坎內站著，一息間不知有天地世界，不知有此身，莫可名狀，通身渾融。亦不見有渾融者，只略略見得，要常如是，就不見了，到這裡，真不見有古今，不見有生死，又何有男女之身可分。[160]

對於此，楊甲仁十分肯定這是得見本體的化神之境。他告訴周氏：

> 此是汝之真性，聖人化神境界，便是如此；至誠浩浩其天，便是如此。汝今見天命之本面矣，因名悟性。[161]

數年之後，楊甲仁再次向周氏肯定地說：

---

158 楊甲仁說弟子在五倫之中，師徒間應有服；又說弟子為師服，始於陽明之門，而師為弟子服，始於恥菴之《誠書》。見楊甲仁，《自驗錄》，卷上，頁4b-6a。
159 此事的時間點，參見楊甲仁，《自驗錄》，卷上，頁9a-b。
160 楊甲仁，《下學芙城錄》，頁35a-b。
161 楊甲仁，《下學芙城錄》，頁35b。

　　你那壬申年十月門坎內瞥然有悟處，是你入道底根宗，
是互古互今不磨的真本體。善自保守，聖人所謂無以尚
之，便是這箇。顏子所謂欲從末由，孟子所謂不可知，都
是這箇，你自有此一見，再不疑矣。往後要操守行持得
熟，工夫不可間斷。162

這個頓悟的經驗也讓周氏深刻體會到「這道不是有所倚靠做得
來」，163亦即領悟到楊甲仁經常說的：道是無方所、無執著、
自然消息、無古今遠近之分，故學道者必須脫去一切妄見、一
切倚靠，才能真見本體。楊甲仁也說，自從此悟之後，周氏對
聖賢道理領悟得更直捷，她總是「一聞即信，一信即徹」。164
　　由於《愧菴遺集》所記周氏之言主要在1695-1697年間及
1705年左右，均在壬申之悟以後，故所言內容多涉及如何能不
受邪念私欲纏累、能保此真性，也有一些是周氏實際從事工夫
的心得。例如她說：「工夫越做越知自己錯」；「每於晝夜幻
妄雜亂境緣，只一念知得，便清明定靜，無一毫事，此心無所
限量，真不容言」；「人到內面邪魔起時，要像這樣斬絕，方
得通泰，不然便一下塞滿了」；「人身中工夫做到煅煉出一個
至寶來，就如蛇與魚化成龍飛去一般」，但後又說蛇魚化龍終
落形器、有方所、會墮壞，而人之真性則不落形器、無方所、
不墮壞等等。165

162 楊甲仁，《自驗錄》，卷上，頁9b。
163 楊甲仁，《自驗錄》，卷上，頁9a-b。
164 楊甲仁，《下學芙城錄》，頁35b。
165 楊甲仁，《自驗錄》，卷上，頁31b、36b、38b、74a。

周氏和楊甲仁也經常就實際工夫的心得對話或彼此印證。例如，周氏曾擔心雖見本體，但怕惡緣會聚會使之退壞，甲仁則告訴她惡緣來聚是免不了的，此即是儒家所謂的「命」，而聖賢工夫正在此處做。[166]接著，又勉勵她：

> 以世情論，汝是箇女身，限於時勢，誠有許多境界難得圓滿。然而百年之內有盡之身，轉眼就過，那容得這些計較，汝只為其所當為者以聽之而已。汝雖女身，發這樣大智慧、大願力去學道，天地神明必默相汝，使汝於道有所成就，勉哉。[167]

又如：

> 悟性曰：平常制欲，著了制的念頭，越制越起，神就死煞，繫在一處，不能周流。直提起真性作主，欲就不見了。下學〔案即甲仁〕曰：此仁之所以無克伐怨欲也，工夫不涉對治。[168]

> （悟性）又云：心中忽開朗，如去了沉重的物一般，連身子亦不知有，只不能久，自家纔覺好，起心要常常如此，便劇斷了。下學曰：此是真性流行，不是做得來底。

166 楊甲仁，《自驗錄》，卷上，頁9b-10a。
167 楊甲仁，《自驗錄》，卷上，頁10b-11a。
168 楊甲仁，《下學錄》，卷1，頁61b-62a。

人為息處，便是天理，顏子所以悟其從之末由，此處怎麼
從，怎麼由。[169]

這一類對話的例子在《愧菴遺集》中相當多，是典型楊甲仁與
周氏間談道的內容，主要都環繞著「當下本體工夫」而言。而
周氏最得甲仁稱讚的是，她往往能說出一些不落分別相、不執
著念的上根之語。例如，楊甲仁問：「蒙莊云：藏舟於壑，有
力者夜半負之而走。善藏者如何免盜？」周氏回答：「直無了
舟，看他盜個甚麼。」楊甲仁便由此聯想到聖人洗心退藏於
密。[170]楊甲仁曾說不知某友官事若何，周氏立刻說：「放著
內面著緊官司不得結，却去打外面官司。」楊甲仁問如何結
案，周氏答：「不動妄念，便自結案。」楊甲仁因此感嘆道：
非存神過化，不能語此。[171]一日楊甲仁寫字，風吹字紙，甲仁
說不干風事，是自己沒壓好，但悟性說；「心一莽蕩了，就是
風。」楊甲仁驚嘆曰：「奇哉此言，至哉此言！」[172]又如周
氏：「眼前盡頭就盡頭，又待何時盡頭，只一待，便千萬年也
不見盡頭。」楊甲仁稱此是上上神悟境界。[173]

另外，《愧菴遺集》中也記錄大量取材於日常生活場景的
談道內容，這種類似禪機的對話，發生在一對清初四川鄉居的
夫妻之間，是理學文獻中很特別的例子。這類例子太多，以下

169 楊甲仁，《下學錄》，卷1，頁62a。
170 楊甲仁，《下學錄》，卷1，頁38b。
171 楊甲仁，《自驗錄》，卷上，頁8b。
172 楊甲仁，《自驗錄》，卷上，頁43b。
173 楊甲仁，《自驗錄》，卷下，頁3a。

僅舉數例參考。周氏看到貓好遊山，便說：「你好山上廣大，這房也有無邊廣大」；[174] 看到燈裡許多撲燈蛾，便說牠們只為貪明喪身，甲仁因而聯想到「君子闇然，而立命於無聲無臭」；[175] 見到關門時紙桌圍發出聲音，就想到是氣相感召、神不可度思；[176] 看到黃蟻從細縫中進入菜罐，想到「人身中不見之欲，陰流密布，無微不入，是以哲人下手全在不見是圖」。[177] 兩夫妻發現打紙的老鵶枕頭內有隻蟲安穩地過牠的日子，便聯想到宇宙間神氣聚會；[178] 晨起觀堦前草芽方生，則想到「一念私萌，彌天蓋地」；[179] 摺衣服時看到衣服皺了，就說到人心皺處；[180] 看大霧瀰漫，想到霧散不散全非人力可為，又想到人心猛然開悟亦然。[181]

雖然周氏說自己不識文義，她對道體或工夫體悟的抒發也確實很少引用儒家典籍或理學套語，但此並不妨礙楊甲仁與之談道的深度，其實往往在她陳述之後，楊甲仁會補上自己所閱讀的聖賢之語。而且他還經常與之談論古人古事或朋友的書信，包括文王蒙難、屈原遠遊、朱子和白沙詩句、楊洪才論箕子，以及蘇兩之來信內容等。[182] 他們反覆談論的工夫境界大多

174 楊甲仁，《自驗錄》，卷上，頁5b。
175 楊甲仁，《自驗錄》，卷上，頁17b-18a。
176 楊甲仁，《自驗錄》，卷上，頁77a。
177 楊甲仁，《自驗錄》，卷上，頁59a。
178 楊甲仁，《自驗錄》，卷上，頁46a。
179 楊甲仁，《自驗錄》，卷上，頁51b。
180 楊甲仁，《自驗錄》，卷上，頁105a。
181 楊甲仁，《自驗錄》，卷上，頁104b-105a。
182 楊甲仁，《自驗錄》，卷上，頁48b、52b、74b、85b、105a-b；卷下，頁

屬於左派陽明學的論調，並沒有太多新意，然而以歷史研究的角度而言，難得的是，他們生活化的講學實踐讓我們看到陽明學落實於庶民生活的圖景，尤其儒家性命之學在一個普通家庭內被一名女子熱切追求的情形。從周氏口中抒發出自己悟道的光景，明確宣稱學道無男女之別，又堅信自己終極歸屬應是太虛本體，這確實是理學史上突破男女之別的重要例證。

五、主僕共談道

楊甲仁對眾人稟性相同、任道平等的信念，更清楚表達在他對待僕人、殷殷與之講道的態度上。在傳統中國注重身分等級差別的觀念下，尤其清代法律規定奴婢完全隸屬於主人、不具獨立人格，這要比與四民為友更難得。[183]楊甲仁之所以有如此表現，當然主要還是與他的思想觀念有關，他相信人的良知無貴賤之別，又重視當下本體自然無為的工夫，不看重書本和聞見之知，這些都是他能夠跨越社會階層樊籬與眾人談道的重要因素。而且，他具有一種能夠從極平凡事物聯想到道學、從平凡人物身上學習的能力。他曾說：

> 道之所在，臣師君，君師臣。子師父，父師子。徒師師，師師徒。妻師夫，夫師妻。弟師兄，兄師弟。僕師

2a；《下學錄》，卷2，頁122a-b。

183 經君健指出，清代奴婢像商品一樣，可以被買賣、是主人的財產、完全隸屬於主人，在社會上屬於賤民，也不具獨立人格。經君健，《清代社會的賤民等級》（杭州：浙江人民出版社，1993），第7章。

主，主師僕。人師人，亦師物。今師古，古亦師今。天地
為吾人師，吾人為天地師。[184]

至若有一等田夫孺子，僮僕婦女，負販傭工，樵夫漁
子之流，翻可與言道者，蓋為他一時天良發露，於本性上
不昏迷滯塞。這一息真本體，便與天地聖人無二，故古人
於道之所在，不分輿臺、皂隸、廝役、臧獲之賤，皆有取
焉。不寧惟是，一切萬物且資之以為師，而況人乎。[185]

這樣的觀念並不只訴諸文字，且能在生活中實踐。例如：

人性皆善，童僕中有可取為師友者。乙亥春，予往京，
嘗以小心勿放戒其僕長壽。壽曰：小人固要小心，主人更
要小心。予揖而謝之。[186]

楊甲仁出身仕宦之家，熟讀儒學典籍，經常出遊，與朋友
交接，他也和晚明陽明學者一樣看重師友之間的論學，並高舉
友倫的重要性。[187]然而，他並不像晚明學者那般活躍於地方
講會，他曾說自己「無同志之友切劘講究，獨坐深山，自參自

---

184 楊甲仁，《自驗錄》，卷上，頁47a。
185 楊甲仁，《北遊日錄》，頁9a-b。
186 楊甲仁，《自驗錄》，卷上，頁100b。
187 對於朋友之倫的看法，楊甲仁與王畿等陽明學者看法極相似，有高舉友倫
　　為五倫之首的傾向。其言論可見《下學芻城錄》，頁33a-b；關於陽明學者
　　的友論，見呂妙芬，《陽明學士人社群》，第七章。

證而已」。[188] 此應主要與清初射洪縣學術大環境有關，朋友們也能看出他在射洪縣相當寂寞，沒有同志道友。[189] 或許正因為此，他極力在家人中營造出一種居家學道的環境。除了與周氏師徒相稱，互相講學、黽勉求道之外，對待家中僮僕，他也經常以師的身分指點迷津。我們從他為自家僮僕取名為「良知」、「良能」、「性善」，[190] 便能感受到他家中所瀰漫的理學氛圍。以下幾則記載可以讓我們窺知甲仁與僮僕互動、講學的情形：

> 含膏與雀鬥，雀墜一雛，性善拾之，無處安頓盤桓逾時，躭擱推磨。予曰：含膏傷雀，竟是傷汝矣，可見人與天地萬物本是一體，無一息不相通。但人有私，便處處隔碍真性，不能貫串，至近至親，且多缺德，況物乎。天地之大猶有所憾，所可為者為之，盡吾心焉己爾。所不可為者，限于時與勢也，奈之何哉。博施濟眾，堯舜猶病，只是這個道理。[191]

另一則是羅伯敬的使者來福小心謹慎地抱著毡包，告訴良知

---

188 楊甲仁，《自驗錄》，卷上，頁65b。

189 「一中又曰：『先生在射洪也甚覺孤寂。』予曰：『誠然，只有一個劉柱石，每年不過會一、二次，會又不敢與之盡言。雖然，天地古今盡吾伴侶，予甚孤寂，却亦不甚孤寂。』」見楊甲仁，《下學芙城錄》，頁42a。

190 良知、良能為僮子名，見楊甲仁，《自驗錄》，卷上，頁83a；卷下，頁36a。性善之名，見下引文。

191 楊甲仁，《自驗錄》，卷上，頁38b-39a。

說：「我今日抱氈包，生怕刺掛著，如拏一條龍一般。」楊甲
仁聽到此話，便告訴僮僕們：

> 吾人學道不當學來福乎？良知曰：來福也有些神妙，他
> 主人舉手微示，便不進籬。予歎曰：難為你一頃間就知他
> 主僕之神如此，這也是你良知知到，不是安排得來。[192]

儘管透過文字書寫，我們很難確定到底當時主僕間的對話如何
進行，部分話語確實介於教導僮僕與自抒心得之間，不過從兩
段對話仍清楚顯示，楊甲仁藉著一些平常瑣事刻意將話題引到
良知本有、不假安排、萬物一體之仁等道理，希望啟發自己的
僕人。[193]

　　眾僕中與楊甲仁談道最多的是長壽，長壽本是楊甲仁二侄
楊秉泰的僕人，他曾於1695年陪伴楊甲仁赴北京考試，在十個
月的旅途中，兩人朝夕相處，長壽深受甲仁啟發，也逐漸將學
道視為自己生命的重要目標。後來他又曾陪伴楊甲仁遊成都、
黔中，尤其在周氏去世之後，長壽更成為楊甲仁晚年重要講學
伙伴。

　　楊甲仁與長壽的互動與談話，記載最多的是發生於1695

---

192 來福與主人之間的神應，指羅伯敬拜訪楊甲仁時，剛進籬，來福本來要
　　跟進，主人只以手當胸微微示意，來福即止。見楊甲仁，《自驗錄》，
　　卷上，頁22b-23a。同一件事的紀錄，亦見楊甲仁，《下學錄》，卷2，頁
　　120b-121a。
193 楊甲仁與僕人說到道學內容，也令當時人感到驚訝，例見楊甲仁，《北遊
　　日錄》，頁13b。

年往返京城的旅程中，主要載於《北遊日錄》和《下學錄》。
根據紀錄，我們可見楊甲仁對僕人相當尊重。例如，楊甲仁常
教導僕人莫說妄話、莫動妄念，有一日過邯鄲野店，買餅却無
菜，走里許之後，才遇賣粗豆腐者，楊甲仁不禁說：「早間有
此便好」，長壽立即回答：「這就是妄念了」。聞此，楊甲仁
揖而謝之：「此言真我師，我能實實體此，不愁德不進。」[194]
或許正因這類舉止的鼓勵，長壽才敢向楊甲仁說起僕人們背地
裡說的閒話，僕人崔奇似曾在背後嘲笑楊甲仁：「他教我們莫
動妄念，他老巴巴到京應考中書，這不是妄念。」楊甲仁聽
後，並未動怒，但表示此說著其痛處，又說：「雖然我却不為
中書來也，然奇似之言，實有以針我矣」。[195]

　　有一次長壽要去買餅，須十六文錢，信手拿來，不多不少
正是十六文，故歎手神妙，楊甲仁就藉機指點他此神妙是勉強
做不來的，亦即「聖而不可知之謂神」，稍涉私意，神即不全
的道理。[196]又一次在途中遇大雨，楊甲仁趁機告訴長壽人心一
息不容放肆、一息放肆便迷真性的道理，而長壽也真能因聽道
而體會到自己身心與感官的變化。[197]這段旅程中主僕最重要
的對話是，楊甲仁告訴長壽，他雖身為人僕，但他的心是自主
的，絕不受役於他人。《下學錄》記曰：

　　　　康熙三十三年秋七月，往梓州，遇雨。長壽曰：心要歸

---

194 楊甲仁，《北遊日錄》，頁24b。
195 楊甲仁，《北遊日錄》，頁24b-25a。
196 楊甲仁，《北遊日錄》，頁13a-b；《下學錄》，卷2，頁116b。
197 楊甲仁，《北遊日錄》，頁19a-b。

　　一，雖行爛泥中，所背行李不覺沉重。又曰：心歸一了，
　　覺得廣大，有許多輕妙。又曰：若有兩個便假了。予曰：
　　然，據你說到此地，身雖是人之僕，心不是人之僕了。你
　　當念念存天理，莫輕賤了自家身子。壽泣下。[198]

長壽深受楊甲仁的態度與說話內容所感動，他曾觀察到主人對
他談道，完全沒有因為他的身分而與別人有任何差別待遇，[199]
這種被尊重的感受不僅讓他對楊甲仁充滿感恩，也激發他更熱
心求道，並說：「主人教小人底話都是真心真意，從裡面說出
來底，小人死不敢忘恩。」[200]

　　在楊甲仁的指點下，長壽自己對心體也有所體驗，他曾
說：

　　我心忽然開亮，便覺一切物都動不得我。心裡就無邊
　　廣大，一時昏塞，便覺頭腦手足千萬觔沉重，一步也難
　　行。[201]

又說：「心明亮則眼發光」、「心正自然光生」、「心正時一

---

198 類似記載又可見楊甲仁謂長壽曰：「你莫說你是人之僕，此道不分貴賤，
　　你若存得天理，你身為人僕，心不是人僕。不然，真是人僕。」見楊甲
　　仁，《下學錄》，卷2，頁127b、121a。
199 「壽曰：『主人與某說底話，與小人說底話，元來只是一箇。』曰：『只
　　是一箇，就使我與千萬人說，也是這一箇。』」楊甲仁，《下學錄》，卷
　　2，頁128a。
200 楊甲仁，《下學錄》，卷2，頁128a。
201 楊甲仁，《下學錄》，卷2，頁128a。

絲不添，一絲不起，就是聖人地位」等，[202]可見他確有體悟。

康熙三十四年九月二十一日，在回程途中過新豐灞橋，宿十里鋪。是夜，主僕二人話至三更，楊甲仁告訴長壽不要因此行未獲錢財而懊惱，長壽表示自己並不懊惱，並說：

> 今與主人一路受苦，見了這道理，眼明腳輕，行李不覺重，風霜不覺寒，肚裡不覺餓，筋骨不覺勞，心中有無邊寬廣，那財帛小人也不貪他，這就是小人身內千百年用不盡的寶帛。[203]

雖然長壽的語言簡單，但他清楚表達了自己生命價值的優先次序，他和周氏一樣，在楊甲仁的調教下，將生命意義明確定位於心性修養、契悟道體之永恆。回家後，第二年（1696）元月，楊甲仁曾問長壽近來如何？[204]長壽回答：「邇來不得常常發現，要三、四日才來一遍」；又說：「這半個月就像失落了一般，今日主人到此，又才尋著。」可見長壽回家後仍繼續從事心體工夫，但感到不順遂，楊甲仁也再次向他肯定工夫之根宗在自己心體，不假外求，不倚靠他人，即心即仁，當下便是。[205]

楊甲仁晚年門下有了心、長壽、羅度，但羅度不能時常相

---

202 楊甲仁，《下學錄》，卷2，頁129b。
203 楊甲仁，《北遊日錄》，頁24a。
204 長壽很可能回到楊秉泰家，故此條紀錄是前面是「丙子年正月至縣，謂長壽爾近何如？」見楊甲仁，《自驗錄》，卷上，頁4a。
205 楊甲仁，《自驗錄》，卷上，頁4a。

隨，在證道事上又較守不住，[206]了心則去世較早，故1705之後長壽成為楊甲仁重要講學伙伴，帶給他極大安慰。楊甲仁曾說：「近來惟有長壽，頻頻酬答，神契象先，實出望外，驚歎大慰。」[207]可見長壽多年來不但能守住儒家心性之學的工夫實踐，且實有長進，楊甲仁也以弟子之禮禮之，極看重他。[208]

六、結語

　　本文主要討論清初四川儒者楊甲仁的著作、生平、交友與講學。由於楊甲仁及其著作在學界尚屬陌生，故本文首先說明《愧菴遺集》如何在道光年間才被發現、付梓的經過，並詳讀該書，整理出楊甲仁生平重要經歷與交友論學的情形。楊甲仁思想明顯屬陽明心學一派，尤其接近王畿與泰州學風。儘管他生平最服膺的當代之儒是劉麗虛、楊洪才、李顒，但筆者認為他的學問基本上是得自廣泛閱讀與自我修養；他對劉麗虛的推崇更多反映自身理想的投射，與李顒相互證學，亦主要在抒發自己為學的心得。

　　儘管楊甲仁在思想內涵上沒有太多創發，他對後來學術發展史的影響也很有限，但其著作在明清理學史上仍具重要意義。主要是透過他詳細的文字紀錄，我們可以看到陽明心學在

---

206 楊甲仁，《自驗錄》，卷下，頁31b-32a、33b。
207 楊甲仁，《自驗錄》，卷下，頁33a-b。
208 楊甲仁說自己對長壽的態度，曰：「甲仁以弟子禮之，古稱得一人而可勝千萬人者，豈知性道之徒更有甚焉。」見楊甲仁，《自驗錄》，卷下，頁33b。其他晚期長壽與甲仁之對話，亦見同書卷下。

清初士人、商人、胥吏、僮僕、婦女中被認真講論、付諸實踐
的情形。此不僅是理學文獻中少見的，也精彩地豐富了我們對
於儒家性命之學庶民化的了解。故此，本文詳細敘述了楊甲仁
與朋友、門生、側室周氏、僕人長壽間講學的情形，認為陽明
學所強調的人人稟性相同、無貴賤之別、良知自足等的觀念，
在楊甲仁的講學中獲得充分的實踐。楊甲仁在實際生活中所表
現出對婦女、奴僕在性命之學上的平等對待與尊重，並鼓勵其
追求永恆不朽的生命意義，更是突破先賢的不平凡作為，也是
理學史上深具意義的一章。

IV

理學與宗教

〈以天為本的經世之學：安世鳳《尊孔錄》與幾個清儒個案〉的寫作是因為發現國家圖書館藏有明代善本《尊孔錄》一書，此書保存完整、內容豐富，但少為人知。一般學界認識的安世鳳是位晚明山人型的士人，學問博雜，他的《墨林快事》、《燕居功課》更為人知。《尊孔錄》是安世鳳晚年的著作，他晚年對於儒學有一套整體的想法，既有理學的傳統，又批評糾正宋明理學的某些思想，並且強調知天事天之學。

閱讀《尊孔錄》讓我想起幾年前發現王嗣槐《太極圖說論》時的感想，學界所認識的王嗣槐主要是一名活躍於清初詩社的詩人，但是晚年的他勤奮著書立言，三十餘萬字的《太極圖說論》就文本屬性而言應是理學著作，但同樣有檢討宋明理學、重新詮釋儒學的內涵。這些大部頭的著作都試圖提供一套體系龐大、貫通天人與幽明的儒學思想，這些個案過去都未被學界認真研究過，它們顯示明清轉型期士人對於儒學的內涵不斷反思與重新詮釋的學術創造力。

我無法找到安世鳳個人的學術師承，但又感到他的某些關懷在十七世紀的中國並非特例，故本文以幾個清儒個案作為比較與襯托，希望提供進一步理解《尊孔錄》的思想史脈絡。此文原刊於《漢學研究》（卷37期3，2019）。

〈杜文煥會宗三教〉主要根據杜文煥《三教會宗》一書。我是在日本內閣文庫讀到此書，發現書的作者是一位出身榆林武將世家的將軍，縱橫沙場、戰功彪炳，但他熱愛詩歌創作，和江南許多文人有密切交往，又是一位學宗三教、熱衷宗教修練的教主型人物，他把自己家園建造得像三教的道場，定期舉辦宗教活動。

　　閱讀《三教會宗》讓我想起許多前人研究過的主題，我
第一個感想是：可惜杜文煥和《三教會宗》少為人知，否則許
多作品應該都會援引這個個案。舉例而言，對於武將詩作有興
趣的人，杜文煥的詩作非常豐富，內容與戰爭相關，很值得留
意；杜文煥拜師涂宗濬，涂宗濬是李材的弟子，故杜氏之理學
思想與晚明的止脩學派有關；杜文煥的道教淵源與忠孝淨明
道、龍沙讖有關。另外，杜文煥交友廣闊，朋友的地理分布廣
潤，書中大量書信與互贈詩序之作，應是研究晚明士人社群網
絡的好資料。杜文煥思想所觸及如會宗三教的模式、儒將的理
想與系譜、英雄與神仙等，也都是許多人關心的議題。基於這
樣的想法，我嘗試以個案的方式介紹杜文煥和《三教會宗》，
希望未來有更多人留意此文本。

　　在這篇文章中，我也以相當的篇幅討論涂宗濬的思想及其
宗教經驗，並與李材的思想作比較。涂宗濬的《陽和語錄》的
紀錄者之一是王啟元，也就是《清署經談》的作者，而《清署
經談》反對天主教、試圖建立孔教的內涵早為學界所知。這些
隱約而鮮為人知的線索串起明清知識界的許多人物與訊息，很
有意思。此文原刊於《明代研究》（期23，2014）。

第七章

以天為本的經世之學
安世鳳《尊孔錄》與幾個清儒個案

一、前言

　　明清之際儒學轉型是中國近世思想史上的重大議題,過去學者傾向從學術典範轉移的角度來描述此時期的學術發展,例如從義理學轉向考證學、對晚明三教融合思想的批判、經世實學的興起、重視外在客觀禮法、強調日用人倫等。也有人將上述變化理解為由虛返實、去宗教、迎向科學與實證的表現,或引入啟蒙的論述,為中國之現代性尋找源頭。[1]晚近學者們開始留意到明清之際延續性的思想開展,以及「宗教」所扮演的重要角色,例如王汎森〈明末清初儒學的宗教化:以許三禮的告天之學為例〉一文以許三禮為例,討論明清之際儒學宗教化的

1　這方面的著作和討論極多,無法全部註出。我曾在《成聖與家庭人倫:宗教對話脈絡下的明清之際儒學》(新北:聯經出版事業公司,2017)一書的導論中,論及過去學者重要的看法、問題意識和研究方法。

現象；[2]李天綱《跨文化的詮釋：經學與神學的相遇》一書，對於儒學與天主教神學相互激盪所形成的跨文化的經典詮釋有許多精彩的討論。[3]吳震《明末清初道德勸善的思想研究》以勸善思想、宗教信仰、社會關懷、儒家經世為主軸，討論從晚明到清初延續性的發展；他在導論中也特別針對二十世紀初知識界對宗教的負面看法，及其帶出的學術影響進行反思。[4]劉耘華《依天立義：清代前中期江南文人應對天主教文化研究》探討晚明天主教入華後，天主教與江南士人之間深刻的交涉與互動。[5]筆者在《成聖與家庭人倫：宗教對話脈絡下的明清之際儒學》一書，則藉由考察明清之際理學論述中的幾個重要議題，討論儒學思想發展的延續與變化，並強調宗教對話的語境是解讀此時期儒學思想的重要脈絡，儒學在與其他宗教對話過程中亦有某種宗教化的傾向。[6]

　　本文延續上述的關懷，以晚明安世鳳（1557生）《尊孔錄》為主要研究對象。[7]《尊孔錄》一書藏於國家圖書館，學界尚無專文探討，本文將分析此書強調儒學本天與經世的思想要

2　王汎森，〈明末清初儒學的宗教化：以許三禮的告天之學為例〉，《新史學》，卷9期2（1998年2月），頁89-122。

3　李天綱，《跨文化的詮釋：經學與神學的相遇》（北京：新星出版社，2007）。

4　吳震，《明末清初勸善運動思想研究》（台北：臺大出版中心，2009）。

5　劉耘華，《依天立義：清代前中期江南文人應對天主教文化研究》（上海：上海古籍出版社，2014）。

6　呂妙芬，《成聖與家庭人倫：宗教對話脈絡下的明清之際儒學》。

7　安世鳳生卒年據〈燕居功課題辭〉推算，收入安世鳳，《燕居功課》，卷首，見《四庫全書存目叢書》編纂委員會編，《四庫全書存目叢刊》（台南：莊嚴文化事業公司，1997），子部，冊110。

旨，並試圖以許三禮（1625-1691）、王啟元（1622進士）、楊
岫（1687-1785）等個案，說明十七、十八世紀的思想界有類似
呼應的看法，以此提供一些理解《尊孔錄》的學術史脈絡。

　　在進入分析《尊孔錄》思想要旨之前，先簡略介紹安世
鳳的生平與《尊孔錄》寫作的背景。安世鳳是河南商邱人，萬
曆年間進士，曾任戶部主事、山西解州同知、浙江嘉興府通判
等職，他的著作有《燕居功課》、《墨林快事》、《論存》、
《尊孔錄》等，內容包括金石碑刻、天文曆算、各類思想雜
文、宗教與儒學，十分博學。安世鳳並不是傳統理學家，《尊
孔錄》是他六十四歲時的作品，他自言寫作此書時的心得：
「晝披宵思，乃能深惟于天所以生聖人之意，以得聖人所以代
天之心；然後知孔子之立教以其不得治安一世之民物，而思移
之於萬世。」[8]可見此書是其晚年思想的心得，旨在闡明孔聖代
天立言之道。

　　從《尊孔錄》內容可知，安世鳳批判宋明理學的天理觀，
認為其受到佛、道之影響，[9]他讚許張載（1020-1077）的〈西
銘〉及程顥（1032-1085）萬物一體之仁的觀念，[10]肯定王陽明
（1472-1529）的「良知」是「千古傳心之真印、一時救敝之良

8　安世鳳，〈尊孔錄・序〉，《尊孔錄》（晚明天啟元年（1621）刊本，國
　　家圖書館藏），頁3a-b。
9　安世鳳，《尊孔錄》，卷2，頁14b-15a；卷3，頁14a；卷4，頁14a-b；卷
　　10，頁15a-b。
10　安世鳳，《尊孔錄》，卷10，頁5b-13b。

藥」，[11]也欣賞羅汝芳（1515-1588）的思想。[12]安世鳳說王陽明、羅汝芳二人思想上接孟子、張載、程顥，也與他自己的體認相契。[13]可見安世鳳既承襲又批判與宋明理學的立場。《尊孔錄》共十六卷，分別標題為：天命、天性、聖宗、聖學、聖德、聖誨、聖經、聖嗣、聖沠、聖途、聖翼、聖澤。下節說明《尊孔錄》的思想要旨。

二、《尊孔錄》思想要旨

《尊孔錄》最鮮明的特色是將儒學首義定位在知天、事天，強調聖學本天，並試圖對人生存之目的、學問目標與方法等一系列人生問題提出解答。此書也標舉孔子獨一無二的貢獻與歷史地位，描述聖學傳承的不同管道，品評先儒並強調尊君思想。以下分四點說明《尊孔錄》的思想要旨。

---

11 安世鳳，《尊孔錄》，卷10，頁15b-16a。

12 安世鳳在〈題尊孔錄後〉中說自己初接觸楊起元、羅汝芳之學時，本有疑問，但在獲讀羅汝芳全集之後，深服其孝弟之論，也認為楊起元能承其師羅汝芳之學。他說：「二先生之旨似乎相成，而符之孟子之良知，孔子之一貫，不差鍼芒，信乎聖人之微言，未嘗一日絕于後覺之心也。」見安世鳳，《尊孔錄》，卷末。

13 安世鳳，《尊孔錄》，卷10，頁18b-21a。安世鳳由友人楊退庵而獲讀羅汝芳的全集，見氏著，〈題尊孔錄後〉，《尊孔錄》，卷末。文中提及楊退庵從羅汝芳的弟子楊起元遊，我無法找到楊退庵的名字與生平傳記。

（一）聖學本天

安世鳳說究天人之際是孔門聖學最重要的內涵，孔子是一位深刻知天知人、代天立教萬世的聖人。[14]他說儒家先秦經書多言天，上古之人多能洞見天人之際，深知王權天授，即使一介之士也能兢兢業業地對越上帝。[15]後世之儒卻逐漸失去對於天的認知，此主要受到佛教「諸天」說與宋儒天理觀的影響。他批評佛教以諸天為神護法之說妄自尊大，也反對宋儒以理為天地之大原。他說六合內外惟有一天，天地萬物與人類均源於生生不已之天命。[16]簡言之，安世鳳以「天」作為一切存有與價值的根源，強調知天、事天是孔門聖學的要義；唯有明白天對於人類與萬物之命定，且竭力依天命而行，才是行聖人之道。

1. 天與天命

安世鳳說天道好生，天命生生不息。天命之中，純一陽氣；陽氣所化，純一生機。人類之傳衍與萬物之生成變化，均是天命生生不息、仁愛創造力的展現，並非陽生陰殺之象。[17]亦即，天的屬性不是陰陽交雜，而是純陽、純仁、純善、具有生生不已的造化能力。既然眾人均為天所生，為何富貴福澤、聰明賢善如此不同？安世鳳將差異歸諸自然之勢。[18]他說此正如人

14　安世鳳，〈尊孔錄序〉，《尊孔錄》，頁1a-5a。
15　安世鳳，《尊孔錄》，卷1，頁1a；卷14，頁21b。
16　安世鳳，《尊孔錄》，卷1，頁1b-3a。
17　安世鳳，《尊孔錄》，卷1，頁4b。
18　安世鳳，《尊孔錄》，卷1，頁11b。

身肢體大小尊卑不齊，但肢體各司其職，人始能成人，肢體之間不必相爭，亦無所憾。同理，天賦眾人之才智與身分不同，各人亦應各司其職，不必相爭。即使至愚之人，天賦之本性與聰明賢善，仍足以周其身，即人之善性與尊嚴並不因才智差異而有所減損。[19]安世鳳說：人無論尊卑賢愚，「惟隨其所在，共矢一心以完天所命之業，即為肖子」[20]又說：「蓋天地之氣，只有此數，各各聽造物付予之限而滿之，則皆可以相生而無相害。」[21]簡言之，人天賦的才質雖有不同，但只要順己之才性而努力，便能成就生命的意義，且能與天地萬物共成不已之天命。[22]

　　天是否具有賞善罰惡的意志？安世鳳並不否定天道禍福之說，但不認為人可以用自己的想法來摹想天的作為，以為天會像人心一樣地下判斷或賞善罰惡。他說災祥之說大多是「就天道已然之跡，必然之理而斷言之耳，非天帝之有心而作此分別也。」[23]不過，他也不否認人的作為會召祥或召殃，此又與人能否知天合天有關。他說：

　　　　天既以不已之仁為命，則人之合乎天者，其取給于天，
　　　　則天元有此氣，元有此靈，資不窮而導不竭，此其本之方
　　　　栽者也。何祥不集？抑何必于降？其有行不合于天者，欲

19　安世鳳，《尊孔錄》，卷1，頁4a。
20　安世鳳，《尊孔錄》，卷1，頁3b。
21　安世鳳，《尊孔錄》，卷1，頁16a。
22　安世鳳，《尊孔錄》，卷1，頁16b。
23　安世鳳，《尊孔錄》，卷1，頁5a。

取運動思慮于天以濟其不善，而天命中元無此物，故計日
工而應日左，此其本之已傾者也，何殃不生？又何待于天
之降哉？夫果待于天之降，則可謂其有所及，有所不及，
乃其祥殃之來，一一人所自召，如食穀之必飽，食毒之必
死，自內而發，非自外而至。人亦安能逃于天道之外，而
天竟何心哉？[24]

人若能憑藉天所命於己之本性，合天行事，必能集祥；反之，
必召災殃。這是天道必然的結果，未必是有一位人格天帝下令
的賞罰。儘管如此，安世鳳並不認為天無靈無意，或以為「天
果夢夢者」。他只是說天道未必如人心之褊狹，故人不應以人
之思想來揣摩天道；所謂天之靈，也未必需要以人格神決斷的
方式來表現。[25]天有其意志與作為，但非人之思想可以完全瞭然
與掌握。

對於人生不順遂之遭遇和遺憾，安世鳳則強調不可怨天尤
人，應抱持〈西銘〉「貧賤憂戚，庸玉汝於成也」的態度，思
考患難或許正有「天愛人而欲成其德」的深意。且天道有時，
一時之缺憾，未必將來不能滿足豐厚。[26]綜言之，安世鳳雖未將
「天」視為人格神，不過他認為天具有意志，具有創生、命定

24 安世鳳，《尊孔錄》，卷1，頁5b-6a。
25 「天亦何待于自行剖決，而後不為夢夢乎？人之自召，即所以效天之靈而
已。」見安世鳳，《尊孔錄》，卷1，頁10b。
26 「及其取足于一時者或歉，而取足于後世者無窮。注厝于一時者未稱，而
注厝于後世者未艾。天果何負于賢善哉，不如此不足以成其德而厚其施
也。」見安世鳳，《尊孔錄》，卷1，頁7b。

之能。天道禍福,未必盡合人意,但他相信天既為眾善之宗,天道報應最終亦將不離善惡之報。[27]

2. 天為大父

安世鳳說天為人之大父,又以天命來論述人生命之源頭與歸宿,以及人存在的意義。他說:

> 人一知有父,則必知父之有父,而祖而曾,而五世以及百千世,皆此父也。推及于天地生人之始,天非父乎?知吾最初之父之父天,而吾身烏有不父天者?一明于父天之義,而凡所以為天敬身,為天愛人愛物者可已乎?故孔子言繼志述事,而即及于宗廟,又及于禘,而極于事上帝,遂至于治國如視掌,如是而天下有餘事乎?而由孝又以生弟,夫知吾同父之兄弟,則知伯叔諸父之為兄弟,而從祖從曾祖,五世以及百千世皆兄弟也。而推及于天地生人之始,凡人類非父天之兄弟乎?[28]

人雖從祖先而生,但生命根本的源頭是天,故人應以天為大父,應孝敬天,也應向天學習。學天之事並不限於天子或聖賢,人人都應學天,也都可學天。[29]

格外引人注意的是,安世鳳說天與人的關係比血緣父母更

---

27 安世鳳,《尊孔錄》,卷1,頁19a-b。
28 安世鳳,《尊孔錄》,卷2,頁9b-10a。
29 安世鳳,《尊孔錄》,卷4,頁17b。

加親密，人雖由父母孕育而生，但終究會與父母分離，但天却
與人則始終不離。他說：

> 天之于人不但如父而已，夫人未入母腹之時，與父一
> 也，一入母腹而已與父二矣。未出母腹之時與母二而一
> 也，一出母腹而又與母真二矣。故父之非己身，人所共知
> 也。己之即父身，賢者知之耳。不但惟賢者知之，即賢者
> 之身畢竟不可合父之身為一人也。人之于天則不然，資父
> 母原得于天之氣以有生，而當其落地之始，已與父母二，
> 而却與天為一物，其根則繫之于上，而呼吸天之氣，以養
> 其靈形。則載之于天之地，而漸吮其味以養其胞。是父母
> 不過為天生之，而既出腹則付還于天，而父母又不過為天
> 撫育之而已。自是以後，有知覺則取之于天之知；有才幹
> 則取之于天之能，而後還以報父母。是以父母有存亡，而
> 其根之于天者，終身如一日。是舉世老幼智愚無一人不上
> 與天為一物。……天之所最貴者人，則為天而盡人之性；
> 天之所最怜者物，則為天而盡物之性。然後有益于天而吾
> 父母亦為有益于天，故不知者謂人能事親而後為順天之
> 理；而知者則謂人能事天而後為順親之心。[30]

　　人雖由父母所生，但人生命的根源並不在父母，而在天；
父母不過是為天生人、為天撫育兒女而已。當人出生之後，便
與父母分離成為不同的個體，但賦予人生命、靈性、知覺、才

30　安世鳳，《尊孔錄》，卷10，頁8a-9a。

幹的天,則與人終生不離,故天(大父)與人的關係,實比肉身父母更親密。有別於許多儒者認為「人能事親而後為順天之理」,強調儒學以親親為本的原則,不應躐等而談事天之學;[31] 安世鳳的看法卻相反,他認為事天才是事親之本,說道:「人能事天,而後能順親之心。」這個翻轉明確地將儒學的核心定位在「天」,以天人關係為最優先的倫序。

安世鳳又說人類應彼此親愛、扶持,因為人類都是天所生的兄弟,此即所謂「四海之內皆兄弟」。他因此格外欣賞張載的〈西銘〉[32],說〈西銘〉指出「天乃生我之父,吾人一生須臾不能離此父之側,終身完不了事此父之職,直待死而後已。」[33] 至於事天之意涵,他認為是「恤吾同胞兄弟,至于人之性無不盡,推之萬物莫非吾與,而物之性亦盡,乃為天之能子。」[34]

安世鳳的看法既接近陽明學「明明德于天下」的理想,也與當時在華天主教的論述有許多呼應之處。天主教強調天主為人之大父,賜人不朽的靈性,使人有明悟、記含、愛欲之能,得以認識天主,故天主與人的關係比血緣父母更親密,天主與人的關係是在五倫之上的首倫,人首應盡孝於天主。天主教也說天主之愛(仁)是人可以孝順父母的基礎,論點與安世鳳「人能事天,而後能順親之心」頗接近。[35]另外,天主教也說眾

---

31 相關例子與討論,參見呂妙芬,《成聖與家庭人倫》,第二章。

32 安世鳳,《尊孔錄》,卷10,頁9b。

33 安世鳳,《尊孔錄》,卷10,頁7a。

34 安世鳳,《尊孔錄》,卷10,頁7a。

35 利瑪竇(Matteo Ricci),《天主實義》,卷下,頁65a-b,收入王美秀、任延黎編,《東傳福音》,冊2(合肥:黃山書社,2005);孫璋(Alexandre

人皆天主所生，四海之內皆兄弟，人不能須臾離開天主，應一生昭事上帝。此雖不足以證明安世鳳思想受到天主教影響，然而其與天主教思想相呼應的現象仍值得關注；即使晚明中國士人果真在本土脈絡下發展出類似的思維，此對於理解或接引天主教教義，也有重要意義，亦是研究此時期思想史不可忽視的脈絡。

3. 人生使命

天對人是否有獨特的命定和旨意？生命的意義為何？個人成德與濟世安民之間，優先次序如何？對於這些問題，安世鳳都有明確的看法。他說：

> 蓋天地萬物皆吾度內，我欲離他不得，我欲私我亦不得已。生而為人，受造物之付託，自合曲成人物以還天地，參贊天地以還萬古，乃是本身正職業，一毫推諉不得。何處可容其厭惡？何處可容其倦怠？[36]

安世鳳說佛老一主厭心，一主倦病。老氏厭其口耳，倦於應酬；釋氏厭其四大，倦於生死。他們所追求的無非是個人生

---

de la Charme），《性理真詮》，收入王美秀、任延黎編，《東傳福音》，冊4，頁457-458。亦參見呂妙芬，〈耶穌是孝子嗎？明末至民初漢語基督宗教文獻論孝的變化〉，《中央研究院近代史研究所集刊》，期99（2018年3月），頁1-46。

36　安世鳳，《尊孔錄》，卷4，頁5a-b。

命層次的了悟，既不能度人，亦不能成物。[37]儒學所召示的生命意義大不同，絕不止於了究個人的性命，人承受了天之命定與託付，人應秉持天賦的本性（仁），體悟天心，完成天所交付的職責，即曲成人物、參贊天地。簡言之，安世鳳不以追求個人成德為人生目標，他認為人應抱持天地萬物一體之胸懷，以天普愛眾人之心來愛人，竭盡所能去成己成物。[38]他又說：

> 孔子之學，開眼便學天地，凡天地間所有之物，莫非己物，即莫非己身。責任莫逃，欛柄在手，一相遭遇，方慈閔愛護之不暇。暇生厭心，所以安信懷，庶富教之術，未嘗一日不展轉于胸中，皆學也，皆不厭也。[39]

此段引文的脈絡是為闡明孔子「學而不厭，誨人不倦」的精神，而孔子之所以擁有學習及誨人的熱情與擔當，乃因他深刻認識到自己與天地萬物緊密的關連，故孔子能體知天愛人濟物之心，並能以身代天行道。[40]簡言之，孔子因為學天，故能有如此偉大的胸懷。至於如何學天，安世鳳說應憑藉天賦予人之仁性，不間斷地學習，「學孔之不厭不倦，即學天命之不已矣」。[41]

37　安世鳳，《尊孔錄》，卷4，頁5b。

38　安世鳳，《尊孔錄》，卷1，頁7a-b。

39　安世鳳，《尊孔錄》，卷4，頁6a。

40　「聖人惟知天所生人之意，而恭為之代，然後千古之局不容不遞變。」安世鳳，〈尊孔錄・序〉，《尊孔錄》，卷首，頁1a。

41　安世鳳，《尊孔錄》，卷4，頁17b。

安世鳳心目中的聖人，是「惟思有益于天地萬物」，而不
惓惓於個人生命之了悟。他說儒者本應懷抱欲明明德於天下的
胸懷，濟世安民；若不如此，終將導致「吾心死而天下亂，民
物殘而天地毀」的局面。[42]以下這段話清楚說明他心目中古代聖
學的內涵：

> 自為己為人之說橫行，而士君子遂以濟世安民為大詬，
> 不知聖人之意，元非此之謂也。古之學者，萬事萬化雖盡
> 天地萬物入其範圍，而只就己上為起，所謂古之欲明明德
> 于天下者，却只先修其身也；今之學者，一言一動雖只自
> 己身心上事，而無不就人之　聽贊毀上為作，所謂小人閒
> 居為不善，却見君子而後揜且著也，此其誠偽邪正之關。
> 君子求諸己，小人求諸人，自是聖人成說，無端改為去
> 聲，不思孔子如只為己，則安信懷有何所得於己？如不為
> 人，則何必求為可知，及疾沒世而名不稱？況于千古聖帝
> 明王忠臣良相，卷卷以一夫不穫為辜者。[43]

安世鳳認為古代聖王良相都有濟世安民的胸懷，他們學問
雖立基於自我修身，所關懷的對象則是眾人與天地萬物。無論
孔子「老者安之，朋友信之，少者懷之」之志，或殷高宗所謂
「一夫不穫，則曰予時之辜」，都充分展現古聖賢悲天憫人、

42 安世鳳，《尊孔錄》，卷4，頁9b；14a-b。他也反對將「古之學者為己，今
　之學者為人」之「為」字讀為去聲，認為此將誤導人們以為儒家聖人只是
　單顧自身的自了漢。見安世鳳，《尊孔錄》，卷13，頁12a-13a。
43 安世鳳，《尊孔錄》，卷4，頁19a-b。

濟世安民之心志。安世鳳說：「孔子之教只要與天下共底于成，而後人之學，只要自己成一好人，此最學問大關係處。」[44]他批評後儒「斤斤于己身之性命名譽，不肯損壞分毫，任世界之倒塌，人物之淪喪，置之度外，以為能守身即以為能事親。」[45]這個批評主要針對宋明理學家，他特別批評理學家受佛教影響：「後賢習見釋氏禪機，拈花豎拂，以期冥悟，拳喝棒逐以懲下根，膠固胸中，拾人馨欬，全無孔門誠心直道以相誨引不倦家風。」[46]他也反對宋儒克欲的工夫，認為此乃視天地萬物、耳目口體均為有害之物，並不契於孔子與天地萬物為一體之心腸。基於上述的理念，安世鳳對於「學而仕」也有更積極的看法，他強調聖人用世之心及救世之宏願，[47]他也講「愛人利物」之學，主張人應彼此相愛：「人心之所以不死者恃有此愛」。人若沒有愛，則無法盡性，更無法知天事天。[48]

綜上所論，安世鳳雖重視個人道德修養，但強調孔門聖學絕不僅於追求個人成德或愛惜個人名譽，必須真正擔負濟世安民之責，故認為孔門聖學的內容廣博，天文、地理、制度、人事、農、工、兵、商，無一不包。他對於克欲工夫與萬物一體之仁的看法，既呼應羅汝芳與陽明學的思想，也是在批判佛老二氏的語境中，重新定義儒學，體現一種以天為本、通天人之際的經世之學。

44　安世鳳，《尊孔錄》，卷11，頁8b。
45　安世鳳，《尊孔錄》，卷8，頁7a。
46　安世鳳，《尊孔錄》，卷5，頁16b。
47　安世鳳，《尊孔錄》，卷5，頁10a-12a。
48　安世鳳，《尊孔錄》，卷3，頁22b。

4. 鬼神觀與死後想像

安世鳳是否也論及生命的結局與最終歸宿？綜觀《尊孔錄》全書，並沒有太多這方面的論述，不過有幾段文字表達了安世鳳對於輪迴與地獄，以及鬼神、祭祀、生死的看法，在此一併說明。關於輪迴地獄觀，他說：

> 若輪迴地獄之說，三代以前無佛言之日，未嘗有也，今則人人信其有矣。慘毒苛細恐非天道之好生者所宜也，是固非君子所宜道。然亦何妨其有之者？聖人之治天下蓋有年矣，犯者日以奇，則刑者日以重，斬剉之外，甚有焚骨瀦宮之制。夫聖王之代天致治，豈不至仁而猶有取焉者？不得已也。恐懲奸之不盡厥辜也。天之治萬生也，亦若是而已矣，何妨於昔無而今有。況於鬼神報應之說，三代之季未始全無，則夫舉古昔未詳之制而益密之，恐亦造物之所必用也。夫有之而害于人心世道，不存之可也；有之而無損于人心，有埤于世道，如之何其必去之。然此等亦如雷霆下擊之類，罪惡深重者當之，若以為天道尋常之刑，亦酷甚矣。[49]

安世鳳認為地獄酷刑的想法，就義理層次而言，與天道好生之本意並不相符，非君子所宜道；就歷史發生而言，這些觀念也不是中國本有的，乃由佛教傳入中國。儘管如此，他卻不全然排除地獄存在的可能，也不否定其教化的作用。他以政

49　安世鳳，《尊孔錄》，卷1，頁20a-21a。

治治理及歷史變化為理據，推論道：聖王雖懷愛民之仁心，但
代天治理仍必須使用刑罰，而隨著時代與犯罪形式日奇，刑罰
方式也日重，此雖不得已，卻是聖王代天治理必要的作法，更
何況中國上古其實也有鬼神報應之說。因此，他說雖然天道好
生，但地獄刑罰未必不存在；古昔未詳之制，隨著時代變化也
可能愈加嚴密，故認為此「恐亦造物之所必用也」。

　　另一段是關於《論語》「季路問事鬼神」的發言，《論
語》的原文如下：

　　　季路問事鬼神。子曰：「未能事人，焉能事鬼？」敢問
　　死。曰：「未知生，焉知死？」50

一般對此段問答的解釋是：孔子重視現世，不涉虛玄未知之
事。安世鳳的詮釋不同，他說子路是站在「不能事鬼神」的立
場發問的：

　　　蓋子路之意以為幽明異趣，人何以能事鬼？事鬼猶有
　　一氣感通之機，若神更天地造化之用，尤不相干，何以能
　　事？51

子路因抱持「幽明異趣」之態度，故認為人不能事鬼神。相反

<hr />

50　何晏等注，邢昺疏，《論語·先進》，收入十三經注疏小組編，《十三經
　　注疏分段標點》（台北：新文豐出版公司，2001），冊19，頁247。
51　安世鳳，《尊孔錄》，卷6，頁18a。

地，孔子站在「幽明一貫」的立場，認為人可以事鬼：

> 孔子則以鬼之生元人也，人自可以事人。不能事人，則
> 鬼且不能事，而況于神？[52]

人死為鬼，故以幽明一貫之原則可推知：人可以事人，也可以
事鬼；人若不能事人，則不能事鬼，更不能事神。父母生前，
為人子者當如何尊敬孝順父母；父母去世後，人子孝敬的態度
與心志，亦未改變，此乃祭祖禮儀之根據。安世鳳說：「由是
由宗廟之事，其先者推之于禘，則事父孝故事天明，事母孝故
事地察。可郊、可社、可山川群神，而神亦能事矣。」[53]換言
之，祭祖所體現之孝的精神，可貫通天人。關於此，下文再
論。安世鳳又說孔子「未能事人，焉能事鬼？」與「未知生，
焉知死？」之說，正是彰顯其能明於天人之故的至精之言；學
者若能體悟此聖言，則「當下百行萬善具足，直造天人合一地
位」。[54]安世鳳此說確實和羅汝芳有相近之處。[55]
　　對於孔子「朝聞道，夕死可矣」的解釋也可反映安世鳳
的生死觀及其對人生職責的看法。安世鳳認為孔子並非只要人

---

52 安世鳳，《尊孔錄》，卷6，頁18a。
53 安世鳳，《尊孔錄》，卷6，頁18b。
54 安世鳳，《尊孔錄》，卷6，頁18a。
55 羅汝芳對此段經文的詮釋如下：「未能事人，焉能事鬼？」欲其以事人者
　　事乎鬼。蓋以鬼即人也，所謂「祭如在，祭神如神在」，「事死如事生，
　　事亡如事存」者也。其曰：「未知生，焉知死？」欲其以知生者知乎死，
　　蓋以死猶生也。見羅汝芳著，方祖猷等編校整理，《羅汝芳集》（南京：
　　鳳凰出版社，2007），冊上，頁19。

聞知天道，因為天既以道生人，道本就在人身，故聞道並非重點，體道與行道才是重點。[56]他說：

> 故生而全未聞道，其死也與土石草木同；聞道而不能行且明此道，其死也亦與禽獸夭殤同。聖人何取於此？人而以為可乎？則朝聞夕死之訓明之乎？非孔子意也。朝夕之頃，其為道運量闡揚者幾何？而遂以為無復遺恨，其自私自利是何心腸面孔。蓋聖人以為人生危脆，朝夕不能自保，不得聞道，假如大限夕來，豈不可恨，亟亟求聞，當如死逼之一般。故可之云者，差勝於不聞而夕死也。聞道於將死猶為可，則所以蚤求其聞，而乘天假之歲年以自完其行道明道之責任者，當何如忙矣。此聖人立言之旨，亦其立心之方也。[57]

「生而全未聞道，其死也與土石草木同」，這種想法在明清之際的儒者中頗為常見，安世鳳也同意。[58]不過，他反對「一旦聞道，很快辭世亦無妨」之想法。他說若聞道而不能行道、明道，其人死後仍只「與禽獸夭殤同」，並無價值。所謂「朝聞夕可」之「可」字，僅聊表其略勝於全不聞道而死，絕非稱許之詞。人若以此為滿足，而不能抱持著儘早聞道，並以有生之年來行道明道者，實不能體會聖人之心與立言之旨。由此可知

---

56 而所謂聞道，是要「聞千古聖人相傳之道也」，唯能世世傳承聖人之道，才有益於天地萬物。見安世鳳，《尊孔錄》，卷4，頁17b。

57 安世鳳，《尊孔錄》，卷4，頁18a-b。

58 呂妙芬，《成聖與家庭人倫》，第一章。

安世鳳反對頓悟之說，他更看重學而行道。

（二）學以達天

　　安世鳳不僅以「天」為人生命之本源，他也主張「天」是人生命與學問的最高指導，儒家聖學應以知天、合天、達天為目標。人憑什麼可以知天？如何才能到合天與達天之境界？這部分主要關係著安世鳳思想中的人性論與為學工夫，也是本節擬探討的重點。

1. 人性論

　　人之所以能知天，主要憑藉著天賦予人的本性；人性論向來是儒學的核心課題，也是明末清初儒者最關心的議題之一。[59]安世鳳也不例外，《尊孔錄》首卷談「天命」，第二卷緊接著便討論「人性」，他說：「千古學術之差，皆起于不知性。」[60]唯有正確認識人性本源與內涵，為學目標與工夫才能不誤。安世鳳的人性論高度呼應了當時其他士人關於人性論的思考與主張，但也有差異處。我曾於另文討論明清之際出現一波有別於程朱的人性論述，從當時許多儒者的立論中，歸納出以下幾點共識：[61]

59　關於明清之際的人性論述及當時反對程朱理氣二元的看法，參見楊儒賓，《異議的意義：近世東亞的反理學思潮》（新北：聯經出版事業公司，2012），頁36。
60　安世鳳，《尊孔錄》，卷2，頁1a。
61　呂妙芬，《成聖與家庭人倫》，第七章。

(1)　「性」是在創生的過程中才由天所賦予的，故不能離
　　　氣質而言性；反對程朱義理之性與氣質之性之說。

(2)　品類區別、各具其性。每一物類各稟天賦之性，人類
　　　稟性異於草木、禽獸，是萬物中最靈貴的，孟子所謂
　　　性善，乃專就人類而言。

(3)　所謂「性善」，非意指人初生時本性已完美至善，而
　　　是人性中具有道德判斷和學習擴充的能力。人憑藉天
　　　賦的善性，須不斷學習擴充，才能盡性至命。

(4)　清初人性論的發言語境有明顯闢二氏、釐正真儒學的
　　　意涵，宗教對話脈絡鮮明。

安世鳳的人性論與上述各點相近，《尊孔錄》闢二氏的立
場很鮮明，此處不再舉例說明，以下針對前三點說明：

(1-1)　對於性的定義，安世鳳同樣不從天理層次論性，強
　　　　調只有在人物成形時才可言性。他說：「惟此於穆
　　　　不已之真，天既以為命，故即以之生人，故天與人
　　　　初相剖判之際，此時可以言性，而一落于人之身，
　　　　則已為率性之道矣。」[62] 當人剛被造成形、將與天
　　　　分離之際，才可以言性；等到人誕生，天命之性已
　　　　落在人身，此時人應順著本性而行，即已是率性之
　　　　道。下引文則說人之善性（仁）亦是在成形時才稟
　　　　受於天的：

62　安世鳳，《尊孔錄》，卷2，頁1b。

其受生之初，即天命之性也。但此人一成形之
後，則人方與仁合矣。[63]

(2-1)　安世鳳雖強調人與萬物之性同本於天，說：「性宰
　　　于天，萬物各資焉，非與之以為一人之性而已者
　　　也」，[64]但也強調「品類區別、各具其性」。他說：

只是牛有牛之生，則有牛之性；犬有犬之生，則
有犬之性。性各別，而其生之謂性則一也。[65]

天既創生不同物類，亦賦予不同物類各自不同的本
性。

(3-1)　安世鳳以仁為人性之內涵：「仁者，性之德」；[66]
　　　「善也者，天所以生人之天命也，即不已之仁
　　　也。」[67]仁中之明覺乃天賦予人之德，故曰「天
　　　德」，亦是人能明善與行善之本。[68]至於性善與成聖
　　　的關係，他也認為性善並非指人初生時本性已完美
　　　至善：「古人之言性，不過以窮人生之初，而今人

63　安世鳳，《尊孔錄》，卷2，頁19b。
64　安世鳳，《尊孔錄》，卷2，頁23a。
65　安世鳳，《尊孔錄》，卷2，頁12a。
66　安世鳳，《尊孔錄》，卷2，頁14b。
67　安世鳳，《尊孔錄》，卷2，頁5a。又曰：「夫仁為天性之最真者矣。」見
　　同書，卷2，頁19b。
68　安世鳳，《尊孔錄》，卷2，頁4a-b。

之言性，更以要聖學之極，是以訛之又訛。」[69]換言
之，天在初生人之際所賦予人的善性，是人之所以
能行善知天的根據，並非道德完美的表現。故聖學
並非以復性為目標，成聖需靠後天不斷學習擴充。
安世鳳又說：

> 初受天命之始，同一洪鑪，有何分別？及其一生
> 或修持，或鑿喪，迄至天命歸復之日，遂相十百千
> 萬，此何等明白易見。[70]

後天之學習才是使人成就不同的關鍵，即使所謂生知聖
人，仍需靠後天學習而成聖，[71]故曰：「萬世人人皆生知，千古
聖人皆困勉」。[72]

綜上所論，安世鳳的思想頗符合明清之際人性論述的思
潮，顯示他與同時代儒者所關懷與思考之事有許多重疊。他雖
欣賞王陽明、羅汝芳之學，但對於晚明強調個人悟道或向內靜
修體證的工夫論，却有嚴厲的批評。他是在陽明學「萬物一體
之仁」、「明明德於天下」的理想下，試圖將經世之學與個人
道德、家庭倫理、政治秩序等作更緊密的結合。

---

69 安世鳳，《尊孔錄》，卷2，頁1a-b。
70 安世鳳，《尊孔錄》，卷2，頁15b。
71 安世鳳，《尊孔錄》，卷2，頁20b-21b。
72 安世鳳，《尊孔錄》，卷4，頁1a-b。

2. 工夫論:仁孝貫天

　　安世鳳說聖學本天,學問最高的目標是達天,如何可以達天呢?安世鳳以「孝」為達天的工夫。天既是人之大父,天人關係如同父子關係,天又以仁愛之心生人,賜人良善的仁性,而仁性中最真誠基本的道德情感便是「孝」,即赤子一念愛親之良知,[73] 故人應以此無偽之孝心來回報天德。他說:「孔子之教孝最多,或以父母之恩,或以人子之志,然皆非自我立法,強人以不敢不從。只就人人意中所自然而然,不容不然者,啟而道之,令人恍然而自得其本心。」這與晚明許多儒者對孝的論述相近,因孝本具於人之良知,只要人能體悟本心,即可知如何以事父之道敬君、事天。先王制禮與治天下,同樣都以孝為本,此即「孝治天下」之理。[74]

　　安世鳳又說:

> 天道惟一至仁,而人道惟一至孝。天以仁生人,故以其仁而生人之孝;人以仁承天,故以其孝而體天之仁。天不有父母,故所見只一生物之仁;人不生萬物,故所見只一事親之孝。是天命與人相授受交接處,天惟仁而人惟孝,無惑心也。[75]

73 安世鳳,《尊孔錄》,卷2,頁18b。
74 安世鳳,《尊孔錄》,卷6,頁3b-4a。參閱呂妙芬,《孝治天下:《孝經》與近世中國的政治與文化》(新北:聯經出版事業公司,2011),第三、四章。
75 安世鳳,《尊孔錄》,卷8,頁9b-10a。

仁孝原是一事，然因天為萬物之大父，故就天命不已、創生萬物而言，天道更多體現仁德；人乃受天命而生，故人道主要體現孝德。再就實踐之本末先後而言，孝為百行之本，人透過孝行之擴充實踐，才可能到達仁之境界，所謂「孝之達處則為仁」。[76]簡言之，由孝出發，推而能弟、能敬，親親而仁民愛物；[77]由事父出發，上推至祀上帝。此即以孝貫通天人，盡性合天的工夫進路。[78]

安世鳳認為孔子的一貫之學，即以孝之工夫來貫通天人。他批評孟子只從一己識見上生情，不能窮極於宇宙至一以為根宗，故不能契悟孔子所謂的一貫之法：

〔案指孟子〕夫一己之識見，其不足以貫天下之事理也明矣。是以語之人而扞格不入，措之事而齟吾不合，明乎其未能為孔子之一也，以其未嘗窮極于宇宙至一之處以為之根宗也。若孔子之道則不然，孔子憲章文武而窈寐周公，蓋其道所自出也。夫以武王周公之聖操得為之柄，彼豈無志可從事，而必繼人之志而述其事者何也？以我一人

---

76 安世鳳，《尊孔錄》，卷8，頁9b。

77 安世鳳，《尊孔錄》，卷2，頁8b-9a。

78 安世鳳，《尊孔錄》，卷2，頁6a-b。關於此，又可見安世鳳對於孔子一貫之學的闡釋：「蓋曾子之孝得于性，生自其孩提一念良知，更無一毫添入改換，延至二十餘歲，方可言真積之久。而孔子所以語之至德要道，及聖人之道，更無以加于孝者，皆已深中于曾子之心，是以聞言而即信耳。故性惟一仁，仁惟一孝，孝惟一父，此一也，資父及母，因孝生弟，因孝弟事事君事長，居位治民之道，非一以貫之乎。而由是事地事天，至孝達禮，吾道之全體盡是矣。」同上書，卷3，頁15a。

之心思，恐不足以貫天下之事理也。於是轉而求之文王，而文王正承太王、王季之緒者也，又轉而求之其先，其至于后稷、高辛氏，而猶未得其原也。於是又轉而求之上帝，然後了然明于萬世人物之生，并其所以生，原皆從此至一處貫起。……孔子得此一貫之道于三聖，故其所以治天下國家者本于身之道之仁之親親，而事親以修身必求知于天之德，誠身以順親必求明乎天之道，正所以明乎郊社之禮，禘嘗之義者。以此為政，尚何不視諸掌而一以貫之乎。[79]

安世鳳認為孟子的學說主要從人一己之識見出發，不能根究至宇宙最終根本，缺乏以天為本的高度。相對的，孔子所謂的一貫，是在求諸三聖之後，又「求之上帝」，是從天的高度來定禮樂政教之制，故能代天立言、垂教萬世。

另外，安世鳳對於孝的重視，也反映於其對孔門弟子的品評。他最推崇顏回與曾子，認為顏子真能學孔子達天之學，是「於乾父大宗上為一體」；曾子則能愛親盡孝，是「於父母小宗上做成一體」，且下開子思《中庸》之教。[80]他極讚許閔子騫，說他是處於逆境之中而能孝，困難程度甚於曾子。[81]

綜上所論，安世鳳強調儒家聖學首應追求達天，而人之所以能夠知天達天，主要因人具有天所賦予的仁孝善性，此善

79　安世鳳，《尊孔錄》，卷14，頁19a-b。
80　安世鳳，《尊孔錄》，卷9，頁2b、6a。
81　安世鳳，《尊孔錄》，卷11，頁4a-b。

性即連繫天人的關鍵。天既為人類之大父母，人即應孝天，故
「孝」不僅是一種天生的道德情感、父子之倫，更是修身工夫
及貫通天人的途徑。事實上，安世鳳的人性論與工夫論相當程
度反映了儒學從晚明到清初的變化，既有接近王陽明、羅汝芳
的一面，也與清儒強調不離氣質而言性，以及本於善性而不斷
擴充學習等特色相呼應。

（三）孔子：代天立心的萬世聖人

從《尊孔錄》的書名即可知孔子在安世鳳心中無與倫比
的地位。他說古代堯舜等聖王以治兼教，其治可開數十百年之
局；孔子雖無王權，但其以教兼治，影響萬世，故曰：「自有
孔子，一世萬世之治教合。」[82]安世鳳又說：

> 且天之生仲尼與生他聖人不同，其生堯舜禹湯文武，並
> 以君師之權付之，令之完其數十百年之局而已。自生孔子
> 以後，則以萬世師人之柄，全付之孔子，以故漢唐以來，
> 即有道之世，不過僅盡其為人君之責任，凡計及于教人淑
> 世者，惟有宣揚孔子之法而已。是自仲尼以後，極于天地
> 之終，其天下已盡為仲尼有之矣。[83]

我們一般認為，古代聖王集治統與道統於一身，自孔子則

---

82 安世鳳，〈尊孔錄・序〉，《尊孔錄》，卷首，頁2a。
83 安世鳳，《尊孔錄》，卷5，頁22a-23a。

治統與道統分流。安世鳳的看法却不同，他說古代聖王雖以治兼教，但教化影響隨其政亡而亡；孔子以教兼治，反而能影響萬世萬代。後代君王都必須宣揚孔子之教法以淑世，故孔子才是真正使治教合一的聖人。因此，孔子是聖人中之集大成者，他立下的治教原則，是代天立心、萬世不移的真理。安世鳳稱孔子為「萬世帝王之師」，[84]又說：

> 蓋造物之生孔子，正藉之以通天人之故，曲成萬世之上中下根，故開此一種法門，實天地之微權，亦宇宙之定理。[85]

安世鳳認為，造物之天對於孔子有特殊的命定，要藉著孔子向人類開啟一種引渡眾人的新法門，也藉著孔子之教召示宇宙之定理。孔子是一位「通貫天人」的人子，彰顯天之仁、人之孝，是代天立心的楷模。孔子如何接引天人、彰顯貫通天人之學的典範？安世鳳說：

> 孔子者，人而天者也。人而不天，不足以示人倫之極，而見天命之全。天而不人，亦不足以闢入聖之途，而垂接引之法。故孔子亦自名曰下學而上達。蓋孔子之依乎中庸，自不　不聞而達之於無聲無臭者，乃自好合和樂而達之於祀先、祀上帝，為天下國家中來。蓋中庸者，天與人

84　安世鳳，《尊孔錄》，卷16，頁3a。
85　安世鳳，《尊孔錄》，卷4，頁3b。

之中也，愚不肖夫婦之知能在于此中之下，故下而學之，
而天命之性及天地之化育，則貫澈于此中之上下，故由此
夫婦之知能而上達之。惟其下學，故愚不肖皆可以企而
及；惟其上達，故大賢亞聖皆不可以強而化。[86]

孔子既是「人而天者」，又是「天而人者」。所謂「人而天
者」，乃因孔子之學能合天達天，故其生命能夠盡人倫之極，
活出彰顯天命之全的精神樣貌；所謂「天而人者」，意指孔子
之學能夠為世人指引入聖之途。總之，孔子是連繫天人的獨特
中介人物。如此的描述不禁令人想到耶穌，頗有教主的意味。[87]
安世鳳筆下的孔子，確實有儒教教主的意味，孔子不僅創立萬
世不變之治教法則，也開啟歷史的新紀元，他說：

自孔子以來，數千年無非孔顏之世，以後千百世之生
民，無非孔顏之物。則是天地未毀之日，皆其進德修業之
時，而混沌重冥之後，乃其治定功成之日。[88]

安世鳳說在天地未毀之時，孔子之教是世間秩序之原則，也是
指導世人進德修業的教誨；等到混沌重冥之後，則是孔教治定

86　安世鳳，《尊孔錄》，卷4，頁2b-3a。
87　《聖經・希伯來書》說耶穌是天地間唯一能夠連繫神與人的中保。耶穌因
　　為是神，故能完全彰顯神的榮耀；又因為道成肉身，取了人的樣式，故能
　　體恤人的軟弱，成為幫助人與神和好的大祭司。《聖經・希伯來書》（香
　　港：聖經公會，1984），第四章第14-16節、第七章第20-25節。
88　安世鳳，《尊孔錄》，卷1，頁8a-b。

功成之日。此處所謂「天地未毀」和「混沌重冥」應與邵雍
（1011-1077）「元會運世」的觀念有關。安世鳳在另一本著作
《論存》中論及「元會運世」，他雖並不完全贊同邵雍之說，
不相信一元為129,600年之說，也不認同明末已處在午之末、下
距閉物之期僅三萬年之說，又說「天」無終滅之時，[89]但是他基
本贊同邵雍所言宇宙天地與人類文明之生成與變化，認為人類
文明始於伏羲，到唐虞三代文明之治大啟，到孔子更是奠定永
不更改的治教原則。這樣的看法，賦予孔子在人類文明中相當
獨特的地位。

（四）尊君思想

安世鳳雖尊孔，認為孔子是萬世帝王師，創立千百世之治
教原則，但他並不落入治統與道統二分之格局，他更強調天賦
君權、忠孝一致。他說：

> 君臣之義，齊于父子，等于天地，非可以道德自倨慢

---

89 在本文引文中安世鳳說到天地未毀之日，又說混沌重冥之時，似乎有天地
毀滅重生之意，但是他在《論存》中則說：「天無終，即有終皆天也，必
混沌漸滅而後再生，愚亦未之敢信。」不知此是否意味其思想經過變化？
或者「混沌重冥」並不意指天地毀滅重生，而是文明的生成變化，朱熹也
說天地不會壞，「只是相將人無道極了，便一齊打合，混沌一番，人物都
盡，又重新起。」此或與安世鳳「混沌重冥」之說接近。見安世鳳，《論
存》（明萬曆三十九年（1611）序刊本，日本東京宮內廳圖書館藏），卷
1，頁56-58；黎靖德編，王星賢點校，《朱子語類》（台北：文津出版社，
1986），卷1，頁7。感謝中央研究院歷史語言研究所祝平一研究員提供
《論存》的史料。

也。自君臣以義合之言出，而士始自尊大。斯敝也，濫觴
于孟子，而滔天于程叔子。不知孔子之法元不如此。孔子
曰：資于事父以事君，則事父之不敢萌諸心者，自不敢施
于吾君之側，臣得以德抗君，則子亦可以德抗父，所以晚
近之世全養成一番不忠不孝世界者，皆孔子之道不明所致
也。[90]

父子是天倫，不可能更易。君臣關係如何？孟子視其為一種相
互對待、以義合的關係；為人臣者遇殘暴君王時，可據理以反
叛，即所謂「殘賊之人，謂之一夫，聞誅一夫紂矣，未聞弒君
也」的革命想法。[91]而在理學傳統中，士人雖然尊君，但道統
與治統區分的想法，也提供士人以道統抗衡治統的資源。安世
鳳對於尊君的信念更強，他強調「君臣之義，齊於父子，等於
天下」，認為臣之事君須如子之事父一般，永遠順承，不可動
搖，也絕不容許士人以道德倨慢或抗議君權。這樣的思想與其
天命觀密切相關，既然天命人作君、作師，天對君王有特殊的
命定和旨意，人即應尊重天命，不可私自更改。人的社會身分
來自天命，君臣關係與父子關係無異，都是天命所定。安世鳳
也舉《孝經》「資于事父以事君」說明孝忠一致，尊君原是孔
門聖人教化的重要內容。

　　又如上文所述，安世鳳雖肯定個人成德的重要性，但他更

90　安世鳳，《尊孔錄》，卷3，頁19b-20a。
91　〈孟子・梁惠王下〉，《孟子集注》，卷2，頁11b，收入朱熹，《四書集
　　註》（台北：藝文印書館，1980）。

重視曲成萬物，參贊天地，安世濟民之事，認為經世治理比了究個人性命更有價值。也因此，他對於實際擔負治理之權的君王極為尊崇。明清時期與安世鳳一樣，抱持敬天尊孔的態度，試圖建立類似孔教思想者，也多有君權天授、高度尊君的思想傾向。關於此，下文再論。

綜上所論，我們從安世鳳《尊孔錄》，梳理出其關於孔門聖學的幾個思想要旨：

1. 聖學本天：(a)人與萬物均源於天，天命生生不已；(b)天為人之大父；(c)人應擔負起天所託付的職責，即濟世安民、參贊化育的經世之學，不能只求自了性命；(d)持幽明一貫之原則，論述鬼神與祭祀之事。
2. 學以達天：(a)天賦人仁性，此乃人可以知天的憑據；(b)仁孝一理，孝為達天的工夫，此即孔門一貫之學。
3. 特尊孔子：孔子是代天立教、開創歷史新局的大聖人。
4. 尊君思想：君權天賦，人必須尊君，聖人亦教人尊君。

三、呼應的聲音：清儒類似的敬天尊孔論

安世鳳並非傳統的理學家，我們無法由其師承或學派的角度來理解他的思想，因此本節嘗試提供一些思想史呼應的聲音，作為進一步理解《尊孔錄》的背景。本節主要根據上文整理《尊孔錄》的四個思想特點，來檢視王啟元、許三儒等清儒的思想，說明各家思想雖不盡相同，但有高度呼應之處。這些學者並沒有師承、學派、地域等直接關連的因素，他們主要是針對時代的問題與需求，提出自己的見解。他們共同之處在

於：回到儒學長遠的傳統，突出天人之際的向度，並試圖尋求
治統與道統間的平衡，兼顧群己理想與職分的圓滿。他們的思
想也有相異處，這些相異之處則充分彰顯個人在反思傳統與融
會新思維過程中的獨特性與創發性。

（一）王啟元《清署經談》

　　王啟元《清署經談》成於1623年，因陳受頤的研究而較早
為學界所知，陳受頤說王啟元在天主教刺激下有意建構儒學成
為孔教。[92]《清署經談》一書確實是在鮮明宗教對話的語境下書
寫，文中雖也批評二氏，[93]但最嚴厲的批判是針對天主教。[94]王
啟元認為天主教對儒學的威脅比釋道二教更大，因為天主教所
傳的上帝與鬼神，很容易與中國本土上帝觀、鬼神觀混淆，挑
戰中國自三皇三帝以來的教化。[95] 王啟元對天主教的主要質疑
在於三位一體、道成肉身等教義，他也不認為天主教論文之全
局能超越儒學，他強調儒學有事天之學，亦有天文知識，儒者

92　陳受頤，〈三百年前的建立孔教論——跋王啟元的清署經談〉，《中央研
　　究院歷史語言研究所集刊》，本6分2（1936年1月），頁133-162。

93　王啟元批評二氏之學欲求之天地之外、超出帝王之上，他說孔子之道以天
　　子為主、以天地為準、以父母為本，重視孝道、家庭教育、政治治理之
　　事。參見王啟元，《清署經談》（明天啟三年（1623）刊本，中央研究院
　　傅斯年圖書館藏），卷5，頁24a-28b。

94　王啟元說：「近世以來講學之徒乃有張大佛氏，斥小孔子者，而西洋之人
　　復倡為天主之說，至使中國所素尊之上帝亦幾混而莫辨。嗚呼，此儒者之
　　過，亦中國之羞也。」王啟元，〈清署經談·序〉，《清署經談》，卷
　　首，頁1b-2a。

95　王啟元，《清署經談》，卷5，頁47a。

亦能知天道。[96]《清署經談》具有濃厚的宗教意涵，此先前的研究者多已論及。此處主要欲以上一節從《尊孔錄》中整理出的思想要旨，來檢視《清署經談》與，說明兩書有許多相似的論點。

1. 聖學本天

王啟元在〈唐虞盛治篇〉中對「聖學本天」有詳細的論述，他說堯舜二聖均「事天如父」，堯命羲和欽若昊天，歷象日月星辰，敬授人時，舜之璿璣玉衡以齊七政，都是以敬天為首務。聖人祭祀上帝、徧於群神，也是敬天地的表現；俯察土地山川、治水分州等，則是敬地表現。[97]又說堯舜之學主要從天而來，非後世博文稽古之學：

> 其學以天為宗，即從欽若昊天中來者也。何以徵之？堯曰：天之曆數在爾躬，允執其中。夫天之曆數所貴一中耳，考之天文而然，考之曆數而又然。乃繼之曰在爾躬，則示以反身自得，所謂天之中矣。夫吾身原自有中，此中原出於天，則其中也，乃自然之中，而其執也為不思不勉之執矣，此所以為聖學之宗也。夫謂之曰天，是眾人之所公共，何其大也。謂之曰在爾躬，則一己之所各具，又何其精而一也。合天人為一，又何神也。[98]

96　王啟元，《清署經談》，卷5，頁44b-45b。
97　王啟元，《清署經談》，卷6，頁9a-b。
98　王啟元，《清署經談》，卷6，頁10b-11a。

聖人之學以天為宗，不僅表徵於天文曆數，也表徵於天命之人性，故曰：「吾身原自有中，此中原出於天」。這種強調宇宙自然與人的本性均源於天，故儒家聖學應包括天文曆算之天學，以及聖人法天之學的看法，普遍存在清儒論述中，本文論及的幾位儒者也都抱持這樣的看法。

　　王啟元也以父子關係來闡述天人關係，他說：「聖人之於天，猶子之於父母」，故聖人事天地如事父母。他說人若能體認到自己的生命是父母之遺體，便會有所顧忌而不苟且。同理，人若知道天意乃在敬賢愛民，便能推天心以為愛敬，而有仁民愛物之胸懷。[99]王啟元論到天愛眾民時，強調天興起君、師來治理教化眾民，故君王與聖人都是受天特別託付，代天立教治民之聖人。又說孔門聖學具有宇宙大觀之視野，聖王代天立治、聖人代天立言，故聖學本天，這種以天為本的聖學也是所有人都應立志學習的目標。與安世鳳的思想相近，王啟元也強調儒家聖學不止於個人性命之追求，更應有經世濟民的宏偉胸懷，他說：

　　世之儒者專以性命為言，而不及經濟，固已失六經之旨矣。[100]

又說：

99　王啟元，《清署經談》，卷6，頁25a-26a。
100 王啟元，《清署經談》，卷4，頁5a。

> 講學者專講性命，而不及天下國家，使孔子僅為教讀先
> 生，豈不為二氏所撫掌而笑？又安能免賦詩退虜之譏耶？
> 所以然者，以專求孔子于一字或一書，而不能合六經四書
> 以通貫為一故也。[101]

言下之意，六經四書中政治、經濟、禮樂、教化、農兵等事，
均是孔門聖學的內容，宋明理學家專注道德性命之學，反已偏
離聖學正道。

　　另外，為了辨析孔門聖學之「上帝」不同於天主教之天
主，王啟元也說明孔門聖學之「上帝」的屬性乃至仁、至尊、
至神、至公，上帝為天地神人之主，是生生之本；上帝也鑒察
世界，憐憫國與民之失教。他筆下的儒家上帝其實頗有人格神
的意味。[102]

2. 孝為一貫之學

　　王啟元雖沒有直接說「仁孝達天」，不過從其文集可發現
相近的觀念，尤其重視孝的工夫。他說：

> 不深考《春秋》，不知先聖之教以天子為主；不遡求
> 《孝經》，不知先聖之教以父母為重；不反約《大學》，
> 不知先聖之教以脩身為本；不究及《中庸》，不知先聖之

---

101 王啟元，《清署經談》，卷4，頁7b-8a。
102 王啟元，《清署經談》，卷16，頁2a-4b。陳受頤，〈三百年前的建立孔教論──跋王啟元的清署經談〉；吳震，《明末清初勸善運動思想研究》，第9章。

學以天命為宗。[103]

孔門聖學以天命為宗、以修身為本、以父母為重、以尊奉天子為主。王啟元在〈春秋證聖篇〉與〈孝經證聖篇〉中闡發聖王王道之大業與全局,他根據《春秋》,說明王道不僅於人事,更包含天地鬼神、萬物宇宙、古今之變,並說明孝道的重要。王啟元和晚明許多儒者一樣,將《春秋》與《孝經》合論,[104]說道:

> 孔子曰:「吾志在《春秋》,行在《孝經》。」此人倫王政之全局,所以與天地合德者乎。又合而論之,《春秋》辨異,本于禮者也;《孝經》統同,本于樂者也。帝王之治莫大于禮樂,而二書足以兼之,是合帝王為一也。《春秋》上下外內之制,無一不明,是本于後天之形下者也;《孝經》小成大成之理,無一不備,是本于先天之形上者也。天地之道,莫備于先後二天,而二書又足以兼之,是合天地為一也。[105]

《春秋》講王道政治治理之原則,是本於後天形下者;《孝經》講天賦予人之道德內涵,則本於先天形上者。孝又是一切德行之本,也是教化最重要的內涵,上自天子、下至庶民均應

---

103 王啟元,《清署經談》,卷4,頁18a。
104 關於晚明《春秋》與《孝經》合論,參見呂妙芬,《孝治天下》,第三章。
105 王啟元,《清署經談》,卷4,頁21b-22a。

遵行。王啟元格外重視孝，曾有人問他：宋明理學大興，高明者各出所見，皆自謂發千古未發之秘，子為何獨守孝之一言？[106]王啟元的回答是：孝行雖淺近平常，但其義至廣大，孔門所謂「一貫之一，即貫之孝也。」[107]又說：

> 敬天，敬之至矣，而不本于敬親，其敬是耶？非耶？又如主知，誠是矣，假令不知事親而知性命，其知是耶？非耶？無論知性命也，即如知天，知之至矣，而不本于知孝，其知是耶？非耶？[108]

王啟元認為敬天須本於敬親；不知孝，無以知天。孝雖是卑近平常之事，卻是能領引人知性、知天的一貫工夫。孔門聖學主張天人無二道、聖凡無二性，六合之內與六合之外同一道，也主張「六合之外不離君親之道」。[109]又說：

> 天下之道豈復有出于孝者乎？故知孝之能貫，然後知聖道之一，亦必知聖道之一，乃貫以孝，然後知聖人之教為二氏百家所不能混也。[110]

他說「孔子行道，不出孝之一字」，並總結道：

106 王啟元，《清署經談》，卷4，頁24a。
107 王啟元，《清署經談》，卷4，頁24a-b。
108 王啟元，《清署經談》，卷4，頁24b。
109 王啟元，《清署經談》，卷4，頁25b。
110 王啟元，《清署經談》，卷4，頁27a。

此正所謂一孝立而萬善從也。然則一以貫之,其貫以孝之一字乎,是聖門之一粒靈丹也。……所謂孝之一字,則孔子一生之心事也。[111]

3. 尊孔思想

孔子在王啟元思想中占有極特別的地位,他說孔子是「萬世帝王之師」,[112]立「萬世之功,為生民未有之盛」。[113]王啟元更以長篇文字說明天生孔聖之意義,摘述如下:(1) 以天地運數而言,孔子是應期而生,以為宇宙斯文之主的聖人;(2) 上古群聖有以君道顯者,有以相道顯者,獨師道未著,故天生孔子以承擔師道重責;(3) 孔子奉天以正百家,其功厥偉,故所謂「天不生仲尼,萬古如長夜」;(4) 天意為後世帝王設師,乃生孔子;(5) 孔子處順境則安常明道,處逆境亦自安無變志,天意借之為後世豪傑之典範;(6) 孔子著述經書,彰顯天人之大全,古今之通變,可用以出世,亦可用以經世,故孔子之功與天地同。

簡言之,孔子是天縱至聖,是承三皇、二帝、三王群聖之後,應天運而生以「結正局」之大聖人。[114]此處所謂「結正局」,反映了王啟元對孔子之歷史定位的看法,他說「天生孔子以折衷群聖,而立萬世之極」;要知孔子之成就,必須知天

---

111 王啟元,《清署經談》,卷16,頁63b。
112 王啟元,《清署經談》,卷8,頁2b。
113 王啟元,《清署經談》,卷1,頁3b。
114 王啟元,《清署經談》,卷8,頁2b-5a。

地，因為天是「以其全局而盡界之孔子」。[115]又說：「天蓋以
道之全局授孔子，故孔子亦以天之全局教萬世，學孔子即學天
地矣。」[116]在王啟元筆下，孔子既是立乎天地與歷史之外、體
現天道之先天聖人；又是位乎天地之中，範圍天地之化，在歷
史中開創新局的後天聖人。孔子是眾聖中最獨特的一位，[117]王
啟元論到孔子的歷史定位曰：

> 始于天地開闢，而合古今以為規模。次三皇，次二帝，
> 次三王，至春秋而古今之變備矣。三皇，神道也，而其時
> 如冬之方始；二帝，德化也，而其時如春之正盛；三王，
> 禮法也，而其時如夏之大備；孔子素王，經教也，而其時
> 如秋之萬寶告成矣。是天運之一終也，后天宇宙之一全局
> 也。[118]

王啟元以冬春夏秋四季之運行，說明孔子的歷史地位正如豐收
之秋，其教立萬世之極，是萬寶告成，天運之一終。接著又
說：三皇以天地之神道，開闢道統之源，標幟天人之盛；二帝
以德化而致盛治，標幟君臣之盛；文武周公以繼述立家法，標
幟父子之盛。論到孔子的功業，王啟元說：孔子以聖神而定經
教，當春秋末年之際，天人之盛未顯，他贊《易》以遡道統之
源；當時撥亂之略未彰，他作《春秋》以繼禮樂之後，以補經

---

115 王啟元，《清署經談》，卷8，頁13b。
116 王啟元，《清署經談》，卷8，頁5a。
117 王啟元，《清署經談》，卷8，頁13b-15a。
118 王啟元，《清署經談》，卷8，頁15a。

濟之缺；又以《孝經》篤父子、《論語》明師弟，立萬世之
極。[119] 他在〈聖功列叙篇二〉中更列舉了孔子的偉大功績，強
調孔子之教以天子為主，因其身體力行正名，又能體經於身，
傳經於人，貽經於後世，故孔子之功即在世道人心。[120] 簡言
之，在王啟元的筆下，孔子是一位代天立教，開創歷史新局，
又能體現天地全局之聖者，「孔教教主」的形象頗鮮明。

4. 尊君思想

　　相較於安世鳳，王啟元的尊君思想更強，論述也更多。上
文已說到他表彰孔子之功時，強調孔子之教以天子為主，絕不
以道統抗治道。他說孔子作《春秋》，旨在「收天下之權以歸

---

119 王啟元，《清署經談》，卷8，頁15b-16a。
120 王啟元，《清署經談》，卷16，頁11a-18a。王啟元在〈聖功列叙篇二〉中
列舉孔子十二項偉大功績：1. 孔子之教始于夫婦、止於天地，教誨眾庶，
其大功在立現在之大中者；2. 孔子祖述堯舜、憲章文武，其大功在定千古
之大中者；3. 孔子之教重人倫與王政，以倫政為表，以聖學為裏，明善誠
身，不涉玄虛，其大功合千古現在而指其實者；4. 孔子正名分，特標天子
以為主，其大功合治統道統而一，歸其權于天子者；5. 孔子不僅立經教，
亦以己身體現聖經之道，使後世為師者必先身教而後可衍經教，其大功及
于後之師道自任者；6. 孔子宗周公、尊周制，其大功及于後之聖相為志
者；7. 孔子之功不僅及于前代與後世，他于當世亦能以聖人之才，德聚群
賢，故其大功及于當世之天下者；8. 孔子有王天下之德而自安于臣節，有
神人之道而以人道立教，有作者之才而自居于述，此乃聖心至公之表現，
故其大功及于經術之賴以不亡者；9. 孔子以身教而輔經教，使人人各懷己
立立人、己達達人之心，其大功及于現在之大賢者；10. 孔子之教不僅施于
賢智者，亦為庸愚之人而設，故其大功及于後世遠近之民；11. 孔子教孝教
忠，其有功于後世之忠孝合一者；12. 孔子作《春秋》而亂臣賊子懼，是其
大功及于後之綱常世教者。

之天子」。[121] 聖人立教以天子為主，六經之總義為正天子而
設。[122] 他從《春秋》得出八點有關經倫天下之義：1. 名分界限
分明；2. 先自治以立本，而尊王即是立本之主；3. 自治之法以
君身、君家、朝廷、宗廟、邦國民事、郊社鬼神六事為重；4.
天子奉天統治天下；5. 謹遏惡取善之義；6. 志天地萬物之變，
以備修省；7. 謹華夷之辨，以尊中國；8. 嚴令將之誅，以討亂
賊。總結曰：「聖治網領，奉天以正王，而天子先自正矣。奉
王以正天下，而天下莫不正矣。」[123]

　　王啟元說明以天子為中心的王道格局：

　　豎而言之，天也，天子也，天子之公卿也，諸侯也，
　諸侯之大夫也，夷狄之居長也，而上下之等備矣。平而言
　之，天子之身也，天子之家也，天子之國也，天子之朝廷
　也，天子之中國也，天子之四夷也，而中外之序備矣。[124]

從上下名分階序而言，天子乃天之下，萬民之上的至尊者；以
天下世界的關係而言，王道政治由天子之身、家、國、朝廷向
外擴展。如此經緯交錯的視角，正展現出「天子為天地神人
之主」的特殊身分。不僅於此，王啟元相信天地鬼神與萬物之
變，亦與人倫王政有關，故天不僅將人道託付給天子，更是將

---

121 王啟元，《清署經談》，卷4，頁10a。
122 王啟元，《清署經談》，卷4，頁12a。
123 王啟元，《清署經談》，卷4，頁15b-17b。
124 王啟元，《清署經談》，卷4，頁19a。

天人之全局託付給天子。125

　　王啟元又引《尚書》「天降下民，作之君，作之師」論證
天意乃是要君師交相尊重：

> 　　君師並重所從來矣，然非謂師之立教，遂與君分權而移
> 天下之人心也。……君之與師交相重者也，以天子之尊而
> 不能不下有道德之師，人將日以尊如天子，而猶若此，吾
> 儕可無重道德乎？是師以君而重也。以聖人之聖而不能不
> 事有天下之君，人將日以聖如聖人而猶若此，吾儕可無重
> 名分乎？是君亦以師重也。126

聖人不應與君分權，聖人應率領教化天下人尊君、重名分；天
子也應以至尊的身分來尊崇聖人，此將率天下人重視聖人之
道。綜上所言，王啟元極推尊孔子，以其為古今第一大聖，其
教為萬世立極；又宣稱孔子之教乃以尊王為大綱，故尊君之思
想亦在孔門聖學的支持下，獲得不可動搖的地位。

（二）許三禮《天中政學合一集》

　　許三禮（1625-1691）與安世鳳同為河南籍士人，且同樣
有仕宦浙江的經歷，兩人思想十分相近，上述《尊孔錄》要旨
幾全見於許三禮的主張。許三禮是清初以理學談經濟、強調政

---

125 王啟元，《清署經談》，卷4，頁19b。
126 王啟元，《清署經談》，卷8，頁1a-2a。

學合一的重要學者，[127]他的學問同樣強調天人關係，他說儒學
與聖學不同：儒學僅談及民為邦本等人間事物的層次，聖學則
要從天的高度來看事物，體會天作君師、為民謀福之意；而懂
得聖學精義的聖人更要為上帝立心、為民謀事。[128]在許三禮眼
中，無論程朱或陸王之學，均未能達天，仍欠上一著。[129]

　　許三禮敬天、事天的態度，充分表現於每日朝夕的告天禮
儀實踐。他說自己翻轉了孟子「盡心知性則知天，以存心養性
為事天」之說，而強調「以知天事天為存養工夫，每日晨夕，
定省家祠前，隨即禮拜上帝。」[130]關於許三禮的告天禮，研究
已夥，此處不再贅述。[131]以下僅援引許三禮之言，說明其與安
世鳳《尊孔錄》相近的主張。

　　許三禮講學的宗旨為「顧諟天之明命」，即強調為學要能
尋道之源頭、窺見道岸，要從天賦予人的心性中去照見天命之
原。[132]他說：

127 許三禮，《海昌講學集註·言農事》，頁10a-b；耿介，〈讀許西山先生政
　　學合一集答書〉，頁1a；許三禮，《讀禮偶見》，頁21a-b，以上皆收入許
　　三禮，《天中許子政學合一集》，見《四庫全書存目叢書》（台南：莊嚴
　　文化事業公司，1997），子部，冊165。
128 許三禮，《海昌講學集註·言農事》，頁9a-b，收入《天中許子政學合一
　　集》。
129 許三禮，《戊午同人問答》，頁29a-30a，收入《天中許子政學合一集》。
130 許三禮，《讀禮偶見》，頁25a-b，收入《天中許子政學合一集》。
131 王汎森，〈明末清初儒學的宗教化：以許三禮的告天之學為例〉，《新史
　　學》，卷9期2，頁89-122；劉耘華，〈依天立義：許三禮敬天思想再探〉，
　　《漢語基督教學術論評》，期8（2009年12月），頁113-145；呂妙芬，《孝
　　治天下》，頁188-196。
132 許三禮，《戊午同人問答》，頁29a-30a；〈正學宗傳〉，《講院銘言》，

> 天之明命非他，即此仁也。太極中間一點，統元亨利貞
> 四者而名為乾元，總此物此志也。然入手須從孝起，孝為
> 百行之原，又為五常之首，由此充其量則為仁，還其元則
> 為達天。……可知達天德不過仁孝二端，而既達天德，則
> 聖學無餘事矣。133

從上引文可知，天命之性、仁孝達天是許三禮思想的重要內
涵。關於此，他又以三則會語詳細闡發：1. 體由極見，即從天
之明命處見本體；2. 量由學充，即從天地萬物為一體處見仁；3.
施由親始，即從愛物仁民而溯至親親處見孝。以下分別就此三
點說明其與《尊孔錄》思想要點呼應處：

第一、所謂「體由極見」，即推源到無極而太極，天地
萬物之根源處，亦即從天之明命處見本體，即天命觀。許三禮
說：

> 無極而太極者，生天生地生人生物之根也。自太極判，
> 天地為人大父母，為萬物大真宰，由是生生不已其德也，
> 氣化不齊其勢也。134

　　頁2b，以上皆收入《天中許子政學合一集》。

133 許三禮，《仁孝達天發明》，頁1b，收入《天中許子政學合一集》，頁
　　460。

134 許三禮，〈聖學〉，《海昌講學會語》，頁1a，收入《天中許子政學合一
　　集》。

對許三禮而言，天不只是蒼蒼之天，也是「吾心之天」。[135]宇宙自然與人稟賦之天性，同源於天；天命人之性，即孔子所謂之「仁」，孟子所謂「良知良能」。眾人與萬物均同源於生生不已之天命，同通於一息。[136]許三禮也以天為人之大父，強調人應擔負天所託付之責：

> 天，吾大父；地，吾大母。此心不為天地分憂，便是兩間不肖之子。民，吾同胞；物，吾同與。此身不為〔民〕物立命，即係一方有罪之人。[137]

又說：

> 吾之言聖學本天，就在家庭人子之於父母，體認出來。天係人之大父母，係實理，非比語也。[138]

許三禮說人以天地為大父母，並非比喻，而是實理。他每日朝夕就像面告父母一般地行告天之禮，遇旱災等困難時，他也向天呼求，相信天必然眷顧回應子民的呼求，又說若能聚集更多

135 許三禮：「蒼蒼之天與吾心之天自然是一個，無疑矣。」見氏著，《丁巳問答》，頁20b，收入《天中許子政學合一集》。

136 許三禮，〈聖學〉，《海昌講學會語》，頁1a-2a，收入《天中許子政學合一集》。

137 許三禮，〈隨處體認天理〉，《講院銘言》，頁1b，收入《天中許子政學合一集》。

138 許三禮，《聖學問答》，頁11a，收入《天中許子政學合一集》。

人的呼求，必能更快見到天地大父母之感應。[139]

　　第二、許三禮解釋「量由學充」的意涵：「儒者為學要識得大本領，又要識得大作用。本領工夫須收斂入來，作用工夫須擴充出去。」[140]所謂本領工夫，即體用一原之心性本體工夫；作用工夫，則是從本領中推致出去、成己成物的工夫。換言之，內在的心性修養要與外在實踐工夫並重。他和安世鳳一樣，都反對宋明理學家空談性命、自了身心，[141]也都強調天對人有所託付，人必須要承擔起自己生命的責任。他說：

　　　人生七尺軀，皆有安天下萬物之性分，皆有使天下萬物
　　各得其所之責任，皆有能使天下萬物各得其所之能事。[142]

清初河南學者耿介（1622-1693）讀許三禮《政學合一集》後，對此深有感觸，說道：

　　　天地生一人，便以天地之心予之，便以天地萬物之責寄
　　之。人不能心天地之心，即不能盡得天地萬物之責，即不
　　能有濟於天地萬物之事。此事此責須有一副真精神力量方

---

139 許三禮：「人之于天，猶子之于父母，是一樣的。子有疾痛，則呼父母，
　　呼之者何，必應也。人有疾痛，則呼天，其應也必矣，無異也。」見氏
　　著，《海昌講學集註・言農事》，頁6a，收入《天中許子政學合一集》。
140 許三禮，〈聖學〉，《海昌講學會語》，頁4a，收入《天中許子政學合一
　　集》。
141 許三禮，《聖學源流》，頁1a-b，收入《天中許子政學合一集》。
142 許三禮，〈聖學〉，《海昌講學會語》，頁6a-b，收入《天中許子政學合一
　　集》。

克擔荷。[143]

既然人負有使萬物各得其所的責任，學問就不能只求個人生命的安頓，而應有更遠大的眼光，看見萬物間彼此的關連，以及人對於宇宙萬物的責任。人也必須有廣博的知識，知道如何濟世安民，以及付諸實踐的能力。[144]許三禮主張人能補天之憾，聖學應追求富強之經濟，能夠有救亂開治的作為，他說：「此身不為民物立命，即係一方有罪之人。」[145]又說：

> 最可厭者，守經之儒生，執定先王先聖之言，而不顧君國急難之計，生民塗炭之苦，寧坐困而鮮知變通，則亦焉用此學術哉。[146]

和安世鳳、王啟元相近，許三禮主張聖學經文而緯武、重視禮樂農兵，要能開治救亂、救蒼生、扶名教。[147]他自己在海寧縣的宦蹟卓著，從講學教化到練兵平亂，均有治績；在海昌講

---

143 耿介，〈讀許西山先生政學合一集答書〉，頁1a，收入許三禮，《天中許子政學合一集》，頁603。

144 許三禮，〈聖學〉，《海昌講學會語》，頁6a-7b，收入《天中許子政學合一集》。

145 許三禮，〈隨處體認天理〉，《講院銘言》，頁1b，收入《天中許子政學合一集》。

146 許三禮，《海昌講學集註‧言農事》，頁7a，收入《天中許子政學合一集》。

147 許三禮，〈纂希聖達天全書問答〉，《海昌講學集註》，頁11b，收入《天中許子政學合一集》。

院中不僅有講學和語錄刊行，也言兵事和農事，並纂有《希聖達天全書》等。[148] 他所推崇的歷代儒士則是張良（250BC-186BC）、董仲舒（179BC-104BC）、揚雄（53BC-18）、諸葛亮（181-234）、王通（584-617）等，都是既能洞悉天人關係，又能實際經世的人物。[149]

　　第三、所謂施由親始，即從仁民愛物的理想回溯到親親人倫為起點，以「孝」作為孔門聖學工夫的入門。他說：「天地之大德曰生，仁其達好生之量于無盡，而孝又生生之根蘊積于不已者也。」[150] 孝是天賦人性的道德內涵，也是眾德行之本；仁既是道德的本體，也意指極廣至高的道德境界。就本體而言，仁孝一旨；就道德實踐次序而言，孝是入手處，由孝推致才能達仁。這是儒學親親、仁民而愛物的道德倫序，也是許三禮主張聖學應由親始的理據。[151]

　　許三禮以「告天」和「孝」作為聖學入門工夫，在他看來，兩者並不矛盾，因為天人原是一體，天事與人事本不相離。[152] 人知天命之原、行告天之禮，最終仍是要治理人事，使萬物各得其所。而且事天即事親，仁人與孝子無別，他說：

---

148 許三禮，《言兵事》，頁1a-9a；《丁巳問答》，頁5b，以上皆收入《天中許子政學合一集》。

149 許三禮，《戊午同人問答》，頁31b，收入《天中許子政學合一集》。

150 許三禮，《仁孝達天發明》，頁2b，收入《天中許子政學合一集》。

151 許三禮，《仁孝達天發明》，頁1b-2b，收入《天中許子政學合一集》。

152 他說天事即人事，見許三禮，《聖學問答》，頁4a-b，收入《天中許子政學合一集》，頁484。

仁人格帝，孝子饗親，一以貫之矣。[153]

仁人為能饗帝，與孝子為能饗親，總是一氣相通，一誠所感，何嘗有二？[154]

許三禮對於孔子的看法也和安世鳳相近，他相信上天生聖人有特殊的命定，聖人「口代天言，心代天意，手代天工，身代天事」，直以天自處。[155]孔子生於春秋亂世，天未授其君相之職，而使其成為「主持道化一個素王，以終皇帝王霸之運。」[156]孔子是開創新世紀的聖人：

（孔子著《春秋》）立下千萬世為君為父為臣為子，治統道統確然不易的章程，豈不似天地重新一番開闢，民物重新一番造化哉。[157]

許三禮敘「道統圖」，以孔子為道統之祖，將之置於前廟，伏羲、黃帝、堯、舜等聖王置於後寢，由此亦可見孔子在許三禮

---

153 許三禮，《丁巳問答》，頁15a，收入《天中許子政學合一集》。
154 許三禮，〈聖學〉，《海昌講學會語》，頁8b-9a，收入《天中許子政學合一集》。
155 許三禮，《聖孝廣義》，頁9a；《聖學問答》，頁9b-10b，以上皆收入《天中許子政學合一集》。
156 許三禮，《歷敘數千年而著經事要言》，頁3b，收入《天中許子政學合一集》。
157 許三禮，《歷敘數千年而著經事要言》，頁3b；亦參見《憲天聖學》，頁14a-15b，以上皆收入《天中許子政學合一集》。

思想中的特殊地位。

　　另外，許三禮也看重尊君思想，他同樣以王權天授為理據，以天意是王權的保障，他說天地以生為德，君王和聖人之降生都有天特殊的旨意，天將任道救世之重職託付他們。[158]君王應講求一切治世之學問，為生民立命，為上帝立心。[159]不過，許三禮也說王權之上尚有天，人君必須法天。他說孔子《春秋》筆法，指陳人主法天以自正其禮樂征伐之大權；《春秋》中「明稱天王、天子，又于每事之上紀春紀秋，書年書月，是在在隱合一天字，照臨在王者一身之上。」[160]君王必須依天命治理天下，臣民則不敢不尊王如天，如此才能杜絕亂源。[161]

（三）其他清儒類似的觀點

　　類似敬天尊孔，強調儒學本天、理學經世的想法，在清儒中並不少見，也是明清之際思想變化的一個重要面向。吳震以陸世儀（1611-1672）、陳瑚、文翔鳳、王啟元、謝文洊（1616-1682）、魏裔介（1616-1686）等個案，說明明清儒家敬天、事天之學，以及下層士人經世的實踐。[162]劉耘華說清初有一股「敬天」的思潮，著名儒者如孫奇逢（1584-1675）、

158 許三禮，《北山問答》，頁3a，收入《天中許子政學合一集》。
159 許三禮，《北山問答》，頁7b-8a，收入《天中許子政學合一集》。
160 許三禮，《北山問答》，頁8b-9a，收入《天中許子政學合一集》。
161 許三禮，《北山問答》，頁9a-b，收入《天中許子政學合一集》。
162 吳震，《明末清初勸善運動思想研究》，頁341-505。

李顒（1627-1705）、陸世儀、陳瑚、魏裔介、魏象樞（1617-1687）、湯斌（1627-1687）、李光地（1642-1718）、許三禮、黃宗羲（1610-1695）、李塨（1659-1733）、謝文洊等，均或顯或隱地具有敬天的思想。他指出這些學者思想的共通性，如相信天與上帝具有意志，主宰，相信神存在，表彰董仲舒、王通、邵雍等人，接觸過西學等，他也認為天主教是清初儒學「敬天」思潮的重要學術背景。[163] 此處也特別說明，無論吳震或劉耘華，都不是要說明上述士人的思想屬同一學派或沒有差異，而是欲揭示過去學界較少注意到的現象：清代理學思潮中強調儒學本天、理學經世的面向，值得格外留意。本文論旨呼應吳震、劉耘華二人的研究，以下再舉兩個十八世紀的例子，說明清中葉仍有類似的想法。

　　汪紱（1692-1759）是徽州婺源人，皖派經學大師。汪紱24歲時赴江西浮梁景德鎮工作，26歲由江西入福建，27歲又赴浙江，館於楓沈蟠家。[164] 汪紱在楓溪停留二十餘年間，其間著成多部著作，包括《物詮》、《戊笈談兵》、《詩韻析》、《禮或問》、《樂經或問》、《琴譜》、《四書詮義》、《書經詮義》、《易經詮義》、《禮記章句》、《孝經章句》等。[165] 汪

---

163 劉耘華，〈天主教東傳與清初文人的思想重構——以「敬天」思潮為中心〉，《北京行政學院學報》，2014年第1期，頁113-119。
164 余龍光編，《雙池先生年譜》，收入北京圖書館出版社古籍影印編輯室輯，《乾嘉名儒年譜》（北京：北京圖書館出版社，2006），冊3，頁173-174。
165 余龍光編，《雙池先生年譜》，收入《乾嘉名儒年譜》，冊3，頁173-314。倪清華，〈汪紱及其學術地位考辨〉，《黃山學院學報》，2011年第4期，頁10-12。

紱50歲那年回到婺源開館授徒，陸續完成《理學逢源》、《樂
經律呂通解》、《樂經集傳》、《策略》等書；64歲館於休寧
朱德輝家，又陸續著成《醫林纂要探源》、《讀陰符經》、
《讀參同契》、《山海經》等書。[166]汪紱終身布衣，但知識
廣博，除了儒家經典詮釋，闡發理學義理外，亦涉獵天文、律
算、輿地、兵法、醫藥、卜筮等，為一代之通儒，嘉靖十七年
入《清史‧儒林傳》，道光年間從祀鄉賢。[167]

　　汪紱與江永（1681-1762）大約同時，兩人曾有書信往來論
學，但從未晤面。[168]江永專治漢學，下開戴震（1724-1777）等
皖派漢學，汪紱則折衷於朱子學。錢穆說汪紱之學多尚義解，
不主考訂，與江氏不同；不過，錢穆也說二人之學皆汲江浙餘
波，且受到耶穌會引入歐洲曆算學的影響。[169]汪紱雖宗主朱
子學，但重視闡揚四書五經之大義，其學範圍也比一般理學家
寬廣，且強調天人之際，性命之源，充分體現理學經世之風。
從錢穆之言，已可見汪紱和本文所論的學風頗相近，以下再舉
《理學逢源》為例說明。

　　《理學逢源》成於1743年，此書是汪紱輯經書與先賢語錄
而成，有欲矯治當時「俗學」與「異端」，闡明儒家聖學之用

---

166 余龍光編，《雙池先生年譜》，頁314-404。
167 余龍光編，《雙池先生年譜》，頁412-415。
168 余龍光編，〈雙池先生年譜‧凡例〉，收入《乾嘉名儒年譜》，冊3，頁
　　144。
169 錢穆，《中國近三百年學術史》（台北：臺灣商務印書館，1990），頁309-
　　310。關於江永與汪紱二人書信往返、學風差異，以及雍乾之際學風變化，
　　參見林存陽，〈汪紱與江永之書信往還〉，《徽學》，2010年第6期，頁
　　266-280。

意。汪紱在自序中說不應將此書視為尋常的類書，此書選輯的
內容與章節有其精心的安排，自天人性命之微，及於日用倫常
之著，欲引人反求身心，以探天命之本，窺聖學之旨，如此便
能阻擋異端邪說。[170]由於書的內容主要輯錄前人之言，故汪紱
的想法也體現於他對全書的安排和輯錄的內容。此書分為內、
外二篇；內篇以明體，外篇以達用。內篇又分為聖學類、物則
類：聖學類「言理之本然，與其所以用功之當然」，包括天、
性、情、心、敬、誠、格致、仁義禮知信等條目；物則類「言
日用常行，為用功之所依據」，包括五倫、五事、經學、史學
等。外篇分為王道類、道統類：王道類「言人君所以治天下之
大法」，包括君道、王霸、用人、治歷、經野、理財、立學興
教、制禮作樂、備兵、明刑；道統類「則著唐虞三代治統之
傳，而後世所以失之之故，然其道尚存於先儒，萬世之所以維
人心而立民極者。」亦即，言歷朝政治得失與道術之關係、辨
異端與儒家師儒傳統。[171]

　　《理學逢源》卷首有「中和即直方君子敬義以致中和
圖」、「天以陰陽化生萬物圖」、「鬼神情狀之圖」、「天德
王道之圖」、「三德合五常圖」等圖，從這些圖的內容可見，
汪紱試圖將天地自然、理氣陰陽、術數方位，與人之身體性
情、人倫關係、道德教化、社會秩序、政治治理等各層面連結
統合的思維。亦即，全書含括從天人性命到日用人倫各領域，

170 汪紱，〈理學逢源‧自序〉，《理學逢源》，收入王德毅主編，《叢書集
　　成三編》（台北：新文豐出版公司，1997），冊15，頁255。
171 余龍光編，《雙池先生年譜》，收入《乾嘉名儒年譜》，冊3，頁322。

且歸本於「天」。不同於一般《性理》類書籍以「太極」為卷首，此書則以「天」為首目；汪紱說明自己編輯此書的重點是：「合天人，原終始，緝此篇以明身心性命之理。」

　　至於尊孔方面，汪紱雖不像安世鳳般努力將孔子型塑成教主型的人物，但他說孔子是師儒之始，下開後世道統傳承，孔子地位之尊崇，亦不必多論。[172] 綜上所論，汪紱是一位宗主朱子學的通儒，他注重經學，知識廣博，宗教色彩不強，不過他強調一切事物與學問之源頭在天，儒學本天，其結合天、理學、經世的學風特色，則與本文所論學風有所呼應。

　　另一位值得一提的是清中葉關中士人楊屾，關於楊屾的思想，我曾有專文討論，此處僅就與本文相關者略加說明。[173] 楊屾《知本提綱》著於1730年代，首刻於乾隆十二年（1747），是一部試圖將宇宙創生、自然萬物、人生目的、人性與身體、生死與鬼神、養身與修德，以及人世間一切分工職能、專業知識統合的書籍。楊屾自己是農業專家，精通醫學，也通讀各類書籍，其學問特色與《知本提綱》廣博的內容，都體現注重天人關係與學問經世的風貌。

　　《知本提綱》首卷從「上帝」談起，楊屾筆下的「上帝」是一位類似天主教的人格神，上帝創造宇宙萬物和人間秩序，是天地萬物之共父。上帝純靈無形，上帝之「元世」也是純靈無形、永不幻滅之世；人間有形的「著世」，是理氣陰陽五行

---

172 關於孔子師儒地位，參見汪紱，《理學逢源》，卷12，頁46a-b。
173 呂妙芬，〈楊屾《知本提綱》研究：十八世紀儒學與外來宗教融合之例〉，《中國文哲研究集刊》，期40（2012年3月），頁83-127。

假合、變化不息的世界。楊屾強調元世是著世之本，認識上帝的命定是一切學問之大本，他也和安世鳳一樣，清楚指示人生命之本原與最終歸宿，說人首應明白自己生命乃上帝所賜，人生的作為應順服帝命，以修業全仁，又說人死後靈魂將按著在世所為之善惡，進入不同的永恆境域。《知本提綱》同樣以上帝之命來強化皇權的不可動搖性，強調師道本於君道，應佐君布教，也推尊孔子以天縱之聖立教，為萬世師道之首。

楊屾的思想雖雜糅外來宗教及其自身的創見，有其特殊之處，但他以上帝為人類之大父、為學問之準則與標的，人應昭事上帝等想法，其統括禮樂農工、教養兵刑、天文地理等廣博知識於一思想體系的作法，以及尊君敬師的思想，均與本文所討論的儒學本天、理學經世的學風，有高度的呼應。

四、結語

本文以安世鳳、王啟元、許三禮等人的著作為主，說明明末清初有一股深具宗教意涵的敬天思想；這些學者並沒有明確的師承或學派關係，而是在明清政治社會巨變、學術轉型的大時代中，重新思考並詮釋儒學的一些呼應的聲音。由於安世鳳《尊孔錄》尚未受到學界的關注，本文以較長篇幅討論《尊孔錄》的思想要旨，指出安世鳳重視天學，強調儒家聖學本天，以天為人之大父，認為人應體念天心、彼此相愛，完成天所託負「曲成萬物、濟世安民」之職責。安世鳳說人為學的最高目的是知天、達天；人可憑藉天賦之仁性而追求知天，工夫入手處即是孝。他也推尊孔子為代天立心的萬世聖人，安世鳳筆下

的孔子是一位能接引天人、彰顯通天人之學的典範，頗具教主的形象。《尊孔錄》也強調君權天賦，提倡尊君思想。類似的思想亦可見於王啟元、許三禮、楊峨、汪紱的著作。

過去我們熟知明清之際的思想轉型或斷裂，也熟悉理學衰微、禮學興起、回歸經世實學等現象，但晚近一些學者從宗教信仰、勸善思想、天主教與士人交涉等面向，描述了明清之際的思想界更複雜多元的現象。本文呼應學者對於十七世紀儒學宗教化、敬天思潮的觀察，藉由對安世鳳等個案研究，說明當時一些士人強調儒學是以「天」作為價值根源與為學之目標，他們的思想從天命觀、人性觀、工夫論，到對於儒學傳統及孔子的定位，體現深具宗教意涵的學說。他們的論述既未完全脫去理學話語，又能超越理學而進行批判，且試圖重構。他們將宇宙萬物、天地文人的各種知識形涵括在一個龐大的思想體系，並賦予宇宙創生與終末的架構，也因此具備了與其他宗教對話或競爭的潛力。

第八章

杜文煥會宗三教

一、前言

　　本文以晚明杜文煥（1581-?）[1]這位久戰沙場的大將軍為主要研究對象，說明他如何會宗三教、兼顧英雄事功與講學求道。杜文煥出身榆林武將世家，戰功彪炳，有「白彪將軍」之稱；他又自稱函三逸史，建造會教菴奉祀三教聖人，儼然為一教派之教主。杜文煥也熱衷文學，與晚明江南文壇多有往來。下文將從杜文煥的生平、交友、思想與宗教實踐談起，再追溯其三教師承，說明與道教龍沙讖信仰的關係。由於杜文煥在儒學方面師承涂宗濬（1550-1621），本文除了簡要說明涂宗濬的思想外，也將比較涂、杜二人思想之異同，希望根據這兩個個案一窺晚明儒學與宗教的複雜交涉，也對晚明文化研究略做討論。

1　杜文煥有詩題為「庚辰元日時年六旬將遊江海留題會菴」，庚辰年為崇禎十三年（1640），據此推知杜文煥生年。見杜文煥，〈庚辰元日時年六旬將遊江海留題會菴〉，《三教會宗》（明泰昌元年（1620）刊本，日本內閣文庫藏），卷5，頁11b。

二、函三逸史杜文煥

（一）白彪將軍

　　杜文煥，字弢武，出身武將世家。杜氏家族祖籍崑山，明初遷徙至陝西榆林衛。榆林衛設於成化初年，因地險防嚴，是明朝北方邊防的重鎮。[2] 杜文煥的父親杜桐，由世蔭官拜署都督僉事，充總兵官，是萬曆年間鎮撫保定、延綏、寧夏的勇將。[3] 叔父杜松（?-1619）也是著名武將，曾鎮守延綏、遼東、山海關，最後在遼東進攻赫圖阿拉時，因冒進於薩爾滸遇伏殉難，天啟年間獲追贈少保左都督，世蔭千戶，立祠賜祭。[4] 杜文煥自幼稟承家學，展露武學天分，他自言幼時「因覩戰圖，便好兵事，潛引同學小兒，刻木為鎗，纈羽為幟，嬉戲勒兵，井井合法。通人見而奇之，自是遂置詩書於高閣，惟以騎射為能事。

2　魏煥，〈九邊考〉，見孟森等著，《明代邊防》，收入包遵彭主編，《明史論叢》（台北：台灣學生書局，1968），冊6，頁71-77。

3　《明史》記其「積首功一千八百，時服其勇。」見張廷玉等著，鄭天挺點校，《明史》（北京：中華書局，1974），卷239，頁6217。

4　張廷玉等著，《明史》，卷239，頁6219。谷應泰，《明史紀事本末》（北京：中華書局，1977），卷20，頁328-329；《補遺》，卷1，頁1409-1416；卷3，頁1439-1440。萬曆四十七年（1619）楊鎬援遼，分兵四路，中路左翼、中路右翼、南路、北路的總兵官分別為杜松、李如柏、馬林、劉鋌，楊鎬坐鎮瀋陽指揮全局。一說杜松之死肇因於楊鎬貪功與李如柏的計謀，見沈國元，〈萬曆四十八年九月二十六日庚子條〉，《兩朝從信錄》，卷2，頁63b-64a，收入王有立主編，《中華文史叢書》（台北：華文書局，1968），輯2，冊10。

左右命中，三札俱穿，縱控馳驅，如捷猿翔集。」[5]杜文煥十三歲承廕，十六歲從戎，精通《六韜》、《孫子兵法》與《左氏春秋》。[6]歷延綏遊擊將軍，累進參將、副總兵。萬曆四十三年（1615）擢署都督僉事、寧夏總兵官，鎮守延綏，屢平寇患，後因疾引退。[7]

　　天啟年間，杜文煥屢進屢退。天啟元年（1621）杜文煥再鎮延綏，[8]因奉命援遼而出兵河套，導致延安被圍，遭掠十餘日。同年春，四川永寧司宣撫奢崇明（?-1629）叛反，圍成都，朝廷詔令杜文煥赴川救援，當他帶兵抵川時，奢崇明軍隊已撤，他留兵重慶，並未追趕。杜文煥後擢升總理，統管川貴湖廣之軍，但不久後又謝病歸隱。[9]天啟七年（1627）杜文煥再度被起用鎮守寧夏、寧遠，進官右都督；同年他以寧夏提督援

5　杜文煥，〈函三逸史傳〉，《三教會宗》，卷6，頁17b-18a。

6　杜文煥，〈函三逸史傳〉，《三教會宗》，卷6，頁18a。

7　杜文煥《太霞洞集》中有〈六去辭〉，寫於萬曆四十五年（1617），是六篇表達欲辭官歸家之作；又其〈己未王正移疾隱居二首〉曰：「僕自丙午（萬曆三十四年，1606）復出，及今己未（萬曆四十七年，1619）重歸，前後凡十有五年矣。」可知杜文煥以疾歸隱年事當在1619年。見杜文煥，《太霞洞集》（國立故宮博物院據明天啟刊本攝影，中央研究院傅斯年圖書館藏），卷2，頁10a-12a；卷8，頁14b-15a。

8　杜文煥天啟元年（1621）的詩作中有〈辛酉三月聞命復領鎮西，病不能出，移文控辭且調大兒弘域東援，賦此見志〉與〈叙延寧大捷，蒙詔進秩蔭子，賜飛魚服，置酒壽家特進〉。見杜文煥，《太霞洞集》，卷12，頁21b；卷9，頁2a。

9　根據杜文煥〈總理川貴湖廣三省四鎮軍務謝恩請告疏〉可知，至此之前，杜文煥有十六年居宦經歷，約有七年時間告病家居。見杜文煥，《太霞洞集》，卷22，頁8a。

遼,即擢兒子杜弘域為總兵官,代鎮寧夏。[10]

　　崇禎年間,陝西叛兵蜂起。當時主撫派楊鶴(?-1635)命杜文煥鎮守延綏,兼督固原軍。但主撫無功,叛兵入據河套,此時朝廷部議設一大將軍,兼統山、陝軍,協助鎮壓叛兵。杜文煥受命為提督,與曹文詔(?-1635)並馳河曲,絕饟道以困敵軍。[11]此時神一元(?-1631)攻陷寧塞,毀杜文煥家,杜氏家人十餘口受害,於是曹文詔留守河曲、杜文煥西還殺敵。[12]崇禎四年(1631)神一元被殺,神一魁(1584-1632)繼任為首領,被杜文煥與張應昌在慶陽擊敗,進而請降,為楊鶴所接受,但杜文煥認為神一魁是詐降,於是舉族遷行。[13]同年,陝西巡按吳甡(1589-1670)參劾杜文煥諸多罪狀,包括驕玩宴樂、殺敵不力、奢糜嫖妓、搶掠百姓、殺延川難民以冒功等,杜文煥因此

10　張廷玉等著,《明史》,卷239,頁6220-6221。徐鼒,《小腆紀傳》(北京:中華書局,1958),卷21,頁221。

11　張廷玉等著,《明史》,卷239,頁6219-6221。

12　杜文煥記此事曰:「先是賊恨綦深,襲破煥寧塞,祖家嬸兄弟侄被害者十餘人,親友之死者甚眾。今則三方第宅盡為賊有,六世墳塋頓成祖絕。姊妹族黨有俱焚之痛,親姻友朋無孑遺之望。」見氏著,〈寓留七歌倣少陵寓同谷體〉,《太霞洞集》,卷7,頁9a-b。

13　楊鶴接受神一魁投降,安置其眾四千餘人於寧塞,杜文煥不以為然,歎曰:「寧塞之役,賊畏我而逃,今者賊偽降,楊公信之,借名城為盜資,我宗人可與賊逼處此土乎?」遂以其族行。見胡林翼,〈明紀·莊烈帝四年〉,《胡林翼集》(長沙:嶽麓書社,1999),卷10,頁934-935。

褫職下獄。[14]崇禎十五年（1642）杜文煥再度復官討賊，[15]然因無功，尋謝病歸。甲申（1644）南都建國，命杜文煥督巡捕，此時杜文煥之子杜弘域也受命分統五軍、神樞、神機三營。弘光帝（1607-1646，1644-1645在位）被俘後，杜文煥即帶著兒子杜弘域歸崑山原籍，後卒於當地。[16]

縱橫沙場的杜文煥曾如此描述自己的豐富歷練與彪炳戰功：

> 故自十九專城，三十登壇，以及於今。凡四佩討藺、援黔、剿寇、督捕關防；七佩鎮西、征西、平遼、征虜將軍印；十八命總理川、貴、湖、河，經理遼東、關內，提督京城內外，暨雲南、廣西、山、陝、臨、固、土漢各軍務，鎮守延綏、寧夏、越巂、寧遠、薊東、江北，協剿鳳皖，防護皇陵總兵官，少師兼太子太師，實管中軍都督府事左都督。累賜飛魚坐蟒服三世五承誥，授勳左柱國，特進光祿大夫。前後六征不庭，大小數十百戰，九膺捷敘，

---

14 吳甡，〈驚聞新命敬剖愚忠疏〉、〈直糾玩寇慪懦大將以肅軍紀疏〉，《柴菴疏集》，卷8，收入四庫禁燬書叢刊編輯委員會編，《四庫禁燬書叢刊》（北京：北京出版社，2005），史部，冊51，頁477-478、479-481；〈故事賑使奉欽命出條〉，《憶記》（台北：偉文圖書公司，1976），卷1，頁64。杜文煥下獄時間在崇禎五年（1632）二月，見吳偉業，〈滙池渡‧崇禎五年壬申二月條〉，收入氏纂輯，《綏寇紀略》（台北：廣文書局，1968），卷1，頁10b。

15 杜文煥有詩〈崇禎壬午春仲承簡命復起討賊河南，秋仲得旨改征江北鳳皖諸寇志感〉，見杜文煥，《太霞洞集》，卷15，頁7b-8a。

16 張廷玉等著，《明史》，卷239，頁6219-6221；徐鼒，《小腆紀傳》，卷21，頁221。

計功五萬四千有奇。西征、北征則勒銘河套之陰；南討東
平，則標銅川滇之陽。[17]

杜氏家族在榆林是顯赫的武將世家，除了杜桐、杜松、杜文煥
以外，杜文煥的二個兒子、三個侄子，俱階一品。杜文煥說到
自己家族五代的榮耀曰：

子二人，侄三人，各僉五府，俱階一品。伯爵一人，
宮保、總兵各二人，俱授勳左柱國特進光祿大夫。榮及五
代，泉臺生色，文武十廕，閭閈增光。玉衮與金紫交輝，
節鉞與旌旗相望，至榮顯矣。[18]

在金紫交輝、旌旗飄揚的武功世界中，杜文煥有其獨特的風
采。據稱他五官俊美、兩眸有神，有良將風範。他在戰場上
的裝扮更是以素白為主，此應與其出生前一系列異夢瑞徵有
關——白鶴翔庭、白螭入室、白衲比兵振錫登堂，又因彪悍無
比，故有「白彪」之稱。他的傳記描繪其裝束曰：

每臨陣好披白歐錦鎧，跨大宛白驥，[19]左右指麾勇如彪
虎，軍中號為白彪，敵人避其素纛。[20]

---

17 杜文煥，〈函三逸史傳〉，《三教會宗》，卷6，頁18b-19a。
18 杜文煥，〈函三逸史傳〉，《三教會宗》，卷6，頁19a。
19 杜文煥的駿馬名白兔，他曾有詩作述及此事。見杜文煥，〈駿馬篇〉，
《太霞洞集》，卷6，頁1b-2a。
20 杜文煥，〈函三逸史傳〉，《三教會宗》，卷6，頁19a。

這位白彪將軍不僅武術與兵學造詣過人，戰功彪炳，在文學創作、詩社雅集，乃至三教修練上，都極為投入而有特殊的表現。據其自言年輕時：

> 與友人談及古今名將，慕杜當陽、郭定襄之為人，復以絳、灌無文為恥，乃出囊中金，遍搆（購）宇內名書，發憤披誦。浹歲之間，涉獵殆遍，尤精《太公六韜》、《孫子兵法》，兼通《左氏春秋》內外傳，以至起處不離懷袖。[21]

杜當陽即杜預（222-284），為西晉名將，不僅於軍事戰略、政治經濟展現長才，在學術上更以注疏《左傳》留名，又同樣姓杜，是杜文煥所崇拜的儒將典範。郭定襄即平定安史之亂的中唐名將郭子儀（697-781），一生戰功主要成就於北方戰場，也是杜文煥心儀的對象。杜文煥因為出身、職業、性格與喜好，更多認同歷史上文武雙全之士，他在〈私淑俎〉一文中羅列了許多「古昔名將之兼通三教者」，標舉歷史上文武雙全的典範人物。他進一步區分「儒將」與「將儒」，前者意指以文人而通武略，後者則是以武夫而通經術；他又以周朝尹吉甫為古今儒將之首，以春秋晉國郤縠（682BC-632BC）為後世儒將之表率。[22]其他則包括：漢代高密侯鄧禹（2-28）、征虜將

21　杜文煥，〈函三逸史傳〉，《三教會宗》，卷6，頁18a。

22　郤縠是春秋晉國公族，擁護重耳回國即位為晉文公，晉文公以郤縠為中軍將，執掌國家大政。杜文煥說：「郤縠說禮樂而敦詩書，達御兵之道，凡後世稱儒將者多擬之。」此論主要根據《左傳》趙衰推薦郤縠為元帥之

軍穎陽侯祭遵（?-33）、武威太守張奐（103-181）；魏丞相武
陽侯司馬懿（179-251）、鄭侯張郃（?-231）、破虜將軍李典
（174-209）、吳孱陵侯呂蒙（約178-219）；晉尚書羊祜（221-
278）、征南將軍杜預；梁豫州刺史韋叡（442-520）；宋代太尉
劉錡（1098-1162）、刑部尚書杜杲（1173-1248）、知樞密院事
馬知節（955-1019）。[23]

　　杜文煥又舉學仙佛而能武者各四人，說明武學與佛、道
二教的密切關係。學仙者四人為：漢留侯張良（約250BC-
186BC）、大將軍鍾離權（168-256）[24]、晉伏波將軍葛洪（284-
363）、唐鄂國公尉遲恭（585-658）。杜文煥舉《老子》「以正
治國，以奇用兵」說明道家本重兵學，又以張良從赤松子遊、
鍾離權於正陽洞修練登仙、葛洪入羅浮山修養仙去、尉遲恭學
延年術杜門十六載，說明「兵不障道」。[25]

　　杜文煥所舉學佛者四人為：北齊太尉陸法和、隋中郎將華
智威（?-680）、宋福國公韓世忠（1089-1151）、太師吉國公孟

言：「郤縠可。臣亟聞其言矣，說禮樂而敦《詩》、《書》。《詩》、
　　《書》，義之府也；禮樂，德之則也；德義，利之本也。」見杜文煥，
　　〈私淑〉，《三教會宗》，卷4，9a；左丘明，〈僖公二十七年〉，《左
　　傳》，卷16，收入十三經注疏小組編，《十三經注疏分段標點》（台北：
　　新文豐出版公司，2001），冊6，頁687。

23　杜文煥，〈私淑〉，《三教會宗》，卷4，頁8b-11a。

24　鍾離權，後改名覺，字寂道，號和谷子，一號正陽子。原是晉朝大將軍，
　　統兵出戰，在戰場上迷路奔逃山谷而遇一胡僧指引，最後得異人傳授，
　　終於修道成仙。事見〈鍾離權〉，收入趙道一編修，《歷世真仙體道通
　　鑑》，卷31，收入胡道靜、陳蓮笙、陳耀庭主編，《道教要籍選刊》（上
　　海：上海古籍出版社，1989），冊6，頁180-181。

25　杜文煥，〈私淑〉，《三教會宗》，卷4，頁11a-12b。

珙（1195-1246）。[26]佛教不殺生與武將之職看似不相容，但杜
文煥說「護生須用殺」，強調兵殺不是目的，而是為謀求更多
人安居的必要手段，又說華智威、韓世忠、孟珙最後均「捨殺
業而入淨業」，證果於佛法中。杜文煥更轉記四則有關武將得
道成仙的奇蹟異聞：（1）張良最終登仙，位為太玄童子，常從
老君於太清之中；（2）唐衛國公李靖（571-649）長生不死，大
曆年間（766-779）有人於深山中遇之；（3）郭子儀曾遇織女，
賜其長壽富貴；（4）明代的萬表（1498-1556）兼通三教，垂言
不朽。[27]

　　從上述杜文煥所列舉的人物，可見他認同的典範是允文允
武，能在歷史上建立偉大功業而又修道有成者。此當與他出身
武將世家、長期在帝國邊疆戰場上出生入死有關。杜文煥曾在
家中興建緯文館、經武堂，同樣體現文武合一的精神。[28]值得
注意的是，他更努力在傳統儒學、文人文化、宗教修練及其軍

26　杜文煥，〈私淑〉，《三教會宗》，卷4，頁12a-13a。

27　杜文煥，〈私淑〉，《三教會宗》，卷4，頁13a-15a。前三則主要引自《太
　　平廣記》，第四則引自屠隆的《鴻苞》。見李昉等編，〈張子房〉，《太
　　平廣記》（北京：中華書局，1961），卷6，頁38-39；〈郭子儀〉，卷19，
　　頁131-132；〈李衛公〉，卷29，頁190-191。屠隆，〈鹿園居士〉，《鴻
　　苞》，卷28，頁540-541，收入《四庫全書存目叢書》編纂委員會編，《四
　　庫全書存目叢書》（台南：莊嚴文化事業公司，1997），子部，冊89。萬
　　表為明中後期著名的武將，除了能文，也參與講學論道，關於萬表詩的研
　　究，參見廖肇亨，〈詩法即其兵法：明代中後期武將詩學義蘊探詮〉，
　　《明代研究》，期16（2011年6月），頁29-56。

28　何偉然，〈緯文經武箴〉，見李維楨，《李本寧先生小品》，收入何偉
　　然、丁允和選，陸雲龍評，《皇明十六名家小品》，卷2，頁477，見《四
　　庫全書存目叢書》，集部，冊378。

人本色中，尋求統合與自我定位。綜觀杜文煥的作品可知，他確實比其他文士展現更多武將的英雄本色，他對自己軍人的出身與際遇頗自豪，常自言「我本將門子」，在詩文中詳述自己的大小戰功。29朝廷的重用、家族的榮耀也讓他心懷感恩，他曾改寫屈原（352BC-281BC）〈離騷〉而作〈盍愉〉，讚詠「君恩世及，天性常親」之樂。30他也留下許多描寫軍隊和戰爭的文字，如〈軍容賦〉頌讚軍隊的壯觀車騎、旌旗、各式武器，及兵士行陣變化之有序與奇觀；31其他尚有許多歌詠戰爭和武器的詩歌。32明代中後期武臣好文的風氣頗盛，沈德符（1578-1642）已有述及。33廖肇亨也專文討論明代武將詩的義蘊，並指出當時文人武將交流的密切，武將詩作頗受詩壇注目。34

　　另一方面，杜文煥也表明自己終極的人生志願乃在宗教修練，而非武功戰績。他說：「志在報二親之鞠育，便為二氏之徒侶，以怡神而延命焉。」又云：「所樂不在人中，嘗欲投閑勝地，托慕隱人，養志事親，以遣餘年。」35然而，他生在

29 例見杜文煥，〈庚辰秋仲南遊逋志六首・其二〉，《太霞洞集》，卷5，頁8a-b。

30 杜文煥，〈盍愉〉，《太霞洞集》，卷2，頁1a-4a。

31 此文寫於杜文煥三十五歲。見杜文煥，〈軍容賦〉，《太霞洞集》，卷1，10a-12b。

32 杜文煥，〈西征賦〉，《太霞洞集》，卷1，頁14b-17b。

33 沈德符，〈兵部・武臣好文〉，《萬曆野獲編》（北京：中華書局，2004），卷17，頁434-435。

34 廖肇亨，〈詩法即其兵法：明代中後期武將詩學義蘊探詮〉，頁29-56。

35 杜文煥又言：「少而善病，性不樂仕。矢志遺榮，冥心入道。」見杜文煥，〈緒紀〉，《三教會宗》，卷4，頁16a；〈九怡〉，《太霞洞集》，卷2，頁4b；〈七暢〉，《太霞洞集》，卷21，頁1a。

武將之家，自幼學兵法，又以廕受武職，上戰場殺敵是其本分工作，他也十分彪悍善戰，戰爭中又「不能無妄殺之過」。杜文煥如何看待自己的職業與處境？除了平亂保民、效忠朝廷這些大目標外，他說自己謹守「先仁義而後權謀，首訓誥而後征戰」的原則，絕不傷上帝好生之德，盡力做到「於殺伐之中存生全之義」，他相信如此可不負皈依二氏之本心。[36]

　　杜文煥仕宦生涯中有不少隱退居家的時光，當他從殺戮戰場解職隱退時，便積極從事藝文及宗教方面的活動，其精彩的程度絕不遜於縱橫沙場的白彪將軍。下一節就讓我們看他如何脫下武將的風姿，搖身一變而為函三教主。

（二）函三教主

　　杜文煥隱退時居於太霞精舍。太霞精舍的建制相當有規模，東有將軍樓，西有廷尉圃，南有都統別業，北有中丞烏臺，中有止戈堂、經武臺、瑯嬛樓。精舍中並建有廣敩別館、會教逸菴館。園中有造景，包括五岳、八溪、巖穴、迴廊、密室，其中遍植各式花卉、木實，畜養各類鳥獸蟲魚，甚至在八溪別渚上還造船泛遊。[37]太霞精舍既是杜文煥的私人宅第花園，也是他結社會友、推廣三教會宗的道場。在此，杜文煥脫去將軍的形象，成為賦詩說文、談玄修道的山人雅士，甚至教派宗

---

36 杜文煥，〈緒紀〉，《三教會宗》，卷4，頁16a。
37 詳見杜文煥，〈太霞隱居賦〉，《太霞洞集》，卷1，頁1a-8a。關於杜文煥排除眾議，造製新船一事，見〈詠新製四宜船十八韻〉，《太霞洞集》，卷16，11b-12a。

主。他描述自己隱居的生活曰：「或味道以懷仙，或開尊以延客，或散步以乘興，或高枕以讀書。居起咸宜，動靜兩適。」又說「自覺將軍第，還同道士家」、「有客相過數，無言即會三」。[38]

杜文煥會宗三教，並不止於思想和文字的傳播，他更具體建設修練的道場，且定期聚集信眾，儼然有教派的規模。他會宗三教的主要道場即「會教菴」，位於太霞精舍的東方，始建於萬曆三十二年（1604），[39]據杜文煥自述：

　　惟余小子蚤遇聖真，默受大道，內修厥身，肇執一而入三，既函三而為一，追韋氏之清芬，做會宗之特室，建會菴於榆谿，妍三教之妙術，乘暇日以摛詞，闡勝情於彩筆。[40]

此處言「蚤遇聖真」，可見杜文煥聞道甚早；他另有「憶昔辛壬初度日」之句，可知萬曆辛丑（二十九年，1601）、壬寅（三十年，1602）年間大約就是他宗教立場確定時，當時杜文煥約22、23歲。他在1604年便著手興建會教菴做為修道場所。引文中「追韋氏之清芬」之「韋氏」即唐代的韋渠牟（744-796），韋渠牟是大曆年間隱居鍾山的隱士，顏真卿（709-784）

38 杜文煥，〈太霞隱居即事二首〉，《太霞洞集》，卷8，頁5a；〈答唐昭甫題會教菴〉，《太霞洞集》，卷8，頁6b。
39 杜文煥，〈會教菴賦〉，《三教會宗》，卷5，頁1a。
40 杜文煥，〈會教菴賦〉，《三教會宗》，卷5，頁1b-2a。

題其所居曰「三教會宗堂」，[41]杜文煥三教會宗之名即受此啟發。[42]

　　會教菴占地約五畝，造景八處，空間規劃體現涵容三教之意：入門有星榆徑；東邊有雨花廊；西邊有池，跨池有雲杏橋；橋北有香茅亭（或做香茆亭）是坐釣、讀兵書之處；亭的北方有止善齋，乃儒學講學之所；齋後右轉建存真館，是體道探玄的道場；館旁則有參禪的觀空洞，洞上又有函三閣，有四聖之肖像，及三教之名書。[43]

　　會宗三教的函三閣內為什麼有四聖之肖像？四聖是誰？此主要與杜文煥的出身與學思背景有關。除了儒、釋、道三教之外，杜文煥出身武將世家，以兵學為家學，因此除了孔子、老子、釋迦牟尼三教聖人的肖像之外，函三閣中也有《六韜》作者姜太公呂望的肖像。杜文煥曰：「會菴本為三教，而尚父亦同其供，是曰四聖。」[44]〈會宗樂曲〉又寫道：「堂堂四聖人，寔為萬法祖。處世與出世，隨地為教父。釋老化方外，孔呂顯中土。遺書溉後賢，分門復異戶。」[45]由此亦可見，杜文煥所

---

41 韋渠牟在唐大曆年間曾隱於鍾山，號遺名子，顏真卿題其所隱之堂曰「遺名先生三教會宗堂」。見張敦頤編，吳琯校，〈形勢門第二・鍾阜〉，《六朝事跡編類》（台北：廣文書局，1970），卷上，頁60。

42 李維楨在為會教菴題贊時亦言：「唐大曆中有韋居士，隱居鍾山，號遺名子，三教會宗其堂。」見李維楨，〈函三逸史會教菴贊為杜日章題〉，收入杜文煥，〈贈言錄上〉，《三教會宗》，頁12a。

43 杜文煥，〈會教菴賦〉，《三教會宗》，卷5，頁1a-3a；〈會教菴記〉，《三教會宗》，卷6，頁15b-17a。詠星榆逕等八景，見〈會教菴八詠〉，《三教會宗》，卷5，頁14a-15b。

44 杜文煥，〈會教菴八詠〉，《三教會宗》，卷5，頁14a。

45 杜文煥，〈三教四經贊五首〉、〈會宗樂四曲〉、〈菴居會教四首〉，

推舉的是文武兼備的儒學，呂望與孔子共同作為儒學的聖人，《六韜》與《大學》共同被奉為儒教的經典。[46]

　　會教菴中有定期的宗教活動，據稱：「金鐃玉磬，日有六時之參。布素緇黃，月有三齋之集。」[47]可見是僧道和俗眾、士人與庶民俱可參與的道場。杜文煥描述齋會期間，群庶聚集的場面頗為可觀：

> 若夫八關有齋會之期，六時有禮誦之盛。緇衣與黃冠俱來，華旛與寶（幢）交映。眾香祕其颺煙，群囂因之頓淨。爾乃吐珊瑚之寶舌，振木鐸之金口，發貝編之苦空，闡玉笈之妙有，歸萬法於三乘，函三教於一部。於是天女散蔓陀之花，四眾矢皈依之願，咸大歡喜，得真實見，三教逸史，默然自怡，為說逸菴之偈，以為梵放之辭。[48]

我們從「四眾矢皈依之願」可見，齋會有相當人數的聚集，杜文煥以函三逸史的身分主持道場，為眾人說教。從杜文煥的作品可知，他經常邀集道友、禪侶於會教菴，[49]文人墨客走訪亦勤，著名文人陳繼儒（1558-1639）、范允臨（1558-1641）、

　　《三教會宗》，卷5，頁4a-b、6a-b。

46　杜文煥，〈三教四經贊五首〉，《三教會宗》，卷5，頁4a-b。

47　杜文煥，〈會教菴賦〉，《三教會宗》，卷5，頁1b。

48　杜文煥，〈會教菴賦〉，《三教會宗》，卷5，頁2b。

49　例見杜文煥，〈春朝邀同道友禪侶共集會菴〉、〈臘月立春會菴集道釋淨侶〉，《三教會宗》，卷5，頁10b。

蕭如薫（?-1628）、何白（1562-1642）[50]均曾為會教菴留下詩
作。[51]沈德符曾指出，明中晚期武臣與山人密切往來、山人充塞
塞垣，我們從杜文煥的作品亦可清楚看到此情形。[52]贈送杜文煥
詩文、為其作序的晚明士人更多，包括王穉登（1535-1612）、
焦竑（1540-1620）、于慎行（1545-1607）、憨山德清（1546-
1623）、董其昌（1555-1636）、虞淳熙（1553-1621）、屠
隆（1542-1605）、趙南星（1555-1627）、顧起元（1565-
1628）、袁宏道（1568-1610）、馮時可（1571年進士）、鄒迪
光（1574年進士）、文在中（1574年進士）、湯賓尹（1595年
進士）、何湛之（1589年進士）等。[53]而從杜文煥向會眾募緣擴

---

50 何白，字无咎，明末著名詩人，萬曆三十二年（1604）曾應鄭汝璧聘請在
　榆林住了一年多，此時與杜文煥交往，並組詩社。李維楨：「友人永嘉何
　无咎，東南詞人巨擘，晚游榆林而奇日章，與之結社，談藝甚歡。」見李
　維楨，〈杜日章太霞洞集叙〉，收入杜文煥，《太霞洞集》，卷首，頁
　4a-b。關於何白的研究，見吳振漢，〈明末山人之社交網絡和遊歷活動：
　以何白為個例之研究〉，《漢學研究》，卷27 期3（2009年9月），頁159-
　190。
51 各家詩作見〈會教菴四詠為函三逸史杜發武先生題〉，收入杜文煥，《三
　教會宗》，〈贈言錄下〉，頁9a-10b。
52 沈德符，〈兵部‧武臣好文〉，《萬曆野獲編》，卷17，頁434-435。
53 參見杜文煥，〈贈言錄上〉、〈贈言錄下〉，《三教會宗》，卷末；焦
　竑，〈杜日章集序〉，《焦氏澹園集》，卷16，頁159-160，收入《續
　修四庫全書》編纂委員會編，《續修四庫全書》（上海：上海古籍出版
　社，2002），冊1364；董其昌，〈榆林杜日章三教逸史序〉，《容臺文
　集》，卷1，收入氏著，葉有聲校，《容臺集》（台北：國立中央圖書館，
　1968），頁185-188；〈杜日章將軍榆溪釣隱圖〉，《容臺詩集》，卷3，
　收入《容臺集》，頁1543-1544；虞淳熙，〈太霞秘笈序〉，《虞德園先生
　集》（北京：北京出版社，2000），卷5，頁218-219；趙南星，〈五嶽誌詠
　序〉，《趙忠毅公詩文集》，卷8，頁3b-5a，收入《四庫禁燬書叢刊》，集

建會教菴，也可知其擁有一定的信眾。[54]

　　據方志記載，榆林地區原只有寺廟而無道觀，杜文煥籌經建玉景觀，又請《道藏》一部奉瑯函閣，此是榆林有道觀與《道藏》之始。[55]杜文煥又約眾籌資建金剛寺，寺內正殿供老子、釋迦牟尼、孔子塑像，金剛寺位於今榆林城東約三里處山上，今日尚存。[56]（見圖1、2）[57]金剛寺應即是《三教會宗》中所言的金光寺，寺中藏有藏經一部。[58]

　　杜文煥和許多宗教領袖一樣，宣稱自己親見某種神秘異象與託付，其出生也有神蹟祥瑞。根據〈函三逸史傳〉，杜文煥尚在母腹時，他的父母親曾夢見「白鶴翔庭，白螭入室」的異象，這是異人將降世之瑞徵；[59]白螭為神獸，也預示著杜文煥戰

部，冊68。

54　杜文煥，〈會教菴募緣疏〉，《三教會宗》，卷6，頁12b-13b。

55　鄭汝璧等纂修，榆林市地方志辦公室整理，《延綏鎮志》（上海：上海古籍出版社，2011），卷4，頁279-280。徐兆安指出晚明一些士人收藏《道藏》，甚至有炫博的意味，杜文煥藏《道藏》於玉景觀，並作有〈玉景觀檢道藏榜〉一文。見杜文煥，〈玉景觀檢道藏榜〉，《三教會宗》，卷8，頁20a-b。徐兆安，〈證驗與博聞：萬曆朝文人王世貞、屠隆與胡應麟的神仙書寫與道教文獻評論〉，《中國文化研究所學報》，期53（2011年7月），頁249-278。

56　文史資料研究委員會編，《榆林文史資料·名勝古迹專輯》（榆林：中國人民政治協商會議榆林縣委員會，1984），頁34-35、圖31。

57　照片由林樂昌教授提供，特此致謝。

58　鄭汝璧等纂修，《延綏鎮志》記金剛寺曰：「杜公文煥約諸檀越鼎新，請藏經一部，建貝編閣以供之。」見該書卷4，〈廟寺·金剛寺〉，頁279。金光寺資料見杜文煥，〈金光寺碑〉、〈金光寺檢法藏榜〉，《三教會宗》，卷8，頁15a-16a、19a-20a。

59　小說《飛劍記》記呂洞賓之生，也有「白鶴飛入帳中」的瑞徵。參見李豐

圖1　今日榆林金剛寺，1993年重修。

圖2　今日金剛寺，臺階上即正殿三教殿。

功彪炳的一生。在杜文煥出生之際，他的父母親又夢見「白衲比丘，振錫登堂」，這個夢徵則預示著杜文煥未來身為函三教主的身分。60至於杜文煥相貌秉異，從小才氣非凡，見識舉止超異等，更不在話下，傳記也強調他的聰明、德行與軍事方面的才華。61

杜文煥雖分別有三教的師承，但其身分與才華的肯定主要得於夢中異象。他自稱曾夜夢「太霞垂天，狀如雕繪」，他取而食之，芳甘異常，結果文思大進。62杜文煥的文學造詣在武將中相當著名，他作品風格豐富，除了近體詩，也有仿照《詩經》、《楚辭》體創作，著作包括《五岳志概》、《餐霞漫筆》、《餐霞秘笈》、《三教會宗》、《六韜廣義》、《弢武全集》、《太霞洞集》、《八溪集》、《太霞集選》。杜文煥又曾在夢中觀見三聖，三聖嘉其奉道樂善，未墜本真，故「授以九光之誥，十賫之資，原厥二尊嘉夢，錫號函三逸史。」63可見「函三逸史」的稱號也是得於夢中三聖之賜。64另外，杜文煥又有夢遊五岳的經歷：

壯遊夜宿，伏几假寐，覩羽人乘黃鶴自空而下，冠七

楙，〈鄧志謨道教小說的謫仙結構〉，《許遜與薩守堅：鄧志謨道教小說研究》（台北：台灣學生書局，1997），頁287-312。
60 杜文煥，〈函三逸史傳〉，《三教會宗》，卷6，頁17b。
61 杜文煥，〈函三逸史傳〉，《三教會宗》，卷6，頁17b-18a。
62 杜文煥，〈函三逸史傳〉，《三教會宗》，卷6，頁18a。
63 杜文煥，〈函三逸史傳〉，《三教會宗》，卷6，頁20b。
64 徐緒化，〈函三逸史十授文〉，《三教會宗》，卷首，頁2b。

星之危冠，披九霞之仙被，腰繭綬之若若，足鳥舃之蹁
蹁。左蔭桂旗，右擁絳節，徘徊庭際，容與埳除。顧請不
肖曰：「子前身元鶴散仙，職廁五岳，金簡玉字，五松三
花，能無憶乎？小山固自稱勝，然亦摹寫而已。詎若自然
之岳足酬夙願乎？爾曷從我遊焉。」不肖曰：「諾。」[65]

夢中，乘黃鶴之仙人告訴杜文煥，他的前身乃「元鶴散仙」，
因此杜文煥又自號「元鶴子」。仙人邀杜文煥一同神遊五岳，
杜文煥允諾，乘上白鵠，隨仙人神遊後寤歸，醒後紀夢遊而有
〈遊仙〉詩曰：

　　凌晨上五岳，舉手拂雲煙。雲中見飛闕，往來皆通仙。
　　長跪告仙宗，所願得長年。仙人顧我笑，遺我餐霞篇。歸
　　來勤服食，顏色自倏然。[66]

這些神秘遊仙的異夢，對於杜文煥修道者的身分有重要意義。
根據杜文煥自述，其稱號、才華、道場、圖經、服飾等一切，
都是三聖降旨親授，三聖又告訴他，因他原本就名列仙籍、天
賦異稟，故能以非凡之姿在世間建立功績、體道修玄、布善人
間，且最終將重返天界。此均清楚記於〈函三逸史十授文〉。
以下僅錄一段三聖告諭之文：

---

65 杜文煥，〈五岳仙遊述〉，《三教會宗》，卷8，頁13a。
66 杜文煥，〈遊仙〉，《太霞洞集》，卷4，頁19b。

　　越惟絳宮，三聖若曰：咨爾杜文煥，植根佛所，紀名
仙籍，以九皐之姿，處五濁之世，顧能超然拔俗，遙然絕
群，瞻依日月，嘯詠煙霞。方將悟金函玉笈之文，遊玄
闕丹臺之上，咀嚼瓊芝蓉與珠樹，朝謁帝釋，弘友仙靈，
頗以世緣未盡，暫現大將之身。清福方隆，聊綴逸人之
跡，故能出處休明，文武昭著，享百齡之純嘏，布十善於
人間。而後證諸天之妙困，返極樂之業林。茲授爾夷光之
誥，十資之事。俞哉，都哉，上帝臨汝，幸爾心之無二。
弘道在人，惟朕言之不再。爾其敬之，毋或怠焉。[67]

　　另外，杜文煥的服飾與使用物品也具有高度象徵意涵。脫下軍
服、退隱於太霞精舍的杜文煥，自然也換上更能代表其函三逸
史的服飾裝扮；會教菴中的擺設也充分顯示融合三教的意味。
在〈會教菴淨侶贊並序〉一文中，杜文煥為會教菴中十八件重
要日用圖經服什物品做贊。這十八件物品件件來歷不凡，均是
三聖神靈所授；[68]它們既是他平日使用的圖書器物，也是會宗三
教的象徵器物。杜文煥一一給予擬人化的名稱，例如，稱三教
元經為「函三教主」、稱五岳真形為「緣圖真君」[69]、稱《六

67　徐緒化，〈函三逸史十授文〉，《三教會宗》，卷首，頁2a。

68　十八件品物為：三教元經、五岳真形、渭濱六韜、藝林二範、玄綺巾、白
　　鶴氅、黃組纊、絳絢鞁、素雪之琴、白霓之劍、玉麈尾、鐵如意、雲雷熏
　　爐、風火茶竈、紫銅鉢、頹瘦瓢、青衣、白衛。見杜文煥，〈函三逸史十
　　授文〉，《三教會宗》，卷首，頁2a-5a。

69　五岳真形圖，托言太上大道君所繪，據稱由西王母傳漢武帝，是道教入
　　山修道者佩帶的重要物品。關於五岳真形圖，參見https://www.epochtimes.
　　com/b5/18/7/6/n10543543.htm（2020年10月5日檢索）。杜文煥有詩云：

韜》為「玉瓚丈人」、稱《藝林二範》為「雕龍先生」、稱玄
綺巾為「華陽伯」、白鶴氅為「青田長」、黃組緌為「綺里
氏」等。70

　至於杜文煥的裝扮，他描述自己遠遊時的穿著如下：

　乃戴璃魚之冠，披白鶴之氅，綰玉螭之綬，曳絳羅之
　履，跨白衛，攜蒼頭，……常於杖頭挂青錢數百文以為酒
　資。71

這身裝扮除了仍保有他武將的風姿外，又多了以具體「披服三
教」來表述自己會宗三教立場之意。杜文煥說：

　昔傅大士被衲頂冠靸履，朝見梁武帝，帝問是僧耶？
　士以手指冠。帝問是道耶？士以手指履。帝問是俗耶？士
　以手指衲衣。又玉山居士有「儒衣僧帽道人鞋」之句，其
　意亦同。茲因南遊，遂戴黃冠、被氅裘、躡僧鞋，賦此紀
　事，并簡同社及方外諸友云。72

傅大士（497-569）是南北朝時著名佛教居士，除了如引文所
言，在服飾上表達其融合三教的作風；玉山居士則是元遺民文

「真形初降王母，負圖復出李充，敬供太霞精舍，時時靈氣相通。」見杜
文煥，〈右三教元經〉，《太霞洞集》，卷18，頁13a-b。
70 杜文煥，〈會教菴淨侶贊〉，《三教會宗》，卷6，頁21b-22a。
71 杜文煥，〈函三逸史傳〉，《三教會宗》，卷6，頁19b-20a。
72 杜文煥，〈披服三教自述〉，《三教會宗》，卷5，頁12a。

學家顧德輝（1310-1369），顧德輝在元亡後削髮為在家僧，自
稱金粟道人，有「儒衣僧帽道人鞋」之句。[73]杜文煥舉兩位會通
三教的前輩為例，自己也刻意以「戴黃冠、被氅裘、躡僧鞋」
披服三教的穿戴來凸顯函三逸史的身分。

（三）三教會宗

　　至於杜文煥會宗三教的思想，他主要是以「道」來統合一
切分殊，他相信若能究終極之道一，則能函融一切。他說：

> 夫道者，一元至理，萬事通途。剖之則有三有九，會歸
> 則惟精惟一。蓋不一則雜矣，不精則駁矣，惟駁與雜，俱
> 非道極。雖然原道之極，一尚無之，又何三何九之有哉？
> 噫，我知之矣。[74]

又說：

> 夫道，本非三也，闡教者三之；教，本非一也，原道者
> 一之。教固不同，道匪異也。故原道者之不得一，亦猶
> 闡教者之不得不三也。三之、一之，存乎人焉而已。[75]

　　杜文煥雖然同尊三教，對於各教之闡教者也十分禮敬，但

73　張廷玉等著，《明史》，卷285，頁7325-7326。

74　杜文煥，〈原道樞〉，《三教會宗》，卷1，頁1b。

75　杜文煥，〈原道樞〉，《三教會宗》，卷1，頁2a。

他自己顯然以「原道者」的身分來會宗三教，此也隱涵他認為
自己具有更深刻把握本源之道的能力，具有超越各教派宗主之
意。杜文煥認為三教只是一切教化（或宗教）的代表，不必固
執於「三」這個數字，各教又能歧出更多流派，如儒之三種九
流、道之三品五等、釋之三乘四果等，故謂：「若縷分而細剖
之，則十百未足也。」[76]因此，杜文煥雖倡言會宗三教，實則相
信所有不同教化系統，最終都可被函攝於道一之中。

　　人憑什麼可以洞悉三教本原、把握終極道一？杜文煥相信
關鍵就在心。他說：

　　夫為儒、為道、為釋，總不離乎一心，而成聖、成仙、
　　成佛，亦豈乎二道？[77]

杜文煥說眾人同有此身心、同有此性命，此即會通三教之關
鍵。三教教法雖有不同，如儒稱正心、盡性、知命；道言修
心、煉性、理命；釋曰明心、見性、證命，但三教工夫均以身
心性命為主，則無異，故他認為三教是「同出異名，殊轍共
歸」。[78]杜文煥當然明瞭三教的差異及其互相批評的論點，例
如，三教信徒在外型與服飾上有明顯不同，儒家經常以三綱
五倫來批判二氏之出家棄倫，或二氏在修道終極觀的表述上也
有差異。然而，對於這種種三教自異而互異的說法，他都認為

---

76 杜文煥，〈原道樞〉，《三教會宗》，卷1，頁2a-b。
77 杜文煥，〈三教論〉，《三教會宗》，卷6，頁2a。
78 杜文煥，〈三教論〉，《三教會宗》，卷6，頁2b。

只是行跡之不同而已。簡言之，杜文煥傾向於合同而非辨異，他忽略相同或相近字詞在不同宗教系統內的意義差異，取「身心性命」作為會宗三教之樞紐，並說：「若究其源流，歸其根蒂，原本身心，遡流性命，夫曷常不同耶？」[79]

　　事實上，類似的看法在晚明相當普遍，例如，《性命圭旨》便以「性命」[80]為根源來融合三教工夫修為，提出「教雖分三，其道一也」。 周汝登（1547-1629）也說儒、釋二教雖不同，但「心性之根宗無二」。[81]吳孟謙研究「身心性命」一詞在晚明的流形及其與三教融合的關係，指出該詞在萬曆年間才廣泛流行，且與陽明學中的某種解脫意識及其對二氏的開放態度有密切關係，當時不少士人嚮往的安身立命智慧，正是剝落社會、文化、制度等現實環境，赤裸裸地面對生命，尋求生命之終極安頓。[82]而荒木見悟也說晚明之三教一致，主要是欲超越三教、探究三教成立之前更根本的源頭。[83]這些有關晚明三教論述的研究，讓我們更清楚看見杜文煥會宗三教的主張，雖看似奇特，實相當契合晚明學術與宗教思潮。

---

79 杜文煥，〈三教論〉，《三教會宗》，卷6，頁3a。

80 傅鳳英注譯，〈元集・大道說〉，《新譯性命圭旨》（台北：三民書局，2005），頁8。

81 周汝登，〈佛法正輪序〉，《東越證學錄》，卷7，收入沈雲龍編，《名人文集叢刊》（台北：文海出版社，1970），冊25，頁575。

82 吳孟謙，〈晚明「身心性命」觀念的流行：一個思想史觀點的探討〉，《清華學報》，卷44期2（2014年6月），頁215-253。

83 荒木見悟，〈鄧豁渠的出現及其背景〉，收入氏著，廖肇亨譯，《明末清初的思想與佛教》（新北：聯經出版事業公司，2006），頁189-214。杜文煥對於忠孝的重視，與鄧豁渠之捨離家庭、鄉里、友人而銳進求道，並不相同，但兩人相信心能把握終極道原的信念，頗相近。

　　杜文煥在〈三教源流述〉一文中，更創造了三位代表三
教立場的人物：玄玄道士、如如釋子、止止儒生，透過他們的
論辯來表述三教之教旨與差異。由於三人都只能「自是其所
是」，無法說服對方，最後請函三逸史來解惑。函三逸史回應
的方式是舉古典與今賢之語，來說明三教同出、同明、同道。
他說道：

> 　吾嘗讀內典玄經有云，太昊即應聲大士，孔子即儒童菩
> 薩，摩訶迦葉即太上老子，又云孔子為太極上真公，顏子
> 為三天司直，此言三教之所以同出也。又嘗讀《北史》有
> 云，李士謙善談玄理，有客問三教優劣，士謙曰：「佛日
> 也，道月也，儒星也，此言三教之所以同明也。」吾又問
> 諸博通之士曰：「仙釋可通於儒乎？」曰：「可。」曰：
> 「惡乎可？」曰：「儒者立教要歸於盡心知性耳，道家脩
> 心鍊性者也，釋氏明心見性者也。法門雖殊，會歸則一，
> 安在其不可同也？」此言三教之所以同道也。[84]

如此解釋當然牽強附會，對於文獻的理解，並未加反思批判，
也未讀出文字中原有的判教意味，而僅以泛泛之「同出、同
明、同道」來合同三教。然而，儘管身為讀者的我們不滿意這
樣的答案，但文中玄玄道士、如如釋子、止止儒生三人對此却
都同感莫逆於心，滿意地退場。[85]由此及《三教會宗》全書看

---

84 杜文煥，〈三教源流述〉，《三教會宗》，卷6，頁9a。
85 杜文煥，〈三教源流述〉，《三教會宗》，卷6，頁9b。

來，我們可以說，杜文煥會宗三教的理論談不上精到深刻，有
許多個人的附會和聯想，但是他清楚表達自己的看法，且訴諸
神蹟異夢與神靈啟示，來宣示自己的信念及教主的身分，並藉
此保證教義的可信度；他也能夠興建道場，吸引一定的信眾。

杜文煥除了在異夢中親自領受三聖的開示外，他在三教中
也各有師承，他交代自己三教思想來源及老師如下：

> 一曰止善之道。止善修身也，止修妙合，體用皆如此。
> 此吾鏡源先生之教也，治世之大道。

> 二曰體真之道。道真復命也，體復極致，形神俱妙。此
> 吾一炁真人之教也，出世之大道。

> 三曰觀空之道。觀空證性也，觀證圓滿，法空不二。
> 此吾烏思大師之教也，世出世之大道也。大哉三教備於是
> 矣。[86]

以下先簡介杜文煥道、釋二教的師承，下一節再專論儒
教方面的傳授。據杜文煥自述，他從一炁真人主要學習《心印
經》、《胎息經》，及《入藥境》。[87]一炁真人傳授他「吸炁錄
精，煉氣化為」的體真口訣，以求復歸天命的內丹學。[88]後來杜

---

86 杜文煥，〈原道樞第一〉，《三教會宗》，卷1，頁1b-2a。
87 杜文煥，〈體真樞第三〉，《三教會宗》，卷1，頁6b-7a。
88 杜文煥，〈詮教樞第五〉，《三教會宗》，卷1，頁17a。

文煥又將吸氣法擴充為三種修練法門，分別為：（1）積真精以累真氣、（2）煉真氣以合真神、（3）化真神以復天命。[89]至於誰是一炁真人？

杜文煥有如下的描述：

> 真人不知何許產，聽其言，類江右人。觀其貌，古秀而多文。髮稍如鶴而顏才如童子，眾稱二百歲。能為詩，善草書，俱有飛揚之勢。凡有餽者一無所受，而揮金如土，莫知所自來，逮神於黃白之術者。常攜家數十人及行李甚重，往來大江南北，數更姓名，人不能測。戊申春，為陳、許二兵憲邀致五原，文煥得拜杖下。真人憐余誠懇，乃受此道焉。且許丹成則分我一粒以併證隆砂八百之數，而不知果得如願否。[90]

這位一炁真人顯然是個異人，不僅年紀容貌非凡，能詩、善草書、通鍊金術，而且精於內丹之學。杜文煥是萬曆三十六年（1608）在五原與他相識，並拜入其門下。一炁真人顯然相信龍沙讖，答應在煉丹有成之後，將分一粒予杜文煥，共證「隆砂八百之數」。龍沙讖的預言與忠孝淨明道有關，是以許遜飛昇後1240年為期，預言世界將大亂，屆時將有八百地仙來平息亂事。根據張藝曦研究，晚明龍沙讖預言流行，因為預言的時間剛好落在明中晚期，故當時有許多附會龍沙讖應驗的傳聞，

89　杜文煥，〈體真樞第三〉，《三教會宗》，卷1，頁7b。
90　杜文煥，〈詮教樞第五〉，《三教會宗》，卷1，頁17b。

連王守仁（陽明，1472-1529）平宸濠亂（1519）之事都曾被認為是應驗許真君斬蛟的預言。而且因預言中有「豫章之境，五陵之內，當出地仙八百人，其師出於豫章，大揚吾教」之說，[91]故江西南昌更是龍沙讖流行之地。[92]杜文煥沒有告訴我們一炁真人是誰，只說從聲音辨識其為江右人，不過清代《陝西通志》則指出一炁真人即彭幼朔：

> 一炁字幼朔，號海侗子，不知何許人，貌甚古，數更姓名，人不能測。萬曆四十六年春，副使陳性學、許汝魁，鎮將杜文煥，敦請邀致，授以服氣煉神，存真知命之道，云能脩此則可徼隆砂八百之數。每於指光中見未來事，後一旦飄然去。[93]

這條史料在年代方面與杜文煥所言差了十年，方志畢竟是二手史料，因此我們根據杜文煥所言，仍將他與一炁真人相遇時間訂在萬曆三十六年春天，而且文中所言陳性學逝於萬曆四十一

91 施岑編，〈小蛇化〉，《西山許真君八十五化錄》，卷上，收入白雲觀長春真人編纂，《正統道藏》（台北：新文豐出版公司，1985），頁663。

92 張藝曦，〈飛昇出世的期待：明中晚期士人與龍沙讖〉，《新史學》，卷22期1（2011年3月），頁1-56。另外，黃周星記載康熙年間陸芳辰曾請乩仙，叩問八百地仙姓名，得七百九十八字，據稱即七百九十八位地仙之名，又稱另有王、趙兩君已登仙籍，故不編入。後黃周星以此七百餘字做成〈龍沙八百地仙姓名歌〉一文。見黃周星，〈龍沙八百地仙姓名歌〉，《夏為堂別集》，收入清代詩文集彙編編纂委員會編，《清代詩文集彙編》（上海：上海古籍出版社，2010），冊37，頁1a-4b。

93 劉於義修，沈青崖纂，《陝西通志》（南京：鳳凰出版社，2011），卷65，頁429。

年（1613），更可確定方志所紀年代有誤。不過，方志資料進
一步告訴我們「陳、許二兵憲」即陳性學（1546-1613）、[94]許
汝魁（1586年進士）。[95]至於彭幼朔，本名彭齡，是活躍於萬曆
年間的術士，其傳記頗多奇異事迹，如壽數百歲、醫術神奇、
能鍊金術、有一妾屢世（轉世多次）服侍他、化去後傳已尸解
為仙等。[96]張藝曦指出，彭幼朔不僅預測龍沙讖應讖的時日，
且常以名列仙籍來吸引士人和信徒，楊漣（1572-1625）、錢謙
益（1582-1664）、支如玉（1600年舉人）等均與之往來。[97]李
鼎（1588年舉人）是另一位跟隨彭幼朔學仙、相信龍沙讖的文
人，李鼎是李材（1529-1607）的同族、鄒德泳（1586年進士）

---

94 陳性學，字所養，號還沖，浙江諸暨人，曾任陝西左布政使，榆林東部兵
備僉按察司副使。其傳見〈通奉大夫陝西等處承宣布政使司左布政使整飭
榆林東路兵備兼按察司副使還沖陳公傳〉，收入陳志械等修，《宅埠陳氏
宗譜》（北京：中華全國圖書館文獻縮微複製中心，2000），頁585-587。

95 許汝魁，字貞甫，江西湖口人，萬曆丙戌（十四年，1586）進士，授常山
令，約萬曆三十二年（1604）遷榆林兵備，在榆林頗有戰功。其傳見殷禮
等修，周謨等纂，《湖口縣志》（南京：江蘇古籍出版社，1996），卷8
上，頁452-454。另見黃體仁，〈許侯德政碑記〉，《四然齋藏稿》，卷1，
頁567-569，收入《四庫全書存目叢書》，集部，冊182。

96 范鳳翼，〈書李海嶽憶周姬詩附述併引〉，《范勛卿詩集》，卷18，頁4b-
5a，收入《四庫禁燬書叢刊》，集部，冊112。錢謙益，〈續彭仙翁登高
詩〉，《牧齋初學集》，卷4，頁18a-b，收入《清代詩文集彙編》，冊1；
錢謙益，〈彭仙翁幼朔〉，《閏集第三》，收入氏著，許逸民、林淑敏點
校，《列朝詩集》（北京：中華書局，2007），冊12，頁6380-6382。

97 錢謙益撰集，許逸民、林淑敏點校，〈彭仙翁幼朔〉、〈九日登高有感寄
懷虞山錢太史〉，《閏集第三》，收入《列朝詩集》，頁6380-6382。亦見
張藝曦，〈飛昇出世的期待：明中晚期士人與龍沙讖〉，頁1-57。

的門生，[98]他和杜文煥一樣在認識「異人」彭幼朔後由儒轉道，並熱切相信龍沙讖。[99]

　　晚明龍沙讖預言也常與扶鸞、乩仙等活動有關，又有飛昇登仙的傳說，這類活動與信仰也是杜文煥常有的經驗，相關記載瀰漫在他的書中。上述杜文煥在〈五岳遊仙述〉文中記載自己於夢中見乘黃鶴之仙人，與之共同仙遊五岳的經過。[100]五岳在道教信仰中是群仙修真之神仙靈地，其中各有尊神，掌管自然人物。杜文煥深慕五岳之遊仙，曾興建五岳園，[101]作〈五嶽誌詠〉，[102]又擁有「五岳真形圖」。據李遠國研究，「五岳真形圖」是道教入山修道者必備之符圖，它象徵五岳山川的生靈仙真，能接引修道者與神靈交通。[103]而龍沙讖預言也有「五陵

98　李鼎世居新建之禹港，與豐城李材家是遠房親族。見李鼎，〈明故特進榮祿大夫柱國守備南京掌南京中軍都督府事豐城侯紹東李公行狀〉，《李長卿集》（明萬曆四十年（1612）豫章李氏家刊本，中央研究院傅斯年圖書館藏），卷12，頁10b。鄒德泳為其座師，見李鼎，〈鄒師母彭孺人誄〉，《李長卿集》，卷14，頁11b。

99　李鼎，〈與張林宗書〉，《李長卿集》，卷10，頁13b-15a。張藝曦，〈飛昇出世的期待：明中晚期士人與龍沙讖〉，頁1-57。

100　杜文煥文中之五岳即五嶽，西登太華、南上朱陵、中眺嵩丘、東陟岱宗、北遊恒山。見杜文煥，〈五岳遊仙述〉，《三教會宗》，卷8，頁13a-b。

101　五岳園的建築規制如下：東方築土以象東山，建有五嶽草堂；南方有岣嶁洞，象衡山；西有蓮花庵，三峰縹緲，象華岳；草堂前鑿石為池曰天中館，象嵩山，東北迤西有蓮玄閣、太乙樓，二翼八山吞吐廻合，象恆山。見焦竑，〈五岳園記〉，《焦氏澹園續集》，卷4，頁599-600。

102　趙南星，〈五嶽誌詠序〉，《趙忠毅公詩文集》，卷8，頁181-182。

103　李遠國，〈道教五嶽崇拜〉，參見http://www.ctcwri.idv.tw/INDEXA3/A302/A3003/A3-03014.htm （2012年12月6日檢索）。

之內出地仙」、五陵為教主之說，[104]其中五陵又有五岳之說，
此都顯明杜文煥與道教修練及龍沙讖信仰的關係。

另外，杜文煥也相信萬表死後成仙之事，他轉引屠隆的
《鴻苞》曰：

> 皇明都督同知萬表，字民望，別號鹿園居士。雖歷將
> 壇，留心禪悅，退居一室，翛然幽寂，不異叢林。晚年解
> 印，隱武林西溪，與羅洪先、唐順之為友，以自然闍黎為
> 師，朝夕造膝密語，人無得聞者。後無疾而化，有人往往
> 於金陵富春山中見之。我明士大夫學道而有證悟者，以居
> 士為首座。[105]

晚明這類有關士人得道成仙不死的傳說不少，王陽明、羅洪先
（1504-1564）均有成仙不死的傳說，此又與當時士人求道修
練的風氣密切相關。[106]徐兆安研究十六世紀士人的經世功業、
文辭習氣與道教經驗，特別留意晚明士人對於英雄與神仙的追
求，指出當時士人雖致力經世功業之追求，但也有超脫的意
識，「神仙」所代表的超脫往往是士人最終的理想歸宿。所謂
「英雄回首即神仙」、「英雄起手，神仙結局」都是描述這種

---

104 王士性〈江南諸省〉，收入氏著，呂景琳點校，《廣志繹》（北京：中華
　　書局，1981），卷4，頁83。
105 杜文煥，〈私淑〉，《三教會宗》，卷4，頁14a-b。屠隆，〈鹿園居士〉，
　　《鴻苞》，卷28，頁540-541。
106 屠隆，〈王威寧〉，《鴻苞》，卷31，頁615。

心態。[107]杜文煥不僅提供我們一個有關這種心態的鮮明個案，讓我們看見他如何致力於英雄功業與得道成仙的雙重追求，而他與屠隆、袁宏道、黃輝（1555-1612）等熱衷修道的江南士人也確有交往。[108]

若再回到龍沙讖斬蛟的預言，斬蛟的預言除了可以聯想到道教內丹修練外，更與除寇平亂、開創新局有關，也因此宸濠和豐臣秀吉（1537-1598）會被聯想為作亂之蛟，王陽明的武功成就會被視為應讖事蹟。杜文煥一生在邊疆戰場上殺敵平寇，他的功績與龍沙讖斬蛟的預言相扣合，是很容易想像的。馮時可（1571年進士）在〈太霞洞集叙〉中也表達了這種聯想：「嘗考旌陽太史真班最重，而盪妖縛蛟事，比於人世戰功，尤為勞烈，豈鬱簫天宮亦有麟閣，非度世勳滿不得書名耶？」[109]顯然把人世間平亂戰功與靈界盪妖縛蛟之事相提並論。

杜文煥在佛教方面師承烏思大師，主要受《波羅蜜多經》，應屬於藏傳佛教系統。杜文煥說道：

> 烏思大師之教，以離相觀空為因，以即空證性為果，今直以觀空為名者標其因也。大師自西竺來，自言常受菩

---

107 徐兆安，〈英雄與神仙：十六世紀中國士人的經世功業、文辭習氣與道教經驗〉（新竹：國立清華大學歷史學系碩士學位論文，2009）。

108 公安三袁的佛教修行葡萄社是晚明居士禪修的社團，黃輝是其中的重要成員，屠隆為曇陽子信徒，他與王世貞在文壇與宗教領域的關係，見徐兆安，〈十六世紀文壇中的宗教修養：屠隆與王世貞的來往（1577-1590）〉，《漢學研究》，卷30期1（2012年3月），頁205-238。

109 馮時可，〈太霞洞集叙〉，收入杜文煥，《太霞洞集》，卷首，頁4a-b。

薩戒於烏思藏，其貌修長而清癯，一經之外更無長物，常
隨眾二人，皆類有道者。欲往清涼山尋文殊遺跡，主於城
西之西方境，誦經持咒晝夜不輟。不受布施，不行乞化，
惟日中一食而已。常為煥摩頂受記，傳以持咒觀空之空，
更命持三齋為月之初、八、十五，晦日戒諸妄殺邪淫，云
行此可得生天之果，能進而至於因空證性，可直證西方果
位。110

「烏斯藏」是元明時期對西藏之稱，這位烏思大師來自印度，
在西藏地區受菩薩戒，他帶著二位隨眾，欲往山西五臺山尋文
殊菩薩之遺跡。元、明時期西藏僧侶往來中國頻繁，111五臺山
更是佛教朝聖聖地。這位佛教大師顯然與一炁真人攜帶數十家
眷、揮金如土的作風極不同，他日僅一食，不受布施，晝夜誦
經持咒。他傳授杜文煥《般若心經》觀空證性之旨，及持咒齋
戒之法；杜文煥在會教菴中每月有三齋之集，應即得自烏思大
師之教。《三教會宗》關於佛教教義的說明，也主要根據《心
經》，修練法門則分頓漸與粗細。粗修之法有二：離相觀空之
法、即空證性之法；細修之法有六：觀身空、觀相空、觀心
空、觀性空、觀法空、觀空空。112此應是杜文煥從佛教修練法
門所學習的重點。杜文煥交友的僧人亦不少，包括月川法師、
秋潭禪師、鏡亭上人、憨山德清（1546-1623），從〈福慧菴贊

---

110 杜文煥，〈詮教樞第五〉，《三教會宗》，卷1，頁17b-18a。
111 張廷玉等著，《明史》，卷331，頁8571-8582。
112 杜文煥，〈觀空樞第四〉，《三教會宗》，卷1，頁12b-16a。

為從伯檀林居士〉與〈延壽寺碑〉等則可知其家人信奉佛教的
情形。113

　　至於儒教方面，杜文煥說他師承鏡源先生的止善修身之
學，鏡源先生是誰？其學內容為何？則是下一節討論的重點。

三、隆砂子涂宗濬

　　杜文煥在儒學方面，主要師承鏡源先生，鏡源先生即涂
宗濬。涂宗濬是江西南昌人，曾先後巡按廣西、河南、山西、
順天，後擢大理寺丞，萬曆三十四年（1606）升都察院僉都御
史，巡撫延綏。直到萬曆四十三年（1615）養痾歸里前，涂宗
濬都為北邊封疆大吏，官至兵部尚書右副都御史，約卒於天啟
元年。涂宗濬不僅在維護明朝與蒙古雙方和平和互市上有貢
獻，114他更篤志儒學，也是重要的講學領袖。據其自述，他
十餘歲即接觸性理之學，先從陽明良知學入手，後才轉師李材
（1529-1607）止脩之學。115至於講學方面，劉勇指出涂宗濬先

---

113 杜文煥，〈福慧菴贊為從伯檀林居士〉、〈答月川法師書〉、〈與秋潭禪
　　師書〉、〈延壽寺碑〉，《三教會宗》，卷8，頁1b-2a、3a-5a、13b-15b。
114 涂宗濬在各地的政績及戰功，見江召棠修，魏元曠等纂，《南昌縣志》
　　（北京：北京圖書館出版社，2007），卷32，頁239-243；〈尚書涂恭襄
　　公宗濬〉，見徐開任輯，《明名臣言行錄》，卷75，頁11-19，收入周駿富
　　編，《明代傳記叢刊》（台北：明文書局，1991），冊54。
115 涂宗濬十二歲喪父，十五歲以後專讀性理諸書，多至通夕不寐，四、五年
　　間似覺有見。其學思歷程，詳見下文。涂宗濬跟隨李材的時間可能很短，
　　李材之子李頴所撰《李見羅先生行署》記道：「如鏡源涂公宗濬，受學方
　　五日，遂竟為海宇宗盟。」見李頴，《李見羅先生行署》，收入劉家平、
　　蘇曉君主編，《中華歷史人物別傳集》（北京：線裝書局，2003），冊

後在慈谿、蘄水、江陵、黃岡諸縣任職期間，均提倡講學不遺
餘力，重要門人有蘇惟霖（1598年進士）、尤大治（1588年舉
人）、吳士瑞（1592年進士）、王同謙（1601年進士）、曹光
德（1601年進士）等。[116]他在延綏的講學，除了刊行《聖學源
流》，更有修學宮、創書院、建文塔、置學田等系列政績，並
與榆林士人講學論文。[117]另外，涂宗濬也支持馮從吾（1556-
1627）在關中書院的講學。涂、馮兩人早年曾在北京共同講
學，後來仍保有書信論學的往來，萬曆三十七年（1609）關中
書院修建時，當時巡撫延綏的涂宗濬也給予金錢上的資助。[118]
劉勇也指出，李材、涂宗濬的講學活動是當時全國性講學網絡
的一部分，涂宗濬與萬曆中後期的重要講學領袖余懋衡（1561-
1629）、馮從吾、鄒元標（1551-1624）均有往來。[119]

22，頁244。

116 劉勇，〈晚明士人的講學活動與學派建構：以李材（1529-1607）為中心的
研究〉（香港：中文大學歷史學系博士學位論文，2008），頁329-335。光
緒《南昌縣志》記其門人包括章正岳、羅汝元、劉聰、龔大欽、龔一振、
易應昌、李又謙、蔡贊、杜希登、艾嘉徵、王時熙、涂宗灝、饒先春、陳
應元、魏光國等凡數十人。見《南昌縣志》，卷32，頁242。

117 涂宗濬巡撫延綏時期，刊《聖學源流》、修學宮等紀錄，見李熙齡纂修，
《榆林府志》（台北：台灣學生書局，1968），卷26，頁868。涂宗濬於
萬曆三十五年改創興文書院，群學之子弟而教之，每月會文三次，會講二
次。見鄭汝璧纂修，《延綏鎮志》，卷4，頁295。亦見劉勇，〈晚明士人
的講學活動與學派建構：以李材（1529-1607）為中心的研究〉，頁334。

118 馮從吾，〈關中書院記〉，《少墟集》，卷15，頁1b、5a，收入紀昀等
總纂，《景印文淵閣四庫全書》（台北：臺灣商務印書館，1983），冊
1293。

119 劉勇，〈晚明士人的講學活動與學派建構：以李材（1529-1607）為中心的
研究〉，頁341。

　　雖然杜文煥師承涂宗濬，但兩人對於三教關係的看法並不同。涂宗濬比較堅守儒學立場，力排佛教，我們從他巡撫河南時的講學語錄《隆砂子證學記》可清楚看出，[120] 他的學說以「知止」為宗旨、以修身為入學之本，基本上源於李材對《大學》的解讀。有別於陽明學者以「明德」為良知心體，講究明明德的致良知工夫，李材和涂宗濬都更重視「止於至善」。至於以修身為本，則是根據《大學》本末之說，以身為家、國、天下之本；以誠、正、脩、齊為治平之始，強調人應稟孝弟慈之道德情感，去行齊家治國之事業。[121]

　　涂宗濬基本上接受李材強調本性至善、批評「無善無惡」之說。他對《大學》三綱目的解讀，也以「至善」指性體，以「明德」、「親民」為性體之表現，他說：

　　　　聖人之學，性學也，故大學之道在明明德、在親民，
　　　　必在止於至善焉。至善者，性體也。明德、親民皆至善中
　　　　物，而至善者，明德親民之真體也。大學之道，止至善

---

120 蕭良幹，〈隆砂證學記後序〉，收入涂宗濬，《隆砂證學記》（明萬曆三十二年（1604）刊本，日本內閣文庫藏），卷5，頁2b。

121 關於此的討論散見涂宗濬之語錄，此處僅舉一例。涂宗濬曰：「我修此孝弟慈之身以齊家，則家齊；修此孝弟慈之身以治國，則國治；修此孝弟慈之身以平天下，則天下平。」見涂宗濬，《隆砂證學記》，卷2，頁8b。另外，為矯正王門末流之弊，晚明有強調性善、性宗的思潮，包括東林學者、李材、涂宗濬等人均可視為這波思潮的代表。參見侯潔之，〈晚明王學宗性思想的發展與理學意義：以劉師泉、王塘南、李見羅、楊晉菴為中心的探討〉（台北：國立臺灣師範大學中國文學學系博士學位論文，2010）。

焉，盡之矣。大學之道既在止於至善，故入道者必先於知
止。知止者，知至善之所在而止之，知所止矣。[122]

所謂「知止」，意指知道自己至善本性之所在，且能由工夫達
到歸止於至善性體之境界。因此，「知止」既是工夫之入門，
也是工夫的究竟。[123]涂宗濬又說：

　　其實只一止字便可了得，何取更著脩字？蓋緣經世之
　　學，錯綜於人倫事物之交，牽掣於聲色貨利之取，無奈漏
　　洩者多也。又入門之方固是止，造道之極亦是止，故不但
　　歸本是止，即從事於格致誠正，其旨意之歸亦只是一止而
　　已。[124]

「止」既是初學入門之方，又是造道之極；既是工夫歸本處，
亦可指格物、致知、誠意、正心、艮背、精一、慎獨各階段、
各類型的工夫。[125]涂宗濬又說「知止」可以平息意根浮動與心
思之妄想，工夫層層進深，則能漸入於定、靜、安、慮，最終
達到「萬感萬應，顯微動靜渾然至善」之境。[126]

---

122 涂宗濬，〈大學古義述〉，《隆砂證學記》，卷2，頁1a。涂宗濬又說：
　　「後世明明德而不止於至善，却有釋氏之空虛；親民而不止於至善，却有
　　功利之夾雜。」見涂宗濬，《陽和語錄》（明萬曆二十七年（1599）刻
　　本，江西省圖書館藏），卷1，頁2a。此資料蒙劉勇提供，特此致謝。
123 涂宗濬，《陽和語錄》，卷1，頁3a。
124 涂宗濬，〈奉見羅李老師〉，《隆砂證學記》，卷5，頁23b-24a。
125 涂宗濬，〈大學古義述〉，《隆砂證學記》，卷2，頁3a、6b-7a。
126 涂宗濬，〈大學古義述〉，《隆砂證學記》，卷2，頁1b。

　　涂宗濬重視「知止」，曾對李材「止為主意，脩為功夫」之說感到懷疑，他認為李材的說法將兩者分得太開。不過，後來他讀到李材也說「其實只一止字便可了得，何取更著脩字」後，終於釋疑。[127]但值得留意的是，涂宗濬在另一處則強調不能一味說「止即是脩，真脩只是止」，還需有格、致、誠、正的工夫，才能逐漸養到「止」的境界。[128]從幾處文字，我們隱約可以讀出涂宗濬試圖對李材學說作出補正，[129]不過基本上仍不離師教範圍。[130]

　　李材對於程朱、陸王均有批評，希望在兩派間建立自己的為學宗旨，並避免兩派的缺失。涂宗濬繼承這樣的精神，他既批評陽明學者「說虛說靈說圓說妙，如對塔說相輪」，[131]也批評朱子學不契聖人直透性宗之教，茫然格物難免支離之病。[132]

---

127 涂宗濬，〈奉見羅李老師〉，《隆砂證學記》，卷5，頁23b-24a。

128 某人問：「李見羅先生說《大學》全在知止，格致誠正不過就其中點照提撕，使之常歸於止耳。今如子之言，則是止的功夫全在格致誠正，微覺不同，如何？」涂宗濬的回答也很明確強調格致誠正工夫的重要，並說：「須用格致誠正功夫，漸漸養成止處，方得自然。」見涂宗濬，〈大學古義述〉，《隆砂證學記》，卷2，頁15b-16a。類似之說，亦見涂宗濬，《陽和語錄》，卷1，頁2b。

129 例見涂宗濬，〈答洪懋仁諱啟鴻〉，《隆砂證學記》，卷6，頁13a-b。

130 涂宗濬，〈奉見羅先生〉，《隆砂證學記》，卷5，頁8a-9a。劉勇指出較之李材止脩雙揭的說法，涂宗濬更傾向於「知止」。李材曾質疑涂宗濬，涂也去信釋疑。詳見劉勇，〈晚明士人的講學活動與學派建構：以李材（1529-1607）為中心的研究〉，頁325-329。涂宗濬也強調知止即脩身：「修身為本即知止」、「脩身為本與知止，只是一句」。

131 涂宗濬，〈大學總論〉，《隆砂證學記》，卷4，頁5b。

132 涂宗濬言：「若不先知止，而茫茫格物致知，則天地之間，物無盡，理無盡，何處下手？」他也批評宋儒將居敬窮理分作兩事、兩時，不契聖人直

他自己則一面強調知止乃直透性宗之工夫，另一面又比陽明學更強調實際脩身與外在規範的重要。例如，在回答某人「今一入門便要知止，何時讀書窮理？」之問時，涂宗濬會強調讀書的重要，以及讀書的真正目的，[133] 又說「若已入知止法門，不廢博學多聞，開發培養，印正此學，方得不差。」[134] 雖然他的工夫論在直透性體、不拘形式、動靜一如、體用一原等，均與陽明致良知工夫相近，但他也更明確要求外在的規矩與準則：

> 大學雖教人明明德、親民、止至善，若不把箇止至善的樣子做箇準則，終亦不能止於至善。所以鋪設許多聖人在此，要見明明德、親民者，必與堯、舜、湯、文等比對得過，纔叫止於至善。不到此地，謂之止於至善，未也。[135]

換言之，聖人具體的行為典範對於學問之判準是重要的。只是涂宗濬也說「以聖人為師要看得活」，不是要人仿效其行事，而是學習聖人如何盡己之性、如何盡事親之道等大原則。[136] 這些說法主要都是欲救正王學末流「日騁虛譚茫無實際」之學

透本性之教。見涂宗濬，〈大學古義述〉、〈大學總論〉，《隆砂證學記》，卷2，頁6a；卷4，頁6b-7a。

133 涂宗濬言：「聖人教人知止，若不要人讀書窮理，則是異端偏枯之學。如何能止於至善？只是聖人讀得與人不同，所謂物有本末，事有終始，知所先後，則近道矣。讀得來只是要知止，只是要培養我的本原，不是要誇多鬥靡。」見涂宗濬，〈大學古義述〉，《隆砂證學記》，卷2，頁10b-11a。

134 涂宗濬，〈大學總論〉，《隆砂證學記》，卷4，頁13a。

135 涂宗濬，〈大學古義述〉，《隆砂證學記》，卷2，頁10b。

136 涂宗濬，《陽和語錄》，卷2，頁14a。

風。137

　　涂宗濬也承襲李材講「孔曾之傳」，138又說孔子立教有仁、聖兩宗，分別以《孝經》和《大學》為代表，他說：

> 孔子授曾子，《孝經》在前，《大學》在後。孔子立教原有仁、聖兩宗。仁則人人當學；聖則未必人人能至也。既為仁人，亦可以至於聖人；既為聖人，未有不仁者也。孔子曰：「何事於仁，必也聖乎。夫仁者，己欲立而立人，己欲達而達人。」狀仁之體，莫切於此。孔子未嘗言聖是，唯孟子言：「大而化之之謂聖。」即此二言觀之，仁與聖必有分矣。曾子最孝，故與言《孝經》先要學仁，至於唯一貫之後，可與言聖矣，故以《大學》傳之。139

涂宗濬以「仁」為人人當學、可學的目標，以「聖」為極高境界，未必人人可至。《孝經》教人學仁，主要因孝弟乃為仁之本。涂宗濬和許多晚明學者一樣，都以孝弟為至善本性的內涵，強調仁孝一理、為仁先要孝弟，他說：「蓋孝弟與仁不可分說也。聖門之學，只是求仁，求仁只是孝弟，這箇方叫做

---

137 涂宗濬言：「輓近日騁虛譚，茫無實際，視孔曾家法相去何啻天淵，未有日用倫常，一切駕漏，而聖神閫域可以躐躋者也。」見涂宗濬，〈與汪萃甫諱之渙〉，《隆砂證學記》，卷5，頁11a。
138 李材早年體悟知本之宗旨，告訴父親李遂，父親躍然起曰：「此真孔曾心旨，惜前儒見不及此。」並要他不要輕易向人吐露。時人亦稱李材之學乃孔曾嫡傳。事見李穎，《李見羅先生行署》，收入《中華歷史人物別傳集》，冊22，頁244。
139 涂宗濬，《陽和語錄》，卷6，頁5b-6a。

學。」140《大學》則是儒學之聖經，傳授知止宗旨。涂宗濬認為《大學》宗旨最細密、嚴整而圓神，「包羅宇宙，統一聖真，無論諸子百家，不能闚其奧窔，即二氏玄妙，舉不能出其範圍」，是孔子知命之後的垂世之筆，他也相信書中蘊藏「一切聖聖相傳宗要」，指引人藉此而直接洙泗嫡傳。141

　　涂宗濬堅守儒學、力闢佛教的立場十分明確，他承繼李材嚴辨宗旨的作法，在毫釐之間辨析儒釋之異。142他說儒釋最主要的區別可歸為「有無」二字，即「吾儒宗旨處處歸實，釋氏宗旨處處歸空。處處歸實須用得許多積累功夫，處處歸空一悟本性便都無事事矣。」143他也說釋氏是「專提未發之旨」，離却倫物以求空，故愈玄愈妙。相對的，他心目中的儒家正學則是要能兼顧未發性體與已發之一切意念言行，既能直透性宗，又能不離日用倫常：

　　　聖人執中止善，歸根復命，全在未發，全在性體，然又
　　　不離倫常日用，隨時隨處，事事物物，發皆中節。144

---

140 涂宗濬，《隆砂證學記》，卷3，頁2b。
141 涂宗濬，〈大學總論〉、〈奉見羅先生〉，《隆砂證學記》，卷4，頁17a-b；卷5，頁8b。
142 涂宗濬言：「蓋學問所辨在宗旨，毫釐千里，於此焉分。此地分別不清，執持不定，未免或出或入，枉費精神，不容不力辨之。」至於辨明的內容，除了說明其「知止」的要義外，也包括儒學的生死觀和修養論等。見涂宗濬，〈大學總論〉，《隆砂證學記》，卷4，頁9b-11a。
143 涂宗濬，〈答楊司理諱正芳〉，《隆砂證學記》，卷5，頁7b。
144 涂宗濬，〈示舉兒〉，《隆砂證學錄》，卷6，頁6b。

另外，涂宗濬也強調儒學可以了究生死：

> 　吾儒未嘗不以了生死為大，但聖賢不輕言，俗儒不能
> 察耳。何也？釋氏見性，則可超生死，吾儒盡性，正是超
> 生死。生死者，氣也，非性也。性也者，命也，不因生而
> 生，不因死而死，原與太虛同體，故與太虛同壽。儒學入
> 門即知止，知止即知性，知性而盡性，達天德矣，超而上
> 之矣。是則自始學入門，即是了生死的根。因到得止時，
> 便是超生死的結果。率性之為道，聞道者知性也。性一
> 也，不可二也，不二所以立命也。如此，則塞乎天地之間
> 皆我矣，何生死之有哉？145

涂宗濬相信人的形體會隨著死亡而消散，但人性卻是與太虛同
體，不會因生死而有變化。「知止」既是盡性的工夫，其最終
的目標就是超越生死，與太虛同壽。又說：「人言佛壽長，不
知天之壽更長。人能知止，則太虛即我，我即太虛，方且與天
同壽，佛何足言？」146「學非為當時稱名，後世有述，原為一
己了性命死生。」147這種追求超越生死且與佛教一較短長的態
度，都讓涂宗濬的學問帶有某種宗教性的意涵。
　　有時涂宗濬也會用類似道教修養工夫的字眼來描述「知
止」工夫，例如，他說：「學問到誠意一關最難，毋自欺三

---

145 涂宗濬，〈大學總論〉，《隆砂證學記》，卷4，頁10b-11a。
146 涂宗濬，《陽和語錄》，卷6，頁17a。
147 涂宗濬，《陽和語錄》，卷3，頁2a。

字，方結下聖胎。」[148]又說：

> 　　人自有身以來，百骸九竅，五臟六腑，七情六欲，皆
> 生死之根。富貴貧賤，夷狄患難，聲色貨利，是非毀譽，
> 作止語默，進退行藏，辭受取與，皆生死之境。若順事
> 無情，攝末歸本，一而不二，凝而不流，即是出生死的法
> 門。蓋真性本寂，聲臭俱無，更有何物？受彼生死，然了
> 此固非一日可能。講此亦非一言可盡。只併精止，直透性
> 原，知本知先，妙用無迹，他日當有得力時候，力到功
> 深，光景又別。[149]

涂宗濬也會用「反觀內照」、「見性分之內，斷有不容自己
者」來描述這種直透性原的知止工夫，[150]或說「天根月窟閑來
往，正是儒學得手處」、「人於靜養之時，須徹底消融，將天
地萬物富貴功名身家之念一切掃蕩，不掛絲毫」，[151]這都讓其
工夫帶有強烈個人向內證悟本體的意味。

　　對涂宗濬而言，與超越生死的終極求道目標相比，其他的
事功都成為第二義，他說：「即功業薰天，文章蓋世，譬如石
火電光，倏歸泯滅，非豪傑所甘心也。」[152]他甚至說人有事功
一念不化，將成心體之累，最終反而為事功之害，古人建立功

---

148 涂宗濬，《陽和語錄》，卷1，頁5a。
149 涂宗濬，〈大學總論〉，《隆砂證學記》，卷4，頁11b。
150 涂宗濬，〈答成都太守吳待之諱士瑞〉，《隆砂證學記》，卷5，頁2a。
151 涂宗濬，《陽和語錄》，卷6，頁9b-10a。
152 涂宗濬，〈答成都太守吳待之諱士瑞〉，《隆砂證學記》，卷5，頁2a-b。

名皆是「當其時遇，其事不得已而有為耳。」[153] 就這方面而
言，涂宗濬與杜文煥是有相似的精神樣態。

　　涂宗濬學問中的宗教向度頗值得留意。他精於《易》學，
著有《續韋齋易義虛裁》一書；《易》學是他修養的基礎，
他說：「學易不在逐卦逐爻上去求，只在自己心身間磨勘體
驗。」[154] 又說：

　　　至善是太極，事物本末始終是八八六十四卦，
　　三百八十四爻。止於至善本體，凝然不動，遇事遇物，分
　　別一箇本末始終，知所先後。若此，則渾身是易，易方為
　　我用矣。此是學易真訣。[155]

涂宗濬也切實從事靜坐工夫，他曾說儒者亦不廢靜坐，只是不
可心如槁木死灰，必須「時時刻刻若有箇上帝在面前，此心一
味主敬，毫不敢放，久之自然得力。」[156] 又一次，有人問他
「靜坐是何境界？曾見黑影子否？」涂宗濬回答自己靜坐時
「洗心密藏，寂然不動，虛懸而無倚，絕無所見」，而且他認
為許多靜坐中所見之象，其實是「幻妄」。[157]

---

153 涂宗濬，《陽和語錄》，卷1，頁6b。
154 涂宗濬，《陽和語錄》，卷6，頁13a-b。關於明代易學與心學的關係，參見
　　賀廣如，〈明代王學與易學之關係——以孫應鰲「以心說《易》」之現象
　　為例〉，《周易研究》，2008年第2期，頁75-89。
155 涂宗濬，《陽和語錄》，卷6，頁15a。
156 涂宗濬，《陽和語錄》，卷5，頁15b。
157 涂宗濬，《陽和語錄》，卷6，頁12b。

另外，我們從涂宗濬的《陽和語錄》卷首可見，錄者王啟元（1559-?，1585年舉人）自稱門人。王啟元是廣西柳州人，而涂宗濬於萬曆二十年至二十三年（1592-1595）曾巡按廣西，兩人很可能於此時相識。王啟元一直到天啟二年（1622）始成進士，他先後留京長達二十年，完成《清署經談》一書。關於此書透露王啟元對「上帝」、「天」的特別關注，及其欲以孔子為孔教教主的思想，前人已有研究。[158] 雖然王啟元的思想與涂宗濬不盡相同，但此也提醒我們，涂宗濬的行為與思想可能存在啟發門人進一步將儒學帶向宗教化的元素。下文將試著說明。

涂宗濬自述生平學問轉折與所歷之境的變化曰：

> 余平生以不自是、不自足六字，時時策勵。方十二時先君見背，即有志聖人之學，苦無所入。十五讀諸儒性理，二十一學陽明良知，三十一聞李先生止脩，四十二在粵中悟性，不敢自是，因捨去。五十時已見光景，亦捨去。蓋平生所歷之境凡五變矣，惟其不敢自是，不敢自足，一意以先聖為宗，故夢中屢蒙接引。如此每一次夢覺，一次不同，然發憤忘食，先聖之矩則在，焉敢自足。學以孔子為宗，然孔子不可見，開眼見天，天即是師。……法天亦即

是法孔子。[159]

從涂宗濬這段自述，以及他寫給管志道（1536-1608）的信可知，[160]他自十五歲始勤讀性理諸書，四、五年時間的累積，雖有所見，卻苦無得手處。二十一歲那年，他接觸陽明致良知之學，「自是通晝通夜，惟良知之為致，歷十有二年」，但因感「知體易於轉動，難以捉摸」，故又轉師李材止脩之學。[161]不過，涂宗濬並不以李材門人自我定位，而是以自身修練探索的經驗來證印李材之說。涂宗濬自述四十二歲那年在廣東悟道的神秘體驗曰：

> 至壬辰（1592）八月初二日夕，正襟獨坐署中，時可二更。忽然大汗自頂至踵湧出如注，當時形骸盡化，覺與天地萬物合成一片，上無蓋，下無底，四方無邊際，廣大虛空，妙不容言。三更就寢，夢吾宣聖臨顧，發氣滿容，所居堂不類今時居第，有阼階，有西階，吾先師由阼階入，弟恭迎就東榻坐。弟以所悟《大學》知止知本之義請正，先師喜動眉宇，直指要訣。弟恭受心佩，渾身如在太虛，相對半夜。五更覺來，別是一乾坤也。急起盥漱更衣，焚香拜謝。恐其遺忘，援筆直書夢中所聞，即今《隆砂記》

---

159 涂宗濬，《陽和語錄》，卷3，頁11a-12a。
160 涂宗濬與管志道論學書，收入管志道，《論學三箚》（明萬曆三十五年（1607）刊本，日本尊經閣文庫藏），頁1a-31b。此資料蒙吳孟謙提供，特此致謝。
161 管志道，《論學三箚》，頁23b。

中所解〈大學古義〉是也。自是歷勘先聖遺言，無不洞然可曉。即後世術數之書，如孔明八陣圖等類，皆能照知其意。又巡歷兩河、三晉及畿輔，無一而非勘學之地，亦無一而非勘學之人。[162]

同樣在這封信中，涂宗濬又說自己四十九歲那年，在「晉中復露一景，則非言之所敢洩矣」。[163]顯然又是另一次無法用言語表達的神秘經驗，可能即上一段引文所言：「五十時，已見光景。」涂宗濬一意學孔子，屢次在夢中夢見先聖接引啟發，每次夢覺，均感到工夫有所精進。他雖也師法孔子所留下經典與教義宗旨，但他更體悟到以天為師的重要，亦即從天地自然中學習體驗，最終悟到「法天即法孔子」。

　　涂宗濬的經驗與杜文煥有許多類似處，兩人都有因夢中受到先聖接引啟示而工夫精進的經驗，可能由於職務的關係，兩人學問也均有文武兼具的特色。文人出身的涂宗濬，因夢中先聖的指引而精熟術數陣圖之學；武將出身的杜文煥，則反過來，因夢而開啟文學才華。在兩人的學思歷程中，雖也都有得於人師傳授，但他們顯然都更看重帶有神秘色彩的異夢啟示，或者可以說，他們都援引某種神靈的啟示作為自己學問的保證。[164]

---

162 管志道，《論學三箚》，頁23b-24a。

163 管志道，《論學三箚》，頁24b。

164 涂宗濬說自己平日不敢向人輕易言此，怕人以為偽，但他又認為以自身經歷驗證，頗為真實。管志道年長涂宗濬約十四歲，他對於涂宗濬的學思歷程曾下評論，認為二十一歲致力陽明學時稱得上是志學，但仍未達一間；

　　另外，涂宗濬和杜文煥在論述的手法上也有相近處。例如，涂宗濬會以類比的方式來說明三教：

> 佛家所謂性，乃儒者所謂心。佛家所謂心，乃儒者所謂意。儒者所謂性，佛氏尚摹不著在。

> 佛言六根……，言六欲……，言六通……。吾儒只消把正心一格，就對過了他正心地步，迺退藏於密，寂然不動境界，其感而遂通，神以知來，豈不是六通三明。儒學家常茶飯而不知反求，何也？[165]

涂宗濬固然要說儒學比佛教高明，但他卻也同時呈現兩者具有某些類似的觀念和想法，這樣的手法與杜文煥會宗三教雖不完全相同，但有相近處。例如杜文煥說：

> 儒曰天性之身，道曰身外有身，釋曰百億化身，其身一也。儒曰正心，道曰修心，釋曰明心，其心一也。儒曰盡性，道曰煉性，釋曰見性，其性一也。儒曰知命，道曰理命，釋曰證命，其命一也。是則不肖所謂同出異名，殊轍

三十二歲悟及知止二字，類似曾子之唯一貫而入志學真際；四十二歲之悟，則近顏子一日歸仁之境。管志道也勉勵涂宗濬勿執著於夢中宣聖的啟示，應進深於知命之學，以孔聖從心所欲不逾矩之境為目標。參見管志道，《論學三箚》，頁26b-30a。

[165] 涂宗濬，《陽和語錄》，卷6，頁19a。

共歸之言，非誣矣。[166]

當然，杜文煥是通過三教共同使用身、心、性、命等字組成的概念去會通三教，此與涂宗濬著重區分不同教義脈絡中的不同意涵有異。不過，涂宗濬仍認為佛學之「性」與儒學之「心」相當，儒學的正心工夫可達佛教六通三明的境界，故即使其最終目的在判教，但仍肯承認儒學與二氏之間具有某種可互相比附、比較、連結的可能性。

　　至於涂宗濬和王啟元，我們也可以看到某些類似處。例如，王啟元特尊孔子，認為天以道之全局授孔子，孔子亦以天之全局教萬世，故「學孔子即學天地矣」，[167]而涂宗濬也認為孔子是宇宙以來第一人，[168]他一意效法孔子，並說「孔子真是如天」、「法天即法孔子」；[169]兩人都堅守儒學立場、嚴闢二氏、重視儒家經典。[170]不過，兩人的差異也明顯，涂宗濬更突出《大學》作為儒學聖經的地位，王啟元則強調要合六經以求《大學》，並說：「以《大學》一書為足了聖道，而不知《大學》者，第聖道之提綱，非實之以六經，固不足以盡《大學》

---

166 杜文煥，〈三教論〉，《三教會宗》，卷6，頁2b。
167 王啟元，〈天縱至聖篇〉，《清署經談》（明天啟三年（1623）刊本，中央研究院傅斯年圖書館藏），卷8，頁5a。
168 涂宗濬，《陽和語錄》，卷2，頁5a。
169 涂宗濬，《陽和語錄》，卷3，頁12a、22b。
170 王啟元論儒學與二氏之異，可見氏著，〈聖宗正本篇〉，《清署經談》，卷15，頁9a-13a。

之變也。」[171] 王啟元批評宋明理學的經典詮釋，[172] 也批判當時講學者（包括李材、涂宗濬）好拈宗旨、各立門戶，環繞著《大學》版本與解釋所引發的爭議。[173] 王啟元認為必須對經典的作者（案：指孔子）之為人有更深刻的理解，才能洞悉經典之深義；而他認為孔子之學志在天下國家，絕不僅於文章或性命之學，故必須合六經四書以求儒學通貫之理。[174]

　　至於涂宗濬是否也相信龍沙讖？是否與忠孝淨明道有關涉？他出身江西南昌，正是龍沙讖傳說應驗之地，其書以《隆砂證學記》為名，劉夢雷為其所作之序又有「以終隆砂之盟」之句，[175] 而杜文煥在寫到一炁真人時即用「隆砂八百之數」，可見「隆砂」與「龍沙」可互用。涂宗濬《陽和語錄》全書也歸結於淨明道最重視的「忠孝」，加上他本人的宗教傾向與修練，以及身為封疆大吏，長期在戰場上平定寇亂，同樣都不免讓人聯想到與龍沙讖斬蛟平亂的關係。不過，因沒有看到明確的證據，故筆者不敢過分強調。

四、一些觀察：代結語

　　涂宗濬和杜文煥的個案研究，提供我們有關晚明儒學與經世，以及儒學與其他宗教交涉的一些觀察。涂宗濬和杜文煥

---

171 王啟元，〈聖宗正義篇〉，《清署經談》，卷4，頁6a。
172 王啟元，〈諸儒公論篇〉，《清署經談》，卷15，頁14a-17b。
173 王啟元，〈聖教實事篇〉，《清署經談》，卷15，頁24a。
174 王啟元，〈聖宗正義篇〉，《清署經談》，卷4，頁5a-8a。
175 劉夢雷，〈隆砂證學記序〉，收入涂宗濬，《隆砂證學記》，卷首，4a。

在明代儒學史上都稱不上名家,但他們也絕非沒沒無名之輩,兩人都是長期駐守邊疆的大將,立下不少戰功,即使僅就儒學思想史而言,兩人也都有著名師承可循。涂宗濬從學於李材,《明儒學案》對其也有記載,他甚至有自立宗派之意,儼然為一代講學盟主;杜文煥除了傳涂宗濬止修之學,同時以會宗三教的教主自立,又廣交當時的文人墨客,他對宗教與文學的熱衷、三教一致的觀點、以身心性命之學把握道原的信念、龍沙讖的信仰,甚至英雄事功與神仙之道的雙重追求等,都有濃厚晚明文人文化的底蘊。正因為如此,他們的個案可以提供我們對晚明學術與文化作進一步觀察的線索。以下僅以幾點引申的觀察作為本文的結語。

第一,涂宗濬和杜文煥都是文武雙全、事功與講學兼顧的學者,與那些致仕後投入講學、強調以講學作為經世管道的文士學者不同;比起謹守師教和學派分際之人,他們更多了一分自創宗旨、建立宗盟的氣派。涂宗濬、杜文煥兩人雖有師徒名分,但思想和作風頗多差異,對於儒學的認同及對其他宗教的排斥程度也不同。涂宗濬進士出身,在軍旅中倡導講學,作風接近王陽明和李材,承續著明代理學家講學的傳統,他也堅持辨明儒學與二氏之異,且以儒者自居。杜文煥以武將的身分,強調儒學中文武兼具的內涵,他熱衷於修練求仙和詩文創作,其作風更接近文人雅士和宗教教主,他相信三教一致,也不獨尊儒學。我們從涂宗濬個人的宗教傾向,再到其門人杜文煥、王啟元的發展,可見晚明儒學與其他宗教密切的交涉關係,以及儒學內涵的可塑性。

第二,我們從杜文煥和江南文人交往的情形,可見當時

文人士子無論藉著旅行或書信往來，跨越地域限制，建立朋友
社群的情形。杜文煥一生主要活動於北方，晚年才到江南，但
他與許多江南文人均有交往，留下的互贈詩文數量相當可觀。
除了某些江南文人曾走訪榆林，到太霞精舍作客外，杜文煥更
多時候是藉著書信與其他地區的文人建立情誼，他經常主動寄
送作品求序。為其著作寫序或贈詩的著名文人相當多，包括董
其昌、焦竑、袁宏道、文在中、屠隆、虞淳熙、黃輝、何白、
馮時可、鄒迪光、趙南星、湯賓尹、李維楨等，都是當時著名
文士。這種藉由書信往來搭建起來的人際網絡，雖不同於定期
講會結社的文人集團，但也具有某種社群的關係。就杜文煥的
例子而言，傾向三教融合的求道者與活躍於文壇詩社的文人，
是他交友中最重要的兩大群體，而事實上許多人都同時具有上
述兩種身分。[176] 舉例而言，屠隆、虞淳熙、黃輝、袁宏道都
是晚明活躍於江南具三教融合傾向的學者，艾靜文（ Jennifer
Eichman）曾透過這些學者的往來書信研究他們學術社群的活動
與思想，[177] 杜文煥雖遠在北方，但因著對宗教和文學的共同熱
誠，並透過主動的文字邀約，也能跨越距離的障礙，與當時江
南文壇建立友好的關係。

　　第三，杜文煥講究文武合一，認同歷史上許多能建立偉大

---

176 例如屠隆、袁宏道、鄒迪光、馮時可等，均是晚明詩壇領袖級人物，也熱
　　衷求道。

177 Jennifer Lynn Eichman, *A Late-Sixteenth Century Chinese Buddhist Fellowship:
　　Spiritual Ambitions, Intellectual Debates, and Epistolary Connections*（Leiden &
　　Boston: Brill, 2016）. 至於屠隆、虞淳熙的三教論述與杜文煥之異同，因與
　　本文主旨較不涉，故不深入討論。

功業的人物，此也有一定的時代背景。沈德符說，嘉靖以降文
人論兵的情形日益普遍；[178]馬明達也說，明末清初習武之風在
南北士人中興起，一時蔚為風氣。[179]王鴻泰則指出，晚明社
會危機讓文人更重視兵事，談兵論劍蔚為風氣，尚武任俠成為
士人自我表述的方式，也創造更多文武兼修的俠士。[180]這樣
的時代背景應有助於杜文煥與江南文壇關係的建立。若我們將
杜文煥與屠隆略作比較，會發現屠隆也標舉英雄人物並熱衷求
道，不過屠隆心目中的英雄是能在時勢窮難之際，調停斡旋而
終濟大事者，故文臣亦不妨建立英雄功業；[181]屠隆也認為「始
為元戎，終作居士」才是萬古將軍之師表，他也以此期勉杜文
煥。[182]杜文煥在〈私淑俎〉的將儒系譜，與屠隆在〈持論〉中
對古今三教英雄人物的評論，頗值得進一步研究。儘管杜文煥
與屠隆的看法不盡相同，但他們同樣重視能建立功業、轉移世
運之英雄，推崇像張良這類能兼顧入世與出世的人物，這樣的
想法不僅反映時代的需要，也挑戰理學家的價值，[183]建構儒學

---

178 沈德符，〈兵部・文士論兵〉，《萬曆野獲編》，卷17，頁435。

179 馬明達，〈顏李學派與武術〉，《說劍叢稿》（北京：中華書局，
　　2007），頁108。

180 王鴻泰，〈倭刀與俠士——明代倭亂衝擊下江南士人的武俠風尚〉，《漢
　　學研究》，卷30期3（2012年9月），頁63-98；王鴻泰，〈武功、武學、武
　　藝、武俠：明代士人的習武風尚與異類交游〉，《中央研究院歷史語言研
　　究所集刊》，本85分2（2014年6月），頁209-267。

181 屠隆，〈大英雄〉，《鴻苞》，卷9，頁56-58。

182 屠隆，〈與元鶴子論文書〉，收入杜文煥，《三教會宗》，卷首，頁1a-
　　2a。

183 屠隆批評宋儒曰：「宋儒拘曲而不通方，褊隘而立門戶，自非高巾大袖闊
　　步徐行者，雖曠代異人，振古豪傑，必苛求而醜詆之。」又說宋儒雖自以

經世的不同典範。

　　第四，從杜文煥與龍沙讖信仰的關係，我們可以看到彭幼朔的門人群體同樣能夠跨越地域限制，活躍於大江南北，深入南京朝廷與漠北軍旅。晚明龍沙讖八百地仙應讖斬蛟傳說的活絡情形，傳遞著亂世中人們企盼英雄靖寇平亂的期待心理。而對於某些特具英雄氣慨、相信自己可能就是應讖之地仙者，則往往體現一種特殊的生命觀與心理意識。杜文煥更多屬於後者，他的傳記充滿傳奇色彩，透過卜算預言和異夢啟示，他相信自己出身非凡，名列仙籍，降世乃為度世救人，功勳完滿後將重回天界。這種想法呼應著中國傳統長期流傳的謫仙意識，也可以在明清時期許多小說中找到類似的想法，據李豐楙研究，明清謫仙故事的基本模式包括謫仙降生為解救人間災危的道教祖師、謫仙降生為名將與名臣、謫仙降生為綠林好漢、謫仙降生為才子佳人。[184] 從杜文煥的個案，我們當然看不到回歸天庭的故事結局，不過他自我表述的文字具豐富的道教色彩，也符合謫仙故事的主題，體現晚明士人、武將、宗教、文學高度雜糅的文化特色。

為聞道，但其實「一進身則執拗而難行，遇大事則束手而無策，國有巨議則聚訟不決，金人入 則抱影而潛藏。聲容徒盛，議論空多，北轅遂南，卒以弗振，視古人之風采功烈亦遠矣。」見屠隆，〈持論〉，《鴻苞》，卷10，頁59-60。

184 李豐楙，《許遜與薩守堅：鄧志謨道教小說研究》，頁287-352。

V

〈西銘〉詮釋史

　　〈〈西銘〉為《孝經》之正傳？：論晚明仁孝關係的新意涵〉是我在從事中國近世《孝經》學術文化史研究期間的作品，當時我閱讀大量與《孝經》有關的文本，發現從晚明開始愈來愈多人引〈西銘〉註解《孝經》，認為兩本書應該合讀並論，又說〈西銘〉是一篇論仁孝的偉大作品，是《孝經》最好的註解。〈西銘〉的主旨是論孝嗎？我想起《朱子語類》中朱子和門人的問答，朱子清楚說〈西銘〉主旨並不在說孝，而是論仁與事天，只是用孝作為比喻，因此我希望釐清從宋到晚明〈西銘〉詮釋史的變化。既然晚明學者對於〈西銘〉論萬物一體之仁的看法並沒有改變，當他們強調此書同時是論孝之書，是否意味著他們對於孝的理解有所變化？本文採取論域分析的方式來回答上述問題，我廣泛蒐集關於晚明《孝經》詮釋、「仁孝」的論述，以及《論語》「孝弟也者其為仁之本與」的不同解釋，嘗試說明晚明關於仁孝論述有異於程朱學的新意涵。此文原刊於《中央研究院中國文哲研究集刊》（期33，2008）。

　　〈清初至民國〈西銘〉的多元詮釋〉是上文的續作，我廣泛蒐集了從清代到民國初年關於〈西銘〉的討論，希望整理出詮釋史上的變化。我本預期當西學和西方價值成為主流時，〈西銘〉所蘊涵的平等觀及「四海之內皆兄弟」的概念，可能會被基督宗教大大援引、闡發。經過仔細考察後發現，此現象雖然存在，但僅為其中一部分，整個清代的論述仍以傳統儒學正統與異端之辨為主軸，儒家親親為主的倫序觀仍是主要的關懷，直到民國時期才出現比較大的變化；宗教界人士在援引〈西銘〉以比附其教義時，只是一種求同存異的表述，並不代

表他們忽略不同宗教與文化間的差異。民初關於〈西銘〉的論述突破傳統血緣宗法的限制，正統和異端之辨也不再重要，〈西銘〉成為表彰中國文化之崇高境界，以及與世界文明接軌的媒介。此文曾於南開大學主辦的「紀念鄭天挺先生誕辰120週年暨第五屆明清史國際學術研討會」中發表（2019），並刊於《南開史學》（2020年第1期）。

第九章

〈西銘〉為《孝經》之正傳？

論晚明仁孝關係的新意涵

一、前言

我在從事明、清時期《孝經》研究時，經常看到學者全篇援引〈西銘〉以註解《孝經》，或將兩個文本相提並論，認為〈西銘〉是《孝經》之正傳。自從張載（1020-1077）寫作〈西銘〉之後，這個文本一直受到理學家的高度重視，也引發許多討論，但在我模糊的記憶中，宋、元時期並未出現將〈西銘〉與《孝經》合論的情形，因此本文的出發點是希望透過仔細考察〈西銘〉詮釋史的變化，確定是否真的從晚明開始，以〈西銘〉和《孝經》合論才蔚為一種風氣？對此問題的考察及描述歷代對〈西銘〉解釋的變化，即為本文第一部分的主要內容。

在確定從晚明開始出現〈西銘〉與《孝經》合論，〈西銘〉的主旨愈來愈與「孝」扣聯之後，本文第二部分主要希望能夠對此變化提出一些解釋，我試圖從當時《孝經》學復興、傾向以陽明學（尤其羅汝芳思想）觀點詮釋《孝經》等學術史

脈絡加以解釋。另外，由於此議題涉及對仁孝關係的看法，本
文也進一步檢視歷代學者對《論語》「孝弟也者，其為仁之本
與」的註釋內容，查看是否也有呼應的變化情形。簡言之，本
文認為陽明後學羅汝芳（1515-1588）等人把「孝」提升到形上
本體義的看法，不僅有別於程、朱仁孝關係的論述，其觀點也
影響晚明部分《孝經》和《論語》的解釋，並拉近〈西銘〉與
《孝經》的關係。

二、宋到晚明的〈西銘〉詮釋史

（一）〈西銘〉以孝說仁

　　張載的〈西銘〉是宋明理學最著名的文本之一，受到包括
程頤（1033-1107）、朱熹（1130-1200）等歷代學者的高度重
視。[1]宋代李耆卿的《文章精義》讚其為「聖賢之文，與《四
書》、諸經相表裡」；[2]程鉅夫（1249-1318）說其為「繼三代
者」；[3]康熙朝出版的《御纂性理精義》亦說：「周子〈太極
圖說〉、《通書》，張子〈西銘〉乃有宋理學之宗祖，誠為
《學》、《庸》、《語》、《孟》以後僅見之書。」[4]

1　程頤和朱熹對〈西銘〉的看法，見下文。

2　李耆卿，《文章精義》，頁430，收入新文豐出版公司編輯部編，《叢書集
　　成新編》（台北：新文豐出版公司，1985），冊80。

3　程鉅夫，〈李仲淵御史行齋謾藁序〉，《雪樓集》，卷15，頁24a-b，
　　收入上海書店出版社編，《叢書集成續編》（上海：上海書店出版社，
　　1994），冊108。

4　〈凡例〉，收入清聖祖御纂，李光地等編校，《御纂性理精義》，頁2a，

　　儘管程頤、朱熹對張載的學問時有批評，[5]但對〈西銘〉
卻推崇備至。程子稱讚此文「言極純無雜，秦漢以來學者所未
到」、「意極完備，乃仁之體」；[6]又說孟子之後，只有韓愈
〈原道〉一篇，但〈西銘〉更是〈原道〉的宗祖。[7]〈西銘〉以
其規模宏大而分明，被譽為《孟子》之後的第一書，程門並專
以此書開示學者，認為學者若能反覆玩味〈西銘〉而自得，必
能「心廣理明，意味自別。」[8]

　　不過程門弟子楊時（1053-1135）卻懷疑〈西銘〉言之太
過，有類墨家兼愛之病，楊時致書程子曰：

　　某竊謂：道之不明，智者過之，〈西銘〉之書其幾於
　　此乎。昔之問仁於孔子者多矣，雖顏淵、仲弓之徒，所以
　　告之者，不過求仁之方耳。至於仁之體，未嘗言也。孟子

　　見紀昀等總纂，《景印文淵閣四庫全書》（台北：臺灣商務印書館，
　　1985），冊719。清代學者劉紹攽也說〈太極圖說〉、〈西銘〉、〈定
　　性書〉、〈顏子所好何學論〉四篇是理學傳統中最精要之文，參見劉紹
　　攽，〈自序〉，《衛道編》，卷首，頁2a，收入四庫未收書輯刊編輯委員
　　會編，《四庫未收書輯刊》（北京：北京出版社，2000），輯6，冊12。
　　對〈西銘〉重要影響的討論，亦見何炳棣，〈儒家宗法模式的宇宙本體
　　論——從張載的西銘談起〉，《哲學研究》，1998年第12期，頁64-69。
5　例如程子說張載謹嚴，有迫切氣象，卻無寬舒之氣；又說張載之言不能無
　　失，但〈西銘〉一篇，則「誰說得到此」。見程顥、程頤，《河南程氏遺
　　書》，卷18、23，收入氏著，《二程集》（台北：漢京文化事業公司，
　　1983），冊1，頁196、308。
6　程顥、程頤，《二程集》，卷2上，頁22、15。
7　程顥、程頤，《二程集》，卷2上，頁37。
8　朱熹，〈答汪尚書〉，《晦菴先生朱文公集》，卷30，頁13a，收入商務印
　　書館編，《四部叢刊初編》（台北：臺灣商務印書館，1965），冊58。

曰：「仁，人心也；義，人路也。」言仁之盡最親無如此者，然本體用兼舉兩言之，未聞如〈西銘〉之說也。孔、孟豈有隱哉，蓋不敢過之，以起後學之弊也。且墨氏兼愛固仁者之事也，其流卒至於無父，豈墨子之罪耶？孟子力攻之，必歸罪於墨子者，正其本也。……〈西銘〉之書，發明聖人微意至深，然而言體而不及用，恐其流遂至於兼愛，則後世有聖賢者出，推本而論之，未免歸罪於橫渠也。[9]

楊時並不是批評〈西銘〉有墨家兼愛之意，他是認為〈西銘〉陳義過高，專言「仁體」，不能體用兼具，恐起後學之流弊，因此說此文有「過」的缺點。程頤不同意他的看法，他承認張載之言確有「過」的毛病，但說那是在《正蒙》，〈西銘〉則完全沒有這個問題。他更進一步稱讚此文能發先聖所未發，極有功於聖學：

　　〈西銘〉之為書，推理以存義，擴前聖所未發，與孟子性善、養氣之論同功，豈墨氏之比哉。[10]

為了回應楊時，程頤進一步以「理一分殊」闡釋〈西銘〉要

9　楊時，〈寄伊川先生〉，《龜山集》，卷16，頁6a-7a，收入《景印文淵閣四庫全書》（台北：臺灣商務印書館，1985），冊1125。

10　程頤，〈答楊時論西銘書〉，收入程顥、程頤，《河南程氏文集》，卷9，見《二程集》，冊1，頁609。

旨，[11]從此「理一分殊」成為宋明理學詮釋〈西銘〉極重要的觀點。朱子便說：「〈西銘〉要句句見理一而分殊」；「〈西銘〉通體是一箇理一分殊，一句是一箇理一分殊。」[12]何謂「理一分殊」？〈西銘〉文意又蘊涵著怎樣的「理一分殊」？

　　程頤以「理一分殊」講解〈西銘〉，主要針對楊時之疑而發，即要說明〈西銘〉的精神完全符合儒家宗旨，強調其與墨氏的差異。[13]所謂「理一分殊」，簡言之，即從道的觀點看，萬物不是個別獨立的存在，具有共同來源與基礎；但同時萬物又各稟其分，並非毫無分別、一律平等。程頤認為，人若只看到各自分殊的一面，往往會陷入自私爭勝的景況，故以為〈西銘〉一文能幫助人從萬物各自分立私勝的視域中超脫出來，對超越義的仁體有所領略。他也特別強調〈西銘〉的要旨完全符合儒家親親仁民、仁民愛物之精神，絕不同於墨氏無差等的兼愛。[14]由此可見，程頤講理一分殊，旨在確立儒家親疏有別、上下尊卑秩序井然，卻又能從己身、己家出發，超越一己之私，以致仁民愛物的基本立場。

　　朱子承襲程頤的觀點，對〈西銘〉之「理一分殊」有很多闡發。他有時從分析文字表述的角度，說明「分殊而理一」的

11　朱熹：「〈西銘〉本不曾說理一分殊，因人疑後，方說此一句。」見黎靖德編，王星賢點校，《朱子語類》（台北：華世出版社，1987），卷95，頁2457。

12　黎靖德編，《朱子語類》，卷98，頁2522。

13　程頤：「〈西銘〉明理一而分殊，墨氏則二本而無分。」見程頤，〈答楊時論西銘書〉，《河南程氏文集》，卷9，頁609。

14　程頤，〈答楊時論西銘書〉，《河南程氏文集》，卷9，頁609。蔡仁厚，〈張子西銘開示的理境〉，《鵝湖》，卷1期3（1975年9月），頁24-28。

道理，15也屢次用「直看」和「橫看」來說明。簡言之，「直看」取貫通之義，強調要能從分殊處見理一；「橫看」取分別義，要從理一處見分殊。16與程頤相較，朱子對於「分殊」的說解更多，也更詳細，此可能與其覺得程頤之釋義未能完全解楊時之惑有關。楊時在程頤提出理一分殊的說明後，雖寫信表示自己已「釋然無惑」，但信中也再提〈西銘〉言理一處多，沒有明言「親親之殺」，即所謂「有平施之方，無稱物之義」。17也因此，朱子覺得楊時沒有真正釋疑，故有必要再闡釋〈西銘〉「分殊」的意涵，回應楊時之疑。18朱子說：

---

15 例如他說：「〈西銘〉一篇，始末皆是理一分殊。以乾為父，坤為母，便是理一而分殊；『予茲藐焉，混然中處』，便是分殊而理一。『天地之塞，吾其體；天地之帥，吾其性』，分殊而理一；『民吾同胞，物吾與也』，理一而分殊。逐句推之，莫不皆然。」見黎靖德編，《朱子語類》，卷98，頁2523。

16 黎靖德編，《朱子語類》，卷98，頁2524-2525。

17 據楊時自己的解釋，「稱物」意指親疏遠近各當其分；「平施」意指施之其心一焉。楊時在書中也再度解釋自己並非意指〈西銘〉為兼愛而發，而是恐其流弊至於兼愛。楊時，〈答伊川先生〉，《龜山集》，卷16，頁8a-b。

18 朱熹：「龜山第二書蓋欲發明此意，然言不盡而理有餘也，故愚得因其說而遂言之。」又曰：「龜山有論〈西銘〉二書，皆非，終不識理一，至於稱物平施，亦說不著。」見張載撰，朱熹注，《張子全書》（台北：中華書局，1965），卷1，頁7b；黎靖德編，《朱子語類》，卷98，頁2527。朝鮮李滉：「楊龜山上伊川第一書，疑〈西銘〉言體而不及用，恐流弊遂至於兼愛，伊川答書深言其理一分殊，仁義兼盡，非墨氏之比，以曉之，龜山稍悟前非，於第二書引此語以明〈西銘〉推理存義之意，意雖不失，語有未瑩，故朱子特舉其說而解說之如此，以發明龜山未盡之意，則伊川指示龜山之微旨始無餘蘊矣。」見李滉，《西銘考證講義》（江戶刊本，日本內閣文庫藏），頁16a-b。

　　〈西銘〉大綱是理一而分自爾殊，然有二說。自天地言之，其中固自有分別；自萬殊觀之，其中亦自有分別。不可認是一理了，只滾做一看，這裡各自有等級差別。且如人之一家，自有等級之別。所以乾則稱父，坤則稱母，不可棄了自家父母，却把乾坤做自家父母看。且如民吾同胞，與自家兄弟同胞又自別。龜山疑其兼愛，想亦未深曉〈西銘〉之意。〈西銘〉一篇正在「天地之塞，吾其體；天地之帥，吾其性」兩句上。[19]

又說：

　　蓋乾之為父，坤之為母，所謂理一者也。然乾坤者，天下之父母也；父母者，一身之父母也，則其分不得而不殊矣。故以民為同胞、物為吾與者，自其天下之父母者言之，所謂理一者也。然謂之民，則非真以為吾之同胞；謂之物，則非真以為我之同類矣。此自其一身之父母者言之，所謂分殊者也。[20]

朱子強調「理一」並非弭平人倫、物我的區別，而是在眾多分殊有差等的人際關係以及上下尊卑的秩序中，能夠具有一超然的視域，洞見「所謂理一者，貫乎分殊之中，而未始相離

19　黎靖德編，《朱子語類》，卷98，頁2524
20　朱熹，〈與郭沖晦〉，《晦菴先生朱文公集》，卷37，頁32a。

耳」。[21]換言之，在儒家「萬物一體」視域中，人倫位分的差等之序始終不可抹煞，這也是維繫儒家家族與政治倫理的關鍵所在。朱子也特別強調，自身的父母並不真的等同乾坤父母，人應該對自身父母盡孝，絕「不可棄了自家父母，却把乾坤當自家父母看」。手足之親的兄弟也絕不等同於「民吾同胞」意義下的萬民，其間親疏分際的差異，絕不容抹煞。這裡也可再次讓我們看到朱子堅持對家庭的義務和責任的儒家立場。[22]同樣地，雖說「物吾與也」，但人與禽獸稟性自有貴賤之差異，此亦完全合乎儒家的人性觀。然而，有差別並不意謂毫無關聯，從乾坤大父母的角度看，則又可見天地萬物之中具有共同的來源與基礎，故人的存在，既有天道性命相貫通的尊貴，又應視天下之民物猶如同胞黨與，讓仁愛周遍無遺。[23]綜言之，對程、朱而言，〈西銘〉雖主在講述天道性命相貫通之仁體，但它完全符合儒家肯定差序的人倫關係，以及從自身和家庭起手，逐

---

21 朱熹，〈與郭沖晦〉，《晦菴先生朱文公集》，卷37，頁32a。

22 從程、朱之論可以推到對家庭倫常的肯定，並以此闢佛。此在王夫之的〈乾稱篇〉中有更清楚的說明，但因為朱子並未強調〈西銘〉以孝道盡窮神知化之致，王夫之也對其有所批評，認為朱子僅「引而不發」，「發明其體之至大，而未極其用之至切」。見王夫之，〈乾稱篇〉，《張子正蒙注》，卷9，收入氏著，船山全書編輯委員會編校，《船山全書》（長沙：嶽麓書社，1992），冊12，頁351-357。唐君毅也引張載的〈西銘〉，強調儒家的孝具有超越自我、通向對宇宙天地乾坤之向度，但同樣強調人只能透過對父母之孝思以展現對宇宙天地之孝思。見唐君毅，《文化意識與道德理性》（香港：友聯出版社，1958），頁48-52。

23 關於朱熹說人物並天地間，同稟天地理氣，但惟人得形氣之正，故其心最靈等，見朱熹註，〈西銘〉，收入費余懷，《性理彙編》（清刊本，日本內閣文庫藏），頁2a。

次推致到宗族、鄉黨、民、物的道德實踐次序。[24]

　　除了從「理一分殊」的角度解釋〈西銘〉符合儒家親親、仁民、愛物的精神之外，程、朱對〈西銘〉的推崇，更在於它談及「人與天地同體」的宏大氣象，他們對〈西銘〉的評價極高，以下僅引數條程門對其評價之言：

　　　觀子厚所作〈西銘〉，能養浩然之氣者也。[25]

　　　人本與天地一般大，只為人自小了，若能自處以天地之心為心，便是與天地同體，〈西銘〉備載此意，顏子克己，便是能盡此道。[26]

　　　〈西銘〉只是要學者求仁而已。[27]

基本上，程門學者都認為〈西銘〉講人之體性稟自於天，亦即天道性命相貫通之義，故能把人的視野和精神層次提升到乾坤父母的高度，以天地之心為心。人若真能識仁、求仁，養浩然之氣而充極樂天踐形、窮神知化之妙，便是學聖的旨歸，故

---

24 朱子肯定儒家倫常關係的意涵，與其闢佛的立場相符。日本學者室鳩巢在《西銘詳義》中也發揮程、朱之說，並反駁佛教：「若特以天地為父母而平視己之父母，則其弊恐陷於二本兼愛乃已，且如浮屠以佛為父母，而以其父母為假，亦其誤之甚者也。」見室鳩巢，《西銘詳義》（日本天明四年刊本，日本內閣文庫藏），頁5b。

25 張載，《張子全書》，卷1，頁12b。

26 此為尹焞之言，見張載，《張子全書》，卷1，頁12b。。

27 此為楊時之言，見張載，《張子全書》，卷1，頁13a。

〈西銘〉即是一部指引聖學旨歸的文本。程子甚至說人若能依〈西銘〉，到充得盡時，便是聖人。[28]朱熹也強調〈西銘〉的要旨在「天地之塞，吾其體；天地之帥，吾其性」兩句，他說人若能體會自身稟受天地之正氣，性體與天道相貫通，與天地萬物相聯屬，便是學的關鍵，由此才能繼志踐形以事天。[29]

　　從以上的引述，我們也清楚看見：對程門學者而言，〈西銘〉的主旨並不在說孝或教人行孝，而是闡明人與天道之關係，讓人能反身求仁。朱子也特別強調不能將乾坤父母與自身父母，或將事親與事天混為一談。儘管〈西銘〉中確實說及事親之事，但朱子說那只是一種譬喻，只是借事親來形容事天。[30]我們從以下

　　朱子與門人的對話，可以清楚地看見這一點：

> 　林聞一問：「〈西銘〉只是言仁、孝、繼志、述事。」
> 　（朱子）曰：「是以父母比乾坤，主意不是說孝，只是以人所易見曉者，明其所難曉者耳。」[31]

朱子又說：

> 　他（案指〈西銘〉）不是說孝，是將孝來形容這仁，事

28　程顥、程頤，《河南程氏遺書》，卷18，收入《二程集》，冊1，頁196。

29　黎靖德編，《朱子語類》，卷98，頁2520-2521

30　朱子與門人問答，問：「橫渠只是借那事親底來形容事天做箇樣子否？」曰：「是。」黎靖德編，《朱子語類》，卷98，頁2525。

31　黎靖德編，《朱子語類》，卷98，頁2521。

親底道理，便是事天底樣子。[32]

〈西銘〉本不是說孝，只是說事天，但推事親之心以事天耳。[33]

可見朱子並不認為〈西銘〉的旨意與「孝」有關，即使〈西銘〉的文字說及父母、兄弟，具有宗法制度下孝的意涵，但這被理解為一種譬喻的手法，目的是要通過人所熟悉的孝道人倫來闡明較難理解的「仁」。

綜上所論，程、朱所理解的〈西銘〉，其旨意並非在說「孝」，它是一部文氣磅薄、闡明「理一分殊」、天道性命相貫通之義，能指示學者循天理、反身求仁的重要文本。程、朱的觀點相當程度地主導了元、明以後的論述，成為〈西銘〉詮釋史上極重要的聲音，無論饒魯、吳澄（1249-1333），[34]或薛瑄（1389-1464）[35]均明顯承襲了程、朱的看法。這情形要直到晚明，隨著《孝經》學的興盛，才有了變化。

---

32 黎靖德編，《朱子語類》，卷98，頁2526。

33 黎靖德編，《朱子語類》，卷98，頁2522。

34 見張載，《張子全書》，卷15，頁7b-10a。

35 薛瑄：「張子〈西銘〉理一分殊，指仁義而言，〈西銘〉示人以求仁之體，專言之仁也」、「〈西銘〉大旨即孟子存心養性所以事天之意。」又說：「朱子太極、〈西銘〉解至矣盡矣。」薛瑄，《讀書續錄》，卷5，頁16b、20a；卷3，頁20a，收入《景印文淵閣四庫全書》（台北：臺灣商務印書館，1985），冊711。

（二）〈西銘〉說孝

在〈西銘〉的詮釋史上，晚明出現了新的發展，一種有別於程、朱的新觀點醞釀而生。此時〈西銘〉、《孝經》兩個文本經常被相提並論，並以〈西銘〉解釋《孝經》經文。在這種趨勢下，〈西銘〉與「孝」的關係變得愈來愈密切，不可能再像程、朱所言，〈西銘〉不是一部說孝的文本。以下僅舉明清之際〈西銘〉與《孝經》合論的例證進一步說明。

晚明虞淳熙（1553-1621）的〈宗傳圖〉（附圖一）記錄了歷代對《孝經》學有貢獻的帝王、聖賢與學者，是一幅以孝為核心價值的學統之圖，也是虞淳熙心目中的文明傳承系譜，對於每位受到圖記的人物，虞淳熙均有文字加以說明。[36] 在〈宗傳圖〉中，張載被置放在核心的重要位置，上承孔、曾、思、孟，下啟王陽明。對於張載何以能夠居此核心地位，虞淳熙有所說明：

> 張子，名載。〈西銘〉一書明事親、事天之孝，此《孝經》之正傳，即天明地察語也。[37]

可見張載之所以能夠在「孝」的宗傳系譜上占據中心地位，主

---

36 關於虞淳熙的孝論及〈宗傳圖〉的討論，見呂妙芬，〈晚明《孝經》論述的宗教性意涵：虞淳熙的孝論及其文化脈絡〉，《中央研究院近代史研究所集刊》，期48（2005年6月），頁1-46。

37 虞淳熙，〈宗傳圖〉，收入朱鴻，《孝經總類》，申集，頁2b，見《續修四庫全書》編纂委員會編，《續修四庫全書》，冊151。

要取決於〈西銘〉。虞淳熙將〈西銘〉定位為《孝經》之正傳，認為其闡述事親、事天之孝，正符合《孝經》經文「昔者明王事父孝，故事天明；事母孝，故事地察；長幼順，故上下治。天地明察，神明彰矣」的意涵。

同樣的看法也反映在楊起元（1547-1599）的《孝經引證》中。《孝經引證》的寫法是先引述古籍中有關孝的言論或事蹟，再引一段《孝經》經文呼應之。楊起元在《孝經引證》中抄錄了〈西銘〉全文，文末所附的經文也是：「事父孝，故事天明；事母孝，故事地察。」[38]我曾在另一文章中討論楊起元對「孝」與《孝經》的看法與虞淳熙十分接近，[39]此處也再度印證兩人以〈西銘〉配《孝經》的觀點是相一致的。

呂維祺（1587-1641）的《孝經大全》中包含〈古今羽翼孝經姓氏〉一章，首列明太祖、成祖、宣宗、崇禎四位極力表彰孝道的明代帝王，再依次列舉歷代表彰《孝經》有貢獻的帝王和儒臣。其中大多數的儒臣都是因為註疏《孝經》而得以留名，但張載卻因〈西銘〉而被認為是羽翼《孝經》者，呂維祺對此安排說明如下：「張載，著〈西銘〉以天地為大父母，明大孝之理。」[40]呂維祺在《孝經大全》中也同樣引述〈西銘〉全文以註解經文，並強調〈西銘〉闡發了「孝弟即事天」、「神

---

38 楊起元，《孝經引證》（台北：藝文印書館，1965），頁26a。

39 呂妙芬，〈晚明《孝經》論述的宗教性意涵：虞淳熙的孝論及其文化脈絡〉，《中央研究院近代史研究所集刊》，期48。

40 呂維祺，〈古今羽翼孝經姓氏〉，《孝經大全》，卷首，頁12a，收入《續修四庫全書》，冊151。

明孝悌不是兩事」的道理。[41]另外，溫純（1539-1607）曾為朱
鴻《孝經總類》作序，[42]他在闡述孝之於教與學的重要性後，也
說《孝經》和〈西銘〉同載此理。[43]

　　清初《孝經》學雖然在詮釋觀點上有明顯的變化，[44]但是
學者以〈西銘〉註釋《孝經》的作法則持續，例如李之素的
《孝經內傳》[45]引錄〈西銘〉全文，並附以朱子、饒魯、吳澄
對〈西銘〉的評論；吳之騄（1638-1709）的《孝經類解》亦
然，並明確說「〈西銘〉一篇，《孝經》之義疏也」，[46]應是
（1638-1727）的《讀孝經》同樣以〈西銘〉註〈感應章〉。[47]
康熙朝頒布的《御定孝經衍義》在「衍至德之義」中也徵引

41　呂維祺，〈古今羽翼孝經姓氏〉，《孝經大全》，卷11，頁5a-6b。

42　見朱鴻輯，《孝經總類》，子集，頁6a-8b

43　溫純，〈贈雷公偕壽序〉，《溫恭毅集》，卷8，頁41a，收入《景印文淵
　　閣四庫全書》（台北：臺灣商務印書館，1985），冊1288。

44　主要變化在於從陽明學觀點轉向程朱學，參見呂妙芬，〈晚明到清初《孝
　　經》詮釋的變化〉，收入林維杰、邱黃海編，《理解、詮釋與儒家傳統：
　　中國觀點》（台北：中央研究院中國文哲研究所，2010），頁137-191。

45　此書《內傳》採孝子之嘉言，《外傳》採孝子之實行，合正文，共六卷。
　　著於康熙十五年（1676）左右，出版約在康熙六十年（1721）。見李之
　　素，〈序〉，收入氏輯，《孝經內外傳》，頁1a-3b，見《續修四庫全
　　書》，冊152。

46　吳之騄，《孝經類解》，卷16，頁2a，收入《四庫全書存目叢書》編纂委
　　員會編，《四庫全書存目叢書》（台南：莊嚴文化事業公司，1997），經
　　部，冊146。《孝經類解》出版於康熙三十年（1693），是一部博採經、
　　史、子、集以驗經文，體製內容博雜之書。

47　應是的《讀孝經》始著於康熙五十九年（1720），雍正四年（1726）成
　　書。註引〈西銘〉，見應是，《讀孝經》，卷4，頁16b，收入《四庫全書
　　存目叢書》，經部，冊146。

〈西銘〉全文及朱子的解釋，負責修纂的朝臣並加按語曰：[48]

> 臣按：經曰聖人之德，無以加于孝。〈西銘〉之作，惟以孝子之事親明仁人之事天，亦言乎無可加也。但以事親為事天之樣子，而無餘事矣。先儒謂《通書》言誠，〈西銘〉言仁，臣以為〈西銘〉一書乃經文「事父孝，故事天明；事母孝，故事地察」之敷言耳。[49]

可見葉方藹（1629-1682）等修撰《御定孝經衍義》的學者，亦認為〈西銘〉適切地發揮《孝經》經文的意涵，而將兩個文本相提並論。

康熙朝的雷于霖對於〈西銘〉有深刻的體悟和重視，[50]並著有《西銘續生篇》，他也將〈西銘〉和《孝經》合論比觀。在〈西銘孝經合解本意〉一文中，他說《孝經》言孝子事親

---

48 負責修纂《御定孝經衍義》的儒臣主要為葉方藹、張英、韓菼。

49 葉方藹等編，《御定孝經衍義》，卷2，頁5b-6a，收入《景印文淵閣四庫全書》（台北：臺灣商務印書館，1985），冊718。

50 雷于霖，字午天，又字柏霖，朝邑舉人。著有《孝經神授篇》，未見。據其自述，他自從獲得〈西銘〉後，「每日之間，或立而誦之，或坐而誦之，或夜臥而誦之，至月朔月望則跪而誦之。每誦一句，即現一境，即生一心，儼若乾父坤母之在上，宗子家相之在側，聖德賢秀者繼其志而述其事，老幼煢疾者企其養而告其苦，令我生尊敬心，生哀矜心，生一切密修實証心，惟恐為悖賊，為不才，以忝吾所生。」見雷于霖，〈西銘續生篇序〉，《雷柏霖西銘續生篇》（清道光乙未年朝邑劉氏刊本，中央研究院傅斯年圖書館藏），卷首，頁1a-b。雷于霖的傳，見張驥，《關學宗傳》，卷3，頁1b-2a，收入四川大學古籍整理研究所編，《儒藏》（成都：四川大學出版社，2008），史部，冊164。

事，〈西銘〉言仁人事天事；他認為事親即事天之義，事天之「誠」與事親之「敬」，是消解欺慢、遠離罪過、招致百福的關鍵，故以二書合解便能理會聖人所教導的「至德要道」。[51]另外，朱用純（1627-1698）為紀念父親朱集璜（?-1645），每日「晨起謁家祠，退即莊誦《孝經》」，[52]他也經常手抄《孝經》送人，[53]我們從彭紹升（1740-1796）〈柏廬朱先生字冊跋〉一文可知，朱用純曾將《孝經》、〈西銘〉兩文一併書寫，[54]此應也反映當時學者普遍將兩個文本合觀並論的情形。

　　另外，我們從學者的文集也看到不少將兩個文本合論的情形，例如董其昌（1555-1636）說若欲為《孝經》下註，則「張橫渠〈西銘〉尤是一家眼目」；[55]黃道周（1585-1646）說：「〈訂頑〉之戒戲妄，與四勿同規；〈西銘〉之闡愛敬，與

51　雷于霖，〈西銘孝經合解本意〉，《雷柏霖西銘續生篇》，頁19a-b。

52　彭紹升，《二林居集》（台北：石門圖書公司，1976），卷19，頁8b。類似之語亦見《蘇州府志》中的〈朱柏廬先生傳〉與彭定求的〈朱柏廬先生墓誌銘〉。見朱用純編，金吳瀾補編，李祖榮校輯，《朱柏廬先生編年毋欺錄》，收入北京圖書館編，《北京圖書館藏珍本年譜叢刊》（北京：北京圖書館出版社，1998），冊77，頁370、388。

53　因為父親生前手書《孝經》教導他們兄弟，告訴他們《孝經》的教誨是列祖列宗以為傳家之要，故朱用純不僅妥善保純父手書的《孝經》，以為傳家之寶，也仿效父親的作法，經常手書《孝經》贈人，後又在門人的要求下，將所書《孝經》鑴諸石，便於傳播。朱用純，〈石刻孝經跋〉，《愧訥集》（民國十八年刊本，中央研究院傅斯年圖書館藏），卷10，頁13a-14b。

54　彭紹升，〈柏廬朱先生字冊跋〉，《二林居集》，卷9，頁3b-4a。

55　見張照、梁詩正等著，《石渠寶笈》，卷3，頁21b，收入《景印文淵閣四庫全書》（台北：臺灣商務印書館，1985），冊824。

《孝經》同旨。」[56]孫承澤（1592-1676）說：「橫渠〈西銘〉極得《孝經》大意。」[57]王夫之（1619-1692）對〈西銘〉的詮釋，亦有別於程、朱，特別強調「以孝道盡窮神知化之致」的一面，認為「孝」是〈西銘〉的核心意旨。[58]

　　許三禮（1625-1691）也曾闡明〈西銘〉與《孝經》同旨，曰：

> 及細讀張子〈西銘〉一篇，其言父天母地、仁民愛物之意，實與《孝經》一書相為表裡。……《孝經》自天經地義豎起，〈西銘〉亦自乾父坤母遡來，此是□□□自始處。《孝經》以孝事父母為明天察地，以孝□□□為通於神明，〈西銘〉以窮神為善繼，以知化為善述，□歸于存順歿寧，此是說親所自終處。《孝經》謂愛親不敢惡於人，敬親不敢慢於人，謂教孝以敬人父，教弟以敬人兄。〈西銘〉言民吾胞、物吾與，言長其長、幼其幼，言兄弟顛連而無告，此是說親所自推處。竊嘗三復此旨，始信敬天敬地，當如親父親母；其事父事母，當如高天厚地。[59]

---

56 黃道周，〈洪尊光箴〉，《黃石齋先生文集》，卷13，頁15a，收入《續修四庫全書》，冊1384。又孫承澤記黃道周書《孝經》云：「《孝經》後復書〈西銘〉，先生云：『看《孝經》如食米稻，要下鹽豉者，且看〈西銘〉。』」見孫承澤，《庚子銷夏記》，卷7，頁26b，收入《景印文淵閣四庫全書》（台北：臺灣商務印書館，1985），冊826。

57 孫承澤，《庚子銷夏記》，卷7，頁26b。

58 王夫之，〈乾稱篇〉，《張子正蒙注》，卷9，收入《船山全書》，冊12，頁353。王夫之對朱子之批評，見註22。

59 許三禮，〈聖學〉，《海昌講學會語》，收入氏著，《天中許子政學合一

許三禮的思想具有明顯超越的向度，他認為學的目的是要能奉天治民，發揮參天地化育之功，他所追求的是一種能夠學貫天人、德格幽明、順天治民、通權達變的超凡見識；但他同時也強調「施由親始」，即由孝弟入手，再逐漸擴充，以仁孝達天的為學歷程。故其論學往往以事親事天、仁人孝子並論，每天自省的十六句〈心銘〉亦明白揭示此意：「小心翼翼，昭事上帝，上帝臨汝，毋貳爾心。父兮母兮，生我劬勞，欲報之德，昊天罔極。」[60]他從〈西銘〉所讀出與《孝經》互為表裡的思想，也正是他自己思想的投射，主要表達的是，相信人之孝弟乃稟賦自天地的本性，人對父母的敬愛與慎獨敬天之心並無二致，故修身養性與行孝只是一事，即所謂：「仁人為能饗帝與孝子為能饗親，總是一氣相通，一誠所感，何嘗有二？」[61]

　　李光地（1642-1781）在〈進性理精義表〉中也說道：「體仁孝者，莫如〈西銘〉，乃《孝經》之要義。」[62]他明確地聯繫〈西銘〉和《孝經》兩個文本，並指出朱熹未能見此：

　　集》，卷1，頁8b-9b，收入《四庫全書存目叢書》，子部，冊165。

60　許三禮，《海昌講學集註》，收入《天中許子政學合一集》，頁1a-11b；《北山問答》，收入《天中許子政學合一集》，頁1a-26a；〈聖學〉，《海昌講學會語》，《天中許子政學合一集》，卷1，頁9b。關於許三禮之學，參見王汎森，〈明末清初儒學的宗教化：以許三禮的告天之學為例〉，《新史學》，卷9期2（1998年6月），頁89-122；呂妙芬，〈做為儀式性文本的《孝經》：明清士人《孝經》實踐的個案研究〉，《中央研究院近代史研究所集刊》，期60（2000年6月），頁1-42。

61　許三禮，〈聖學〉，《海昌講學會語》，《天中許子政學合一集》，卷1，頁8b-9a。

62　李光地，〈進性理精義表〉，《榕村集》，卷25，頁9a，收入《景印文淵閣四庫全書》（台北：臺灣商務印書館，1985），冊1324。

程、朱極推〈西銘〉，不知却從《孝經》脫出。如云：「事父孝，故事天明；事母孝，故事地察。」是「乾坤大父母」也；「通于神明」即「窮神達化，以繼志述事」也；「光于四海」即「民胞物與」也。[63]

李光地又說：

> 前儒謂〈西銘〉乃〈原道〉宗祖，吾謂《孝經》又〈西銘〉宗祖。[64]

> 〈西銘〉是一部《孝經》縮本，縮得好。……《孝經》是就孝上說全了為人的道理，〈西銘〉是從孝上指點出一箇仁來，知乾坤一大父母，則天下一家，生意流通矣。[65]

另外，張敘（1690-1775）著有《孝經精義》，曾說：「周子《太極圖說》、張子〈西銘〉，尤抉《孝經》之精蘊焉。」[66]他在《孝經或問》中也同樣將〈西銘〉與《孝經》經義互觀比論。[67]

綜上所論，程、朱認為〈西銘〉的主旨並不在說孝，而

63　李光地，〈孝經〉，收入氏著，陳祖武點校，《榕村語錄》（北京：中華書局，1995），卷17，頁303。

64　李光地，《榕村語錄》，卷17，頁304。

65　李光地，〈宋六子二〉，《榕村語錄》，卷19，頁32。

66　張敘，《孝經精義》，冊1，頁1b-2a，收入《續修四庫全書》，冊152。

67　張敘，《孝經或問》，收入《孝經精義》，冊6，頁4a-b。

是藉孝以說仁體，這種看法到了晚明出現了明顯的變化，不少
《孝經》註釋書與學者的言論，都明確將〈西銘〉與《孝經》
合論，並以〈西銘〉詮釋《孝經》經義。在這樣的論述脈絡
裡，〈西銘〉也有了新的意涵，除了指涉仁體，它更成為一部
論述「孝」的重要文本。

三、晚明的「仁孝」論述

　　為什麼晚明對〈西銘〉的詮釋會出現如此的變化？這樣
的變化在怎樣的學術思想脈絡中發生？這是本節主要討論的內
容。我認為這主要與當時有一股《孝經》學復興的風潮，以及
學者們普遍以陽明學觀點，尤其是以羅汝芳的思想來詮釋《孝
經》有關。關於晚明《孝經》學復興的歷史，我已在其他文章
中討論。簡言之，十六世紀末從浙江一帶開始湧現一股蒐集
《孝經》版本、論述並出版《孝經》、提倡《孝經》學的風
潮，學者們也屢次上疏朝廷要求應重視《孝經》並將其納入科
舉考試範圍。在闡釋《孝經》方面，除了強調此書對政教的重
要性，傳統緯書和宗教意涵的論述與實踐也有復甦跡象，並相
當程度地以陽明學作為詮釋觀點。[68] 由於晚明學者經常引〈西
銘〉以註釋《孝經》，故我認為《孝經》學的復興是造成兩個
文本被合論的重要學術背景，亦即當學者更深刻思索、闡釋
《孝經》時，〈西銘〉提供給他們一個深化孝義的重要文化資

68　呂妙芬，〈晚明士人論《孝經》與政治教化〉，《臺大文史哲學報》，期
　　61（2004年11月），頁223-260；呂妙芬，〈晚明《孝經》論述的宗教性意
　　涵：虞淳熙的孝論及其文化脈絡〉。

源。

　　既然〈西銘〉主旨在講究仁體，現在又被頻頻用以詮釋「孝」義，此是否意謂晚明學者對仁孝關係的詮釋也有新的看法？為了回答此問題，下文將首先討論陽明後學對於仁孝的論述，再進一步檢視學者們對《論語》「孝弟也者，其為仁之本與」的註解內容，說明晚明在《論語》解釋上也出現類似的變化。

（一）陽明後學的「仁孝一體」論述

　　陽明學泯除體用二元，強調即體即用的為學特色，在仁孝的論述上也清楚可見。不過就反對程、朱對仁孝的解釋這方面而言，在王陽明（1742-1528）本身的言論中還不太明顯，到了陽明後學羅汝芳、焦竑（1541-1620）、楊起元，則愈發明顯，他們的觀點也清楚反映在晚明學者對《論語》「孝弟也者，其為仁之本與」的註釋中。本節先整理陽明後學對於仁孝的論述，再進入對《論語》註釋的討論。

　　王陽明的《年譜》記載他學道歷程中的一個重要轉折，即在修行中始終無法放下對祖母及父親的愛念，在因循未決之際，他終於領悟到：「此念生於孩提，此念可去，是斷滅種性矣。」[69]亦即體悟到人的孝思是根於本性，不可斷絕，此也正是人之所以為人的根本。也因此，王陽明終於從釋、道二氏回

69　《王陽明年譜》，收入王守仁著，吳光、錢明、董平、姚延福編校，《王陽明全集》（上海：上海古籍出版社，1992），冊下，頁1226。

轉，持定儒家的立場，後來他也以此本具的「愛親本性」指示
坐關的禪僧，令其歸家。[70]可見對王陽明而言，愛親和孝思的確
是良知性體的內涵，他說：

> 知是心之本體，心自然會知，見父自然知孝，見兄自然
> 知弟。……此便是良知，不假外求。[71]

> 蓋良知只是一箇天理自然明覺發見處，只是一箇真誠
> 惻怛，便是他本體，故致此良知之真誠惻怛以事親便是
> 孝。[72]

亦即良知心體具有明覺的能力，在不受蔽的情況下，能夠直接
自然地「見父知孝」，良知的道德內涵得以全體朗現。由此可
見，在陽明思想中，「孝」做為良知心體的意涵，其意義是不
同於程、朱的理解。[73]儘管如此，王陽明並沒有反駁程、朱以體
用說仁孝的觀點，反而明白表示贊同程子的說法，他說：

70　《王陽明年譜》，收入王守仁，《王陽明全集》，冊下，頁1226。
71　陳榮捷，《王陽明傳習錄詳註集評》（台北：台灣學生書局，1983），頁
　　40。
72　陳榮捷，《王陽明傳習錄詳註集評》，頁270。王陽明又說：「孟氏『堯舜
　　之道，孝弟而已』者，是就人之良知發見得最真切篤厚，不容蔽昧處提省
　　人。」同前書，頁271。
73　此處雖然使用了代表心體發用的語言，但在陽明思想中，體用一元，是不
　　同於程、朱理學體用二元的架構。參見陳來，《有無之境：王陽明哲學的
　　精神》（台北：佛光文化事業公司，2000），第四章

明道云：[74]「行仁自孝弟始，孝弟是仁之一事。謂之行
仁之本則可，謂是仁之本則不可。」其說是矣。[75]

到了陽明後學，我們則愈多看見學者著力闡發「孝」的本體
義，並且更明確反駁程、朱的看法。尤其羅汝芳和弟子楊起元
有極突出的表現，羅汝芳曾說：

孝弟之不慮而知，即所謂不思而得也。……孝弟之不學
而能，即所謂不勉而中也。故舍孝弟之不慮而知，則堯舜
之不思而得必不可至；舍孝弟之不學而能，即堯舜之不勉
而中必不可求。[76]

又說：

彼赤子之出胎而即叫啼也，是愛戀母之懷抱也，孔子卻
指此愛根而名之為仁，推充此愛根以為人，合而言之曰，
仁者人也，親親為大。[77]

---

74 從《朱子語類》所記朱子與門人的討論看來，此應為程頤之言。黎靖德
　編，《朱子語類》，卷20，頁471-479；卷119，頁2870。《河南程氏遺書》
　亦標為伊川語，見程顥、程頤，《河南程氏遺書》，卷18，收入《二程
　集》，冊1，頁182。
75 陳榮捷，《王陽明傳習錄詳註集評》，頁271。
76 羅汝芳著，楊起元輯，《孝經宗旨》（台北：藝文印書館，1965），頁
　33a。
77 羅近溪，《盱壇直詮》（台北：廣文書局，1977），卷上，頁32a。羅汝芳
　又說：「聖門宗旨的在求仁，而曰仁者人也，親親為大。夫人生之初，則

對羅汝芳而言，愛親敬長的孝弟是與天俱來的，此即是赤子之心，亦即不學不慮的良知本體。故儒家聖賢之學的根基即在孝弟，儒家所謂求仁、復初之學，也離不開孝弟，亦可說孝的工夫即本體的工夫。《孝經宗旨》也記載羅汝芳與弟子曾有如下的問答：

> 問：「仁與孝亦有別乎？」羅子曰：「無別也。孔子云仁者人也，蓋仁是天地生生之大德，而吾人從父母一體而分，亦純是一團生意，故曰形色天性也，惟聖人而後能踐形。……人固以仁而立，仁亦以人而成，人既成，即孝無不全矣。故生理本直，枉則逆，逆非孝也。生理本活，滯則死，死非孝也。生理本公，私則小，小亦非孝也。」[78]

羅汝芳晚年講學以「孝弟慈」為宗旨，他以《周易》「生生」的原理作為孝弟的根源，也因此將「孝」提升到宇宙本體論的層次立說，而人與生俱有的愛親之情則是天地生生道體的體現。他說人之生稟賦自此生生道體，故「純是一團生意」，天賦與人的孝也是生生道體的內涵，聖人道德性命的完滿只在能充分體踐此天賦的形色而已，亦可說只是孝德的完滿彰顯而已，任何有違於生生道體的表現，則是「非孝」。也因此，他明確表述了仁、孝無別的立場。[79]

孩提是矣，孩提所知，則愛其親，敬其長焉是矣，愛敬不失其初，則舉此加彼，自可達之人人，聯屬家國天下以成其身。」見同書，卷上，頁9b。
78　羅汝芳，《孝經宗旨》，頁29b-30a。
79　關於羅汝芳孝弟慈的思想，參見陳來，《宋明理學》（上海：華東師範大

對於羅汝芳「孝」的觀點，楊起元評論道：

　　若吾羅子所說孝道，直究根原，本之不學不慮，則包裹
六極，兼總萬法，深乎深乎，未可以尋常測矣。[80]

　　故其（案即羅汝芳）言孝也，以仁言孝；其言仁也，以
孝言仁。[81]

楊起元自己也完全認同羅汝芳的觀點，說道：「性體莫大乎
孝弟，而推至於經禮三百、曲禮三千，中和位育皆性體之自
然。」[82]他選輯了羅汝芳論孝與仁的文字，完成《孝經宗旨》、
《識仁編》、《仁孝訓》等書，[83]並在〈仁孝訓序〉中，清楚闡
明仁孝一旨的道理。[84]當時與他一同講學的朋友們在獲悉其論
之後，也都認同了這樣的看法，並發出「孝者，仁之本也」之
嘆。[85]

學出版社，2003），頁290-292；吳震，《羅汝芳評傳》（南京：南京大學
　出版社，2005），頁211-223。

80　楊起元，〈孝經序〉，《太史楊復所先生證學編》（東京高橋情報1990年
　　複印，中央研究院傅斯年圖書館藏），卷4，頁4a。

81　羅汝芳，《孝經宗旨》，頁41a，卷末楊起元識語。

82　楊起元，《太史楊復所先生證學編》，卷2，頁12b。

83　楊起元，《太史楊復所先生證學編》，卷4，頁6a-11a。

84　〈仁孝訓序〉：「赤子之心知有父母而已，不亦孝乎。赤子之心不失，
　　即可以為大人，是孝固所以成其仁也；惟至於大人，然後能不失赤子之
　　心，是仁又所以成其孝也。然則仁與孝一而已矣，必兼舉而言之，其義始
　　備。」楊起元，《太史楊復所先生證學編》，卷4，頁10a-b。

85　楊起元，《太史楊復所先生證學編》，卷4，頁11a。

　　焦竑也持同樣的看法，他在《焦氏筆乘》中曾引述羅汝芳論孝之言；[86]他認為孝弟、仁、良知、禮這些名詞所指涉者並沒有本質上的差別，所不同的只是名稱。焦竑說：「蓋人心一物，而仁也，良知也，孝弟也，則皆其名耳」；「仁者，一名孝弟，一名良知，一名禮。」[87]

　　清初的潘平格（1610-1677）學問受到羅汝芳深刻的影響，也十分重視《孝經》，[88]他對於「孝」的論述，同樣具有形上本體義。他說：

　　　蓋孝弟乃孩提稍長不學不慮之真心，本渾然天地萬物一體，學者但能純心於愛親敬長，則不忍之心盎然滿腔，渾然一體，真性全體貫徹，故孝弟乃為仁之本。[89]

---

86 焦竑，〈羅先生論仁孝〉，收入氏著，李劍雄點校，《焦氏筆乘》（上海：上海古籍出版社，1986），卷4，頁139。

87 焦竑著，李劍雄點校，《澹園集》（北京：中華書局，1999），卷12，頁87-88。

88 關於潘平格之學，參見方祖猷，〈論潘平格的求仁哲學〉，收入朱子學刊編輯部編，《朱子學刊》（合肥：黃山書社，1991），總輯4，頁121-136；王汎森，〈潘平格與清初的思想界〉，收入氏著，《晚明清初思想十論》（上海：復旦大學出版社，2004），頁291-329；呂妙芬，〈做為儀式性文本的《孝經》：明清士人《孝經》實踐的個案研究〉。

89 潘平格，《潘子求仁錄輯要》，卷6，頁1b，收入《四庫全書存目叢書》，子部，冊19。潘平格又說：「愛親敬長為不學而能之良能，不慮而知之良知，則自不當舍愛親敬長而別求心性；愛親敬長即是仁義，則自不當舍愛親敬長而別求妙道；即此愛親敬長達之天下，則自不當舍愛親敬長而別有政教。」同前書，卷6，頁5b。

潘平格又說：

> 只一孝已盡仁，故孟子曰：「親親仁也。」曰：「仁
> 之實，事親是也。」盡力於孝弟，只是求仁，故有子曰：
> 「孝弟也者，為仁之本。」[90]

> 學孔孟之道，止竭力於孝弟盡之，孝弟乃人子人弟之本
> 分，孝弟只求仁復性之工夫。……嗚呼，夫孰知愚之言孝
> 言弟，語語性善之面目，字字仁義之良心乎。夫孰知愚之
> 言孝言弟，語語聖學之真脈，字字儒道之骨髓乎。[91]

由引文可見，潘平格和羅汝芳一樣，都把孝弟等同於不學不慮
的良知本體，與仁體並無差別。聖學求仁復性的工夫，都本於
孝弟，聖學真諦亦不離日用人倫，故有所謂「人倫即性，盡
人倫即盡性」之說。這種本於日用人倫處說道體的學問，便是
晚明泰州講學的重要特色，在他們的論述中，作為人倫之首的
「孝」更是生生道體的同義詞。

另外，我們從王夫之的批評亦可見晚明仁孝一體的論述
精神，王夫之說陽明的心學傳統，傾向將「仁與孝弟並作一
個」，當孝被提高到本體的層次（以孝弟慈為明德），孝的工
夫便等同求仁盡性的本體工夫，而「保赤子之心」之盡孝、盡
弟、盡慈即被許為明明德。王夫之認為如此並不能解釋何以歷

史上許多孝子於他德仍有虧欠，並非全德之備者，亦即反對把孝的範圍擴大到涵括眾德。王夫之又指出陽明心學學者傾向越過身、家、國之實踐次第，以及儒家講究由近而遠之推致工夫，轉而強調立志「明明德於天下」的大襟懷，他批評這樣的思想是心學亂禪的表現，是「屈孟子不學不慮之說以附會己見，其實則佛氏呴呴嘔嘔之大慈大悲而已。」[92]此處王夫之雖沒有直接點名羅汝芳，但從其批評的內容很清楚可知羅汝芳等晚明泰州學思想是其批評的主要對象，其批判的內容也反襯了晚明陽明心學某種論孝的特點：把孝提升到本體義而涵蓋眾德、孝的工夫即本體工夫、以心體工夫涵括一切工夫，遂導致抹煞儒家層層推致、理一分殊的精神，甚至無視（或顛倒）人倫家國之間漸進的實踐次第。

晚明這種具形上本體義之孝的思想被充分援引以詮釋《孝經》，形成當時《孝經》論述的重要觀點。例如，虞淳熙就把「孝」提升到宇宙自然和人間應然秩序的源頭，認為人若能體認自己是太虛之遺體，便會發現天地間無處不能盡孝，無處不能遇本生父母，其〈全孝心法〉基本上即齋戒洗心的心性工夫，並不講究日常孝行，也不強調行孝的對象。[93]

---

92 王夫之，《讀四書大全說》（北京：中華書局，1975），冊上，頁38-39。王夫之所批判的晚明心學現象，可參見呂妙芬，〈儒釋交融的聖人觀：從晚明儒家聖人與菩薩形象相似處及對生死議題的關注談起〉，《中央研究院近代史研究所集刊》，期3（1999年12月），頁165-207。

93 呂妙芬，〈晚明《孝經》論述的宗教性意涵：虞淳熙的孝論及其文化脈絡〉。

（二）「孝弟也者，其為仁之本與」的解釋

　　晚明陽明後學的仁孝觀點不同於程、朱，反映在《孝經》註釋中，也反映於〈西銘〉與《孝經》合論的現象上。下文將進一步考察《論語》「孝弟也者，其為仁之本與」的註釋內容，查看是否也出現類似的觀點變化。在進入討論晚明註釋內容之前，我們有必要簡要說明前代學者的詮釋，尤其是程、朱的看法。首先，何晏（190-249）《論語集解》、皇侃（488-545）《論語義疏》和邢昺（932-1010）《論語注疏》，都是就行為層次言「孝是仁之本」，即仁道之成就以孝弟為基礎，他們對於「仁」的理解主要是「推愛及物」之仁道，「孝」則指善事父母。[94]到了宋明理學，因引入體用、理氣、形上和形下等觀念重新詮釋儒學經典，也創發了許多新的看法，對於仁孝的論述便是一例。[95]程、朱基本上是以體用、性情二分的架構來瞭解仁孝關係，這一點我們從以下程頤和門人的問答，可清楚看出：

94　何晏集解，邢昺疏，《論語注疏》（台北：藝文印書館，1982），卷1，頁2b。皇侃說：「善事父母曰孝，善事兄長曰弟。」並引王弼：「自然親愛為孝，推愛及物為仁。」見姚永樸著，余國慶點校，《論語解注合編》（合肥：黃山書社，1994），頁9；程樹德著，程俊英、蔣見元點校，《論語集釋》（北京：中華書局，1990），頁15。另外，漢、唐學者也有將「仁」解釋為「人」，即孝弟是為人之本。明末的王恕和清代的許多學者也採此解釋，見程樹德，《論語集釋》，卷1，頁10-16。

95　從漢、唐到二程的不同詮釋，見劉玉敏，〈二程對「孝悌其為仁之本」的解讀及其倫理意義〉，《蘭州學刊》，2007年第4期，頁15-16

　　問：「孝弟為仁之本，此是由孝弟可以至仁否？」曰：
「非也，謂行仁自孝弟始。蓋孝弟是仁之一事，謂之行仁
之本則可，謂之是仁之本則不可。蓋仁是性也，孝弟是用
也，性中只有仁、義、禮、智四者，幾曾有孝弟來。仁主
於愛，愛莫大於愛親，故曰：『孝弟也者，其為仁之本
歟。』」[96]

　　對程頤而言，仁、義、禮、智是屬於性體的內容，其中
「仁」又總括其他三端，故「仁」可說是「性」的等同詞，其
他喜、怒、哀、樂、愛、惡、欲都是情，不屬性體。孝是愛親
之情，不能混同於性體之仁，故程頤明白表示：「仁是性也，
孝弟是用也」；「（性中）曷嘗有孝弟來」。又因嚴格區分體
用和性情，程頤也不認為從屬情的孝弟出發，人可以體悟性
體。
　　朱熹承襲了程頤的看法，也說：

　　仁者，愛之理。只是愛之道理，猶言生之性，愛則是理
　　之見於用者也。蓋仁，性也，性只是理而已。愛是情，情
　　則發於用。性者指其未發，故曰：「仁者，愛之理。」情
　　即已發，故曰：「愛者，仁之用。」[97]

基於這樣的想法，程、朱對《論語》「孝弟也者，其為仁之本

96　程顥、程頤，《河南程氏遺書》，卷18，收入《二程集》，冊1，頁183。
97　黎靖德編，《朱子語類》，卷20，頁464。類似的許多解說，可見同卷。

與」的解釋，也必然有些曲折。重要的關鍵就在「為仁」兩個字，此處「為」不訓做「是」，即不解讀為「孝弟是仁之本」，而是以「行仁」訓「為仁」，並以「始」訓「本」，故解讀為：孝弟是行仁之始。程頤對此有詳細的說明：

> 「孝弟也者，其為仁之本與。」非謂孝弟即是仁之本，蓋謂為仁之本當以孝弟，猶忠恕之為道也。[98]

> 孝弟於其家，而後仁愛及於物，所謂親親而仁民也，故為仁以孝弟為本，論性，則仁為孝弟之本。[99]

簡言之，程、朱是從道德實踐的角度來論述，強調孝弟是行仁之始，此亦完全符合儒家「親親而仁民，仁民而愛物」的理想。[100]根據《朱子語類》的記載，朱熹在與門人的對話中，解說的重點也多放在實踐的行為上，說明如何從孝弟起始，逐漸擴大實踐者的胸懷去落實親親、仁民、愛物。例如：

> 或問：「孝弟為仁之本。」曰：「這箇仁是愛底意思，

---

98 程顥、程頤，《河南程氏外書》，卷17，收入《二程集》，冊1，頁395。程子又說：「『孝弟也者，其為仁之本與』，言為仁之本，非仁之本也。」見程顥、程頤，《河南程氏遺書》，卷11，收入《二程集》，冊1，頁125。
99 程顥、程頤，《河南程氏經說》，卷6，收入《二程集》，冊2，頁1133。
100 故朱熹說：「蓋能孝弟了，便須從此推去，故能愛人利物也。」見黎靖德編，《朱子語類》，卷20，頁461。

行愛自孝弟始。」又曰：「親親、仁民、愛物三者，是為
仁之事。親親是第一件事，故『孝弟也者，其為仁之本
與。』」[101]

　　為了進一步說明行仁之始末關係，朱子還用水流為譬喻，
說：「仁如水之源，孝弟是水流底第一坎，仁民是第二坎，愛
物則三坎也。」[102]這個意象清楚地表達了在程、朱的觀念裡，
仁才是道德本體，一切道德行為都源自於仁。愛親敬長的孝弟
之情，乃仁之發用，[103]因其親切自然，則是道德實踐的起首。
由此也可見，程、朱的仁孝觀點與其對〈西銘〉的詮釋是完全
呼應的。

　　由於程朱學在南宋以降逐漸成為主流的學術觀點，元代以
後又因成為科舉教本而主宰士人對經典的詮釋，故其仁孝觀點
及其對《論語》的詮釋，基本上也是元、明儒者的主要觀點。
我們從陳淳（1159-1223）的《北溪大全集》、真德秀（1178-
1235）的《西山讀書記》、虞集（1272-1348）的《道園學古
錄》、胡炳文（1250-1333）的《四書通》以及許多《論語》集
註的書籍，均可見程、朱的解釋被直接援引、申論。[104]

---

101 黎靖德編，《朱子語類》，卷20，頁461。其他類似的說法，見同書，頁
　　461-479。
102 黎靖德編，《朱子語類》，卷20，頁463。
103 朱子：「仁是根，愛是苗」；「仁是未發，愛是已發」。黎靖德編，《朱
　　子語類》，卷20，頁464。
104 陳淳，《北溪大全集》，卷18，頁4b-5b，收入《景印文淵閣四庫全書》
　　（台北：臺灣商務印書館，1985），冊1168；真德秀，《西山讀書記》，
　　卷6，頁2a-7b，收入《景印文淵閣四庫全書》（台北：臺灣商務印書館，

　　到了晚明，呼應著上文所說陽明後學的仁孝論述及〈西銘〉成為論孝文本的現象，我們同樣發現學者對於《論語》的解釋也有變化，出現了反駁程、朱的觀點，其中一些更可以明顯看出正是受到陽明後學的影響。以下舉例說明：

　　丘橓（1550進士）的《四書摘訓》著於萬曆年間，雖沒有直接批評程、朱對仁孝的說法，但反對以「始」訓「本」，認為不能只把孝弟當作是行仁第一件事，主張「本」應解為「根本」。[105]沈守正（1572-1623）同樣反對從行為層次上說施由親始，並在《四書說叢》中批評程頤以性、情區分仁、孝的看法：

> 《論語》曰：「孝弟也者，其為仁之本與。」分明以孝弟為性中之故物，而仁統之也。……程叔子泥謂性中只有個仁、義、禮、智四者而已，曷嘗有孝弟來，便說得太煞。[106]

沈守正又強調應在本體工夫上說孝弟：

1985），冊705；虞集，〈書仁本堂記後〉，《道園學古錄》，卷10，頁20b-21a，見《景印文淵閣四庫全書》（台北：臺灣商務印書館，1985），冊1207；胡炳文，《論語通》，收入氏著，《四書通》，卷1，頁6b-9a，收入《景印文淵閣四庫全書》（台北：臺灣商務印書館，1983），冊203。

105 丘橓，《四書摘訓》（明萬曆間刊本，中央研究院傅斯年圖書館藏），卷5，頁7a。

106 沈守正，《四書說叢》，卷14，頁17a，收入《四庫全書存目叢書》，經部，冊163。

本以言此心之根（抵）〔柢〕處，人惟孝弟，與生俱
來，一念包孕，千枝萬葉，無不攝入，故曰為仁之本。此
只就當體說，方見完足，若說施由親始，便是枝葉各離，
反不圓滿矣。[107]

沈守正可能相當程度受到羅汝芳的影響，他在書中也引述了羅
汝芳對仁孝的說法。[108]

汪漸磐（1619進士）的《四書宗印》[109]也引述羅汝芳論仁
孝之言：「仁是天地間生生大德，而吾人從父母一體而分，亦
只是一團生意。故生理本直，枉則逆，逆非孝也；生理本活，
滯則死，死非孝也；生理本公，私則小，小非孝也。」[110]汪漸
磐又說：

仁不過謂此生理，夫孝弟乃生理最初發動處，孩提不
學慮而自知自能者。人能克養著這箇真念不息，則氤氳化
醇，資生資始，萬物育焉。是孝弟也者，其推行仁道之根
本與。[111]

---

107 沈守正，《四書說叢》，卷5，頁3a。
108 引文見沈守正，《四書說叢》，卷5，頁3a-b。
109 趙懷玉為《四書宗印》作序，序中特別指出汪漸磐此書博採諸家的風格：
　　「時而考亭，時而姚江，時而金檢，時而梵筴，時而盰江，時而姚安，上
　　下古今，無所不供其漁獵，而要以理皆為我用，皆為經用。」見趙懷玉，
　　〈四書宗印序〉，收入汪漸磐，《四書宗印》（明天啟間刊本，中央研究
　　院傅斯年圖書館藏），冊1，頁2b-3a。
110 汪漸磐，〈論上〉，《四書宗印》，冊3，頁3a-b。
111 汪漸磐，〈論上〉，《四書宗印》，冊3，頁3b-4a。

汪漸磐顯然接受了羅汝芳的觀點，從宇宙生生道體的層次來論仁孝，強調孝弟就是生理最初發動處，就是不學不慮的良知良能，人若本此良知孝弟而行，則一切惻隱仁愛之心皆是心體的自然流露，由此便能達到氤氳化醇、萬物位育的境界。這明顯不同於程子認為行孝無以至仁的觀點。這種觀念也讓汪漸磐批評程、朱只從行為層次描述道德實踐的看法，他說：「從此一孝弟做將去，仁民愛物，非不在為仁之中，但添出來做孝弟枝葉，則似蛇足也。」[112]

寇慎（1578-1670）在《晚照山居參定四書酌言》曰：

> 此有子從良知良能處，不假造作，指點為人之道，非教天下為仁而以孝弟為推行之始也。本立則全體都活了，便遍世界都為同體，不是漸漸生出來。孝弟為仁之本，不要說到推廣民物上。云只立了此愛親愛長一點念頭，而天清地泰，萬物咸和，機趣時覺在腔中藹藹有生意。故天下有孝子悌弟的襟懷，不患無仁人事業。[113]

寇慎這段話同樣具有鮮明的陽明學色彩，展現了知行一體、即本體即工夫的特色。他反對程、朱從逐漸推廣民物的角度去解釋「孝弟為仁之本」，認為必須從孝弟良知心體上去把握才妥貼；他強調孝是性體的工夫，只要一念愛敬，就頓時

---

112 此處「添出來做孝弟枝葉」指程、朱以樹木從根本發育到枝葉茂密來說明孝是行仁之始。汪漸磐，〈論上〉，《四書宗印》，冊3，頁4a。
113 寇慎，《論語》，收入氏著，《晚照山居參定四書酌言》，卷上，頁2a，見《四庫全書存目叢書》，經部，冊164。

覺得天清地泰、萬物咸和、腔中藹藹有生意。這種理解相當
符合羅汝芳等陽明後學的看法。而寇慎可能確有陽明學的背
景，《四庫提要》貶其為「明末狂禪」，清楚點出他不同於
程、朱的學術立場，並說其「學出於姚江，故是編多與朱子立
異。」[114] 另外，張自烈的《四書大全辯》也批評程頤「性中曷
嘗有孝弟來」之說窒礙，認為程子以仁為孝弟之本的看法，不
是忠實註解《論語》，只是發明自己的道理而已。[115]

　　泯除仁孝差異、把孝提到心體層次或把行孝說成心體工
夫的看法，在明代《論語》詮釋中其實相當普遍，以下再舉數
例：[116]

湛若水（1466-1560）：

> 所謂本者，何也？天理是也，吾心之本體也，所謂天下
> 之大本也。……故指孝弟以為仁之本者，蓋孝弟乃人之初
> 心也，乃人之真心也，孟子所謂良知良能，此天理之本體
> 也。[117]

---

114 提要見寇慎，《晚照山居參定四書酌言》，卷末，收入《四庫全書存目叢
　　書》，經部，冊164，頁542

115 張自烈，〈論上〉，《四書大全辯》，卷1，頁13a-19a，收入《四庫全書存
　　目叢書》，經部，冊168。

116 其他尚可參見，王肯堂，《論語義府》，卷1，頁11a-13a，收入《四庫全書
　　存目叢書》，經部，冊161；陳禹謨，《經言枝指》，卷6，頁7b-8a，收入
　　《四庫全書存目叢書》，經部，冊158。

117 湛若水，《格物通》，卷27，頁8b-9a，收入《景印文淵閣四庫全書》（台
　　北：臺灣商務印書館，1985），冊716。

聶豹（1487-1563）：

> 孝弟是初心萌芽至真切處，孩提不待學習而自知自能
> 者。人能充養得這箇真念不息，則氤氤化醇，資生資始，
> 萬物育焉，故曰為仁之本。……孝弟之道其至矣哉，一念
> 非天，一事非理，一物失所，皆非孝也。[118]

鹿善繼（1575-1636），《四書說約》：

> 要明孝弟為仁之本，須放下別念，獨自個澄心靜觀，討
> 出孩提稍長的知能來，不學不慮的天根自露。[119]

桑拱陽（1599-1644），《四書則》：

> 總之有子看得孝弟極大，凡一念不是天理，一物失所，
> 皆非孝弟。……只此愛敬一點念頭而天清地泰，萬物咸
> 和，機趣從此包孕流通，可見有孝子悌弟的襟　，不患無
> 仁人的事業。[120]

---

[118] 羅洪先的批註則曰：「說得務本之學，不落影響，而孝弟為仁之本始有着
落。註謂孝弟是為仁的始事，則誤矣。」明顯反對程、朱註。聶豹，《雙
江先生困辯錄》，卷6，頁1a-b，收入《續修四庫全書》，冊939。

[119] 鹿善繼，〈論上〉，《四書說約》，卷1，頁5a-b，收入《四庫全書存目叢
書》，經部，冊164。

[120] 桑拱陽，〈論上〉，《四書則》，頁6a-b，收入《四庫全書存目叢書》，經
部，冊166。

我們從上述引文可清楚看見：雖然程、朱對《四書》的解釋在
晚明仍是主導士人教育的主流觀點，[121] 但其體、用（性、情）
二分的架構在當時已受到以陽明學為主的挑戰，用這套觀點所
詮釋的仁孝關係，也受到了質疑。晚明許多對《論語》的註
釋，都傾向於從「仁孝一體」的角度來理解仁孝關係，「孝」
被提升到宇宙生生道體的高度，孝的實踐即是本體工夫的實
踐，他們格外反對程、朱把「孝」只看做行為層次上的起始工
夫。據毛奇齡（1623-1716）所言，明代科舉的八股文在結尾
時允許考生發揮己意，崇禎壬午（1642）科浙江鄉試，就有考
生在回答「君子務本」之題時，發揮了不同於程、朱的看法，
於文章結尾處明白寫道：「孝弟是仁本，仁不是孝弟本」的看
法。[122] 這也顯示晚明浙江地區對於仁孝的看法確實存在著異
於程、朱的觀點。我們知道晚明浙江地區同時也是《孝經》學
復興的重鎮，此時對《孝經》的詮釋也充分反映了陽明學的觀
點，[123] 而且崇禎皇帝也曾聖諭學官要重視《孝經》教育，並要
定期考論。[124] 這些應該都是晚明出現新仁孝論述的重要學術背

---

121 許多晚明《論語》註仍是承襲程、朱觀點的。也有人認同程、朱以仁為
　　性、孝為情的看法，反而批評有子「孝弟為仁之本」的說法不契孔子之傳
　　者，如李材便說：「仁自是本，孝弟是仁一事，先儒之說不謬，孔門講仁
　　最熟，辨仁之旨詳矣，乃尚以孝弟為仁之本也，豈不謬哉。」李材批評有
　　子只能以言行氣象上求聖學，不能見道。李材，《見羅先生書》，卷3，頁
　　2a-3a，收入《四庫全書存目叢書》，子部，冊11。

122 毛奇齡，《聖門釋非錄》，卷1，頁2a-b，收入《四庫全書存目叢書》，經
　　部，冊173。毛奇齡，《四書改錯》，卷18，頁17a-18b，收入《續修四庫全
　　書》，冊165。

123 關於此，見呂妙芬，〈晚明士人論《孝經》與政治教化〉。

124 崇禎六年（1633）頒行的聖諭，收入江元祚訂，《孝經大全》，卷首，收

景。

晚明這種新仁孝觀點也延續到清初，例如康熙年間文應熊（文平人）的〈孝論〉就明確反對程、朱之註，認為程、朱註與《論語》原文文意相反，他並批評時人不能平心以論理，「徒取程、朱之名以禦人，是為名所蔽」。[125] 文應熊把「孝」推到道體的高度，他說「天下之道，孝而已矣」；「三才之道，一孝而已矣」。[126] 又說：

> 道之名目雖多，莫非孝也。是故仁者，孝之愛也；義者，孝之宜也；禮者，孝之敬也，序也；知者，孝之明也；信者，孝之實也；樂者，孝之樂也，和也。以及忠、節、廉、恥、公、平、中、正，若大若小，一言一動莫非孝也。[127]

對文應熊而言，孝是道體的別名，仁、義、禮、智、信等一切德性皆源於孝，仁也是出於孝，故他說：「仁從孝弟出矣」；[128] 又說：「聖人道全德備，止完一孝。」[129]

入孔子文化大全編輯部編，《孔子文化大全》（濟南：山東友誼書社，1990），經部，冊9，頁11-20。

125 文應熊，〈孝論〉，《真學易簡》（清道光乙未年朝邑劉氏刊本，中央研究院傅斯年圖書館藏），頁3a。文應熊，字夢叶，號平人，別號抱愧子，關中三水人。傳見張驥，《關學宗傳》，卷36，頁2a-b。

126 文應熊，〈孝論〉，《真學易簡》，頁1a-b。

127 文應熊，〈孝論〉，《真學易簡》，頁1a-b。

128 文應熊，〈孝論〉，《真學易簡》，頁2b。

129 文應熊，〈孝論〉，《真學易簡》，頁1b。

　　清初學者中批評程、朱註釋《四書》最激烈者，應屬毛奇齡，他的《四書改錯》主要是針對朱子《四書章句集注》而發的批判性言論，總數達四百餘條。[130]關於「孝弟也者，其為仁之本與」的註釋，毛奇齡也對朱注提出許多質疑，包括從訓詁的角度，指出古書從未有將「本」訓為「始」者、孟子明言「孝弟是仁本」，以及廣泛引述《管子》、《呂覽》，以及延篤（?-167）、李延壽和房玄齡（578-648）之言，說明孝弟是仁之本，指出程、朱以仁為孝弟之本是顛倒文意。[131]他說：

　　　古無言仁、義、禮、智者，惟《易・文言》始有仁、義、禮三字，而無智字。至孟子始增一智字，名為四德，是仁、義、禮、智之名創自孟子，然而孟子明言孝弟是仁、義、禮、智之本，並未言仁、義、禮、智是孝弟之本。[132]

他又認為程子「人性曷嘗有孝弟」之說，完全背反《孟子》良知良能、孩提親長、堯舜之道孝弟而已之說，也不符合《論語》開卷立說宗旨（案：即孝弟為仁之本）。既然孔、孟不可能錯，那麼程、朱註解之誤，不辨自明。[133]他也引用延篤「夫仁人之有孝，猶四體之有心腹，枝葉之有根本也」支持自己以

130　《四書改錯》共三十二門，計四五一條，合二十二卷。出版後流傳不廣，嘉慶年間重刊。見毛奇齡，《四書改錯》，序目頁1a、跋頁1a。
131　毛奇齡，《四書改錯》，卷18，頁17a-b；卷20，頁3b-4b。
132　毛奇齡，《四書改錯》，卷20，頁3b-4a。
133　毛奇齡，《四書改錯》，卷20，頁4a-b。

孝是仁之根本的看法。[134]

　　清代學者，避開程、朱觀點，直接回到古籍詮釋的傾向，也愈來愈明顯，反映清儒逐漸脫離理學心性體用觀及考證學興趣轉強的學術現象。[135]此亦有助於擺脫宋明理學的理論，將《孝經》與有子之言做直接聯繫，例如孫奇逢（1584-1675）在《四書近指》中引蔣中完之言：

　　　　有子之學，本于《孝經》。孝賅忠，道攝治，祖述《孝經》，兼治《春秋》。甚矣，有若之言，似夫子也。[136]

胡薇在《明明子論語集解義疏》中也說：

　　　　惟是《孝經》舉天下之理皆歸之於孝，而有子則舉孝弟以達天下之理、救天下之亂，其言貫徹本原，實與《孝經》、《春秋》之義相發明，此有子之言所以為似夫子也。[137]

朱舜水（1600-1682）的〈孝說〉也以《孝經》與有子之言合

134 毛奇齡，《四書改錯》，卷20，頁4b。
135 必須說明的是，清儒中引述程、朱註釋者仍然很多，故不是完全取代的關係，而是不同看法並陳的現象。
136 孫奇逢，《四書近指》（台北：中央文物供應社，1953），頁15。
137 胡薇，《明明子論語集解義疏》，卷1，頁14a-b，收入王德毅主編，《叢書集成續編》（上海：上海書店出版社，1994），冊14。

論。138當學者直接讓先秦孔聖經典互相對話,以《孝經》經文與《論語》有子之言互釋時,宋明理學家們辛苦建構的一套學理和解釋,也就更顯得迂晦而不切聖人原意。清代漢學家返回漢代古註、反對程、朱解釋的例子更普遍,惠士奇(1671-1741)、阮元(1764-1849)、俞樾(1821-1906)都明顯反對程、朱對於「孝弟為仁之本」的解釋。139此時受質疑的不僅是程、朱「仁為本體,孝為發用」的觀點而已,甚至擴及理學的論述和思維方式,140故雖同樣反駁程、朱觀點,實異於晚明具陽明學特色而高揚形上本體孝義的仁孝論述。

四、結語

張載的〈西銘〉是宋明理學的重要文本,有理學宗祖之稱,後世學者對該文的論述與發揮極多,其中以程、朱的解釋最重要,也是最具影響的詮釋觀點。程、朱主要以「理一分殊」來闡述〈西銘〉,除了強調其符合儒家「親親而仁民,仁民而愛物」的精神,也讚揚其宏道的偉大氣象,重視其能指

---

138 朱之瑜,〈孝說〉,《舜水先生文集》,卷13,頁31b-34b,收入《續修四庫全書》,冊1384。

139 惠士奇,《惠氏春秋說》,卷15,頁23a-b,收入《景印文淵閣四庫全書》(台北:臺灣商務印書館,1983),冊178;阮元,《揅經室集》,集1,卷2,頁18b-20b,收入《續修四庫全書》,冊1478;俞樾,《群經平議》,卷30,頁1b-2a,收入《續修四庫全書》,冊178。

140 阮元認為後漢延篤之說最平正純實,後儒對此章的註解因求之太深,反失聖人本義。俞樾也持同樣看法,認為「後人恥事功而虛談心性」,才使得註解紛紜,不切文意。阮元,《揅經室集》,卷2,頁19b;俞樾,《群經平議》,卷30,頁2a。

示學者反身求仁的價值。在程、朱的理解中，「孝」並不是〈西銘〉的宗旨，而是指示學者識仁的譬喻。對於〈西銘〉的解釋，到了晚明發生了明顯的變化，此時〈西銘〉開始成為註釋《孝經》的重要文本，學者們屢屢將這兩個文本相提並論，甚至以〈西銘〉作為《孝經》之正傳。在這樣的論述脈絡下，〈西銘〉不只指涉仁體，更是論孝的重要文本。

　　我認為晚明《孝經》學復興，以及當時《孝經》詮釋相當程度倚賴陽明學觀點，應是理解此變化的重要學術背景。為了進一步說明此變化發生的學術思想脈絡，本文先討論陽明後學的仁孝論述，說明羅汝芳、楊起元、焦竑、潘平格等學者都將「孝」提升到良知本體的層次上立論，視仁孝為一體。由於陽明後學的思想相當程度地影響了晚明《孝經》的詮釋，在此仁孝一體的觀念下，就不難想像何以此時會出現將〈西銘〉與《孝經》合論的情形。又為了更全面考察當時學者對仁孝關係的討論，本文也檢視歷代學者對《論語》「孝弟也者，其為仁之本與」的註釋內容，發現在《論語》註釋中也看到相呼應的變化，亦即陽明後學「仁孝一體」、孝為良知的觀點同樣反映在《論語》註釋中。不少晚明學者反駁程、朱以「仁為孝之本」、「孝為行仁之始」的看法，強調孝的實踐即良知本體工夫的實踐，並得出「孝弟是仁之本」的結論。

　　至於程、朱和陽明後學不同的仁孝觀是否也相應地造成在行為或社會生活上的明顯差異？對於此問題，我認為彼此對應的關係並不明顯，至少沒有必然或系統性的差異。換言之，上述思想觀念的差異不宜被輕易地聯繫到行為上的必然差異，或認為必然造成對孝重視程度之差異。因為程、朱學者雖不認為

孝即是仁，但他們強調行仁必須由行孝起始，已充分顯示對孝
行的重視；在陽明後學仁孝一體的觀念中，孝即是仁、良知的
同義詞，也是一切道德行為的根本，其重要性更不在話下。因
此，很難在具體行為層次上區分何者較看重孝；事實上，兩個
觀點都十分強調孝行的重要。不過饒富意味的是，程、朱和陽
明後學不同的仁孝觀確實有可能影響到對於「孝之工夫」的界
定。在程、朱的解釋中，儒家人倫遠近、家國殊等的秩序觀始
終被強調，現實生活中的父子關係和家庭人倫始終占據道德工
夫的重要位置，亦即離開家庭的場域，儒者的道德心性之學便
無法真正落實。相對地，在陽明後學的仁孝觀中，由於「孝」
被提升到本體的高度，孝的工夫也被理解為心性本體工夫而涵
括眾德，強調人若能克養孝念不息，則「氤氳化醇，資生資
始，萬物育焉」。從虞淳熙〈全孝心法〉這類修養工夫看來，
確實有可能越過日常生活行為層次而強調直接體證心體，而造
成對道德實踐的次第性與現實家庭人倫的忽略。[141]這種隱涵的
差異不僅關涉到實際孝行或修養工夫論，也關乎儒學與佛教異
同的立場，所觸及的問題與晚明陽明後學所引發的許多學術辯
論相似，由此我們也能理解何以王夫之對晚明陽明後學的仁孝
論述有如此嚴厲的批判。

---

141 當然這絕不意謂陽明學者必然忽略生活行為層次上的孝行，類似問題的討
　論，見呂妙芬，《陽明學士人社群：歷史、思想與實踐》（台北：中央研
　究院近代史研究所，2003），第八章。

宗　　　傳　　　圖

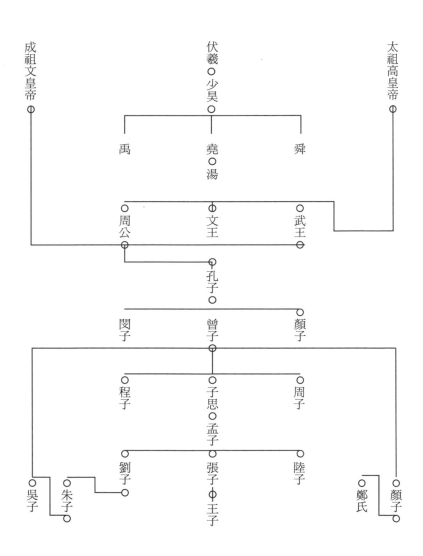

第十章

清初至民國〈西銘〉
的多元詮釋

一、前言

何炳棣在〈儒家宗法模式的宇宙本體論：從張載的《西銘》談起〉一文中說道：

> 〈西銘〉所構繪的宇宙本體論不可能是基於博愛和泛平等的理念，無疑是宗法模式的。[1]

何炳棣鄭重地提醒讀者〈西銘〉的宇宙本體論並不是平等或博愛，而是宗法制度，這是他1995年重讀此文的發現。[2]事實

1　何炳棣，〈儒家宗法模式的宇宙本體論——從張載的《西銘》談起〉，收入氏著，范毅軍、何漢威整理，《何炳棣思想制度史論》（新北：聯經出版事業公司，2013），頁385-398。

2　何炳棣談到自己從1948年起在海外講授中國通史，也一貫以〈西銘〉代表傳統儒學天人合一意境與個人修養的高峰，直到1995年才對〈西銘〉有一番新的解讀，認為該文所構繪的本體論不是基於博愛和平等理念，而是宗

上，在清代以前〈西銘〉的詮釋史中，該篇文章從未被認為是提倡「平等」，甚至還曾因被質疑近似墨家兼愛、佛家平等而有異端之虞，引發學術史上許多論辯。至於〈西銘〉一文中，運用宗法制度和家庭人倫、強調孝的意涵，也為眾人所知。晚明以降，〈西銘〉常與《孝經》合論，被認為主要闡明大孝之理，[3]直到民國初年，嚴復（1854-1921）仍說：「蓋讀《西銘》一篇，而知中國真教，舍孝之一言，固無所屬矣。」[4]何炳棣之所以到了晚年才讀出〈西銘〉中的宗法模式，想必因此文本在現代的詮釋中更常被賦予平等、博愛的意涵吧，他在論文中也舉了季羨林（1911-2009）、韋政通的論點來說明此看法。[5]

　　本文主要探究〈西銘〉一文在近世經歷的不同詮釋觀點，我曾於另文探討〈西銘〉從宋代專言「仁」之書，到晚明更多被視為言「仁孝」之書的詮釋變化。本文希望探討清代到民國的情形，特別著重檢視清代幾個重啟異端之辯的論述，以及從晚清到民國，〈西銘〉如何擺脫傳統詮釋架構，成為接引世界普遍價值的過程。而在進入主要討論之前，以下先簡述〈西

法模式。

3　相關討論見呂妙芬，〈〈西銘〉為《孝經》之正傳？──論晚明仁孝關係的新意涵談〉，《中央研究院中國文哲研究集刊》，期33（2008年9月），頁139-172；亦收入本書第九章。

4　嚴復，〈支那教案論按語〉，收入氏著，王栻主編，《嚴復集》（北京：中華書局，1986），頁850。

5　韋政通以〈西銘〉民胞物吾之說，說明此文的博愛精神，季羨林則強調博愛和泛平等精神。何炳棣，〈儒家宗法模式的宇宙本體論：從張載的《西銘》談起〉，《何炳棣思想制度史論》，頁388-389。韋政通，《中國思想史》（上海：上海書店出版社，2012），頁758-759；季羨林，〈對21世紀人文學科建設的幾點意見〉，《文史哲》，1998年第1期，頁7-16。

銘〉從宋代到晚明主流詮釋的看法，以此作為理解清代與民國
時期論述的學術史背景。

　　〈西銘〉是張載（1020-1077）的作品，受到程頤（1033-
1107）的極力推崇，認為此文規模宏大，是《孟子》之後第一
書。[6]但楊時（1053-1135）卻質疑〈西銘〉言體而不及用，其
流弊恐至於墨家之兼愛。[7]這一質疑引發程頤進一步以「理一分
殊」來詮釋〈西銘〉，說明萬物並非毫無分別，除了再次肯認
儒家遠近親疏、上下尊卑之倫序外，也強調〈西銘〉能從萬物
分殊與互相爭勝的角度超拔而出，超越一己之私，展現萬物一
體之仁之偉大規模。[8]朱熹（1130-1200）延襲了程頤的論點，
強調讀〈西銘〉必須在分殊處見理一，同時從理一處見分殊；
又說所謂民胞物與，並非真以眾民為吾之手足同胞，亦非真
以萬物為吾人之同類；雖說以乾坤為父母，但也不是要人「棄
了自家父母，却把乾坤做自家父母看」。[9]簡言之，程朱讚許
〈西銘〉講仁體之規模宏大，能提升人之見識與精神，人若能
以天地之心為心，便能與天地同體，他們以「理一分殊」來詮

6　程顥、程頤著，王孝漁點校，《二程集》（北京：中華書局，2004），頁
　　22、15、37。

7　楊時，〈寄伊川先生〉，《龜山集》，卷16，頁6a-7a，收入紀昀等總纂，
　　《景印文淵閣四庫全書》（台北：臺灣商務印書館，1985），冊1125。

8　程頤，〈答楊時論西銘書〉，收入《二程集》，頁609。

9　黎靖德編，王星賢點校，《朱子語類》（台北：華世出版社，1987），卷
　　98，頁2524；朱熹，〈與郭沖晦〉，《晦菴先生朱文公集》，卷37，頁
　　32a，收入商務印書館編，《四部叢刊初編》（台北：臺灣商務印書館，
　　1965），冊58。夏炘認為朱熹理一分殊之學主要受到李延平的影響，而李
　　延平是楊時的學生。夏炘，《述朱質疑》，卷2，頁4a-6b，收入王德毅主
　　編，《叢書集成三編》（台北：新文豐出版公司，1997），冊16。

釋〈西銘〉，主要強調此文的論旨在講仁，且完全符合儒家親親、仁民、愛物的倫序，絕不同於墨家兼愛。這樣的看法成為日後〈西銘〉詮釋的主流觀點。[10]

　　南宋林栗（1142進士）曾對〈西銘〉提出質疑，而與朱熹有所論辯。林栗認為「以乾坤為父母、以大君為宗子」的說法，有別於《尚書》「元后作民父母」之說，且將君王從父母的位置降到宗子，是「易位亂倫，名教之大賊」。[11]面對如此嚴厲的批評，朱熹的回應是：林栗「全錯讀了」，林栗因為未曉文義，才會生疑，張載的原意是「人皆天地之子，而大君乃其適長子，所謂宗子有君道者也，故曰大君者乃吾父母之宗子爾。」[12]

　　朱熹言〈西銘〉主旨在講仁體，文中雖用孝、事親等語，但僅是以孝來形容仁，借事親來形容事天而已。換言之，「孝」只是譬喻，「仁」才是主旨。[13]這個看法到了晚明有所改變，許多晚明士人認為〈西銘〉不僅旨在說仁，它同時也闡明孝，當時將〈西銘〉與《孝經》合論的例子非常多。關於此，

10 何炳棣，〈儒家宗法模式的宇宙本體論——從張載的《西銘》談起〉；呂妙芬，〈〈西銘〉為《孝經》之正傳？——論晚明仁孝關係的新意涵談〉。

11 朱熹，〈記林黃中辨易西銘〉，《晦庵集》，卷71，頁5a-b，收入《景印文淵閣四庫全書》（台北：臺灣商務印書館，1985），冊1145。

12 朱熹，〈記林黃中辨易西銘〉，《晦庵集》，卷71，頁4a。亦參見楊瑞松，〈從「民吾同胞」到「我四萬萬同胞之國民」：傳統到近現代「同胞」符號意涵的變化〉，《國立政治大學歷史學報》，期45（2016年5月），頁109-164。

13 黎靖德編，《朱子語類》，卷98，頁2522。

我另有專文討論，認為此一變化與晚明的仁孝論述有關，尤其是陽明後學如羅汝芳（1515-1588）、楊起元（1547-1599）等人將「孝」提升到形上本體的高度，強調「仁孝一體」，此觀點在當時具有相當的影響力。[14]不過，即使晚明士人對〈西銘〉的解讀因牽涉對「仁孝」的理解而略不同於朱熹，但對於理一分殊、肯定儒家人倫尊卑秩序，強調〈西銘〉不同於兼愛等看法，並沒有太大差異，這些主流的觀點也一直延續到清代。以下就讓我們來看幾個清代重啟的論辯。

二、清代再起異端之辨

作為宋明理學的經典性文本，〈西銘〉在清代仍備受重視。康熙皇帝推尊程朱理學，他曾手書〈西銘〉數百本；[15]康熙《御纂性理精義》也說：「張子〈西銘〉乃有宋理學之宗祖，誠為《學》、《庸》、《語》、《孟》以後僅見之書，蓋悉載全文，附以朱子解說，使學者知道理之根源、學問之樞要。」[16]根據蒐索資料庫所獲的初步印象，清代文獻中對於〈西銘〉的看法多承襲前代，重申程朱「理一分殊」的觀點，強調〈西

---

14 呂妙芬，〈〈西銘〉為《孝經》之正傳？——論晚明仁孝關係的新意涵談〉。

15 李光地，〈御書太極圖說西銘刻石恭紀〉，《榕村集》，卷14，頁9a-10b，收入《景印文淵閣四庫全書》（台北：臺灣商務印書館，1985），冊1324。

16 〈凡例〉，《御纂性理精義》，卷首，頁2a，收入《景印文淵閣四庫全書》（台北：臺灣商務印書館，1985），冊719。

銘〉與《孝經》的關係，是一本言仁孝之書。[17]許多士人也都在主張仁孝一旨的前提下，論述「事親即事天」，並不特意凸顯事親與事天孰先孰後的問題。例如，竇克勤（1653-1708）說：「〈西銘〉之意在即事親以明事天。愚謂非熟於事親之道，則事天之道固不可得而知也；非得乎事天之道，則事親之道亦固不可得而盡也。」[18]胡煦（1655-1736）：「仁人之事天如事親，孝子之事親如事天，聖人郊禘制義，實由此出。〈西銘〉有見于此，故合仁孝而一之，是誠有見于天人妙契之微，與體用一原之合矣。」[19]都是並提事親與事天重要性，而不刻意強調

---

17 〈西銘〉為清代科場取士用書，也是士人教育的讀本，見清高宗敕撰，〈選舉一〉，《清朝文獻通考》，卷47，頁5306，收入王雲五主編，《萬有文庫》（上海：上海商務印書館，1936），集2，「十通」第九種；陳弘謀輯，〈養正遺規補編〉，頁13b，收入氏輯，《五種遺規》，見《續修四庫全書》編纂委員會編，《續修四庫全書》（上海：上海古籍出版社，2002），冊951。清人持續強調理一分殊，文獻極多，此處僅舉數例：魏裔介，〈西銘理一分殊解〉，《兼濟堂文集》，卷16，頁22b-24b，收入《景印文淵閣四庫全書》，冊1312；紀大奎，〈讀西銘〉，《雙桂堂稿》，卷9，頁9a-11b，收入《續修四庫全書》，冊1470；蔡衍鋗，〈合題太極西銘〉，《操齋集》，卷22，頁9a，收入清代詩文集彙編編纂委員會編，《清代詩文集彙編》（上海：上海古籍出版社，2010），冊208；蔡世遠，〈鶴山祖祠碑記〉，《二希堂文集》，卷5，頁15a-16b，收入《清代詩文集彙編》，冊250；陳梓，〈胞與堂記〉，《刪後文集》，卷3，頁22a-23a，收入《清代詩文集彙編》，冊254。關於明清士人論〈西銘〉與《孝經》的關係，參見呂妙芬，〈〈西銘〉為《孝經》之正傳？──論晚明仁孝關係的新意涵〉。

18 竇克勤，《事親庸言》（清康熙六十年（1721）刊本，東京日本公文書館內閣文庫藏），卷1，頁40a-b。

19 胡煦，〈三原圖〉，《周易函書約存》，卷3，頁32b-33a，收入《景印文淵閣四庫全書》（台北：臺灣商務印書館，1983），冊48。

先後本末。

江永（1681-1752）的〈西銘論〉也從身、性兩方面，平衡地詮釋事親與事天的關係，以下徵引全文以供參考：

記禮者之言曰：「仁人不過乎物，孝子不過乎物。仁人之事親也如事天，事天如事親。是故孝子成身。」此數言者，〈西銘〉之根柢也。從身上看來，父母生我之身，由父母而分者為兄弟，上推之有同祖之親，下推之有子孫之親，以及于族人外親，皆與吾身相關。事親者戰戰兢兢，敬其身，乃能事其親；隆于其親，而後能及于諸親。此孝子一邊道理。

從性上看來，吾性為天地之理，吾體為天地之氣，則天地是大父母。凡為天地所生之人，皆猶吾兄弟。其中分之，有君，有臣，有老，有幼，有聖，有賢，有顛連無告，即至昆蟲草木，亦並生于天地，猶吾儕輩之人，皆與吾性相關。事天者必孜孜矻矻，能全吾性，乃能無愧於天；既盡其性，而後能及于民物。此仁人一邊道理。

〈西銘〉從此推出。前半篇推親親之厚以大無我之公，天地民物與父母兄弟，一理也。後半篇因事親之誠以明事天之道，仁人事天與孝子事親，一理也。不知前半篇道理，則一膜之外猶胡越，安知更有乾坤？若無後半篇功夫，則一身之理多缺陷，何能及于民物？記禮之言引而未發，張子為之闡明，其有功于來學大矣！林栗之徒，肆口而

譏，何損於〈西銘〉哉！[20]

江永認為〈西銘〉全篇闡明「仁人之事親也如事天，事天如事親」，他分別從身、性兩方面，來探討孝、仁的意涵。孝是關乎身體血脈的家庭人倫，人性則由天所命，本具天理（仁）。由於人與萬物均由天生，從天與性的高度說，人與萬物為一體，仁人應盡性事天，並及於民物。〈西銘〉講究從親親人倫擴充以致於仁民愛物，也講究因事親之誠以明事天之道，闡明「仁人事天」與「孝子事親」原是一事一理。江永的詮釋基本上符合明清士人的主流觀點，他雖用「天地是大父母」的說法，但我們無法就此斷定他受到天主教的影響而推演平等觀。[21]

　　儘管清代士人多肯定〈西銘〉，對此文的詮釋也大致延續前朝，在理一分殊的架構下，肯定儒家以親親為主的倫序，不落入墨家兼愛之疑，且秉持仁孝一旨的信念，強調事親與事天不二，並不刻意凸顯兩者間可能的衝突，但仍有士人批評〈西銘〉或質疑其不符儒學正統。例如，陳確（1604-1677）說：「宋儒之學出入二氏，病亦只在夸也，觀〈通書〉、

20　江永著，林勝彩點校，《善餘堂文集》（台北：中央研究院中國文哲研究所，2013），頁4-5。

21　江永的觀點與天主教以天主為首倫，人首當孝敬天主、次國君、再父母的論點不同；江永對〈西銘〉的詮釋近似程朱。將江永與天主教連繫之例，見紀建勛，〈明末天主教Deus之「大父母」說法考詮〉，收入吳昶興主編，《再——解釋：中國天主教史研究方法新拓展》（新北：臺灣基督教文藝出版社，2014），頁107-145。黃芸對紀建勛說法提出質疑，黃芸，〈哪種儒學？誰的傳統？——明清「大父母」說考〉，收入陶飛亞主編，《宗教與歷史》（上海：社會科學文獻出版社，2018），輯8，頁127-146。

《正蒙》、〈西銘〉、《皇極經世》等書可見矣。」[22]姚際恆
（1647-約1715）也說〈西銘〉是本於老、墨之學而作。[23]也
有人極力辨析「事天」與「事親」的優先次序，以及「民胞物
與」的意涵，這些討論都再次召喚楊時之疑，深刻關係到儒學
與異教之辨。以下舉數例說明。

（一）王夫之：事親先於事天

　　王夫之（1619-1692）欽慕推崇張載之學，曾言自己為學志
向是「希張橫渠之正學而力不能企」。[24]他在《張載正蒙注》
〈乾稱篇〉（即〈西銘〉）中重提楊時之疑，又說周敦頤《太
極圖說》究天人合一之原，但易引發疑慮，使人以為人皆天地
所生，故輕忽父母親親人倫。王夫之接著說：

> 竊嘗沉潛體玩而見其立義之精。其曰「乾稱父，坤稱
> 母」，初不曰「天吾父，地吾母」也。從其大者而言之，
> 則乾坤為父母，人物之胥生，生於天地之德也固然矣；從
> 其切者而言之，則別無所謂乾，父即生我之乾，別無所謂
> 坤，母即成我之坤。惟生我者其德統天以流形，故稱之曰

---

22 陳確，〈老實說〉，《陳確集》（北京：中華書局，1979），卷11，頁
　　257。

23 姚際恆，《古文尚書通論輯本》，收入林慶彰主編，《姚際恆著作集》
　　（台北：中央研究院中國文哲研究所，2013），冊2，頁343。

24 王夫之，〈自題墓石〉，《薑齋文集補遺》，收入氏著，船山全書編輯委
　　員會編校，《船山全書》（長沙：嶽麓書社，1995），冊15，頁228。

父;惟成我者其德順天而厚載,故稱之曰母。故《書》曰「唯天地萬物父母」,統萬物而言之也;《詩》曰:「欲報之德,昊天罔極」,德者,健順之德,則就人之生而切言之也。盡敬以事父,則可以事天者在是;盡愛以事母,則可以事地者在是;守身以事親,則所以存心養性而事天者在是;推仁孝而有兄弟之恩、夫婦之義、君臣之道、朋友之交,則所以體天地而仁民愛物者在是。

人之與天,理氣一也;而繼之以善,成之以性者,父母之生我,使我有形色以具天性者也。理在氣之中,而氣為父母之所自分,則即父母而溯之,其德通於天地也,無有間矣。若舍父母而親天地,雖極其心以擴大而企及之,而非有惻怛不容已之心動於所不可昧。是故於父而知乾元之大也,於母而知坤元之至也,此其誠之必幾,禽獸且有覺焉,而況於人乎!故曰「一陰一陽之謂道」,乾坤之謂也;又曰「繼之者善,成之者性」,誰繼天而善吾生?誰成我而使有性?則父母之謂矣。繼之成之,即一陰一陽之道,則父母之外,天地之高明博厚,非可躐等而與之親,而父之為乾、母之為坤,不能離此以求天地之德,亦昭然矣。

張子此篇,補周子天人相繼之理,以孝道盡窮神知化之致,使學者不舍閨庭之愛敬,而盡致中和以位天地、育萬物之大用。誠本理之至一者以立言,而闢佛、老之邪迷,挽人心之橫流,真孟子以後所未有也。惜乎程、朱二子引

而不發，未能洞示來茲也！此篇朱子摘出別行，而張子門人原合於全書，今仍附之篇中，以明張子學之全體。[25]

從引文可見王夫之非常重視「事天」與「事親」的先後關係，並認為事親更優先。雖說人與萬物均為天地所生，但實際上是通過父母而生，故父母與人更切近，人之有善性實因父母而可能，父母即人之乾坤，故曰：「別無所謂乾，父即生我之乾；別無所謂坤，母即生我之坤。」他強調人應以事父來事天、以事母來事地，此倫序絕不能混淆。人由父母所生，人的形氣分自父母，而理就在氣中，故人只要即父母而溯之，其德即能通於天地而無間。人也只有憑藉著天生親親愛敬之情，才能修德盡性以事天。若捨父母而想直接與天地相親，雖極力擴大其心以企及之，實不可得。

王夫之說張載作〈西銘〉是補充天人相繼之理，使學者知道當即閨庭之愛敬（孝），而盡致中和、位天地、育萬物之大用。他也感嘆程朱未能從孝道的角度來闡釋〈西銘〉，教導後學。由王夫之之論可見，無論〈西銘〉宗旨多麼崇高偉大，儒學親親為本的立場絕不可動搖，人不應躐等而妄談事天，「孝父母」才是致中和、貫通天人的入門工夫。王夫之又說：

太極固為大本，而以遠則疎；父母固亦乾道、坤道之所成者，而以近則親。緣近以達遠，先親而後疎，即形而見

---

25 王夫之，〈乾稱篇〉，《張子正蒙注》，收入《船山全書》（長沙：嶽麓書社，1992），冊12，頁352-353。

性，因心而得理，此吾儒之所謂一本而萬殊也。26

　張子〈西銘〉理一分殊之旨，蓋本諸此父母者，吾之所
生成者也。因之而推其體，則為天地；因此而推其德，則
為乾坤。天地大而父母專，天地疏而父母親，故知父母而
不知乾坤者有矣，未有不知父母而知乾坤者也。27

人的生命形體得自於父母，儘管生命本原可上推至天地乾坤，
但父母與乾坤之道不二，且父母與人更親近，人唯有透過事親
盡孝可以盡性知天。王夫之這樣的堅持實有與「異端」區辨
的用意，他說佛、墨兩家的人觀基本上是性／形二分的二本之
學：

　要其所謂二本者，一性，本天地也，真而大者也；一
形，本父母也，妄而小者也。打破黑漆桶，別有安身立命
之地。父母未生前，原有本來面目，則父母何親？何況兄
子？而此朽骨腐肉直當與糞壤俱捐，其說大都如此。28

王夫之說佛、墨等宗教學說都將人的組成視為性、形兩部分，

---

26 王夫之，〈滕文公上〉，《讀四書大全》，收入《船山全書》（長沙：嶽
　麓書社，1991），冊6，卷8，頁975。
27 王夫之，〈說卦傳〉，《周易內傳》，收入《船山全書》（長沙：嶽麓書
　社，1988），冊1，卷6下，頁631。
28 王夫之，〈滕文公上〉，《讀四書大全》，收入《船山全書》，冊6，卷
　8，頁975。

以為性本於天地，真而不妄，是人較尊貴的部分；形體由父母所生，也將隨死亡而消散，故小而妄。他們相信在形體之外別有安身立命之地，故欲追求父母未生前的本來面目，因此也較不珍視形體，以及與自己血脈相連的親人。相對地，王夫之強調儒學是一本之學：「形色即天性，天性真而形色亦不妄；父母即乾坤，乾坤大而父母亦不小。」他認為張載深得此一本之旨而作〈西銘〉。[29]簡言之，王夫之強調事親的優先性，實與其反對其他宗教的人觀與天人觀有密切關係。

（二）王嗣槐：〈西銘〉論仁太過

大約與王夫之同時的浙江士人王嗣槐（1620生），在《太極圖說論》中用了三篇專論來討論〈西銘〉，這三論的主題都是「辨仁」。[30]王嗣槐站在批評的立場，質疑〈西銘〉論仁太過，不符合孔孟論「仁」之旨。以下說明三論的內容。

王嗣槐在〈太極圖說辨仁論十九〉中申論〈西銘〉「民胞物與」失却聖門論仁之大根本，認為即使程頤「理一分殊」之說亦無法為之釋疑。王嗣槐批評〈西銘〉言體而不言用，言理一而不及分殊。[31]他說〈西銘〉言仁，非但未能擴前聖所未發，

---

29 王夫之，〈滕文公上〉，《讀四書大全》，收入《船山全書》，冊6，卷8，頁975。

30 關於王嗣槐寫作《太極圖說論》的用意及書的內容，參見呂妙芬，〈王嗣槐《太極圖說論》研究〉，《臺大文史哲學報》，期79（2013年11月），頁1-34。

31 王嗣槐，《太極圖說論》，卷4，頁1a-8b，收入《續修四庫全書》，子部，冊933。

反與古聖賢之教相違背。因為「仁之功用難窮，仁之體量難盡」，古聖帝明王亦未必能做到滿仁之量，故孔子不敢自稱聖與仁，又說博施濟眾堯舜猶病難之。相較之下，〈西銘〉說得過高，欲推仁之體量到極致，如此反不符合聖賢之教。[32]

　　王嗣槐又說，若強調天下之民均吾同胞，必導出「視民之父一如吾父，視民之子一如吾子」的結論，此將落入墨子兼愛之說；若說「吾與民為兄弟，是有同胞之名，不必有同胞之實」，則又不能達至仁之體量，亦不符同胞之意。因此，程朱試圖用「理一分殊」來解套是行不通的。王嗣槐認為張載「民吾同胞」之說，遠不如孟子「親親而仁民，仁民而愛物」或孔子「仁者人也，親親為大；親親之類，禮所生也」來得適切妥當。[33]

　　王嗣槐在〈太極圖說辨仁論二十〉繼續批評〈西銘〉「以無分殊為大」的想法。他說〈西銘〉講父天母地、民胞物與，很容易落入「以天地為至公、以無所分殊為大」的想法，因而視人各親其親、各長其長的自然仁愛之情為小，貶其為「私」，要人去追求四海之內皆兄弟、萬物一體之仁。[34]他說這種無差序的至公之仁，是墨氏與釋氏之仁，非儒家聖賢所言之

32　王嗣槐：「不知此其言（案指〈西銘〉），似古聖人自求體仁之言，而非古聖人自求體仁之言也；似古聖人教人以體仁之言，而非古聖人教人以體仁之言也；似古聖人有德無位者所能任之言，而非古聖人有德無位者所能任之言也；似古聖人有德有位所能盡之言，而非古聖人有德有位所能盡之言也。」收入氏著，《太極圖說論》，卷4，頁4b-5b。

33　王嗣槐，《太極圖說論》，卷4，頁5b-8b。

34　王嗣槐，《太極圖說論》，卷4，頁12a-13a。

仁。他堅持儒學之公私觀不能違離親親之仁的原則：

> 蓋以前之墨氏，後之釋氏，其言仁也，不知仁之理者
> 也。其言仁，不知仁之理者，由其不知公之所以為公，而
> 無私之所以為無私也。不知公之所以為公者，不知至公
> 之如不公也；不知私之所為無私者，不知至無私之如至私
> 也。堯之傳賢，公也；禹之傳子，私也，亦公也。虞不郊
> 瞍，公也；夏后郊鯀，私也，亦公也。周公誅管，公也；
> 舜封有卑，私也，亦公也。衛伋與壽俱死，公也；伍員
> 不與尚俱死，私也，亦公也。由是言之，公者固公，其公
> 而似私者，非公矣，而孰知其私之為公也；似私而公者，
> 固公矣，而孰知私之至之為公之至，且為大公而至無私
> 也。故人至於父子兄弟之間，不患其私，患其不私耳；不
> 患私之至，患其私之不至耳。夫私而至於父子兄弟，不謂
> 之私，而反謂之公者，以父子兄弟之私乃天性之私耳，猶
> 天地無私而私善人。天地私善人，尤私孝子悌弟之為善人
> 也。夫天地且為善人、為孝子悌弟之為善人易其無私之大
> 德而獨私之，而況於人乎？況於鬼神乎？[35]

王嗣槐說儒家之仁觀不同於墨、佛兩家，公私觀亦不
同。儒家不是以無所不愛為公，而是「以有所愛，有所不愛為
公」，此即「仁者能愛人，能惡人」；儒家不是以兼愛為無
私，而是「以專所愛為無私」，此即儒家講仁以親親為大之

35　王嗣槐，《太極圖說論》，卷4，頁13b-14b。

意。[36]父子兄弟之親親之情,看似私情,卻是仁德之根本;本於
親親之情而施於事,如禹之傳子、夏后郊鯀、舜封象有痺、伍
員不與尚俱死等,看似私的表現,卻是大公而無私。簡言之,
王嗣槐批判無差等的親愛觀,以及用仁愛之量來衡量公私的看
法,強調儒學本於親親之情,有好惡與等殺之仁,才是可以踐
履且是至公無私之仁。[37]

〈太極圖說辨仁論二十一〉主要批評〈西銘〉物與之說,
又將之連繫到佛教:

> 嗟乎,余之推論及此,亦以〈西銘〉好仁之過,即孔
> 子所為好仁之蔽之過也。使非從事佛氏之教,又安得有是
> 言乎?蓋佛氏之為佛氏,其教本無與於仁者也,舍色身,
> 空人世,以生為幻,以死為真,彼烏知仁為何物者耶?今
> 釋氏之徒日以慈悲為仁矣,吾謂其不知仁為何物者。……
> 〈西銘〉言物與,其言尤謬於民胞,不足論也,然非本佛
> 氏割己肉以餧饑鷹及四生輪廻食吾父母之說,安得有是言
> 耶?……以世之飢鷹無窮,而己之肌肉有盡,一割再割而
> 不已,鷹未飽而身己亡矣。吾止一父母也,吾能知輪廻
> 中此二物是吾父母,吾哀而舍之可也,吾又安知百千萬億
> 物,日在輪廻中,何者是吾父母,何者非吾父母,而皆如
> 吾父母哀而舍之耶?夫推釋氏之言仁,不過摩頂放踵,利
> 天下為之之說耳,其言豈不加於君子遠庖廚之仁哉?然究不

---

36 王嗣槐,《太極圖說論》,卷4,頁14b。
37 王嗣槐,《太極圖說論》,卷4,頁14b-15a。

免於君子之嗤而小人之疑者，亦以其徒言不可言之仁、言
不可行之仁理而已矣。[38]

王嗣槐認為「物吾與也」之說是受到佛教佛陀割肉餵鷹、四生
輪迴、食吾父母之說的影響。佛陀割肉餵鷹的故事出自《大智
度論》，是講述釋迦牟尼佛作尸毗王時，為救護鴿子而割盡己
肉餵鷹，直到完全捨身的程度。[39]四生意指胎生、卵生、濕生、
化生，佛教因為相信輪迴，一切動物都可能是人過去的父母，
故不殺生。他說佛教這種仁愛觀與墨家摩頂放踵的精神相似，
但不同於儒家之仁。儒家聖賢雖也會對饑餓之鷹與待斃之獸產
生惻隱之心，但絕不會割己肉來救牠們，因為世之飢鷹無窮，
縱使人割盡己肉到身亡的地步，也無濟於事。若說天地間百千
萬億之物都可能是人過去的父母，人如何分辨？有可能完全捨
之不殺不用嗎？王嗣槐認為這些都是「言不可言之仁，言不可
行之仁理」，人不可能踐履，也與儒家思想不符。

　　王夫之和王嗣槐對於〈西銘〉的評價不盡相同，王夫之
認為〈西銘〉是張載極重要的作品，也同意程朱所提的理一分
殊觀，他只是再次強調人倫秩序的重要；王嗣槐則重提楊時之
論，質疑〈西銘〉的正統性，認為此文與儒家聖賢之教不符。
儘管如此，他們的看法仍有相當的呼應，都反映了明清之際儒
學修正晚明學風、重視人倫日用的學風。從兩人的發言，我們

38　王嗣槐，《太極圖說論》，卷4，頁21a-22b。
39　龍樹菩薩造，鳩摩羅什譯，《大智度論》，卷4，頁79-81，收入新文豐出
　　版公司編輯部編，《新編縮本乾隆大藏經》（台北：新文豐出版公司，
　　1991），冊76。

看到佛教、墨學是主要批判和比較的對象，除此之外，明清之際其他思潮是否也可能提供我們一些參照的脈絡呢？

　　首先，明清天主教以天主為人之大父母，強調以昭事天主為優先的想法，頗值得留意。明清天主教並不排斥中國五倫觀，也未宣揚平等觀，而是在認同儒學有差等之倫序觀的前提下，在五倫之上，加入以天主為首倫，強調眾人應以孝敬、順服天主為優先，確立了「先天主、次國君、再家父」的倫理序次。對天主教而言，事天主理當優先於事親，故即使天主教抱持與儒學調適合會的態度，對於儒學基要義理仍有重大衝擊。40

　　再者，明清之際在一波強調敬天、畏天、知天、事天的思潮下，儒家士人也確實出現主張「事天先於事親」的看法。舉例而言，安世鳳（約1557生）曾說：「不知者謂人能事親而後

40　呂妙芬，〈耶穌是孝子嗎？明末至民初漢語基督宗教文獻中之論孝的變化〉，《中央研究院近代史研究集刊》，期99（2018年3月），頁1-46。既然天主教以天主為大父母的思想與〈西銘〉有相近處，明清之際的傳教士和信徒是否曾援引〈西銘〉文本來闡述教義呢？我翻閱了許多明清天主教漢語文獻，發現傳教士並未特別引用〈西銘〉，我想主要因為〈西銘〉是宋明理學的產物有關，利瑪竇等耶穌會士認為宋明理學受到佛道等異教的污染，已非醇正儒學，加上他們從上古經典中即可找到類似意涵的經文，不必引用一篇北宋的作品。不過，中國信徒並未完全忽略〈西銘〉，徐光啟以「民吾同胞」來說明普天下之人類原同一祖，再由始祖亞當上推天主創造之原，韓霖則以四海一家、萬物一體來說明天主教敬天愛人之教義。徐光啟，〈論奉教人不設神主木牌非是毀宗滅祖〉，收入胡璜，《道學家傳》，收入鐘鳴旦、杜鼎克、黃一農、祝平一主編，《徐家匯藏書樓明清天主教文獻》（台北：方濟出版社，1996），冊3，頁1039、1219-1220；韓霖，《鐸書》，收入鐘鳴旦、杜鼎克、黃一農、祝平一主編，《徐家匯藏書樓明清天主教文獻》，冊2，頁714。

為順天之理；而知者則謂人能事天而後為順親之心。」[41]安世鳳的看法很值得和王夫之作比較，安世鳳基本上站在形、性分離的立場，認為人之形體雖得自父母，但靈性卻是由天所賦；父母雖親近，但人在離開母腹之後便是獨立個體，唯有賦人靈性之天與人始終不離，故天與人的關係實比父母更親密。在這些論點上，安世鳳的想法都更接近天主教，而遠於王夫之。安世鳳認為「天實一大父也，由父以推之兄，則人皆一同胞也。」[42]他稱讚〈西銘〉是《孝經》、《中庸》以降未曾有之言，但反對理一分殊之說，認為程朱不能真正體會張載作〈西銘〉的原意，張載的意思是要「指出天乃生我之父，吾人一生須更不能離此父之側，終身完不了事此父之職，直待死而後已。」[43]

　　許三禮也以天地為大父母，[44]以告天為聖學入門，每天行告天之禮，[45]雖然他也強調仁孝一旨，並未忽略孝親人倫，但他鼓勵人直接尋求與天地大父母親近的看法，[46]也與王夫之不同。

41　安世鳳，《尊孔錄》（晚明天啟元年刊本，國家圖書館藏），卷10，頁8a-9a。

42　安世鳳，《尊孔錄》，卷13，頁21。

43　安世鳳，《尊孔錄》，卷10，頁6。關於安世鳳《尊孔錄》之思想討論，見呂妙芬，〈以天為本的經世之學：安世鳳《尊孔錄》與幾個清初個案〉，《漢學研究》，卷37期3（2019年9月），頁1-42；此文收入本書第七章。

44　許三禮，《聖學問答》，頁11a，收入氏著，《天中許子政學合一集》，收入《四庫全書存目叢書》編纂委員會編，《四庫全書存目叢書》（台南：莊嚴文化事業公司，1997），子部，冊165，頁488。

45　關於許三禮的告天禮，參見王汎森，〈明末清初儒學的宗教化：以許三禮的告天之學為例〉，《新史學》，卷9期2（1998年6月），頁89-122。

46　例見許三禮，《海昌講學集註‧言農事》，頁6a-b，收入《天中許子政學合一集》。

許三禮說：「天，吾大父；地，吾大母。此心不為天地分憂，
便是兩間不肖之子。民，吾同胞；物，吾同與。此身不為民物
立命，即係一方有罪之人。」[47]這樣的想法明顯是王嗣槐所反
對的。另外，順治年間出版的《西銘續生篇》是關中雷于霖晚
年的作品，雷于霖承繼晚明以來將〈西銘〉與《孝經》合論的
傳統，且以近乎宗教修行的態度來面對〈西銘〉，他在序中說
道：

> 余自志學之時，一見是篇若獲固有，每日之間或立而
> 誦之，或坐而誦之，或夜臥而誦之，至月朔月望，則跪而
> 誦之。每誦一句即現一境，即生一心，儼若乾父坤母之在
> 上，宗子家相之在側，聖德賢秀者繼其志而述其事，老幼
> 煢疾者企其養而告其苦，令我生尊敬心，生哀矜心，生
> 一切密修實証心。……嘗覺生氣生理盈映吾四體間，及今
> 七十二歲，造物者將息我也，臥床一載，思吾生有盡，
> 吾生生之心無盡，遂于伏枕飲藥之中，勉作註釋五千二百
> 餘字，期與天下萬世仁人孝子共續此大生之德于永永不窮
> 也。[48]

雷于霖每日誦讀〈西銘〉時，心境隨之而生，儼若乾坤大父母
在上，他雖也強調〈西銘〉不同於佛教和墨學，但與王夫之不

---

47 許三禮，〈隨處體認天理〉，《講院銘言》，頁1a，收入《天中許子政學
　合一集》。
48 雷于霖，〈西銘續生篇序〉，《西銘續生篇》（清道光十五年（1835）刊
　本，中央研究院傅斯年圖書館藏），卷首，頁1a-b。

同，他並不排拒躐等而親乾坤大父母，他甚至說：「若識得原初父母，則格天配帝」；[49] 又說人若能真實事天地，即使「鄉不顧月旦、國不顧青史」，「乾父坤母當直我於冥漠之間」。[50] 他也與王嗣槐不同，直言：「凡民秀民，海內海外，但范人之形者，皆與我同受父母之體性，實是共一胎胞而稱兄弟焉」；「不特人也，即動物植物，有情無情，但具生之貌者，皆與我分受父母體性，實是同一儕偶而稱連屬焉。」雷于霖每日以虔敬修身的態度誦讀〈西銘〉，他認為人應追求認識並孝敬原始大父母、追求形體之外永恆無盡之生命，及其對於民胞物與之說的解釋，均與王夫之、王嗣槐形成鮮明的對比。

　　綜上所論，生於明清之際的王夫之和王嗣槐儘管對於〈西銘〉的定位看法不同，但他們的論點頗有交會，又都重啟了前人對於此文的疑慮。無論是王夫之強調事親先於事天，或王嗣槐反對民胞物與說，都主要欲重申儒學以親親為主的倫序觀。他們對於〈西銘〉的討論也承繼前人論辯的語境，即在辨析儒學與異端的脈絡下進行，並以佛教和墨學為主要對話對象。不過，若放在明清之際的學術背景下觀察，相關論述的思想史脈絡可能更為複雜，晚明以降個人修身實踐追求與天道契悟的傳統，天主教與儒家士人對於天人關係的討論與實踐等，都可能是形塑這些思考與論辯的學術脈絡。

49　雷于霖，《西銘續生篇》，頁1a。
50　雷于霖，《西銘續生篇》，頁11a。

（三）太平天國背景下的論述：羅澤南、吳敏樹

　　羅澤南（1807-1856）是湘軍的著名領袖，也是程朱理學的信奉者與教育者，他的理學類著作有《姚江學辨》、《人極衍義》、《讀孟子箚記》、《西銘講義》等，錢穆（1895-1990）論其學之傳承曰：「羅山之學，大率推本橫渠，歸極孟子，以民胞物與為體，以強勉力行為用。」[51]《西銘講義》著於道光二十九年（1849），是羅澤南對弟子講授〈西銘〉的講章，除了圖贊和總論外，全書以〈西銘〉原文、朱子的《西銘解》為主，羅澤南是以案語的方式來闡釋個人的理解。范廣欣將此書配合羅澤南生平經驗與思想發展來解讀，認為此書作於太平天國戰爭之前，標示著羅氏對於政治的態度從批判到參與的轉向。[52]然若以羅澤南對〈西銘〉的詮釋內言而言，實未超過程朱理一分殊的架構，義理的新意並不多。他非常重視「由分立而推理一」的概念，他在序中說道：

　　　　澤南為諸生講〈西銘〉，用伊川分立而推理一之旨作講
　　　義示之。每句始言一家之父母兄弟，繼乃推到天地民物，
　　　因其分立之立者，以明其理之本一，又繪一圖，上下推布
　　　於理一之中，分之森然者益明，以附於朱子解義之後，為
　　　初學設也。夫〈西銘〉之理一不難知也，分殊難知；分殊

51　錢穆，《中國近三百年學術史》（台北：臺灣商務印書館，1990），頁
　　593。
52　范廣欣，《以經術為治術：晚清湖南理學家的經世思想》（南京：南京大
　　學出版社，2016），頁130-143。

不難知也，分殊之中各有其處之之道難知。然而豈知之而
遂已哉？人稟二五之精以生，理即從而賦之，天地萬物皆
吾一體，雖其中親疏殊情，貴賤異等，而其天理之流行，
實未嘗有一毫之稍間。……是以古之君子，親親而仁民，
仁民而愛物，必皆有以盡其當然之則，向使於分殊之處一
毫有所未善，則此理一之渾然者，遂有所虧而莫周。義之
不盡，又何以為仁之至哉？[53]

羅澤南強調分殊的重要性，認為要能夠充分掌握分殊的細節、
處境、脈絡，及應然的處置之道，才能不傷於義，做到體用兼
備。他引李侗（1093-1163）之言曰：「須是理會分殊，毫髮不
可失，此是〈西銘〉緊要工夫。若不於分殊處體認得明白，即
於理一處有所見，終是箇空架子，毫無著落。」[54]他特別繪了一
張「分立而推理一圖贊」來表明萬物分殊井井有序又有關聯的
意涵；並援引朱熹橫截斷看法、直劈下看法，分別說明乾坤民
物與父母胞與，互不相混又彼此相連屬的關係。[55]從其書可見，
他既強調「乾坤本不是父母、民物本不是胞與」，但也說就理
一而言，則又可說「乾坤民物實是父母胞與」。[56]

53 羅澤南，〈敘〉，《西銘講義》，頁1a-2a，收入林慶彰、賴明德、劉兆
　　祐、張高評主編，《晚清四部叢刊》（台中：文听閣圖書公司，2011），
　　編5，冊63。
54 朱熹，《延平答問》，頁23b，收入《文淵閣四庫全書》（台北：臺灣商務
　　印書館，1985），冊698。
55 羅澤南，《西銘講義》，頁9b-10a。
56 羅澤南，《西銘講義》，頁10a-b。

　　羅澤南講〈西銘〉基本上重申程朱之意，沒有太多創見或批評，但是吳敏樹（1805-1873）[57]在〈書西銘講義後〉中却再度把〈西銘〉置於異端之辨。吳敏樹雖承認張載〈西銘〉闡明儒者之學，異於老、楊、墨、佛，但他也指出〈西銘〉的文字有過失，即過分強調同一而忽略分殊。他強調民物與同胞絕不相同，孔孟聖人不欲人漫談廣仁，或忽視等級親疏之辨。吳敏樹又說：

　　竊詳張子之意，將以救學者自小自私之弊，而擴其偏而不普之心。程子朱子意亦如是，而明理一分殊之旨，以防其所流。獨龜山楊氏有兼愛之疑，實亦未為不達也。今世有天主邪教者，直稱天為父，而凡人無貴賤老幼，皆為兄弟，無父無君，而足以倡合庸人，以階禍亂。究其說，類竊〈西銘〉之似而背其本者。湘鄉羅羅山氏，乃申程朱之意，為《西銘講義》，羅山講學而用世，為書之旨蓋遠，未屑一言及於今之邪教，而余窺其意亦在是。并妄議張子之言之過，世之君子，其無遽罪我而試察之。[58]

吳敏樹對〈西銘〉的質疑與基督宗教有關，[59]此應與當時受基

57　吳敏樹，湖南岳陽人，字本琛，號南屏，晚號樂生翁、柈湖漁叟，1832年舉於鄉，曾任瀏陽縣訓導。其傳見錢儀吉、繆荃孫、閔爾昌、汪兆鏞編，《清代碑傳全集》（上海：上海古籍出版社，1987），冊下，頁1225。

58　吳敏樹，〈書西銘講義後〉，《柈湖文錄》，卷2，頁20a，收入《清代詩文集彙編》，冊620。

59　李元度不贊成吳敏樹之見，認為民胞物與之說乃就理而言，不應以辭害

督教影響的太平天國之亂有關。雖然羅澤南講〈西銘〉並未明言，但吳敏樹認為《西銘講義》之所以格外強調分殊，乃有辨明異端邪教之意。吳敏樹在〈孝經章句序〉中說道：「近見湘鄉羅羅山氏講學以救時弊，乃有《西銘講義》之作，始大怪之。〈西銘〉言乾父坤母，四海之人皆為兄弟，民吾同胞，物吾同與，其言似大矣。程子用之以教，而冒其似者，浸而為西人天主之學。」[60]吳敏樹對於太平天國等以天地為父母之民間教派十分警戒，深怕〈西銘〉被誤用。[61]他在〈又書西銘講義後〉中有更詳細的說明：

　　或曰：今之邪教不足道也，愚民惑之，學士笑焉，是烏足與辨？余謂不然。聖人之所以立教者，使天下賢智愚不肖，共由其中。若由之足以惑而不辨，是棄人也，且惑之甚而賢智又恐有不免者，余有所見之。往時有村人傭於余家，至愚之人也，並未嘗識一字。一日與舍中諸僮私語曰：「人莫止說有父母，天實生汝，地實長汝，日月以照汝，水火田穀百物以養汝，風以吹汝，雨以潤汝，是天地之恩至重，不可不報。」余於隔房聞其語，大驚怪之，察

> 其所居屋中，則壁間皆畫為舟船旌旗戈甲之狀，而其人又
> 嘗背人口中唱誦有詞，知其必為齋匪所惑。斥之則怒，而
> 以言相反，乃呼其家人，令以歸約禁之，遂發狂以死。[62]

這位受僱於吳敏樹家的村民雖不能讀書識字，但能與人講說天
地生養眾人之恩、人不可不報恩的道理。這番道理從一位無知
的村人口中說出，讓吳敏樹十分驚訝，他觀察其言行，發現他
在房間牆上貼了舟船旌旗戈甲之類的畫，又常唱誦一些詞，故
判斷這位村人必定是受到「齋匪」的影響。「齋匪」在清代意
指吃齋的民間教派信徒從事不法活動者。[63]根據秦寶琦的研究，
嘉道年間秘密宗教會黨發展快速，主要與人口增長、移民增加
有關，教團提供教徒擬血緣的關係，發揮互助與自衛抗暴等功
能。以天地會為例，從福建、廣東兩省，發展到江西、廣西、
雲南、貴州、湖南等地，吸引許多教友；湖南地區的參與者最
多為雇工階層，其次為小商販。而天地會在結會時要插五色旗
幟，桌上擺放劍、剪刀、尺、銅鏡，以及寫有「拜天為父，拜
地為母」等字樣的黃紙。[64]又例如具有末劫思想的〈文昌帝君醒
世救劫寶誥〉也說，天地一大父母，天地厚愛人、生養人，人

---

62 吳敏樹，〈又書西銘講義後〉，《柈湖文錄》，卷5，頁12a-b。

63 莊吉發，《咸豐事典》，收入陳捷先主編，《清史事典》（台北：遠流出
　版社，2008），冊9，頁156。

64 秦寶琦，《中國地下社會》（北京：學苑出版社，2004），卷1，頁
　596-658。有關天地會的儀式和神話等，亦見Barend J. ter Haar, *Ritual and
　Mythology of the Chinese Triads: Creating and Identity*（Leiden: Brill, 2000）.

應時時敬天地，正人心行忠孝，以救末劫。[65]

　　另外，Lars Peter Laamann和張振國的研究都指出，在清代禁教時期，中國民間天主教繼續發展，且有與其他教派混合的現象，不僅儀式和習俗有神祕化和民俗化的趨向，念經吃齋也是天主教教民普遍的行為，朝廷亦將其歸為邪教。[66]上述這些現象均與吳敏樹所描述的村民舉動相近，我們因此判斷吳敏樹所害怕的正是當時快速在中國發展的宗教會黨團體，包括已經本土化和民間化的天主教信仰。李元度（1821-1887）也說吳敏樹之所以批評〈西銘〉，是因為「外夷天主教有所謂天父、天兄云者，粵盜襲其唾餘以毒天下」。[67]引文中所提及的這位村民受到吳敏樹的斥責，不僅不服氣，且有能力反駁。這則故事以悲劇收場，吳敏樹要求這位村民的家人將其帶回並約禁其行為，最後這位村民發狂而死。

　　事實上，這位村民所說的並不是什麼荒謬無稽之談，而是天地有養人之恩、人應報恩的觀念，這樣的觀念中國本有，不僅普遍流行於民間，即使士人中也有不少接受者。然而這一點卻讓吳敏樹感到擔心，他說：

65　〈文昌帝君醒世救劫寶誥〉，收入王見川、侯沖、楊淨麟等主編，《中國民間信仰民間文化資料彙編》（台北：博揚文化事業公司，2013），輯2，冊15，頁115-119。

66　Lars Peter Laamann, *Christian Heretics in Late Imperial China: Christian Inculturation and State Control, 1720-1850*（London & New York: Routledge, 2006）. 張振國，《神聖與凡俗：明末至鴉片戰爭前天主教與民間信仰的遭遇》（北京：社會科學文獻出版社，2018），頁156-197。

67　李元度，〈與吳南屏年丈書〉，《天岳山館文鈔》，卷36，頁17a-18b。

　　夫是人者之所言，徵特僮奴舁聽之，即令讀書麤識道
理者，以一言折其非是，其將能乎？否乎？而又將有妄人
自奇，反信用之者。天地之恩之於生人，不待言也，而不
可報也。惟王者一人為天之所主，天下人之所聽命，故稱
為天子，而有父事天、母事地之禮，所以為天下報也，猶
尊之而不敢親也。郊社之事，與宗廟固異矣。至於聖人君
子之教，則以存心存性為事天，而他無事焉。天生人而不
失其所以為人之理，即日報之，無出於此。〈西銘〉之書
亦不過發明此理。而父母兄弟之言，為邪者容得藉口大儒
以相欺誘，故竊論及之。嗚呼，邪說之生而足以惑人有由
矣。世教衰，父母兄弟宗族鄉黨之恩薄，民窮而散，而邪
者誘之，此真學士大夫之罪也。故聖人之道，主於親親而
漸推之，天下皆得自盡而無散叛之民，其道亦無俟多言矣
夫。68

吳敏樹擔心教派所傳講的道理不僅一般百姓會信服，連讀書人
都不易反駁。他之所以認為這道理有危險性，主要因怕人們受
宗教影響而脫離儒家宗族禮法，僭越天子之禮，企圖通過與天
地大父母直接相通，導致政教秩序的破壞。他說雖然天地有恩
於人，但只有天子可代表眾百姓向天表達報恩之情，一般人若
要報天生人之恩，應從修身做起，即以存心存性為事天，不可
直接拜天。而〈西銘〉以乾坤為大父母、眾人為兄弟的說法，
很容易被民間教派誤用。由上可知，吳敏樹對〈西銘〉的批評

68　吳敏樹，〈又書西銘講義後〉，《枬湖文錄》，卷5，頁12b-13a。

和警戒主要與當時教民叛亂的大背景有關，為防止宗教義理和
教團活動顛覆家庭倫理，他再度強調儒學親親倫序，也更重視
《孝經》，即欲以儒家宗族禮法來對抗民間教派。

　　另外，晚清朱一新（1846-1894）也認為〈西銘〉專言體、
言仁之全量，若不善體會者，容易流於兼愛，故程子特闡明理
一分殊。他強調分殊的重要性，認為孟子對兼愛的批評看似過
激，卻很重要，又說：「今觀釋氏之書，摩西之教，而其言驗
矣，擇術可不慎歟？」[69]同樣地，除了傳統佛教和墨學外，基督
宗教也已進入晚清士人有關〈西銘〉異端之辨的論述之中。

三、民國時期詮釋的變異

　　晚清到民國時期，中國思想界鉅變，衝決宗法倫常之網
羅，追求平等、自由、博愛等價值之聲高漲。此時期〈西銘〉
的詮釋呈現最明顯的變化是：擺脫傳統儒家有差序的倫理觀，
以及狹義「孝」的束縛。當時人們未必讀不出〈西銘〉文中濃
厚的宗法主義，或是不知道此文在學術史上引發的紛爭與論
辯，但由於傳統的「異端」概念已瓦解，〈西銘〉蘊涵的其他
思想向度也獲得伸展的動能，進而扮演了聯繫中國文化與世界
的橋樑。

　　在廣泛蒐集晚清至民國時期相關史料時發現，儘管有像劉
師培（1884-1919）說張載〈西銘〉之民胞物與雖與「民約」無

69　朱一新，〈問西銘〉，《無邪堂答問》，卷4，頁1b，收入王德毅主編，
　　《叢書集成續編》（台北：新文豐出版公司，1989），冊19。

關，但推之可以得「民約」之意，[70] 或如劉伯明「中國人不是沒有這種平等的思想，〈禮運〉篇孔子講的大同、以及張載的〈西銘〉，都很有德謨克拉西的精神」之說；[71] 但直接援引〈西銘〉去闡論自由、平等、民主的言論其實並不多見，更多還是在比較宗教和比較文化脈絡中的發言。另外，新儒家主要承襲宋明理學而賦予新時代的詮釋，他們對於〈西銘〉也有一定的重視。還有一些文章是回應蔣介石（1887-1975）指示國民黨黨政人員研習〈西銘〉而作，此又與蔣介石個人的學思有關。以下就這三方面分別討論。

（一）普世宗教精神

對於宗教界人士而言，不同宗教間的差異當然至為緊要，必要時更是要析毫剖釐，然在不同語境下，有時也會強調彼此具有相似的精神。〈西銘〉父天母地、仁覆天下的精神，就常被用來與其他宗教精神相提並論，闡明普世宗教的精神。例如，基督徒何璋曾說：

上主從天誕降下救普世，萬萬非人類之比，而其靈異有

70　劉師培，《中國民約精義》，收入氏著，《劉申叔遺書》（南京：鳳凰出版社，1997），冊上，頁582-583。亦參見楊貞德，〈從「完全之人」到「完全之平等」──劉師培的革命思想及其意涵〉，《臺大歷史學報》，期44（2009年12月），頁93-152。

71　〈劉伯明博士在職業學校講演：東西洋人生觀之比較〉，《申報》，1920年6月3日，第10版。

　　不超乎人類之上者乎？世人疑之，名與以管窺天者何異？
　　他若耶穌之教所以可大可久者，意其大意旨與張子〈西
　　銘〉同。能人觀書，當求大義微言，不可尋數行墨。[72]

　　何璋當然知道基督教教義不同於〈西銘〉，但他在此強
調耶穌的精神和教導大意與〈西銘〉相同。類似地，趙紫宸
（1888-1979）也清楚〈西銘〉所謂「乾稱父，坤稱母」，不
同於基督教的人格神，[73] 但他同樣從〈西銘〉讀出類似耶穌的
精神。《學仁》是趙紫宸於1935年寫於北京的一本基督徒靈修
著作，此書寫於中國國難救亡意識極強的年代，當時許多人主
張人格救國，趙紫宸也說耶穌的人格精神是救國之重要途徑，
《學仁》全書涵蓋個人、社會、國家、國際、天國各層次，有
會通基督教倫理與中國道德倫理的特色。趙紫宸在論人生理想
時，並列援引了〈西銘〉全文與《路加福音》4章18-19節，亦即
描述耶穌是彌賽亞、受差遣傳福音給普世之人的經文。他接著
申論道：

　　人的大覺悟，都是宗教的覺悟。在這宗教的覺悟之中，
　　人恍然澈見自己渾然與萬物同體，與宇宙同性，與人類同

72　何璋，〈論教〉，《中西教會報》，卷2期16（1892），頁19b。
73　趙紫宸，〈基督教與中國文化〉，收入氏著，燕京研究院編，《趙紫宸文
　　集》（北京：商務印書館，2007），卷3，頁273。徐寶謙也說：「張載的
　　〈西銘〉，雖有乾父坤母、民胞物與的說法，與基督教的有神論，意味究
　　不相同。」徐寶謙，〈基督教與中國文化〉，《大公報》（天津版），
　　1933年12月14日，第13版。

喜樂同悲哀。有了這樣的覺悟，人好像在生活中得了一個
永恆的真實性，能像釋迦一樣地有「我不入地獄，誰入地
獄」的感想，像范仲淹一樣地有「先天下之憂而憂，後天
下之樂而樂」的志氣，像保羅一樣地有「與哀哭者同哭，
與喜樂者同樂」的心腸，像耶穌一樣地有非我旨意成全，
惟求上帝旨意成全的決心。[74]

〈西銘〉萬物一體觀是一種宗教的體悟，不僅儒家有，基督
教、佛學也有。趙紫宸說現代思想家有希臘詭辯家的氣味，被
演變的思想所蒙蔽，看不見有個不變的真實存在，因此是非混
淆。他說：

其實，人生何嘗沒有確定的標準，祇是他們求之不得
其道罷了。這個標準，在耶穌的宣告裡，橫渠先生的〈西
銘〉裡，已經有很清楚的啟示。[75]

「耶穌的宣告」即基督教普世救贖的福音，趙紫宸認為這種精
神可見於〈西銘〉，是真實的道，不是虛見。他相信只有從天
主（天地）的高度，承認全人類與我同性，才能弭平世界的紛
亂。他在當天的禱文中也以民吾同胞、人應廣愛人類來向耶穌
祈禱。[76]綜觀趙紫宸對於〈西銘〉的看法，他一方面認為這是

---

74 趙紫宸著，燕京研究院編，《趙紫宸文集》（北京：商務印書館，
　　2003），卷1，頁375。
75 趙紫宸，《趙紫宸文集》，卷1，頁375。
76 禱文：「至聖之神，慈愛之父，你是萬族的真源，你是人類的大父，你是

一篇蘊涵倫理、哲學、宗教的偉論，雖全篇所述不過一「孝」字，但具有崇高的宗教精神；另一方面，他也認為中國文化還應向基督教學習，耶穌對天父深刻的體認，及其在十字架上犧牲的大愛，都值得中國人學習。[77]

其他類似將基督教與〈西銘〉比附的說法尚有不少，例如1922年李路得在尚賢堂的演講，說到基督看普天下人民如同弟兄姐妹（馬太福音12:50），與儒經上「民吾同胞，物吾同與」相近；[78]范皕誨（范子美，1866-1939）說基督教以上帝為天父，人類皆兄弟；若非有同一的天父，則「民胞物與」之說也不成立。[79]劉仲山說〈西銘〉民胞物與的胸懷與基督教的博愛相合；[80]方豪（1910-1980）認為〈西銘〉「所謂乾坤，所謂天地，皆指宇宙之主宰也。」[81]將乾坤大父母連繫到天主教的天

眾生的標準。因此，凡是人都是兄弟姐妹，都屬於一家。父啊，為此，我求你將我心中傲慢仇恨，與夫與人隔絕的罪惡，完全除去，使我能因你而愛人，而行愛人的事。因耶穌，亞們。」趙紫宸，《趙紫宸文集》，卷1，頁376。

77 趙紫宸，〈基督教與中國文化〉，《趙紫宸文集》，卷3，頁275。
78 〈李路得先生演說詞〉，《尚賢堂紀事》，期13冊1（1922），頁40-50。尚賢堂由李佳白所建，常邀請各宗教人士前往演說，提供不同宗教對話之平台，李佳白個人傾向宗教聯合的思想，相關研究，參見胡素萍，《李佳白與清末民初的中國社會》（廣州：中山大學出版社，2009）；孫廣勇，〈融入與傳播──簡論李佳白及其尚賢堂的文化交流活動〉，《社會科學戰線》，2005年第6期，頁299-301。
79 皕誨，〈中國倫理的文化與基督教〉，《青年進步》，期84（1925），頁1-10。
80 劉仲山，〈基督教與中國文化的關係〉，《希望月刊》，卷5期12（1928），頁12-24。
81 方豪，〈論中西文化傳統〉，收入張西平、卓新平編，《本色之探：20世

主。謝扶雅（1892-1991）則說〈西銘〉天地一體、民胞物與、包含萬有、解脫差別界而入平等界之經驗，是宗教精神之最深奧處。[82]

除了基督宗教外，其他宗教人士也會以〈西銘〉作比附，丁福保（1874-1952）說〈西銘〉類似佛教眾生平等觀；[83]江謙〈廣張子西銘〉則從佛教的立場，藉〈西銘〉來申論佛教不生不滅，無量無邊之心性觀。[84]儒教人士也有類似的說法，關中士人劉光蕡（1843-1903）將孔子之儒教與其他宗教類比，認為儒家所言性善即佛教所謂佛性、耶教所謂靈魂；[85]又說孔子為千古教宗，其教生於孝，即孔子之教以天為人之父母，以事天之路徑垂示萬世。劉光蕡承襲著明清以來將〈西銘〉與《孝經》合論的傳統，稱揚〈西銘〉言仁孝及儒教本天的宏高境界。[86]陳煥章（1880-1933）雖未特別表彰〈西銘〉一文，但他根據其他儒家經典，說乾坤為人之父母，人人皆為上帝之子，事天即事親，因而主張孔教應以上帝與祖宗並重，同時祭天、祭孔、祭祖，這些都符合〈西銘〉之旨。[87]陳煥章對於孔教的主張也有與

紀中國基督教文化學術論集》（北京：中國廣播電出版社，1999），頁196。

82 謝扶雅，《宗教哲學》（濟南：山東人民出版社，1998），頁74-75。

83 丁福保，〈我之人生觀〉，《申報》，1939年9月3日，第16版。

84 江謙，〈廣張子西銘〉，《佛學半月刊》，期78（1934），頁48。

85 劉光蕡著，武占江點校，《劉光蕡集》（西安：西北大學出版社，2014），頁466。

86 劉光蕡，《劉光蕡集》，頁375、377、381、469。

87 陳煥章，周軍標點，《陳煥章文錄》（長沙：岳麓書社，2015），頁189-190。

其他宗教比較的視野，並有大同的思想。

　　民初的孔教曾主張以《孝經》為世界和平之福音書，以中國孝道教化進於全球大同境界，這些想法經常帶有濃厚的比較宗教意涵，1940年代上海尊經會刊刻的《孝經救世》可作為代表。[88]書中在註釋《孝經》經文「孝悌之至，通於神明，光於四海，無所不通」時，有一案語曰：

> 　　張子〈西銘〉曰：「乾稱父，坤稱母，予茲藐焉，乃渾然中處」；又曰：「民吾同胞，物我與也」；又曰：「凡天下疲癃殘疾惸獨鰥寡，皆我兄弟之顛連無告者也」。夫孝悌之至，必如〈西銘〉之量，父天母地，仁覆天下，若是則天地與吾為一體，而神明之通，有必然者。且佛、道、耶、回各教，皆同此量，故光於四海無所不通，亦無疑也。[89]

　　作者大量引用〈西銘〉原文，認為此文所揭示的精神具有普世宗教的意義，是佛、道、耶、回各宗教所共有的精神，因此可以光於四海而無所不通。另外，唐文治（1865-1954）《孝經救世編》讚許〈西銘〉民胞物與之仁，強調人應以彌天地間之缺憾為職志，才是乾坤大孝子；另一方面，他則感嘆後世儒學罔知此義，不能推及於同胞民物使萬民萬物得其所，反須依

88　呂妙芬，《孝治天下：《孝經》與近世中國的政治與文化》（新北：聯經出版事業公司，2011），頁303-319。

89　世界不孝子，《孝經救世》，卷16，頁33-34，收入林慶彰主編，《民國時期經學叢書》（台中：文听閣圖書公司，2009），輯3，冊56。

賴外國宗教家來實踐，對此深感痛愧。[90]一篇1921年發表於《申報》的文章則指出：歐洲人根據「四海之內皆兄弟」和〈西銘〉認定儒家之精義與基督教有同稱善者，久而久之，中國人亦自詡如此，但可惜中國人是能言而不能行。[91]

　　以上諸說主要從比較宗教和文化的脈絡上發言，〈西銘〉作為儒家仁愛精神的代表，其仁覆天下與崇尚大同的精神，[92]足以和基督教、佛教等普世性宗教相提並論，當時許多論述都說基督的愛、孔子之仁、釋迦的慈悲，雖有輕重廣狹之別，但基本精神是相通的。

（二）新儒家：馮友蘭、唐君毅的論點

　　宋明理學是新儒家思想的重要資源，講論〈西銘〉的文字也不少，[93]而且〈西銘〉以天下為一家的精神，更是新儒家向世界宣傳中國傳統文化的重點。[94]在新儒家中，馮友蘭（1895-

---

90 唐文治，《孝經救世編》，卷3，頁22a-b，收入林慶彰主編，《民國時期經學叢書》（台中：文听閣圖書公司，2013），輯5，冊58。

91 老圃，〈兄弟說〉，《申報》，1921年8月25日，第20版。

92 將〈西銘〉與大同思想並論，例如：徐慶譽，〈新生活運動與文化〉，《大公報》（天津版），1935年6月5日，第4版。

93 例如：熊十力，〈中國哲學與西洋科學〉，收入氏著，景海峰編，《熊十力選集》（長春：吉林人民出版社，2005），頁459-460；方東美講〈西銘〉歷史背景，見氏著，《新儒家哲學十八講》（台北：黎明文化事業公司，1983），頁277-284。

94 牟宗三、徐復觀、張君勱、唐君毅四人於1958年聯名發表的宣言中，雖然沒有特別提及〈西銘〉，不過談到五點西人應向東方文化學習的內容，其中第五點即「天下一家之情懷」，也說到東方的「墨家要人兼愛，道家要

1990）和唐君毅（1909-1978）對於〈西銘〉的闡釋別具特色。
馮友蘭對〈西銘〉的評價很高，他在《新原人》中講到自然、
功利、道德、天地四種境界，其中天地境界最高，〈西銘〉即
描述天地境界。他說人若能充分自覺自己是宇宙的一分子，對
於宇宙是有責任的，即是知天之人，此等人可稱為天民。「天
民所應做底，即是天職。他與宇宙間事物底關係，可以謂之天
倫。」天民也是社會中的一分子，也當盡社會的責任，然因其
對天倫有所覺解，其盡人倫即有事天的意義。[95]馮友蘭又說：

> 盡人職，盡人倫底事，是道德底事。但天民行之，這
> 種事對于他又有超道德的意義。張橫渠的〈西銘〉，即說
> 明此點。〈西銘〉云：「乾稱父，坤稱母，余茲藐焉，
> 乃渾然中處。故天地之塞，吾其體；天地之帥，吾其性。
> 民，吾同胞；物，吾與也。……尊高年，所以長其長，慈
> 孤幼，所以幼其幼。聖，其合德；賢，其秀也。……存，
> 吾順事；沒，吾寧也。」這篇文章，後人都很推崇。……
> 不過此篇的好處，究在何處？前人未有確切底說明。照我

人與人相忘，佛家要人以慈悲心愛一切有情，儒家要人本其仁心之普遍涵
蓋之量，而以天下為一家，中國為一人。」見牟宗三、徐復觀、張君勱、
唐君毅，〈為中國文化敬告世界人士宣言——我們對中國學術研究及中國
文化與世界文化前途之共同認識〉，《民主評論》，卷9期1（1958），頁
2-21。

95 馮友蘭，《貞元六書》，收入氏著，《馮友蘭文集》（長春：長春出版
社，2008），卷5，頁78。陳煥章也有天民之說，認為人人為天之子，故
未來孔教進化之後，破除家界，人直接隸屬於天，即為天民。見陳煥章，
《陳煥章文錄》，頁207。

們的看法，此篇的真正底好處，在其從事天的觀點，以
看道德底事。如此看，則道德底事，又有一種超道德底意
義。由此方面說，就儒家說，這篇確是孟子以後底第一篇
文章。因為孟子以後，漢唐儒家底人，未有講到天地境界
底。[96]

馮友蘭說〈西銘〉具有從宇宙觀看事物的眼光，能講到天地境
界的高度，與《中庸》「贊天地之化育」、「與天地參」相
當。又說在天地境界中的人，最高可以達到同天的境界，即
一種類似宗教體悟、神秘主義、與天地萬物一體的經驗；即
「我」的無限擴大，最終成為大全的主宰。他認為〈西銘〉
「天地之塞，吾其體；天地之帥，吾其性」，以及張載所謂
「為天地立心，為生民立命」，即同天境界與大全主宰的表
述。[97]馮友蘭並未否定人倫和道德的重要性，只是強調在人倫和
道德之上，還有超越的境界，他也沒有〈西銘〉論仁太過的疑
慮。他認為人若有宇宙天地之意識與覺解，在盡人倫的同時，
即盡天倫；行道德的同時，即可超越道德。[98]

相較於馮友蘭從天地境界來闡論〈西銘〉，唐君毅則以儒
家「孝的形上宗教」來論〈西銘〉，他的討論也相當程度上呼
應了前述王夫之的看法。唐君毅說中國儒者之天或天地，並非
只是自然，尚有具形上之精神生命性的絕對實在；張載以氣言

---

96 馮友蘭，《貞元六書》，收入《馮友蘭文集》，卷5，頁78。
97 馮友蘭，《貞元六書》，收入《馮友蘭文集》，卷5，頁81-84。
98 王寶峰，〈張載對馮友蘭思想的影響〉，《西北大學學報》，卷36期4
    （2006年7月），頁135-138。

天，以乾坤為父母之說，乃承《易傳》及漢儒尊天之精神，論天人之究竟關係，以人為宇宙之孝子。[99]唐君毅認為「孝」是人應有之普遍道德。人為什麼應當孝父母？其理據並不在於父母是否愛子女，而是人的生命來自父母，乃「父母之創造」，他說無論人的靈魂是否來自上帝，或未生前是否有阿賴耶識先在，此都不能否認人的生命由父母而生的事實。他說：

> 此現實存在之我之生命與其現實存在性，仍為父母由愛情結合之統一的努力之一創造。我初不在現實世界，父母之在現實世界，生出此現實存在之我，對現實世界言，仍是無中生有。父母未生我，我在此現實世界即等於零。當我在此現實世界等於零之時，則足致我之生之根本動力，惟在我之父母之心身中。[100]

上文我們看見王夫之堅持對父母盡孝的優先性，而唐君毅的看法接近王夫之。因為人並非直接由渾淪之自然宇宙所生，而是由父母所生，所以人只能透過對父母之孝思，來表達對宇宙之孝思。[101]唐君毅又說：

> 故人之返本意識，只能先反於父母之本，由此以返宇宙

99 唐君毅，《中國文化之精神價值》，收入氏著，《唐君毅全集》（台北：台灣學生書局，1991），卷4，頁466-467；《中國哲學原論‧原教篇》，收入《唐君毅全集》，卷17，頁76、119-120。
100 唐君毅，《文化意識與道德理性》，收入《唐君毅全集》，卷20，頁79。
101 唐君毅，《文化意識與道德理性》，收入《唐君毅全集》，卷20，頁79。

之本。方顯自己之能返本之返之本。唯如此之返本，乃能
真返於自己或宇宙之生命精神之本體，而顯超越的我之純
生命精神性。唯如此之返本，乃人之最直接而自然之返本
之道路。102

他比較基督教和儒學，認為基督教忽略對父母的孝思，要人返
於宇宙生命精神之本體（上帝）；又說基督教認為上帝創造宇
宙萬物，故相信從研究物質可知上帝，此促進了近代科學，然
若只以研究物質為本，則破壞人對上帝之虔敬，故中古基督教
為了接近上帝，便主張鄙棄物質。相對地，中國儒學是透過孝
父母、祭祖宗以拜天地，天地也因此生命化、精神化了。他說
這種由孝透入宇宙精神本體的路徑，是一條人人可以遵循實踐
的道路，其中不僅包含道德意識，也包含宗教意識。103

　　唐君毅又說人之道德始於能超越自愛而愛他人，這種忘
我而愛人之心即人性本具之仁；人欲實現其仁心仁性，必然表
現於對父母之孝，故中國古人總說「孝即人之仁心最初呈現處
發芽處」。他站在儒學的立場，引羅汝芳論「孝弟慈」乃良知
內涵，論說人要返回父母未生前之本，到無我忘我之境，而道
德的第一步則是在父母前盡孝以忘我，對父母致其愛敬。他又
說：「此愛敬是愛敬父母，同時即是實現那超越的無我之我。
此愛敬可一直通過父母而及於無窮之父母，及於使我有此生之

---

102 唐君毅，《文化意識與道德理性》，收入《唐君毅全集》，卷20，頁79。
103 唐君毅，《文化意識與道德理性》，收入《唐君毅全集》，卷20，頁79-
　　80。

整個宇宙。」如果人不從萬物之分殊看，可進一層看萬物之全體，那麼整個宇宙，整個乾坤，即我之父母，人亦可對整個宇宙致其孝敬。「此即張載所謂對天地乾坤之孝。」[104]唐君毅基本上遵循宋明理學的思維，尤與羅汝芳的論點相近，以孝為人性本有的道德內涵，又藉著與佛教、基督教的比較來凸顯儒學的特色。他雖接受了自由、平等、民主等價值，也不再辨析正統與異端，但基本的信念與假設仍是宋明理學式的。

（三）蔣介石與國民黨黨政教育

在蒐集民國時期報刊雜誌上有關〈西銘〉的文章時，會發現1939-1943年間有幾篇以「總裁指示黨政人員必須研讀〈西銘〉」開場的文章，這些文章顯然是回應蔣介石的指示而寫，內容主要是闡釋〈西銘〉文意或張載的思想如何對國民黨的革命事業有意義。蔣介石為什麼要指定黨政人員研讀〈西銘〉？他自己又是如何閱讀〈西銘〉呢？

關於蔣介石的修身及其深受宋明理學的影響，前人已有許多論著，[105]蔣介石在1930年受洗成為基督徒後，相當程度融攝了儒學修身工夫與基督教靈修生活。我們從國史館出版的《學

---

104 唐君毅，《文化意識與道德理性》，收入《唐君毅全集》，卷20，頁73-77。

105 例見周伯達，《介石先生思想與宋明理學》（台北：台灣學生書局，1999）；楊天石，〈蔣介石與宋明理學〉，《貴州文史叢刊》，2013年第4期，頁25-32；黃克武，〈修身與治國——蔣介石的省克生活〉，《國史館館刊》，期34（2012年12月），頁45-68。

記》可見，蔣介石在1930年代很認真地研讀明代理學家的語錄，經常抄錄原文。[106]他在民國二十九年（1940）12月11日記錄了自己平日早晚誦經和靜默的工夫：

> 　　靜坐已三十年，默禱亦十餘年，未嘗一日間斷，但至最近方悟靈性生活之高超，而真我即在信仰之中。人生到此天人合一境地，方得真樂，然而余尚未能語此乎？蓋人欲妄念，尚不能消除不現，故不能久居於仁愛純一之中，每用自愧也。[107]

1940年12月16日記曰：

> 　　余每朝看聖經一章，十年如一日。每朝靜坐中，讀《大學》、《中庸》各首章一遍。每晚靜坐中，讀《孟子》養氣章一遍。[108]

在讀完經文之後，又繼續讀養生口訣：

> 　　讀《大學》、《中庸》各首章畢，繼讀：一、一陽初

---

106 例如，蔣介石於民國二十二年讀《明儒學案》，大量抄錄明儒語錄，民國三十年又重看《明儒學案》，仍抄錄許多明儒語錄，之後又看《宋元學案》。蔣中正著，王宇高、王宇正輯錄，《學記》，收入黃自進、潘光哲編，《蔣中正總統五記》（台北：國史館，2011），頁37-51、177-298。
107 蔣中正，《學記》，頁166-167。
108 蔣中正，《學記》，頁167。

動處，萬物始生時。不藏怒也，不宿怨也。仁所以養肝
也。二、擴然而大公，物來而順應。裁之吾心而安，揆之
天理而順。義所以養肺也。三、內而專靜純一，外而整齊
嚴肅。泰而不驕，威而不猛。禮所以養心也。四、神欲其
定，心欲其定，氣欲其定，體欲其定。智所以養腎也。
五、飲食有節，起居有常，作事有恆，容止有定。信所以
養脾也。[109]

從以上引文，我們可以略知蔣介石每日修身的工夫，他大約從
1910年開始每日從事靜坐，受洗成為基督徒後，靜坐和默禱，
讀聖經和儒家經典並行，十年如一日，未曾間斷。每天早晨讀
《大學》、《中庸》首章畢，繼續誦讀修養身心的文字，此應
受到曾國藩（1811-1872）的影響，[110]蔣介石年輕時即十分喜愛
閱讀曾國藩集，曾說自己的政治學是以王陽明（1472-1529）、
曾國藩二人之書為根柢。[111]

　　〈西銘〉是宋明理學的名篇，蔣介石自然也熟讀。從其
記錄可見：他於1939年3月28日讀〈西銘〉，抄錄其中文字；

---

109 蔣中正，《學記》，頁167。

110 蔣介石養生要言應抄自曾國藩，見曾氏道光二十四年（1844）致諸弟書信
　　中後附〈養生要言〉。曾國藩，〈養生要言〉，《曾國藩家書》（台北：
　　黎明文化事業公司，1986），輯1，頁109。

111 民國四年的記載，見蔣中正，《學記》，頁3。另外，從其記載亦可見他
　　分別在民國八年溫習《曾文正家書》、民國十三年讀《曾國藩全集》、民
　　國十四年手鈔曾文正嘉言錄、民國十五年讀《曾文正嘉言鈔》和《曾文正
　　集》、民國十八年在軍校中講曾國藩治兵理念。見蔣中正，《學記》，頁
　　4、7、8、13、20。

1941年7月再讀〈西銘〉，此時是與〈太極圖說〉和歐洲文藝復興史一起讀，此番閱讀他深有領悟，故想要約馮友蘭、熊十力（1885-1968）一起研究哲學。1941年7月16日早晨不僅抄錄〈太極圖說〉和〈西銘〉內容，又記曰：

> 周、張二子，實繼我中華民族道統之絕者也，二子皆以天為父，而以人為天之子，且以民為胞、物為與，是天父之說為我中華一貫之傳統，而非出於基督教而始有之也。今之儒者，聞天父之說，乃驚駭而斥之，其誠未聞夫之道之大者也。[112]

這一段心得可以適度說明蔣介石何以看重〈西銘〉，同時也反映他在1940年左右對於宗教、黑格爾哲學、自我與宇宙、天人合一的思索。[113]〈西銘〉以乾坤為人大父母，以人為天之子的觀點，提供蔣介石一種可以緊密聯繫儒學與基督教的方式，他根據個人的信仰和長期修身的工夫心得，很有自信地說其他儒者拒絕基督教天父之說，實是不能洞悉中華一貫之傳統，未能聞道。當時他又從研讀黑格爾哲學體悟到，生命需不斷地在矛盾與過失中，在自我內心的衝突中超越而創新；生命的目的即在追求自我與宇宙（天、太極）合一。這些體悟很容易聯繫到儒學《中庸》與〈西銘〉的天人思想。

　　1940年代初期，蔣介石又多次重溫〈西銘〉，1941年11月

---

112 蔣中正，《學記》，頁188-189。
113 關於他研習黑格爾哲學的心得，見蔣中正，《學記》，頁167-170。

1日記曰：「本週每朝讀周子〈太極圖說〉二遍，而張子〈西
銘〉已能成誦矣。」[114] 1942年1月1日再讀〈西銘〉；同年4月
22日：「讀〈西銘〉、〈太極圖說〉和《通書》略有心得，足
自樂也。」[115] 從當時他書寫的心得可知，「造化在手，宇宙在
握」、「一人之心即天地之心」這一類關乎天人合一的思想是
他主要興趣與心得所在。[116]

　　至於以〈西銘〉作為國民黨黨政官吏的教育內容，我沒有
找到確切頒布規定的日期，不過《戰時記者》於1939年8月1日
刊出「總裁蔣公，為策勵黨政官吏進德修業，特手定禮記〈禮
運〉篇、張子〈西銘〉、曾文正〈覆賀耦庚書〉三文，為平日
座右之銘，務期人人誦習力行。」[117] 推估當約在此時。至於
選擇這三篇的原因，據報紙說法是因蔣介石個人以此三文為平
日座右銘，故希望黨政人員能人人誦習力行。若從文章內容看
來，蔣介石視〈禮運〉是地方自治之圭臬，在其政治哲學中占
有重要分量；[118] 曾國藩寫給賀長齡（1785-1848）的〈覆賀耦
庚書〉則以存誠自許，也批評官場上虛文奸弊之惡習，符合對
官員品格之教導。另外，我們從《民國二十八年之蔣介石》可
知，蔣介石非常看重黨政訓練班的組織和訓練內容，多次去演
講並召見學員。1939年3月28日上午他前往黨政訓練班，接見

114 蔣中正，《學記》，頁223、225。
115 蔣中正，《學記》，頁229、237。
116 蔣中正，《學記》，頁237。
117 見〈張子西銘〉，《戰時記者》，期12（1939），頁25。
118 國立政治大學人文中心編，《民國二十八年之蔣介石》（台北：政大人文
　　中心，2016），頁156。

百餘位學員，下午手擬訓練要項條目，晚上又對學員訓話二小時。這一天，他書寫〈西銘〉「知化則善述其事，窮神則善繼其志，不愧屋漏為無忝，存心養性為匪懈」自我勉勵。[119]可見〈西銘〉確實是蔣介石平日的座右銘。

　　從報刊的文章看來，〈西銘〉並不為當時人們所熟悉，故許多文章都主要介紹張載其人及思想，並對〈西銘〉全文進行釋義。[120]查猛濟述〈張子西銘的抗戰哲學〉一文則試圖闡釋〈西銘〉對於抗戰的意義，認為此文是中國民族思想的結晶，也是蔣介石強調對以民族思想對抗外國勢力入侵的重要防線。他在文中除了逐句譯解〈西銘〉全文外，也交代了此文在宋代學術史中的論辯，最後更論述張載哲學中「人我一體」的觀念對於抗戰的意義：

> 倡導實行精神總動員的所謂黨務與公務人員，全體軍人，全國各界領袖，全國青年，對於全體國民，乃至全體國民相互間，也都應該明白「人我一體」的哲理。再推而至於國際上的友邦，甚之對於敵方的俘虜，以至敵國的上下，我們也應該相信他們是在「人我一體」的範疇裡面的分子，我們所以要抗戰，所以要推倒敵國的軍閥，乃至反抗少數帝國主義國家幫助敵人的行為，也無非因為他們正在破壞「人我一體」的「渾然」形態。……我們的抗戰，

---

119 國立政治大學人文中心編，《民國二十八年之蔣介石》，頁167。
120 除了下文引的文章外，亦參見朱逸人，〈讀西銘〉，《服務》，期2（1939），頁7-9。

不但救中國，並且救了世界，就是因為我們的抗戰實在是
防止了和我們「一體」的世界各國的變亂。所以〈西銘〉
說：「天地之塞，吾其體；天地之帥，吾其性。民，吾同
胞；物，吾與也。」上面所謂「體」，是從「靜」的方面
說，所謂「性」，是從「動」的方面說。也就是統制物質
界和精神界的意思。[121]

如同〈西銘〉具天地宇宙的意識，此文也把中國抗戰的意義提
升到拯救全世界的高度，以人道主義的精神來對抗各國的變
亂。最後，作者又引〈西銘〉「富貴福澤，將厚我之生也」說
明天必助中國，預言抗戰最終必勝利，又以「貧賤憂戚，亦天
地之愛汝玉成於我也」來勉勵國人將苦難視為上天對我們的磨
練，相信只要抱持「存吾順事，沒吾寧也」的胸懷來從事抗戰
的工作，中國人就不再有恥辱的行為了。類似地，1943年王建
新〈西銘新詁〉也是從發揚民族固有精神、與天地同流的宇宙
觀與人生觀的角度，論說〈西銘〉與革命的關係，並指責帝國
主義的侵略行為是危害人類文明之「天地間的逆子，極大的罪
徒」。[122]雖然這類文章宣傳的意義可能比真實信念更高，但論
述主要標舉全人類、全世界、全宇宙的福祉，這種全球和宇宙
的視野便是二十世紀〈西銘〉論述中最鮮明的特色。

---

121 查猛濟述，〈張子西銘的抗戰哲學〉，《勝利》，號32（1939），頁6-8。
122 王建新，〈西銘新詁〉，《湘桂月刊》，卷2期8（1943），頁6-10。

四、結語

　　本文主要探討〈西銘〉在清代與民國時期詮釋的變化。由於〈西銘〉是宋明理學的經典作品,從帝王到士人均相當重視,宋到晚明之間也已發展出相當穩定的詮釋框架與內容。清儒基本上延襲前人,在理一分殊的架構下,強調〈西銘〉闡釋仁孝之大義。不過,我們從十七世紀王夫之、王嗣槐,與十九世紀吳敏樹的論述可見,正統與異端之辨、儒家親親原則、維護帝國孝治意識形態等,仍是主導不同時期儒家士人質疑或再闡釋〈西銘〉的主因。〈西銘〉的超越意識具有挑戰儒家親親人倫、宗法制度的潛力,以天地為大父母的視野也具有接引其他宗教的可能,這些都讓維護儒學正統與政教秩序的士人相當警戒。王夫之和王嗣槐的發言雖主要針對佛教、墨家而發,但天主教的影響及清初儒家士人的敬天思想亦可能是其重要的對話脈絡,而身處太平天國之亂的吳敏樹,則主要因為基督宗教與民間教派而質疑〈西銘〉。

　　民國時期,在新的政治體制與平等博愛等新價值理想下,正統異端之辨已不再重要,理一分殊的架構也被揚棄,反而是〈西銘〉文中所具超越血緣宗族的意識,及其以宇宙為懷抱的胸懷,成為表彰中國文化並與普世宗教對話的重要媒介。無論是蔣介石、新儒家或各宗教領袖,〈西銘〉這篇短文不僅有力表彰了中國文化的廣愛精神與天人合一的崇高境界,顯示中國文化並不亞於世界其他宗教文明,也提供中國人在列強侵略的困境中,以世界主義、人道主義和宇宙意識的高度,自我鼓舞並譴責敵人。

徵引書目

一、史料

（一）史籍、方志

中華書局編，《清史列傳》。台北：中華書局，1964。

文史資料研究委員會編，《榆林文史資料‧名勝古迹專輯》。榆林：中國
　　人民政治協商會議榆林縣委員會，1984。

方守道初輯、高賡恩復輯，《蜀學編》，收入江慶柏主編，《清代地方人
　　物傳記叢刊》，冊 9。揚州：廣陵書社，2007。

牛蔭麐修，丁謙等纂，《嵊縣志》。台北：成文出版社，1975。

司馬光編著，胡三省音注，《資治通鑑》。北京：古籍出版社，1956。

四川省射洪縣縣志編纂委員會編，《射洪縣誌》。成都：四川大學出版社，
　　1999。

平觀瀾等修，黃有恒等纂，《盧陵縣志》。台北：成文出版社，1989。

申時行等修，《大明會典》，收入《續修四庫全書》編纂委員會編，《續
　　修四庫全書》，冊 789-792。上海：古籍出版社，2002。

朱克敬著，岳衡、漢源、茂鐵點校，《儒林瑣記》。長沙：岳麓書社，
　　1983。

朱衡，《道南源委錄》，收入《四庫全書存目叢書》編纂委員會編，
　　《四庫全書存目叢書》，史部，冊 92。台南：莊嚴文化事業公司，
　　1997。

江召棠修，魏元曠等纂，《南昌縣志》。北京：北京圖書館出版社，
　　2007。

何載圖，《關中書院志》。明萬曆年間刊本，國立故宮博物院製縮影資料。

吳元炳輯，《三賢政書》。台北：台灣學生書局，1976。

吳甡，《柴菴疏集》，收入四庫禁燬書叢刊編輯委員會編，《四庫禁燬書
　　叢刊》，史部，冊 51。北京：北京出版社，2005。

吳甡，《憶記》。台北：偉文圖書公司，1976。

吳偉業纂輯，《綏寇紀略》。台北：廣文書局，1968。

宋濂，《元史》。北京：中華書局，1976。

宋斆等纂修，《寧國府志》。台北：成文出版社，1983。

李元度纂，《清朝先正事略》，收入周駿富編，《清代傳記叢刊》，冊
　　192-193。台北：明文書局，1985。

李來章，《南陽書院學規》，收入趙所生、薛正興主編，《中國歷代書院
　　志》，冊 6。南京：江蘇教育出版社，1995。

李來章，《連山書院志》，收入趙所生、薛正興主編，《中國歷代書院志》，
　　冊 3。南京：江蘇教育出版社，1995。

李來章，《連陽八排風土記》，收入張智主編，《中國風土志叢刊》，冊
　　53。揚州：廣陵書社，2003。

李來章、李琇璞纂，《勅賜紫雲書院志》，收入趙所生、薛正興主編，《中
　　國歷代書院志》，冊 6。南京：江蘇教育出版社，1995。

李時燦編，《中州先哲傳》，收入國家圖書館古籍館編，《中國古代地方
　　人物傳記匯編》，冊 100-103。北京：北京燕山出版社，2008。

李熙齡纂修，《榆林府志》。台北：台灣學生書局，1968。

李德淦修，洪亮吉纂，《涇縣志》。台北：成文出版社，1975。

李穎，〈李見羅先生行署〉，收入國家圖書館編，《中華歷史人物別傳集》，
　　冊 22。北京：線裝書局，2003。

李穎，《李見羅先生行署》，收入劉家平、蘇曉君主編，《中華歷史人物
　　別傳集》，冊 22。北京：線裝書局，2003。

李應泰等修，章綬纂，《宣城縣志》。台北：成文出版社，1985。

李鴻章等著，《欽定大清會典事例》。上海：商務印書館，1909。

汪道亨修，《陝西通志》。萬曆年間刊本，中央研究院傅斯年圖書館藏。

沈國元，《兩朝從信錄》，收入王有立主編，《中華文史叢書》，輯 2，
　　冊 10。台北：華文書局，1968。

孟炤等修，黃祐等纂，《建昌府志》。台北：成文出版社，1989。

孟森等著，《明代邊防》，收入包遵彭主編，《明史論叢》，冊 6。台北：
　　台灣學生書局，1968。

金賁亨，《台學源流》，收入《四庫全書存目叢書》編纂委員會編，
　　《四庫全書存目叢書》，史部，冊 90。台南：莊嚴文化事業公司，
　　1997。

施誠修，童鈺、裴希純、孫枝榮纂，《河南府志》，收入洛陽市地方史志
　　辦公室整理，《中國河洛文化文獻叢書》。鄭州：中州古籍出版社，
　　2013。

洪亮吉、陸繼萼等纂，《登封縣志》。台北：成文出版社，1976。

胡林翼，《胡林翼集》。長沙：嶽麓書社，1999。

范鳳翼，《范勛卿詩集》，收入四庫禁燬書叢刊編輯委員會編，《四庫禁
　　燬書叢刊》，集部，冊 112。北京：北京出版社，2005。

范曄著，楊家駱主編，《新校本後漢書并附編十三種》。台北：鼎文書局，
　　1987。

計六奇，《明季北略》，收入《續修四庫全書》編纂委員會編，《續修四

庫全書》，冊 440。上海：上海古籍出版社，2002。

唐煦春等修，朱士黻等纂，《上虞縣志》。台北：成文出版社，1970。

孫奇逢，《中州人物考》，收入周駿富編，《明代傳記叢刊》，冊 141。
　　台北：明文書局，1991。

徐世昌，《清儒學案》。台北：世界書局，1979。

徐世昌輯，《顏李師承記》。台北：文海出版社，1971。

徐世昌纂，《清儒學案小傳》，收入周駿富編，《清代傳記叢刊》，冊 5-7。
　　台北：明文書局，1985。

徐開任輯，《明名臣言行錄》，收入周駿富編，《明代傳記叢刊》，冊
　　50-54。台北：明文書局，1991。

徐鼐，《小腆紀傳》。北京：中華書局，1958。

殷禮等修，周謨等纂，《湖口縣志》。南京：江蘇古籍出版社，1996。

袁文觀纂修，《同官縣誌》。台北：成文出版社，1969。

馬澤修、袁桷纂，《延祐四明志》，收入中華書局編輯部編，《宋元方志
　　叢刊》，冊 6。北京：中華書局，1990。

張廷玉等著，鄭天挺點校，《明史》。北京：中華書局，1974。

張松孫修，沈詩杜等纂，《射洪縣志》。海口：海南出版社，2001。

張敦頤編，吳琯校，《六朝事跡編類》。台北：廣文書局，1970。

張繡中等纂修，《安福縣志》。台北：成文出版社，1989。

張驥編著，《關學宗傳》，收入四川大學古籍整理研究所編，《儒藏》，
　　史部，冊 164。成都：四川大學出版社，2008。

強振志等纂，《寶雞縣志》。台北：成文出版社，1970。

曹夢鶴等修，孔傳薪、陸仁虎纂，《太平縣志》。台北：成文出版社，
　　1985。

曹養恒等修，蕭韻等纂，《南城縣志》。台北：成文出版社，1989。

梁鳳翔修，李湘等纂，《孝感縣志》。海口：南海出版社，2001。

清高宗敕撰，《清朝文獻通考》，收入王雲五主編，《萬有文庫》，集2，「十通」第九種。上海：上海商務印書館，1936。

脫脫等著，《宋史》。北京：中華書局，1977。

陳志梂等修，《宅埠陳氏宗譜》。北京：中華全國圖書館文獻縮微複製中心，2000。

陳捷先主編，《清史事典》。台北：遠流出版社，2008。

陸言輯，《政學錄初稿》。台北：明文書局，1985。

彭紹升，《善女人傳》，收入卍續藏經會編，《卍續藏經》，冊150。台北：新文豐出版公司，1983。

彭際盛等修，胡宗元等纂，《吉水縣志》。台北：成文出版社，1989。

湯斌輯，《洛學編》，收入《四庫全書存目叢書》編纂委員會編，《四庫全書存目叢書》，史部，冊120。台南：莊嚴文化事業公司，1997。

焦竑編，《國朝獻征錄》，收入周俊富編，《明代傳記叢刊》，冊109-114。台北：明文書局，1991。

鄂爾泰等修，《清世祖章皇帝實錄》，收入《清實錄》，冊3。北京：中華書局，1985。

閔爾昌纂錄，《碑傳集》，收入周駿富編，《清代傳記叢刊》，冊106-114。台北：明文書局，1985。

黃允欽修，羅錦城纂，《射洪縣志》，收入《中國地方志集成》編輯指導委員會、《中國地方志集成》編輯工作委員會編，《中國地方志集成‧四川府縣志輯》，冊20。成都：巴蜀書社，1992。

黃宗羲著，全祖望補定，《增補宋元學案》。台北：臺灣中華書局，1984。

黃宗羲著，沈芝盈點校，《明儒學案》。台北：華世出版社，1987。

黃訓編，《名臣經濟錄》，收入紀昀等總纂，《景印文淵閣四庫全書》，冊443-444。台北：臺灣商務印書館，1984。

楊芳燦，《四川通志》。台北：華文書局，1967。

楊應詔，《閩南道學源流》，收入《四庫全書存目叢書》編纂委員會編，《四庫全書存目叢書》，史部，冊92。台南：莊嚴文化事業公司，1997。

溫體仁等著，《明熹宗實錄》。台北：中央研究院歷史語言研究所，1966。

達靈阿、周方炯纂，《重修鳳翔府志》。台北：成文出版社，1970。

趙廷瑞修，馬理、呂柟纂，董健橋等校注，《陝西通志》。西安：三秦出版社，2006。

趙道一編修，《歷世真仙體道通鑑》，收入胡道靜、陳蓮笙、陳耀庭主編，《道教要籍選刊》，冊6。上海：上海古籍出版社，1989。

趙爾巽等著，《清史稿》。北京：中華書局，1976-1977。

劉於義修，沈青崖纂，《陝西通志》。南京：鳳凰出版社，2011。

劉昫著，楊家駱主編，《新校本舊唐書附索引》。台北：鼎文書局，1981。

劉濬修，潘宅仁纂，《孝豐縣志》。台北：成文出版社，1975。

鄭汝璧等纂修，榆林市地方志辦公室整理，《延綏鎮志》。上海：上海古籍出版社，2011。

魯銓等修，洪亮吉等纂，《寧國府志》。台北：成文出版社，1970。

盧崧等修，朱承煦等纂，《吉安府志》。台北：成文出版社，1989。

錢儀吉、繆荃孫、閔爾昌、汪兆鏞編，《清代碑傳全集》。上海：上海古籍出版社，1987。

駱天驤纂修，《類編長安志》，收入中華書局編輯部編，《宋元方志叢刊》，冊1。北京：中華書局，1990。

謝廷鈞等修，張尚澯等纂，《射洪縣志》。台北：台灣學生書局，1971。

羅彰彝纂修，《隴州志》。台北：成文出版社，1970。

贊寧等著，《宋高僧傳》，收入新文豐出版公司編輯部編，《大正新脩大藏經》。卷 17，台北：新文豐出版公司，1983。

竇克勤輯，《朱陽書院志》，收入趙所生、薛正興主編，《中國歷代書院志》，冊 6。南京：江蘇教育出版社，1995。

釋笑峰等撰、施閏章補輯，《青原志略》，收入《四庫全書存目叢書》編纂委員會編，《四庫全書存目叢書》，史部，冊 245。台南：莊嚴文化事業公司，1997。

（二）文集、筆記、雜著

〈文昌帝君醒世救劫寶誥〉，收入王見川、侯沖、楊淨麟等主編，《中國民間信仰民間文化資料彙編》，輯 2，冊 15。台北：博揚文化事業公司，2013。

《聖經‧希伯來書》。香港：聖經公會，1984。

十三經注疏小組編，《十三經注疏分段標點》。台北：新文豐出版公司，2001。

中國第一歷史檔案館整理，《康熙起居注》。北京：中華書局，1984。

文應熊，《真學易簡》。清道光乙未年朝邑劉氏刊本，中央研究院傅斯年圖書館。

方苞考訂，楊椿重編，《湯文正公年譜》，收入北京圖書館編，《北京圖書館藏珍本年譜叢刊》，冊 77。北京：北京圖書館出版社，1999。

毛奇齡，《四書改錯》，收入《續修四庫全書》編纂委員會編，《續修四庫全書》，冊 165。上海：上海古籍出版社，2002。

毛奇齡，《聖門釋非錄》，收入《四庫全書存目叢書》編纂委員會編，《四庫全書存目叢書》，經部，冊 173。台南：莊嚴文化事業公司，1997。

王士性著，呂景琳點校，《廣志繹》。北京：中華書局，1981。

王夫之，《張子正蒙注》，收入氏著，船山全書編輯委員會編校，《船山全書》，冊 12。長沙：嶽麓書社，1992。

王夫之，《薑齋文集》，收入氏著，船山全書編輯委員會編校，《船山全書》，冊 15。長沙：嶽麓書社，1995。

王夫之，《薑齋文集補遺》，收入氏著，船山全書編輯委員會編校，《船山全書》，冊 15。長沙：嶽麓書社，1995。

王夫之，《讀四書大全說》。北京：中華書局，1975。

王夫之注，《張子正蒙注》。台北：廣文書局，1970。

王守仁著，吳光、錢明、董平、姚延福編校，《王陽明全集》。上海：上海古籍出版社，1992。

王艮，《王心齋全集》。台北：廣文書局，1987。

王廷相著，王孝魚點校，《王廷相集》。北京：中華書局，1989。

王肯堂，《論語義府》，收入《四庫全書存目叢書》編纂委員會編，《四庫全書存目叢書》，經部，冊 161。台南：莊嚴文化事業公司，1997。

王時槐，《塘南王先生友慶堂合稿》，收入《四庫全書存目叢書》編纂委員會編，《四庫全書存目叢書》，集部，冊 114。台南：莊嚴文化事業公司，1997。

王啟元，《清署經談》。明天啟三年（1623）刊本，中央研究院傅斯年圖書館藏。

王嗣槐，《太極圖說論》，收入《續修四庫全書》編纂委員會編，《續修四庫全書》，冊 933-934。上海：上海古籍出版社，2002。

王畿，《龍谿王先生全集》，收入《四庫全書存目叢書》編纂委員會編，《四庫全書存目叢書》，集部，冊 98。台南：莊嚴文化事業公司，1997。

王龍溪，《王龍溪語錄》。台北：廣文書局，1986。

丘橓，《四書摘訓》。明萬曆間刊本，中央研究院傅斯年圖書館藏。

冉覲祖，《冉蟬菴先生語錄類編》。1881 年大梁書局重刊本，中央研究院傅斯年圖書館藏。

冉覲祖，《孝經詳說》，收入《四庫全書存目叢書》編纂委員會編，《四庫全書存目叢書》，經部，冊 146。台南：莊嚴文化事業公司，1997。

安世鳳，《尊孔錄》。晚明天啟元年（1621）刊本，國家圖書館藏。

安世鳳，《論存》。明萬曆三十九年（1611）序刊本，日本東京宮內廳圖書館藏。

安世鳳，《燕居功課》，收入《四庫全書存目叢書》編纂委員會編，《四庫全書存目叢書》，子部，冊 110。台南：莊嚴文化事業公司，1997。

朱一新，《無邪堂答問》，收入上海書店出版社編，《叢書集成續編》，冊 19。上海：上海書店出版社，1994。

朱之瑜，《舜水先生文集》，收入《續修四庫全書》編纂委員會編，《續修四庫全書》，冊 1384-1385。上海：上海古籍出版社，2002。

朱用純，《愧訥集》。民國十八年刊本，中央研究院傅斯年圖書館藏。

朱用純編，金吳瀾補編，李祖榮校輯，《朱柏廬先生編年毋欺錄》，收入北京圖書館編，《北京圖書館藏珍本年譜叢刊》，冊 77。北京：北京圖書館出版社，1998。

朱庭珍，《筱園詩話》，收入上海書店出版社編，《叢書集成續編》，冊 158。上海：上海書店出版社，1994。

朱熹，《四書集註》。台北：藝文印書館，1980。

朱熹，《延平答問》，收入紀昀等總纂，《景印文淵閣四庫全書》，冊 698。台北：臺灣商務印書館，1985。

朱熹，《晦庵集》，收入紀昀等總纂，《景印文淵閣四庫全書》，冊

1143-1146。台北：臺灣商務印書館，1985。

朱熹，《晦菴先生朱文公集》，收入商務印書館編，《四部叢刊初編》，
　　冊 58-59。台北：臺灣商務印書館，1965。

朱熹註，〈西銘〉，收入費余懷，《性理彙編》。清刊本，日本內閣文庫藏。

朱熹輯，陳選注，《小學集註》。台北：中華書局，1965。

朱鴻，《孝經總類》，收入《續修四庫全書》編纂委員會編，《續修四庫
　　全書》，冊 151。上海：上海古籍出版社，2002。

江元祚訂，《孝經大全》，收入孔子文化大全編輯部編，《孔子文化大全》，
　　經部，冊 9。濟南：山東友誼書社，1990。

江永著，林勝彩點校，《善餘堂文集》。台北：中央研究院中國文哲研究
　　所，2013。

何偉然、丁允和選，陸雲龍評，《皇明十六名家小品》，收入《四庫全書
　　存目叢書》編纂委員會編，《四庫全書存目叢書》，集部，冊 378。
　　台南：莊嚴文化事業公司，1997。

余龍光編，《雙池先生年譜》，收入北京圖書館出版社古籍影印編輯室輯，
　　《乾嘉名儒年譜》，冊 3。北京：北京圖書館出版社，2006。

利瑪竇（Matteo Ricci），《天主實義》，收入王美秀、任延黎編，《東
　　傳福音》，冊 2。合肥：黃山書社，2005。

吳之騄，《孝經類解》，收入《四庫全書存目叢書》編纂委員會編，
　　《四庫全書存目叢書》，集部，冊 146。台南：莊嚴文化事業公司，
　　1997。

吳廷翰著，容肇祖點校，《吳廷翰集》。北京：中華書局，1984。

吳敏樹，《柈湖文錄》，收入清代詩文集彙編編纂委員會編，《清代詩文
　　集彙編》，冊 620。上海：上海古籍出版社，2010。

呂坤，《呂新吾先生去偽齋文集》，收入《四庫全書存目叢書》編纂委員
　　會編，《四庫全書存目叢書》，集部，冊 161。台南：莊嚴文化事業

公司，1997。

呂坤，《閨範》，收入鄭振鐸編，《中國古代版畫叢刊二編》，輯5。上
　　海：上海古籍出版社，1994。

呂柟，《涇野先生文集》，收入《四庫全書存目叢書》編纂委員會編，
　　《四庫全書存目叢書》，集部，冊60-61。台南：莊嚴文化事業公司，
　　1997。

呂柟著，趙瑞民點校，《涇野子內篇》。北京：中華書局，1992。

呂維祺，〈古今羽翼孝經姓氏〉，《孝經大全》，收入《續修四庫全書》
　　編纂委員會編，《續修四庫全書》，冊151。上海：上海古籍出版社，
　　2002。

宋儀望，《華陽館文集》，收入《四庫全書存目叢書》編纂委員會編，
　　《四庫全書存目叢書》，子部，冊19。台南：莊嚴文化事業公司，
　　1997。

李之素輯，《孝經內外傳》，收入《續修四庫全書》編纂委員會編，《續
　　修四庫全書》，冊152。上海：上海古籍出版社，2002。

李元度，《天岳山館文鈔》，收入《續修四庫全書》編纂委員會編，《續
　　修四庫全書》，冊1549。上海：上海古籍出版社，2002。

李心傳輯，《道命錄》，收入《續修四庫全書》編纂委員會編，《續修四
　　庫全書》，冊517。上海：上海古籍出版社，2002。

李光地，《榕村集》，收入紀昀等總纂，《景印文淵閣四庫全書》，冊
　　1324。台北：臺灣商務印書館，1985。

李光地著，陳祖武點校，《榕村語錄》。北京：中華書局，1995。

李材，《見羅先生書》，收入《四庫全書存目叢書》編纂委員會編，《四
　　庫全書存目叢書》，子部，冊11-12。台南：莊嚴文化事業公司，
　　1997。

李來章，《禮山園文集》，收入《四庫全書存目叢書》編纂委員會編，

《四庫全書存目叢書》，集部，冊 246。台南：莊嚴文化事業公司，
　　1997。

李昉等編，《太平廣記》。北京：中華書局，1961。

李昌齡著，黃元正圖注，《太上感應篇》。北京：北京燕山出版社，
　　1996。

李耆卿，《文章精義》，收入新文豐出版公司編輯部編，《叢書集成新編》，
　　冊 80。台北：新文豐出版公司，1985。

李塨，《恕谷後集》，收入《續修四庫全書》編纂委員會編，《續修四庫
　　全書》，冊 1420。上海：上海古籍出版社，2002。

李滉，《西銘考證講義》。江戶刊本，日本內閣文庫藏。

李鼎，《李長卿集》。明萬曆四十年（1612）豫章李氏家刊本，中央研究
　　院傅斯年圖書館藏。

李贄，《藏書》。台北：漢京文化事業公司，1984。

李顒，《二曲集》。北京：中華書局，1996。

杜文煥，《三教會宗》。明泰昌元年（1620）刊本，日本內閣文庫藏。

杜文煥，《太霞洞集》。國立故宮博物院據明天啟刊本攝影，中央研究院
　　傅斯年圖書館藏。

汪紱，《理學逢源》，收入王德毅主編，《叢書集成三編》，冊 15。台北：
　　新文豐出版公司，1997。

汪漸磐，《四書宗印》。明天啟間刊本，中央研究院傅斯年圖書館藏。

沈守正，《四書說叢》，收入《四庫全書存目叢書》編纂委員會編，
　　《四庫全書存目叢書》，經部，冊 163。台南：莊嚴文化事業公司，
　　1997。

沈德符，《萬曆野獲編》。北京：中華書局，2004。

阮元，《揅經室集》，收入《續修四庫全書》編纂委員會編，《續修四庫
　　全書》，冊 1478-1479。上海：上海古籍出版社，2002。

周汝登，《東越證學錄》，收入沈雲龍編，《名人文集叢刊》，冊25。台北：文海出版社，1970。

周怡，《周訥谿全集》。據清道光二十年（1840）燕翼堂刊本，中央研究院傅斯年圖書館藏。

俞樾，《群經平議》，收入《續修四庫全書》編纂委員會編，《續修四庫全書》，冊178。上海：上海古籍出版社，2002。

姚名達，《劉蕺山先生年譜》，收入民國叢書編輯委員會編，《民國叢書》，編4，冊85。上海：上海書店，1992。

姚際恆，《古文尚書通論輯本》，收入林慶彰主編，《姚際恆著作集》，冊2。台北：中央研究院中國文哲研究所，2013。

室鳩巢，《西銘詳義》。日本天明四年（1784）刊本，日本內閣文庫藏。

施念曾編，《施愚山先生年譜》，收入北京圖書館編，《北京圖書館藏珍本年譜叢刊》。冊74，北京：北京圖書館出版社，1998。

施閏章，《學餘堂文集》，收入紀昀等總纂，《景印文淵閣四庫全書》，冊1313。台北：臺灣商務印書館，1985。

施閏章，《學餘堂詩集》，收入紀昀等總纂，《景印文淵閣四庫全書》，冊1313。台北：臺灣商務印書館，1985。

施閏章著，何慶善、楊應芹點校，《施愚山集》。合肥：黃山書社，1992-1993。

查鐸，《毅齋查先生闡道集》。東京：高橋情報，1991。

紀大奎，《雙桂堂稿》，收入《續修四庫全書》編纂委員會編，《續修四庫全書》，冊1470。上海：上海古籍出版社，2002。

胡直，《衡廬精舍藏稿》，收入紀昀等總纂，《景印文淵閣四庫全書》，冊1287。台北：臺灣商務印書館，1985。

胡直，《衡廬續稿》，收入紀昀等總纂，《景印文淵閣四庫全書》，冊1287。台北：臺灣商務印書館，1985。

胡炳文，《四書通》，收入紀昀等總纂，《景印文淵閣四庫全書》，冊
　　203。台北：臺灣商務印書館，1983。

胡煦，《周易函書約存》，收入紀昀等總纂，《景印文淵閣四庫全書》，
　　冊 48。台北：臺灣商務印書館，1983。

胡贇，《明明子論語集解義疏》，收入上海書店出版社編，《叢書集成續
　　編》，冊 14。上海：上海書店出版社，1994。

胡璜，《道學家傳》，收入鐘鳴旦、杜鼎克、黃一農、祝平一主編，《徐
　　家匯藏書樓明清天主教文獻》，冊 3。台北：方濟出版社，1996。

夏炘，《述朱質疑》，收入王德毅主編，《叢書集成三編》，冊 16。台北：
　　新文豐出版公司，1997。

孫奇逢，《四書近指》。台北：中央文物供應社，1953。

孫奇逢，《孝友堂家訓》，收入新文豐出版公司編輯部編，《叢書集成新
　　編》，冊 33。台北：新文豐出版公司，1985。

孫奇逢，《孝友堂家規》，收入新文豐出版公司編輯部編，《叢書集成新
　　編》，冊 33。台北：新文豐出版公司，1985。

孫奇逢，《夏峰先生集》，收入《續修四庫全書》編纂委員會編，《續修
　　四庫全書》，冊 1391-1392。上海：上海古籍出版社，2002。

孫承澤，《庚子銷夏記》。紀昀等總纂，《景印文淵閣四庫全書》，冊
　　826。台北：臺灣商務印書館，1985。

孫璋（Alexandre de la Charme），《性理真詮》，收入王美秀、任延黎編，
　　《東傳福音》，冊 4。合肥：黃山書社，2005。

桑拱陽，《四書則》，收入《四庫全書存目叢書》編纂委員會編，《四庫
　　全書存目叢書》，經部，冊 166。台南：莊嚴文化事業公司，1997。

涂宗濬，《陽和語錄》。明萬曆二十七年（1599）刻本，江西省圖書館藏。

涂宗濬，《隆砂證學記》。明萬曆三十二年（1604）刊本，日本內閣文庫藏。

真德秀，《西山讀書記》，收入紀昀等總纂，《景印文淵閣四庫全書》，

冊 705-706。台北：臺灣商務印書館，1985。

耿介，《敬恕堂文集》。清康熙間刊本，中央研究院歷史語言研究所藏。

耿定向，《耿天臺先生文集》，收入《四庫全書存目叢書》編纂委員會編，《四庫全書存目叢書》，集部，冊 131。台南：莊嚴文化事業公司，1997。

郝敬，《時習新知》，收入《四庫全書存目叢書》編纂委員會編，《四庫全書存目叢書》，子部，冊 90。台南：莊嚴文化事業公司，1997。

高攀龍，《高子遺書》，收入紀昀等總纂，《景印文淵閣四庫全書》，冊 1292。台北：臺灣商務印書館，1985。

寇慎，《晚照山居參定四書酌言》，收入《四庫全書存目叢書》編纂委員會編，《四庫全書存目叢書》，經部，冊 164。台南：莊嚴文化事業公司，1997。

屠隆，《鴻苞》，收入《四庫全書存目叢書》編纂委員會編，《四庫全書存目叢書》，子部，冊 88-90。台南：莊嚴文化事業公司，1997。

張之洞著，陳居淵編，朱維錚校，《書目答問二種》。香港：三聯書店，1998。

張元忭，《張陽和先生不二齋文選》，收入《四庫全書存目叢書》編纂委員會編，《四庫全書存目叢書》，集部，冊 154。台南：莊嚴文化事業公司，1997。

張自烈，《四書大全辯》，收入《四庫全書存目叢書》編纂委員會編，《四庫全書存目叢書》，經部，冊 167-169。台南：莊嚴文化事業公司，1997。

張敔，《孝經精義》，收入《續修四庫全書》編纂委員會編，《續修四庫全書》，冊 152。上海：上海古籍出版社，2002。

張照、梁詩正等著，《石渠寶笈》，收入紀昀等總纂，《景印文淵閣四庫全書》，冊 824。台北：臺灣商務印書館，1985。

張載，《張載集》。新北：漢京文化事業公司，1983。

張載撰，朱熹注，《張子全書》。台北：中華書局，1965。

清聖祖御纂，李光地等編校，《御纂性理精義》，收入紀昀等總纂，《景
　　印文淵閣四庫全書》，冊 719。台北：臺灣商務印書館，1985。

許三禮，《天中許子政學合一集》，收入《四庫全書存目叢書》編纂委員
　　會編，《四庫全書存目叢書》，子部，冊 165。台南：莊嚴文化事業
　　公司，1997。

陳弘謀輯，《五種遺規》，收入《續修四庫全書》編纂委員會編，《續修
　　四庫全書》，冊 951。上海：上海古籍出版社，2002。

陳明水，《明水陳先生文集》，收入《四庫全書存目叢書》編纂委員會編，
　　《四庫全書存目叢書》，集部，冊 72。台南：莊嚴文化事業公司，
　　1997。

陳禹謨，《經言枝指》，收入《四庫全書存目叢書》編纂委員會編，《四
　　庫全書存目叢書》，經部，冊 158-160。台南：莊嚴文化事業公司，
　　1997。

陳梓，《刪後文集》，收入清代詩文集彙編編纂委員會編，《清代詩文集
　　彙編》，冊 254。上海：上海古籍出版社，2010。

陳淳，《北溪大全集》，收入紀昀等總纂，《景印文淵閣四庫全書》，冊
　　1168。台北：臺灣商務印書館，1985。

陳確，《陳確集》。北京：中華書局，1979。

鹿善繼，《四書說約》，收入《四庫全書存目叢書》編纂委員會編，
　　《四庫全書存目叢書》，經部，冊 164。台南：莊嚴文化事業公司，
　　1997。

彭紹升，《二林居集》。台北：石門圖書公司，1976。

惠士奇，《惠氏春秋說》，收入紀昀等總纂，《景印文淵閣四庫全書》，
　　冊 178。台北：臺灣商務印書館，1983。

曾國藩，〈養生要言〉，《曾國藩家書》，輯1。台北：黎明文化事業公司，1986。

湛若水，《格物通》，收入紀昀等總纂，《景印文淵閣四庫全書》，冊716。台北：臺灣商務印書館，1985。

湯斌，《孫夏峰先生年譜》。台北：廣文書局，1971。

湯斌，《湯潛庵集》，收入新文豐出版公司編輯部編，《叢書集成新編》，冊76。台北：新文豐出版公司，1985。

湯斌著，沈雲龍主編，《湯文正公（潛菴）全集》。台北：文海出版社，1973。

焦竑，《焦氏澹園集》，收入《續修四庫全書》編纂委員會編，《續修四庫全書》，冊1364。上海：上海古籍出版社，2002。

焦竑著，李劍雄點校，《焦氏筆乘》。上海：上海古籍出版社，1986。

焦竑著，李劍雄點校，《澹園集》。北京：中華書局，1999。

程鉅夫，《雪樓集》，收入上海書店出版社編，《叢書集成續編》，冊108。上海：上海書店出版社，1994。

程顥、程頤，《二程集》。台北：漢京文化事業公司，1983。

賀龍驤，〈女丹合編通俗序〉，收入彭定求編，《道藏輯要》，冊1。台北：新文豐出版公司，1986。

馮吾，《少墟集》，收入紀昀等總纂，《景印文淵閣四庫全書》，冊1293。台北：臺灣商務印書館，1985。

馮辰，《清李恕谷先生（塨）年譜》，收入王雲五主編，《新編中國名人年譜集成》，輯1，冊9。台北：臺灣商務印書館，1978。

馮從吾著，陳俊民，徐興海點校，《關學編》。北京：中華書局，1987。

黃周星，《夏為堂別集》，收入清代詩文集彙編編纂委員會編，《清代詩文集彙編》，冊37。上海：上海古籍出版社，2010。

黃宗羲，《黃宗羲全集》。台北：里仁書局，1987。

黃舒昺編,《中州名賢集》。1891 年睢陽洛學書院刊本,中央研究院傅斯年圖書館藏。

黃道周,《黃石齋先生文集》,收入《續修四庫全書》編纂委員會編,《續修四庫全書》,冊 1384。上海:上海古籍出版社,2002。

黃體仁,《四然齋藏稿》,收入《四庫全書存目叢書》編纂委員會編,《四庫全書存目叢書》,集部,冊 182。台南:莊嚴文化事業公司,1997。

楊甲仁,《愧菴遺集》。清同治三年(1864)葉光宇等刊本,中央研究院傅斯年圖書館藏。

楊東明,《山居功課》。東京高橋情報 1991 年複印,中央研究院傅斯年圖書館藏。

楊時,《龜山集》,收入紀昀等總纂,《景印文淵閣四庫全書》,冊 1125。台北:臺灣商務印書館,1985。

楊起元,《太史楊復所先生證學編》。東京高橋情報 1990 年複印,中央研究院傅斯年圖書館藏。

楊起元,《孝經引證》。台北:藝文印書館,1965。

楊起元,《楊復所太史家藏文集》。東京高橋情報 1991 年複印,中央研究院傅斯年圖書館藏。

溫純,《溫恭毅集》,收入紀昀等總纂,《景印文淵閣四庫全書》,冊 1288。台北:臺灣商務印書館,1985。

葉方藹等著,《孝經衍義》。康熙三十年(1691)出版,上海圖書館古籍室藏。

葉方藹等編,《御定孝經衍義》,收入紀昀等總纂,《景印文淵閣四庫全書》,冊 718-719。台北:臺灣商務印書館,1985。

董其昌著,葉有聲校,《容臺集》。台北:國立中央圖書館,1968。

虞集,《道園學古錄》,收入紀昀等總纂,《景印文淵閣四庫全書》,冊

1207。台北：臺灣商務印書館，1985。

鄒元標，《鄒子願學集》。東京高橋情報 1990 年複印，中央研究院傅斯年圖書館藏。

鄒守益，《東廓鄒先生文集》，收入《四庫全書存目叢書》編纂委員會編，《四庫全書存目叢書》，集部，冊 65-66。台南：莊嚴文化事業公司，1997。

鄒德涵，《鄒聚所先生文集》，收入《四庫全書存目叢書》編纂委員會編，《四庫全書存目叢書》，集部，冊 157。台南：莊嚴文化事業公司，1997。

雷于霖，《西銘續生篇》。清道光十五年（1835）刊本，中央研究院傅斯年圖書館藏。

雷于霖，《雷柏霖西銘續生篇》。清道光乙未年朝邑劉氏刊本，中央研究院傅斯年圖書館藏。

管志道，《論學三箚》。明萬曆三十五年（1607）刊本，日本尊經閣文庫藏。

趙南星，《趙忠毅公詩文集》，收入《四庫禁燬書叢刊》，集部，冊 68。北京：北京出版社，2005。

劉元卿，《劉聘君全集》，收入《四庫全書存目叢書》編纂委員會編，《四庫全書存目叢書》，集部，冊 154。台南：莊嚴文化事業公司，1997。

劉師培，《劉申叔遺書》。南京：鳳凰出版社，1997。

劉紹攽，《衛道編》，收入四庫未收書輯刊編輯委員會編，《四庫未收書輯刊》，輯 6，冊 12。北京：北京出版社，2000。

歐陽德，《歐陽南野先生文集》，收入《四庫全書存目叢書》編纂委員會編，《四庫全書存目叢書》，集部，冊 80。台北：莊嚴文化事業公司，1997。

潘平格，《潘子求仁錄輯要》，收入《四庫全書存目叢書》編纂委員會編，

《四庫全書存目叢書》，集部，冊116。台南：莊嚴文化事業公司，1997。

蔡世遠，《二希堂文集》，收入清代詩文集彙編編纂委員會編，《清代詩文集彙編》，冊250。上海：上海古籍出版社，2010。

蔡衍鎤，《操齋集》，收入清代詩文集彙編編纂委員會編，《清代詩文集彙編》，冊208。上海：上海古籍出版社，2010。

黎靖德編，王星賢點校，《朱子語類》。台北：華世出版社，1987。

錢謙益，《牧齋初學集》，收入清代詩文集彙編編纂委員會編，《清代詩文集彙編》，冊1-3。上海：上海古籍出版社，2010。

錢謙益著，許逸民、林淑敏點校，《列朝詩集》。北京：中華書局，2007。

龍樹菩薩造，鳩摩羅什譯，《大智度論》，收入新文豐出版公司編輯部編，《新編縮本乾隆大藏經》，冊76-78。台北：新文豐出版公司，1991。

應是，《讀孝經》，收入《四庫全書存目叢書》編纂委員會編，《四庫全書存目叢書》，集部，冊146。台南：莊嚴文化事業公司，1997。

戴望，《顏氏學記》。台北：臺灣商務印書館，1965。

戴震，《孟子私淑錄》，收入氏著，張岱年主編，《戴震全書》。合肥：黃山書社，1995。

薛瑄，《讀書續錄》，收入紀昀等總纂，《景印文淵閣四庫全書》，冊711。台北：臺灣商務印書館，1985。

韓邦奇，《苑洛集》，收入中國西北文獻叢書編輯委員會編，《中國西北文獻叢書》，冊160。蘭州：蘭州古籍書店，1990。

韓霖，《鐸書》，收入鐘鳴旦、杜鼎克、黃一農、祝平一主編，《徐家匯藏書樓明清天主教文獻》，冊2。台北：方濟出版社，1996。

聶豹，《雙江先生困辯錄》，收入《續修四庫全書》編纂委員會編，《續

修四庫全書》，冊 939。上海：上海古籍出版社，2002。

聶豹，《雙江聶先生文集》，收入《四庫全書存目叢書》編纂委員會編，
　　《四庫全書存目叢書》，集部，冊 72。台北：莊嚴文化事業公司，
　　1997。

顏元著，王星賢、張芥塵、郭征點校，《顏元集》。北京：中華書局，
　　1987。

顏習齋、李恕谷，《顏李叢書》。台北：廣文書局，1989。

魏裔介，《兼濟堂文集》，收入紀昀等總纂，《景印文淵閣四庫全書》，
　　冊 1312。台北：臺灣商務印書館，1985。

羅汝芳，《盱江羅近溪先生全集》。據明萬曆四十六年（1618）刊本攝影，
　　國家圖書館善本書室藏。

羅汝芳，《羅明德公文集》。東京：高橋情報，1994。

羅汝芳著，方祖猷等編校整理，《羅汝芳集》。南京：鳳凰出版社，
　　2007。

羅汝芳著，楊起元輯，《孝經宗旨》。台北：藝文印書館，1965。

羅近溪，《盱壇直詮》。台北：廣文書局，1977。

羅洪先，《念菴文集》，收入紀昀等總纂，《景印文淵閣四庫全書》，冊
　　1275。台北：臺灣商務印書館，1985。

羅欽順著，閻韜點校，《困知記》。北京：中華書局，1990。

羅澤南，《西銘講義》，收入林慶彰、賴明德、劉兆祐、張高評主編，《晚
　　清四部叢刊》，編 5，冊 63。台中：文听閣圖書公司，2011。

嚴復著，王栻主編，《嚴復集》。北京：中華書局，1986。

竇克勤，《事親庸言》。清康熙六十年（1721）刊本，東京日本公文書館
　　內閣文庫藏。

顧炎武，《顧亭林詩文集》。台北：漢京文化出版公司，1984。

顧憲成，《顧端文公遺書》，收入《四庫全書存目叢書》編纂委員會編，

《四庫全書存目叢書》，子部，冊 14。台南：莊嚴文化事業公司，
　　1997。
顧憲成著，馮從吾、高攀龍校，《小心齋箚記》。台北：廣文書局，
　　1975。

（三）報刊、雜誌

〈李路得先生演說詞〉，《尚賢堂紀事》。期 13 冊 1（1922），頁 40-
　　50。
〈張子西銘〉，《戰時記者》。期 12（1939），頁 25。
〈劉伯明博士在職業學校講演：東西洋人生觀之比較〉，《申報》。1920
　　年 6 月 3 日，第 10 版。
丁福保，〈我之人生觀〉，《申報》。1939 年 9 月 3 日，第 16 版。
王建新，〈西銘新詁〉，《湘桂月刊》。卷 2 期 8（1943），頁 6-10。
朱逸人，〈讀西銘〉，《服務》。期 2（1939），頁 7-9。
江謙，〈廣張子西銘〉，《佛學半月刊》。期 78（1934），頁 48。
牟宗三、徐復觀、張君勱、唐君毅，〈為中國文化敬告世界人士宣言——
　　我們對中國學術研究及中國文化與世界文化前途之共同認識〉，《民
　　主評論》。卷 9 期 1（1958），頁 2-21。
老圃，〈兄弟說〉，《申報》。1921 年 8 月 25 日，第 20 版。
何璋，〈論教〉，《中西教會報》。卷 2 期 16（1892），頁 19b。
查猛濟述，〈張子西銘的抗戰哲學〉，《勝利》。號 32（1939），頁 6-8。
徐寶謙，〈基督教與中國文化〉，《大公報》（天津版），1933 年 12 月
　　14 日，第 13 版。
茆誨，〈中國倫理的文化與基督教〉，《青年進步》。期 84（1925），
　　頁 1-10。
劉仲山，〈基督教與中國文化的關係〉，《希望月刊》。卷 5 期 12（1928），

頁 12-24。

二、今人論著

Catherine Despeux 著，門田真知子譯，《女のタオイスム》。京都：人文
　　書院，1996。
丁為祥，《虛氣相即：張載哲學體系及其定位》。北京：人民出版社，
　　2000。
小野澤精一、福光永司、山井湧編，李慶譯，《氣的思想：中國自然觀和
　　人的觀念的發展》。上海：上海人民出版社，1999。
井上徹，《中国の宗族と国家の礼制：宗法主義の視点からの分析》。東
　　京：研文出版，2000。
方光華等著，《關學及其著述》。西安：西安出版社，2003。
方東美，《新儒家哲學十八講》。台北：黎明文化事業公司，1983。
方祖猷，《清初浙東學派論叢》。台北：萬卷樓，1996。
王宗沐，《敬所王先生文集》。日本：高橋情報，1990。
世界不孝子，《孝經救世》，收入林慶彰主編，《民國時期經學叢書》，
　　輯 3，冊 56。台中：文听閣圖書公司，2009。
古清美，《顧涇陽、高景逸思想之比較研究》。台北：大安出版社，
　　2004。
伊東貴之，《思想としての中国近世》。東京：東京大學出版會，2005。
朱維錚，《走出中世紀》。上海：上海人民出版社，1987。
何炳棣著，范毅軍、何漢威整理，《何炳棣思想制度史論》。新北：聯經
　　出版事業公司，2013。
何淑宜，《香火：江南士人與元明時期祭祖傳統的建構》。台北：稻鄉出
　　版社，2009。

余英時，《方以智晚節考》。台北：允晨文化，1986。

余英時，《猶記風吹水上鱗》。台北：三民書局，1991。

佛洛姆（Erich Fromm）著，葉頌壽譯，《夢的精神分析》。台北：志文
　　出版社，1971。

吳震，《明末清初勸善運動思想研究》。台北：臺大出版中心，2009。

吳震，《羅汝芳評傳》。南京：南京大學出版社，2005。

呂妙芬，《成聖與家庭人倫：宗教對話脈絡下的明清之際儒學》。新北：
　　聯經出版事業公司，2017。

呂妙芬，《孝治天下：《孝經》與近世中國的政治與文化》。新北：聯經
　　出版事業公司，2011。

呂妙芬，《陽明學士人社群：歷史、思想與實踐》。台北：中央研究院近
　　代史研究所，2003。

李之鑒，《孫奇逢哲學思想新探》。開封：河南大學出版社，1993。

李天綱，《跨文化的詮釋：經學與神學的相遇》。北京：新星出版社，
　　2007。

李紀祥，《明末清初儒學之發展》。台北：文津出版社，1992。

李豐楙，《許遜與薩守堅：鄧志謨道教小說研究》。台北：台灣學生書局，
　　1997。

谷雲義等編，《中國古典文學辭典》。長春：吉林教育出版社，1990。

周伯達，《介石先生思想與宋明理學》。台北：台灣學生書局，1999。

周愚文，《中國教育史綱》。台北：正中書局，2001。

岡田武彥，《貝原益軒》。台北：東大圖書公司，1987。

林存陽，《清初三禮學》。北京：社會科學文獻出版社，2002。

林聰舜，《明清之際儒家思想的變遷與發展》。台北：台灣學生書局，
　　1990。

侯外廬，《宋明理學史》。北京：人民出版社，1987。

姚永樸著，余國慶點校，《論語解注合編》。合肥：黃山書社，1994。

姜廣輝，《走出理學》。瀋陽：遼寧教育出版社，1997。

姜廣輝，《顏李學派》。北京：中國社會科學出版社，1987。

胡素萍，《李佳白與清末民初的中國社會》。廣州：中山大學出版社，
　　2009。

胡適，《戴東原的哲學》。合肥：安徽教育出版社，1999。

范文瀾，《唐代佛教》。北京：人民出版社，1979。

范廣欣，《以經術為治術：晚清湖南理學家的經世思想》。南京：南京大
　　學出版社，2016。

韋政通，《中國思想史》。上海：上海書店出版社，2012。

唐文治，《孝經救世編》，收入林慶彰主編，《民國時期經學叢書》，輯
　　5，冊58。台中：文听閣圖書公司，2013。

唐君毅，《文化意識與道德理性》。香港：友聯出版社，1958。

唐君毅，《唐君毅全集》。台北：台灣學生書局，1991。

夏咸淳，《明末奇才：張岱論》。上海：上海社會科學出版社，1989。

徐揚杰，《宋明家族制度史論》。北京：中華書局，1995。

秦寶琦，《中國地下社會》，卷1。北京：學苑出版社，2004。

荒木見悟著，廖肇亨譯，《明末清初的思想與佛教》。新北：聯經出版事
　　業公司，2006。

馬序，《顏元哲學思想研究》。蘭州：蘭州大學出版社，1991。

馬明達，《說劍叢稿》。北京：中華書局，2007。

馬積高，《宋明理學與文學》。長沙：湖南師範大學出版社，1989。

高明士，《中國傳統政治與教育》。台北：文津出版社，2003。

高翔，《康雍乾三帝統治思想研究》。北京：中國人民大學出版社，
　　1995。

國立政治大學人文中心編，《民國二十八年之蔣介石》。台北：政大人文

中心，2016。

常建華，《明代宗族研究》。上海：人民出版社，2005。

張世敏，《張載學說及其影響》。網址：https://special.zhexuezj.cn/mobile/
mooc/tocard/127366306?courseId=201754448&name= 一、關學的形成
與發展，檢索日期：2020 年 10 月 13 日。

張立文，《正學與開新：王船山哲學思想》。北京：人民出版社，2001。

張亨，《思文之際論集：儒道思想的現代詮釋》。台北：允晨文化，
1997。

張志孚、何平立，《中州文化》。瀋陽：遼寧教育出版社，1998。

張振國，《神聖與凡俗：明末至鴉片戰爭前天主教與民間信仰的遭遇》。
北京：社會科學文獻出版社，2018。

張壽安，《以禮代理：凌廷堪與清中葉儒學思想之轉變》。台北：中央研
究院近代史研究所，1994。

張壽安，《禮學考證的思想活力》。台北：中央研究院近代史研究所，
2001。

張福清編注，《女誡：女性的枷鎖》。北京：中央民族大學出版社，
1996。

張福清編注，《女誡：婦女的規範》。北京：中央民族大學出版社，
1996。

張藝曦，《社群、家族與王學的鄉里實踐：以明中晚期江西吉水、安福兩
縣為例》，台北：國立臺灣大學出版委員會，2006。

梁其姿，《施善與教化》。新北：聯經出版事業公司，1997。

盛巽昌，《實說太平天國》。上海：上海世紀出版社，2017。

章柳泉，《中國書院史話》。北京：教育科學出版社，1981。

許總，《宋明理學與中國文學》。南昌：百花洲文藝出版社，1999。

陳來，《有無之境：王陽明哲學的精神》。台北：佛光文化事業公司，

2000。

陳來，《宋明理學》。上海：華東師範大學出版社，2003。

陳來，《詮釋與重建：王船山的哲學精神》。北京：北京大學出版社，
　　2004。

陳芳英，《目連救母故事之演進及其有關文學研究》。台北：臺大出版中
　　心，1983。

陳俊民，《張載哲學與關學學派》。台北：台灣學生書局，1990。

陳祖武，《清初學術思辨錄》。北京：中國社會科學院，1992。

陳煥章，周軍標點，《陳煥章文錄》。長沙：岳麓書社，2015。

陳榮捷，《王陽明傳習錄詳註集評》。台北：台灣學生書局，1983。

陳學文，《明清時期商業書及商人書之研究》。台北：洪葉文化事業公司，
　　1997。

陳霞，《道教勸善書研究》。成都：巴蜀書社，1999。

陸寶千，《清代思想史》。台北：廣文書局，1983。

傅偉勳，《死亡的尊嚴，生命的尊嚴》。台北：正中書局，1993。

傅鳳英注譯，《新譯性命圭旨》。台北：三民書局，2005。

游子安，《勸化金箴：清代善書研究》。天津：天津人民出版社，1999。

程樹德著，程俊英、蔣見元點校，《論語集釋》。北京：中華書局，
　　1990。

馮友蘭，《馮友蘭文集》。長春：長春出版社，2008。

黃桂蘭，《張岱生平及其文學》。台北：文史哲出版社，1977。

黃進興，《優入聖域：權力、信仰與正當性》。台北：允晨文化，1994。

楊儒賓，《異議的意義：近世東亞的反理學思潮》。新北：聯經出版事業
　　公司，2012。

經君健，《清代社會的賤民等級》。杭州：浙江人民出版社，1993。

詹石窗，《道教與女性》。上海：上海古籍出版社，1990。

熊十力著，景海峰編，《熊十力選集》。長春：吉林人民出版社，2005。

蒙培元，《中國心性論》。台北：台灣學生書局，1990。

趙紫宸著，燕京研究院編，《趙紫宸文集》。北京：商務印書館，2003-
　　2007。

趙園，《明清之際士大夫研究》。北京：北京大學出版社，1999。

劉人鵬，《近代中國女權論述》。台北：台灣學生書局，2000。

劉又銘，《理在氣中》。台北：五南圖書出版公司，2000。

劉光蕡著，武占江點校，《劉光蕡集》。西安：西北大學出版社，2014。

劉家駒，《儒家思想與康熙大帝》。台北：台灣學生書局，2002。

劉耘華，《依天立義：清代前中期江南文人應對天主教文化研究》。上海：
　　上海古籍出版社，2014。

蔣中正著，王宇高、王宇正輯錄，《學記》，收入黃自進、潘光哲編，《蔣
　　中正總統五記》。台北：國史館，2011。

蔣國保，《方以智哲學思想研究》。合肥：安徽教育出版社，1986。

鄧尼絲‧拉德納‧卡莫迪（D. L. Carmody）著，徐鈞堯、宋立道譯，《婦
　　女與世界宗教》。成都：四川人民出版社，1995。

鄭宗義，《明清儒學轉型探析：從劉蕺山到戴東原》。香港：香港中文大
　　學出版社，2000。

鄭宗義，《明清儒學轉型探析》。香港：香港中文大學出版社，2000。

鄭振滿，《明清福建家族組織與社會變遷》。湖南：湖南教育出版社，
　　1992。

錢穆，《中國近三百年學術史》。台北：臺灣商務印書館，1990。

薛文郎，《清初三帝消滅漢人民族思想之策略》。台北：文史哲出版社，
　　1991。

謝扶雅，《宗教哲學》。濟南：山東人民出版社，1998。

謝國楨，《明末清初的學風》。台北：仲信出版社，1980。

羅熾，《方以智評傳》。南京：南京大學出版社，1998。

嚴迪昌，《清詩史》。台北：五南圖書出版公司，1998。

龔傑，《張載評傳》。南京：南京大學出版社，1996。

Ames, Roger and Hall David. *Thinking from the Han: Self, Truth, and Transcendence in Chinese and Western Culture.* New York: State University of New York Press, 1988.

Bell, Catherine. *Ritual Theory, Ritual Practice.* New York: Oxford University Press, 1992.

Bell, Catherine. *Ritual: Perspective and Dimensions.* New York: Oxford University Press, 1997.

Bol, Peter. *This Cultures of Ours: Intellectual Transitions in T'ang and Sung China.* Stanford: Stanford University Press, 1992.

Bray, Francesca. *Technology and Gender: Fabrics of Power in Late Imperial China.* Taipei: SMC publishing Inc., 1997.

Brook, Timothy. *Praying for Power: Buddhism and the Formation of Gentry Society in Late-Ming China.* Cambridge: Harvard University Press, 1993.

Brown, Peter. *The Body and Society.* New York: Columbia University Press, 1988.

Chang, Kang-I Sun. *The Late-Ming Poet Chen Tzu-lung: Crisis of Love and Loyalism.* New Haven: Yale University Press, 1991.

Chow, Kai-wing. *The Rise of Confucian Ritualism in Late Imperial China.* Stanford: Stanford University Press, 1994.

Ebrey, Patricia Buckley. *Confucianism and Family Rituals in Imperial China.* Princeton: Princeton University Press, 1991.

Ebrey, Patricia Buckley. *The Inner Quarters: Marriage and the Lives of Chinese*

Women in the Sung Period. Berkeley & Los Angeles: University of California Press, 1993.

Eichman, Jennifer Lynn. *A Late-Sixteenth Century Chinese Buddhist Fellowship: Spiritual Ambitions, Intellectual Debates, and Epistolary Connections*. Leiden & Boston: Brill, 2016.

Elman, Benjamin A. *Classicism, Politics, and Kinship: The Ch'ang-chou School of New Text Confucianism in Late Imperial China*. Taipei: SMC Publishing Inc., 1991.

Elman, Benjamin A. *From Philosophy to Philology: Intellectual and Social Aspects of Change in Late Imperial China*. Cambridge and London: Harvard University Press, 1984.

Faure, David. *The Structure of Chinese Rural Society: Lineage and Village in the Eastern New Territories, Hong Kong*. Hong Kong: Oxford University Press, 1986.

Freedman, Maurice. *Lineage Organization in Southeastern China*. London: University of London Athlone Press, 1958.

Haar, Barend J. ter. *Ritual and Mythology of the Chinese Triads: Creating and Identity*. Leiden: Brill, 2000.

Ko, Dorothy. *Teachers of the Inner Chambers: Women and Culture in Seventeenth-Century China*. Stanford: Stanford University Press, 1994.

Laamann, Lars Peter. *Christian Heretics in Late Imperial China: Christian Inculturation and State Control, 1720-1850*. London & New York: Routledge, 2006.

Mann, Susan. *Precious Records: Women in China's Long Eighteenth Century*. Stanford: Stanford University Press, 1997.

Ng, On-cho. *Cheng-Zhu Confucianism in the Early Qing: Li Guangdi（1642-*

1718）*and Qing Learning.* Albany: SUNY Press, 2001.

Ong, Chang Woei. *Men of Letters within the Passes: Guanzhong Literati in Chinese History, 907-1911.* Cambridge and London: Harvard University Asia Center, 2008.

Peterson, Willard J. *Bitter Gourd: Fang I-Chih and the Impetus for Intellectual Change.* New Haven & London: Yale University Press, 1979.

Taylor, Rodney. *The Religious Dimensions of Confucianism.* New York: State University of New York Press, 1990.

Tu, Wei-Ming. *Confucian Thought: Selfhood as Creative Transformation.* New York: State University of New York Press, 1985.

Wakeman, Frederic E., Jr. *The Great Enterprise: The Manchu Reconstruction of Imperial Order in Seventeenth Century China.* Berkeley: University of California Press, 1985.

三、論文

吳振漢，〈明末山人之社交網絡和遊歷活動：以何白為個例之研究〉，《漢學研究》，卷 27 期 3（2009 年 9 月），頁 159-190。

吳孟謙，〈晚明「身心性命」觀念的流行：一個思想史觀點的探討〉，《清華學報》，卷 44 期 2（2014 年 6 月），頁 215-253。

吳有能，〈馮從吾理學思想研究：一個意義結構的展現〉，新竹：國立清華大學歷史學系碩士學位論文，1991。

蔣竹山，〈湯斌禁毀五通神──清初政治菁英打擊通俗文化的個案〉，《新史學》，卷 6 期 2（1995 年 6 月），頁 67-112。

黃芸，〈哪種儒學？誰的傳統？──明清「大父母」說考〉，收入陶飛亞主編，《宗教與歷史》，輯 8。上海：社會科學文獻出版社，2018，

頁 127-146。

黃克武，〈修身與治國──蔣介石的省克生活〉，《國史館館刊》，期
　　34（2012 年 12 月），頁 45-68。

黃俊傑，〈試論儒學的宗教內涵〉，《臺大歷史學報》，期 23（1999 年
　　6 月），頁 395-408。

黃森茂，〈論天啟年間首善書院講學之興廢始末〉，《中國文學研究》，
　　期 20（2005 年 6 月），頁 211-244。

黃進興，〈作為宗教的儒教：一個比較宗教的初步探討〉，《亞洲研究》，
　　期 23（1997 年 7 月），頁 184-223。

衣若蘭，〈從「三姑六婆」看明代婦女與社會〉，台北：國立臺灣師範大
　　學歷史學系碩士學位論文，1997。

王家儉，〈晚明的實學思潮〉，《漢學研究》，卷 7 期 2（1989 年 6 月），
　　頁 279-302。

王光宜，〈明代女教書研究〉，台北：國立臺灣師範大學歷史學系碩士學
　　位論文，1999。

王鴻泰，〈青樓名妓與情藝生活──明清間的妓女與文人〉，收入熊秉真、
　　呂妙芬主編，《禮教與情慾：前近代中國文化中的後現代性》，台北：
　　中央研究院近代史研究所，1999，頁 73-124。

王鴻泰，〈武功、武學、武藝、武俠：明代士人的習武風尚與異類交游〉，
　　《中央研究院歷史語言研究所集刊》，本 85 分 2（2014 年 6 月），
　　頁 209-267。

王鴻泰，〈倭刀與俠士──明代倭亂衝擊下江南士人的武俠風尚〉，《漢
　　學研究》，卷 30 期 3（2012 年 9 月），頁 63-98。

王爾敏，〈家訓體製之傳衍及門風官聲之維繫〉，收入中央研究院近代史
　　研究所編，《近世家族與政治比較歷史論文集》，冊下。台北：中央
　　研究院近代史研究所，1992，頁 807-845

王昌偉，〈求同與存異：張載與王廷相氣論之比較〉，《漢學研究》，卷
　　23 期 2（2005 年 12 月），頁 133-159。

王汎森，〈「心即理」說的動搖與明末清初學風之轉變〉，《中央研究院
　　歷史語言研究所集刊》，本 65 分 2（1994 年 6 月），頁 333-373。

王汎森，〈清初士人的悔罪心態與消極行為──不入城、不赴講會、不結
　　社〉，收入周質平編，《國史浮海開新錄：余英時教授榮退論文集》。
　　新北：聯經出版事業公司，2002，頁 441-451。

王汎森，〈清初思想中形上玄遠之學的沒落〉，《中央研究院歷史語言研
　　究所集刊》，69 本 3 分（1989 年 9 月），頁 557-583。

王汎森，〈日譜與明末清初思想家──以顏李學派為主的討論〉，《中央
　　研究院歷史語言研究所集刊》，本 69 分 3（1998 年 6 月），頁 245-
　　293。

王汎森，〈明末清初思想中之「宗旨」〉，《大陸雜誌》，卷 94 期 4（1997
　　年 4 月），頁 1-4。

王汎森，〈明末清初儒學的宗教化：以許三禮的告天之學為例〉，《新史
　　學》，卷 9 期 2（1998 年 6 月），頁 89-123。

王汎森，〈明末清初的人譜與省過會〉，《中央研究院歷史語言研究所集
　　刊》，本 63 分 3（1993 年 9 月），頁 679-712。

王汎森，〈潘平格與清初的思想界〉，收入氏著，《晚明清初思想十論》。
　　上海：復旦大學出版社，2004，頁 291-329。

王文東，〈清代的文化政策與禮儀倫理建設〉，《滿族研究》，2005 年
　　第 3 期，頁 52-60。

王寶峰，〈張載對馮友蘭思想的影響〉，《西北大學學報》，卷 36 期 4（2006
　　年 7 月），頁 135-138。

何炳棣，〈儒家宗法模式的宇宙本體論──從張載的西銘談起〉，《哲學
　　研究》，1998 年第 12 期，頁 64-69。

科大衛、劉志偉，〈宗族與地方社會的國家認同——明清華南地區宗族發展的意識型態基礎〉，《歷史研究》，2000 年第 3 期，頁 1-14。

科大衛，〈祠堂與家廟——從宋末到明中葉宗族禮儀的演變〉，《歷史人類學學刊》，卷 1 期 2（2003 年 10 月），頁 1-20。

賀廣如，〈明代王學與易學之關係——以孫應鰲「以心說《易》」之現象為例〉，《周易研究》，2008 年第 2 期，頁 75-89。

季羨林，〈對 21 世紀人文學科建設的幾點意見〉，《文史哲》，1998 年第 1 期，頁 7-16。

紀建勛，〈明末天主教 Deus 之「大父母」說法考詮〉，收入吳昶興主編，《再——解釋：中國天主教史研究方法新拓展》。新北：臺灣基督教文藝出版社，2014，頁 107-145。

古正美，〈佛教與女性歧視〉，《當代》，期 11（1987 年 3 月），頁 27-35。

胡適，〈幾個反理學的思想家〉，《治學的方法與材料》。台北：遠流出版公司，1986，頁 85-141。

胡適，〈顏李學派的程廷祚〉，《國學季刊》，卷 5 期 3（1926 年 7 月），頁 351-394。

侯潔之，〈晚明王學宗性思想的發展與理學意義：以劉師泉、王塘南、李見羅、楊晉菴為中心的探討〉，台北：國立臺灣師範大學中國文學學系博士學位論文，2010。

洪美華，〈清代民間秘密宗教中的婦女〉，台北：國立臺灣師範大學歷史學系碩士學位論文，1992。

荒木見悟著，廖肇亨譯，〈郝敬的立場——其氣學之結構〉，《中國文哲研究通訊》，卷 14 期 2（2004 年 6 月），頁 143-159。

山下龍二，〈陽明学の宗教性〉，《陽明學》，號 7（1995 年 3 月），頁 2-22。

史革新，〈清順康間理學的流布及其發展趨勢爭議〉，《福建論壇（人文社會科學版）》，2004 年第 5 期，頁 53-58。

周振鶴，〈從明人別集看晚明旅遊風氣的形成〉，「明人文集和明代研究學術研討會」，台北：漢學研究中心、中國明代研究學會主辦，2000年 4 月 28-30 日。

徐兆安，〈英雄與神仙：十六世紀中國士人的經世功業、文辭習氣與道教經驗〉，新竹：國立清華大學歷史學系碩士學位論文，2009。

徐兆安，〈十六世紀文壇中的宗教修養：屠隆與王世貞的來往（1577-1590）〉，《漢學研究》，卷 30 期 1（2012 年 3 月），頁 205-238。

徐兆安，〈證驗與博聞：萬曆朝文人王世貞、屠隆與胡應麟的神仙書寫與道教文獻評論〉，《中國文化研究所學報》，期 53（2011 年 7 月），頁 249-278。

徐泓，〈明代社會風氣的變遷：以江浙地區為例〉，收入中央研究院第二屆國際漢學會議論文集編輯委員會編，《中央研究院第二屆國際漢學會議論文集‧明清與近代史組》，冊上。台北：中央研究院，1989，頁 137-159。

鍾彩鈞，〈呂涇野《宋四子抄釋》研究〉，收入龍宇純先生七秩晉五壽慶論文集編輯委員會編，《龍宇純先生七秩晉五壽慶論文集》。台北：台灣學生書局，2002，頁 459-484。

鍾彩鈞，〈來知德哲學思想研究〉，《中國文哲研究集刊》，期 24（2004年 3 月），頁 217-251。

孫廣勇，〈融入與傳播——簡論李佳白及其尚賢堂的文化交流活動〉，《社會科學戰線》，2005 年第 6 期，頁 299-301。

張金鑑，〈清儀封張伯行的生平與政治思想〉，《中原文獻》，卷 15 期1（1983 年 1 月），頁 7-13。

張藝曦，〈飛昇出世的期待：明中晚期士人與龍沙讖〉，《新史學》，卷

22 期 1（2011 年 3 月），頁 1-56。

張顯清，〈晚明心學的沒落與實學思期的興起〉，收入中國社會科學院歷史研究所明史研究室編，《明史研究論叢》，輯 1。南京：江蘇人民出版社，1982，頁 307-338。

張顯清，〈孫奇逢的以實補虛論〉，《中州學刊》，1986 年第 6 期，頁 50-54。

陳至信，〈尊尊與親親——試論《禮記》所反映的文化模式〉，《鵝湖月刊》，期 266（1997 年 8 月），頁 8-20。

陳時龍，〈明代關中地區的講學活動（下）〉，《政大歷史學報》，期 28（2007 年 11 月），頁 93-130。

陳時龍，〈明代關中地區的講學活動（上）〉，《政大歷史學報》，期 27，（2007 年 5 月），頁 215-253。

陳受頤，〈三百年前的建立孔教論——跋王啟元的清署經談〉，《中央研究院歷史語言研究所集刊》，本 6 分 2（1936 年 1 月），頁 133-162。

陳秀蘭，〈關學源流暨清初李二曲學派〉，台北：國立臺灣大學中國文學學系碩士學位論文，1977。

陳來，〈儒學的普遍性與地域性〉，《天津社會科學》，2005 年第 3 期，頁 4-10。

鄭培凱，〈晚明袁中道的婦女觀〉，《近代中國婦女史研究》，期 1（1993 年 6 月），頁 201-216。

杜慧卿，〈道教女神、女仙觀念之演變〉，《道教學探索》，號 9（1999 年 12 月），頁 413-424。

方豪，〈論中西文化傳統〉，收入張西平、卓新平編，《本色之探：20 世紀中國基督教文化學術論集》。北京：中國廣播電出版社，1999，頁 185-216。

方祖猷，〈論潘平格的求仁哲學〉，收入朱子學刊編輯部編，《朱子學刊》，
　　總輯 4，合肥：黃山書社，1991，頁 121-136。

楊儒賓，〈理學家與悟——從冥契主義的觀點探討〉，收入劉述先主編，
　　《中國思潮與外來文化：第三屆國際漢學會議論文集（思想組）》。
　　台北：中央研究院中國文哲研究所，2002，頁 167-222。

楊儒賓，〈檢證氣學：理學史脈絡下的觀點〉，《漢學研究》，卷 25 期
　　1（2007 年 6 月），頁 247-281。

楊瑞松，〈從「民吾同胞」到「我四萬萬同胞之國民」：傳統到近現代「同
　　胞」符號意涵的變化〉，《國立政治大學歷史學報》，期 45（2016
　　年 5 月），頁 109-164。

楊貞德，〈從「完全之人」到「完全之平等」——劉師培的革命思想及其
　　意涵〉，《臺大歷史學報》，期 44（2009 年 12 月），頁 93-152。

楊天石，〈蔣介石與宋明理學〉，《貴州文史叢刊》，2013 年第 4 期，
　　頁 25-32。

楊莉，〈「女冠」芻議：一種宗教、性別與象徵的解讀〉，《漢學研究》，
　　卷 19 期 1（2001 年 6 月），頁 167-185。

楊菁，〈張伯行對程朱學的傳布及其影奪〉，收入林慶彰編，《經學研究
　　論叢》，輯 11。台北：台灣學生書局，2003，頁 225-248。

李遠國，〈道教五嶽崇拜〉，網址：http://www.ctcwri.idv.tw/INDEXA3/
　　A302/A3003/A3-03014.htm，檢索日期：2012 年 12 月 6 日。

李伯重，〈從「夫婦並作」到「男耕女織」——明清江南農家婦女勞動問
　　題探討之一〉，《中國經濟史研究》，1996 年第 3 期，頁 99-107。

李澄婷，〈顏元學術思想研究〉，台北：國立臺灣大學中國文學學系碩士
　　學位論文，2002。

劉玉敏，〈二程對「孝悌其為仁之本」的解讀及其倫理意義〉，《蘭州學
　　刊》，2007 年第 4 期，頁 15-16、110。

劉志琴，〈晚明城市風尚初探〉，收入上海復旦大學編，《中國文化研究
　　集刊》，輯 1。上海：復旦大學出版社，1984，頁 190-208。

劉述先、鄭宗義，〈從道德形上學到達情遂欲──清初儒學新典範論析〉，
　　收入劉述先、梁元生編，《文化傳統的延續與轉化》。香港：中文大
　　學出版社，1999，頁 81-105。

劉勇，〈晚明士人的講學活動與學派建構：以李材（1529-1607）為中心
　　的研究〉，香港：中文大學歷史學系博士學位論文，2008。

劉學智，〈關學及二十世紀大陸關學研究的辨析與前瞻〉，《中國哲學
　　史》，2005 年第 4 期，頁 110-117。

劉耘華，〈依天立義：許三禮敬天思想再探〉，《漢語基督教學術論評》，
　　期 8（2009 年 12 月），頁 113-145。

劉耘華，〈天主教東傳與清初文人的思想重構──以「敬天」思潮為中
　　心〉，《北京行政學院學報》，2014 年第 1 期，頁 113-119。

林慶彰，〈明末清初經學研究的回歸原典運動〉，《孔子研究》，1989
　　年第 2 期，頁 100-110。

林存陽，〈汪紱與江永之書信往還〉，《徽學》，2010 年第 6 期，頁
　　266-280。

林麗月，〈晚明「崇奢」思想隅論〉，《國立臺灣師範大學歷史學報》，
　　期 19（1991 年 6 月），頁 215-234。

林麗月，〈衣裳與風教──晚明的服飾風尚與「服妖」議論〉，《新史學》，
　　卷 10 期 3（1999 年 9 月），頁 111-157。

連玲玲，〈科技世界中的性別關係──評介 Francesca Bray: Technology
　　and Gender〉，《近代中國婦女史研究》，期 6（1998 年 8 月），頁
　　259-270。

呂妙芬，〈晚明《孝經》論述的宗教性意涵：虞淳熙的孝論及其文化脈絡〉，
　　《中央研究院近代史研究所集刊》，期 48（2005 年 6 月），頁 1-46。

呂妙芬，〈晚明士人論《孝經》與政治教化〉，《臺大文史哲學報》，期
　　61（2004 年 11 月），頁 223-260。

呂妙芬，〈晚明到清初《孝經》詮釋的變化〉，收入林維杰、邱黃海編，
　　《理解、詮釋與儒家傳統：中國觀點》。台北：中央研究院中國文哲
　　研究所，2010，頁 137-191。

呂妙芬，〈〈西銘〉為《孝經》之正傳？——論晚明仁孝關係的新意涵談〉，
　　《中央研究院中國文哲研究集刊》，期 33（2008 年 9 月），頁 139-
　　172。

呂妙芬，〈王嗣槐《太極圖說論》研究〉，《臺大文史哲學報》，期 79（2013
　　年 11 月），頁 1-34。

呂妙芬，〈儒釋交融的聖人觀：從晚明儒家聖人與菩薩形象相似處及對生
　　死議題的關注談起〉，《中央研究院近代史研究所集刊》，期 32（1999
　　年 12 月），頁 165-207。

呂妙芬，〈清初河南的理學復興與孝弟禮法教育〉，收入高明士編，《東
　　亞傳統教育與學禮學規》。台北：臺大出版中心，2005，頁 177-
　　223。

呂妙芬，〈婦女與明代理學的性命追求〉，收入羅久蓉主編，《無聲之聲：
　　近代中國婦女與文化，1600-1950》，冊 Ⅲ。台北：中央研究院近代
　　史研究所，2003，頁 133-172。

呂妙芬，〈明清之際的關學與張載思想的復興：地域與跨地域因素的省
　　思〉，收入劉笑敢主編，《中國哲學與文化》，輯 7。桂林：廣西師
　　範大學出版社，2010，頁 25-58。

呂妙芬，〈耶穌是孝子嗎？明末至民初漢語基督宗教文獻論孝的變化〉，
　　《中央研究院近代史研究所集刊》，期 99（2018 年 3 月），頁 1-46。

呂妙芬，〈楊屾《知本提綱》研究：十八世紀儒學與外來宗教融合之例〉，
　　《中國文哲研究集刊》，期 40（2012 年 3 月），頁 83-127。

呂妙芬，〈陽明學講會〉，《新史學》，卷 9 期 2（1998 年 6 月），頁 45-87。

呂妙芬，〈陽明學者的講會與友論〉，《漢學研究》，卷 17 期 1（1999 年 6 月），頁 79-104。

呂妙芬，〈做為儀式性文本的《孝經》：明清士人《孝經》實踐的個案研究〉，《中央研究院近代史研究所集刊》，期 60（2000 年 6 月），頁 1-42。

呂妙芬，〈顏元生命思想中的家禮實踐與「家庭」的意涵〉，收入高明士編，《東亞傳統家禮、教育與國法》，台北：臺大出版中心，2005，頁 143-196。

倪清華，〈汪紱及其學術地位考辨〉，《黃山學院學報》，2011 年第 4 期，頁 10-12。

巫仁恕，〈明代平民服飾的流行風尚與士大夫的反應〉，《新史學》，卷 10 期 3（1999 年 9 月），頁 55-109。

廖肇亨，〈詩法即其兵法：明代中後期武將詩學義蘊探詮〉，《明代研究》，期 16（2011 年 6 月），頁 29-56。

廖肇亨，〈藥地愚者詩學源流與旨要論考〉，《臺大佛學中心學報》，期 7（2002 年 7 月），頁 257-293。

廖本聖，〈顏李學的形成（1898-1937）〉，台中：東海大學歷史學系碩士學位論文，1997。

彭國翔，〈王心齋後人的思想與實踐〉，收入袁行霈主編，《國學研究》，卷 14。北京：北京大學出版社，2004，頁 75-114。

蔡仁厚，〈張子西銘開示的理境〉，《鵝湖》，卷 1 期 3（1975 年 9 月），頁 24-28。

Bell, Catherine. "Performance." In Mark Taylor, ed., *Critical Terms for Religious*

Studies. Chicago: University of Chicago Press, 1998, pp. 205-224.

Bol, Peter. "The 'Localist Turn' and 'Local Identity' in Later Imperial China." *Late Imperial China*, 24.2（2003）, pp.1-50.

Grant, Beata. "Who Is This I? Who Is That Other the Poetry of an Eighteenth Century Buddhist Laywoman." *Late Imperial China*, 15:1（1994）, pp. 47-86.

Hauf, Kandice. "The Jiangyou Group: Culture and Society in Sixteenth-Century China." Ph. D. dissertation, Yale University, 1987.

Hsiung, Ping-chen. "Constructed Emotions: The Bond Between Mothers and Sons in Late Imperial China." *Late Imperial China*, 15:1（1994）, pp. 87-117.

Ko, Dorothy. "The Written Word and the Bound Foot: A History of the Courtesan's Aura." In Ellen Widmer and Kang-I Sun Chang, eds., *Writing Women in Late Imperial China*. Stanford: Stanford University Press, 1997, pp. 74-100.

Le, Wei-yee. "The Late Ming Courtesan: Invention of a Cultural Ideal." In Ellen Widmer and Kang-I Sun Chang, eds., *Writing Women in Late Imperial China*. Stanford: Stanford University Press, 1997, pp. 46-73.

Li, Yih-yuan. "On Conflicting Interpretations of Chinese Family Rituals." In Jih-chang Hsieh and Ying-chang Chuang, eds., *The Chinese Family and Its Ritual Behavior*. Taipei: Institute of Ethonology, Academia Sinica, 1985, pp. 265-283.

Ong, Chang Woei. "Zhang Zai's Legacy and the Construction of Guanxuein Ming China." *Ming Studies*, 51-52（2006）, pp. 58-93.

Seaman, Gary. "Mu-lien Dramas in Puli, Taiwan." In David Johnson, ed., *Ritual Opera, Operatic Ritual: "Mu-lien Rescues His Mother" in Chinese Popular*

Culture. Berkeley: University of California, 1989, pp.155-190.

Slote, Walter H. "Psychocultural Dynamics within the Confucian Family." In Walter H. Slote and George A. DeVos, eds., *Confucianism and the Family*. Albany: State University of New York Press, 1998, pp. 37-51.

Tu, Wei-ming. "Probing the 'Three Bonds' and 'Five Relationships' in Confucian Humanism." In Walter H. Slote and George A. DeVos, eds., *Confucianism and the Family*. Albany: State University of New York Press, 1998, pp. 121-136.

Waltner, Ann. "Tan-Yang-Tzu and Wang Shih-Chen: Visionary and Bureaucrat in the Late Ming." *Late Imperial China*, 8:1（1987）, pp. 105-131.

Wolf, Arthur. "Gods, Ghosts, and Ancestors." In Arthur Wolf, ed., *Religion and Ritual in Chinese Society*. Stanford: Stanford University Press, 1974, pp.131-182.

Wu, Pei-yi. "An Ambivalent Pilgrim to T'ai Shan in the Seventeenth Century." In Susan Naquin and Chün-Fang Yü, eds., *Pilgrims and Sacred Sites in China*. Berkeley: University of California Press, 1992, pp. 65-88

Wu, Pei-yi. "Self-Examination and Confession of Sins in Traditional China." *Harvard Journal of Asiatic Studies*, 39:1（1979）, pp. 5-38.

Yang, Jui-sung. "Betwixt Politics and Scholarship: The Sun Ch'i-Feng Circle in Seventeenth-Century North China." 《輔仁歷史學報》，期 15（2004 年 7 月），頁 1-42。

Yang, Jui-sung. "From Chu Pang-liang to Yen Yuan: A Psychohistorical Interpretation of Yen Yuan's Violent Rebellion against Chu His." 收入熊秉真主編，《欲掩彌彰：中國歷史文化中的「私」與「情」，私情篇》。台北：漢學研究中心，2003，頁 411-462。

多元視域中的明清理學

2023年5月初版　　　　　　　　　　　　　　　　　　定價：新臺幣680元
有著作權・翻印必究
Printed in Taiwan.

著　　　者	呂　妙　芬
叢書主編	沙　淑　芬
校　　　對	王　中　奇
內文排版	菩　薩　蠻
封面設計	蔡　婕　岑

出　　版　　者	聯經出版事業股份有限公司	副總編輯	陳　逸　華
地　　　　　址	新北市汐止區大同路一段369號1樓	總　編　輯	涂　豐　恩
叢書主編電話	(02)86925588轉5310	總　經　理	陳　芝　宇
台北聯經書房	台北市新生南路三段94號	社　　　長	羅　國　俊
電　　　　　話	(02)23620308	發　行　人	林　載　爵
台中辦事處	(04)22312023		
台中電子信箱	e-mail：linking2@ms42.hinet.net		
郵政劃撥帳戶	第0100559-3號		
郵　撥　電　話	(02)23620308		
印　　刷　　者	世和印製企業有限公司		
總　　經　　銷	聯合發行股份有限公司		
發　　行　　所	新北市新店區寶橋路235巷6弄6號2樓		
電　　　　　話	(02)29178022		

行政院新聞局出版事業登記證局版臺業字第0130號

本書如有缺頁，破損，倒裝請寄回台北聯經書房更換。　　ISBN　978-957-08-6872-2 (平裝)
聯經網址：www.linkingbooks.com.tw
電子信箱：linking@udngroup.com

國家圖書館出版品預行編目資料

多元視域中的明清理學/呂妙芬著．初版．新北市．聯經．
2023年5月．592面．14.8×21公分
ISBN　978-957-08-6872-2（平裝）

1.CST：中國哲學　2.CST：文集

120.7　　　　　　　　　　　　　　　112004521